KB116599

저술 출판
독서의 사회사

저술 출판
독서의 사회사

존 맥스웰 해밀턴 지음 | 승영조 옮김

일러두기
• 이 책은 『카사노바는 책을 더 사랑했다』(2005, 열린책들)를 다듬어 재발행한 신판이다.
• 본문 가운데 대괄호〔 〕안의 글은 옮긴이가 독자의 이해를 돕기 위해 쓴 것이다.

이 책은 실로 꿰매어 제본하는 정통적인 사철 방식으로 만들어졌습니다.
사철 방식으로 제본된 책은 오랫동안 보관해도 손상되지 않습니다.

폴라와 잭에게 바칩니다.
……왜냐하면 썩 좋은 친구들이니까. 게다가
헌사용으로 제격인 가족 이름은 전에 다 써먹었으니까.

또한 모든 평론가들에게 바칩니다.
……왜냐하면 망나니가 아니고서야
자기한테 바쳐진 책을 난도질할 작자는 없을 테니까.

감사의 글

다만 감사할 뿐 누구를 탓하랴.

먼저 연구를 도와준 학생들부터 시작하자. 케네스 데이먼, 애니타 챙, 크리스티 데이비드 듀엣, 제인 페론, 니콜러스 칸 포겔. 대학원생 조교인 보니 보면은 가장 중요한 집필 시기에 뜻깊은 편집 제안을 해 주었고, 잘 몰랐던 정보를 발굴해 주었고, 여러 그림을 찾아 주었다. 내가 보기에 보니 보면은 예금 잔고를 높이는 일보다 연구를 훨씬 더 잘했다.

루이지애나 주립대학LSU 출판부의 실비아 프랭크, 레스 필러봄, 모린 휴이트, 존 이스털리, 로라 글리슨, 진 C. 리는 모험적인 이 책의 성격을 잘 이해하고 값진 아이디어를 제공해서 내 원기를 북돋아 주었다. 가장 큰 책임을 떠맡은 사람은 이 출판사 편집장인 실비아 프랭크다. 나로서는 결과를 떠나서 LSU 출판부와 함께 일하는 것이 즐겁다.

버지니아 대학의 교수 조지 개릿은 LSU 출판부의 부탁을 받아 이 책의 원고를 검토해 준 사람이다. 그가 관대한 서평을 해준 것에 감사드리며, 아울러 그가 다른 모든 사람과 뒤얽혀 살아가고 있음을 확인하고 스스로 무명의 존재임을 포기한 사실을 높이 평가하고 싶다.

그 밖에도 이런저런 분야에 식견이 많은 수많은 전문가들이 나를 도와 별의별 사실들을 알려 주고 통찰력 있게 풀이까지 해주었다. 그들의 이름은 출전 주석에 밝혀 놓았다. 그 이유는, 혹시나 내용에 오류가 있을 경우 누가 책임져야 하는가를 못 박아 두기 위해서다.

전에는 이런 일이 없었는데, 이번에 친구와 동료들이 흔쾌히 갖가지 제안을 해준 것은 참 별일이었다. 나를 꽤나 도와준 사람으로는 루 데이, 멕 로스, 렌 샌더슨, 잭 설리번 등이 있다. 설리번은 주제별로 사사건건 비평을 해주었는데, 대체로 이런 투다. 〈제빵기에 입술이 끼는 바람에 튜바 레슨을 하지 못하게 되어, 하릴없이 자네의 원고나 들척이다 보니, 이처럼 득달같이 원고를 되돌려 줄 수 있었지.〉 그는 또론 거레이와 함께 예상 서평을 만들어 주었는데, 그 내용은 책 커버 뒷면에 실려 있다. 매리 앤 스턴버그만은 예외였다. 그녀는 이 책을 읽어 보고 무슨 제안을 해주길 일체 사양했다. 그녀는 물론 좋은 친구인데 여간 영리한 게 아니다.

내 아내 지나는 이 책을 거의 다 읽었지만, 현명하게도 좋은 대목만 지적하고 나머지는 함구했다. 우리 아들 맥스웰은 제법 폭넓은 독서를 해온 덕분에, 쓸모 있는 일화와 인용문을 허다하게 상기시켜 주었다. 그리고 아들놈이 인정했다. 누구든 이 책을 읽고 싶어 한다고 해서 명예에 누가 될 일은 없을 거라고.

저자의 경고문

요즘은 저자가 서두에 경고문을 넣는 게 유행이다. 허다한 경고문을 보면 변호사의 뻐근한 손길이 역력히 느껴진다. 『음악 사업에 대해 알아야 할 모든 것』이라는 도널드 S. 패스먼의 책 서두에 나오는 〈중요한〉 경고문은 대체로 이런 식이다. 〈이 책의 모든 자료는 저자의 견해를 대변하는 것이다……. 덧붙여 말하면, 세월이 흐름에 따라 법과 관습이 변하고, 이 책이 집필된 시점과 인쇄된 시점에는 불가피하게 시차가 있어서, 어느 대목은 초판에서조차도 시대에 뒤떨어진 얘기가 될 수 있다…….〉

이런 글을 덧붙인다는 것은, 걸핏하면 소송을 해대는 사회 탓일 뿐만 아니라, 도서 마케팅을 할 줄 모르는 무지의 소치가 아닐까? 처음에는 그렇게 생각했다. 그런데 곱씹어 보니 그게 아니었다. 그런 경고문이 내용과는 반대로 작용할 수 있었다. 경고문은 사람들에게 책의 취약점을 알리는 게 아니라, 오히려 바로 그것이 가장 중요한 강점이라는 것을 광고한다.

로저 섀턱의 책 『금지된 지식: 프로메테우스부터 포르노그래피까지』에 이런 구절이 나온다. 〈학부모와 교사들은 제7장이 어린이를 비롯한 미성년자가 읽기에 부적절하다는 것을 명심하기 바란다.〉 새턱이 자신의 방대한 학술서를 미성년자가 읽고 싶어 할 거라고 생각했을 리는 만무하다. 예컨대 그 책은 주로 이런 식의 문장으로 이뤄져 있다. 〈사드 후작은 부르주아 개인의 자기 보전에 입각한 도덕적 명령을 찾아낸다.〉 이런 문장을 몸소 읽어 본 학부모치고 이 책에 관심을 가질 사람은 아마 없을 것이다. 그런데 자녀가 이런 책을 읽고 있는 모습을 본다면, 신동 났다면서 입이 귀에 걸릴 게 분명하다. 새턱이 경고문을 단 이유는 딱 하나일 수밖에 없다. 학부모든 아이든, 누군가를 현혹시켜서 책을 팔아먹을 엉큼한 속셈으로 얄궂은 지적을 한 것이다. 이건 내가 그를 헐뜯으려고 하는 소리가 아니다. 학자들은 마케팅을 좀 더 잘할 필요가 있다는 소리다.

『암살자: 손수 계약서를 쓰려는 사람들을 위한 기술적 지침서』라는 책을 보면 전문가가 고객을 깜박 죽게 하는 비결이 적혀 있다. 전형적인 소제목을 하나 뽑아 보면 이러하다. 〈단도직입적으로 죽이는 것만이 능사가 아니다.〉 이 책은 소송을 당했다. 합법적인 책을 합법적으로 읽은 한 독자가 합법적으로 세 사람을 죽였던 것이다. 이 책을 펴낸 팰러딘 출판사는 『암살자』가 〈순수 정보 제공용!〉이라고 독자에게 〈경고〉함으로써 합법적으로 권익을 지키고자 했다. 출판사의 판촉부와 법률부는 어떻게 하는 것이 최고의 조치인가에 대해 서로 티격태격한다. 그러나 앞서의 경고 표현에 대해서는 팰러딘 출판사의 모든 부서 직원이 두말없이 동의하고, 함께 샴페인을 터트렸음이 분명하다. 적어도 확정 판결이 난 1999년까지는 말이다. 팰러딘의 보험사는 희생자들 가족에게 수백만 달러를 지급하기로 합의했다. 그리고 출판사는 원고가 지목한 두 단체에 해마다 기부를 하고 있다. 또한 해당 책을 시장에서 모두 수거한다는 데에도 동의했다. 이러한 사례를 통해 볼 때, 경고를 해봐야 법적 보호를 받을 수 없는 게 분명하다. 따라서 경고문은 오로지 책 광고를 하기 위한 것이다.

아무튼 경고 열풍 탓에 우리 저술가들은 필사적으로 뭔가 위험 요소가 있는 것처럼 굴지 않을 수 없다. 헛다리를 짚을 뿐이라고 해도 말이다. 그래서 감히 이 책을 읽는 모험을 계속하고자 하는 독자들에게 다음과 같은 안전 지침을 제시하는 바이다.

경고

종이에 베일 수 있음. 장갑을 끼시오!

차례

프롤로그

인류가 마땅히 연구할 만한 것

책과 독서와 인간을 연구하는 최고의 방법은
그것을 너무 심각하게 다루지 않는
것이라는 사실을 여기서 보여 드리겠다.

책이야말로 인류가 마땅히 연구할 만한 것이다.
올더스 헉슬리

이보게 친구, 요즘 우리 동시대인들이 흔히 생각하는 것과 달리,
나는 인간이 매우 고매한 문학적 사고를 할 수 있으며,
그와 동시에 그 사고를 넉살 좋게 웃어넘길 수도 있다고 본다네.
마르셀 프루스트

책머리에 헌사와 감사의 글을 다는 것은 얼마나 우둔한 짓인가. 그 점에 대해 나는 1990년 초 「뉴욕 타임스」 서평란에 글을 한 꼭지 실은 적이 있다. 신문이나 잡지에 실린 내 글 가운데 그것만큼 뜨거운 주목을 받은 것은 전에 딱 한 번밖에 없었다. 그건 어떤 가톨릭 잡지에 실은 미국 선교사 얘기였다. 그 선교사는 내가 다른 기사를 쓰려고 베네수엘라에 갔을 때 만난 사람이다.

글에 곁들인 사진 속의 멜 크룸디크 신부는 카라카스 인근 해안을 배경으로 해서, 몇 명의 젊은 교구민과 함께 포즈를 취했다. 교구민 가운데 도발적인 비키니 차림의 10대가 한 명 끼어 있었다. 실물로는 멜 신부도 완연한 성직자로 보인다. 그런데 사진 속에서는 카메라 각도 때문에 영 탐탁지가 않았다. 사각 수영복을 입었는데, 엉뚱한 그림자 때문에 수영복 안에 뭔가 축구공만 한 것이 도사리고 있는 것처럼 비친 것이다.

시스티나 예배당[바티칸 궁에 있는 로마 교황의 예배당]으로 뜨악한 우편물이 빗발쳤다. 뉴햄프셔 주 맨체스터에 산다는 한 사람은 그 사진의 충격을 이렇게 표현했다. ……사제와 얘기를 나누고 있는 아가씨가 입은 게 수영복이라고요? ……그건 악마가 만든 게 분명해요(어떤 옷차림이 주님을 성나게 하는지, 우리의 파티마 성모께서 경고하신 적이 있잖아요).

선교사 얘기와 달리, 「뉴욕 타임스」에 실린 내 에세이에 대한 반응은 아주 긍정적이었다. 독자들은 저마다 좋아하는 책머리의 실없는 소리들을 써보내 주었다. 작가이기도 한 여성 독자 한 명은 자기 책을 보내 주었는데, 자신의 정신과 의사에게 바친 그 책 헌사에는 삼각관계를 비롯해서 명백히 성적인 장문의 고백이 담겨 있었다. 크룸디크 신부라면 부리나케 자기 고해실로 달려갔을 법한 내용이었다.

이런 일화를 통해 나는 전에 몰랐던 것을 깨닫게 되었다. 책을 읽는 사람들은 그 책이 아무리 천박하고 하찮더라도 책을 소중히 여긴다는 것을. 그뿐만 아니라, 독자들은 책이 만들어지는 과정에 매력을 느끼고 있는 게 분명하다는 것을. 우리는 배관공의 결점이나 기벽에 아랑곳하지 않는다. 물이 새는 곳이나 얼른 고쳐 주고 돌아가길 바랄 뿐이다. 그러나 예컨대 『실낙원』의 저자 존 밀턴의 경우는 전혀 다르다. 우리는 밀턴이 침대에 누워서 시를 썼다는 것을 알고 즐거워한다. 『롤리타』의 저자 블라디미르 나보코프는 7.6×12.7센티미터의 단어장에 소설을 썼다. 존 키츠는 가장 좋은 옷을 차려입고서야 시를 썼다. 『허영의 시장』을 쓴 영국 작가 윌리엄 메이크피스 새커리가 집에서는 도무지 소설을 쓰지 못했다는 것도 알고 보면 제법 흥미롭다. 새커리는 호텔이나 술집에서 글을 쓰는 이유에 대해 이렇게 말했다. 〈공공장소에서는 내 머리를 작동시키는 흥분이 감돈다.〉

어디서 읽었더라? 몇 년 전에 나는 영국 시인 알렉산더 포프가 썩

은 사과 궤짝이 옆에 있어야만 시를 쓸 수 있었다는 글을 읽었다 ─
포프가 맞을 것이다. 썩은 냄새는 그를 고무시켰다고 한다. 이런 사실
은 하등 중요할 게 없는데도 내 뇌리에 박혀서 지워지지 않는다. 브라
이언 램이 창업한 케이블 위성 네트워크인 시스팬C-SPAN의 「책 이야
기」라는 인터뷰 프로그램이 성공할 수 있었던 것은 수많은 저술가들
이 자신을 까발렸기 때문이다. 예컨대 미국 역사가 포러스트 맥도널
드는 미국 앨라배마 주의 자기 집 베란다에서 알몸으로 글을 쓴다고
고백했다. 우리는 저술가의 결점이나 기벽에 대해 알고 싶어 한다. 그
러면서 그것이 저술가의 책만큼이나 흥미로울 거라고 기대한다.

나는 지금 책 세상에서라면 무슨 말을 해도 좋다는 말을 하려는 게
아니다. 실은 그 반대다. 우리는 늘 글의 질이 떨어질까 봐 염려하지
않을 수 없다. 앨곤킨 호텔은 1991년에 대대적인 수리를 하고 다시
문을 열었는데, 지난날 문학의 전당이었음을 자축하고자 했다. 그 일
환으로 서비스 목록집에 에세이 한 편을 실어서 과거에 대한 향수를
자극하려고 했다. 그런데 이 에세이에는 수식어가 잘못 놓이고 관사
를 빠뜨린 문장이 즐비하다. 우리 시대를 상징하는 것이 바로 그런 에
세이다.
　회사의 중역들은 문맹을 비난하며, 종업원들을 훈련시키기 위해 거
액을 지출한다. 동시에 거액을 들여 마케팅 전문가를 고용해서 좋은
언어 규칙을 무참히 파괴한다. 예컨대 뉴욕 제일 시티 은행First National
City Bank of New York은 시티코프Citicorp로 이름을 바꾸었다.[1] 여덟 개의 철

1 정확히 말하면 1976년에 Citibank로 이름을 바꾸었고, Citicorp는 Citibank의 지주회사 이
름이다 ─ 옮긴이주.

자로 무슨 이름을 만들더라도 *Citicorp*라는 작명보다는 나을 것이다. 컨트롤 데이터*Control Data*라는 회사는 세리디언사*Ceridian Corporation*로 이름을 바꾸었다. *Ceridian*이 무슨 뜻인지는 사전을 찾아볼 필요가 없다. 사전에 나오지 않으니까. 레비 스트라우스 앤드 컴퍼니가 새로운 슬랙스[캐주얼 바지]를 시장에 내놓기 전에, 마케팅 부서에서는 〈의미 없는〉 이름을 찾으려고 4개월이나 고심했다. 그들이 정한 이름 아닌 이름은 슬레이츠[점판암]다.

내가 사는 미국 남부의 작은 읍내에서도 날마다 새 가게가 문을 여는데, 새 간판은 예컨대 이러하다. 〈탄약과 잡동사니*Ammo and Stuff*〉. 나는 언젠가 라디오 방송 논평에서, 무슨 물건이든 〈잡동사니〉라고 부르는 가게가 분명히 있다고 말한 적이 있다. 그러자 누군가 전화를 해서 뉴욕 주 가든시티에도 그런 가게가 있다고 일러 주었다.

스티븐 빈센트 베네의 시 「미국 이름」은 회사 중역들이 꼭 읽어 봐야 할 작품이다.

나는 미국 이름을 사랑했네.
군더더기 없이 예리한 이름,
뱀가죽 장정을 한 채굴 권리증 같은 이름,
독수리 깃털 꽂은 인디언 전투모 메디신해트,
투산, 데드우드, 로스트뮬플랫.[2]

---

2 메디신해트*Medicine Hat*는 북아메리카 인디언 주술사의 머리 장식, 투산*Tucson*은 검은 기슭, 데드우드*Deadwood*는 죽은 숲, 로스트뮬플랫*Lost Mule Flat*은 노새가 길 잃은 모래톱을 뜻하는데, 모두가 미국 지명이다. 이러한 지명이나 그 지명 연구를 가리키는 이름도 있는데, 토파너미*toponymy*가 그것이다 — 옮긴이주.

우리는 일종의 품질 보증 문화 속에서 살고 있다. 여기서 우리는 개인의 고매한 감정을 전하기 위해 공장에서 대량으로 찍어 낸 엽서를 편의점에서 살 수 있다. 또는 좀 더 돈이 있으면 러브레터(株)[3]에 55달러를 내고 사랑의 편지를 대필시킬 수 있다. 1992년 미국 연합 통신사가 여론 조사를 통해 밝혔듯이, 연간 4만 달러 이상을 버는 가구의 30퍼센트가 집 안에 책이 한 권도 없다는 것은 그리 놀랄 일이 아니다. 다른 여러 연구에 의하면, 미국 성인의 21퍼센트가 〈초보적인 쓰기와 읽기 능력만〉을 지니고 있다. 약 50퍼센트는 〈청구서를 잘못 받은 것에 항의하는 편지를 쓸 정도의 영어 실력을 갖고 있지 못하다〉.

미국만 그런 것이 아니다. 1995년에 경제 협력 개발 기구OECD가 조사한 것에 따르면, 미국의 그런 수준은 산업화된 국가의 평균치다. 언어의 순수성을 유지하려고 애쓰는 프랑스의 문맹률은 미국의 두 배에 이른다. 프랑스 사람들은 책을 사는 데 쓰는 돈의 두 배를 애완동물에게 바친다.

「뉴욕 타임스」의 내 글에 대한 반응이 더욱 절실하게 느껴지는 것도 바로 이 문맹률 때문이다. 책을 좋아하는 사람들은 그냥 좋아하는 게 아니라 열렬히 좋아한다. 모자란 머릿수를 열성으로 메우는 셈이다. 1980년대 중반의 전형적인 연구 하나를 살펴보면, 독자의 독서 충실도를 잘 알 수 있다. 미국 성인 가운데 지난 6개월 동안 한 권이라도 책을 읽은 사람은 50퍼센트밖에 되지 않았다. 그러나 이 〈독자들〉 가운데, 거의 3분의 1에 달하는 사람이 1주일에 적어도 한 권의

---

3 *Love Letter, Ink* 이 회사는 *Inc.*(주식회사)를 잘못 썼다 — 옮긴이주.

책을 탐독했다. 1997년 퓨센터[미국 환경 관련 NGO]에서 조사한 것에 따르면, 응답자의 3분의 1 남짓이 전날 학교나 일터에서 한 권의 책을 읽었다. 전날 책을 읽은 사람들 가운데 77퍼센트는 최소한 30분 동안 책을 읽었고, 대다수가 훨씬 더 긴 시간 책을 읽었다. 독서 토론 클럽이 많은 것도 이처럼 독서의 강도가 높기 때문이라고 할 수 있다 — 추산에 따르면 미국 내 독서 클럽이 25만 개에 이른다. 1999년『이코노미스트』지 보도에 따르면, 〈책 축제의 수가 에스프레소 커피 체인점 수만큼 빠르게 늘어나고 있다. 현재 영국 본토에서만 1년에 148건의 책 축제가 열린다〉.

책은 스위스 군용 칼과도 같다. 더불어 상호 작용하길 좋아하는 사람들에게 무한히 창조적인 온갖 가능성을 활짝 열어 주는 것이 바로 책이다.

우리는 책을 써서 복수를 할 수 있을 뿐만 아니라, 책을 읽음으로써 복수를 할 수도 있다. 미국 평론가 에드먼드 윌슨은 이렇게 말했다. 〈남들이 읽지 않은 책에 대한 이야기를 해서 읽고 싶게 만드는 것만큼 즐거운 일도 없다. 그들이 쉽게 읽을 수 없는 책, 그러니까 그들이 모르는 언어로 쓰인 책이라면 그 즐거움은 더욱 커진다.〉

브라이언 코소프 헌트라는 사람이 유서 깊은 런던 도서관에서 총으로 자살을 한 사건이 있었다. 그가 읽고 있던 책의 다음 권을 빌릴 수 없다는 이야기를 들은 것이 직접적인 자살 이유였다. 이야기는 여기서 끝나지 않는다. 당시 그 도서관에는 스코틀랜드의 역사가 토머스 칼라일이 있었다. 그는 자살 이야기를 듣고서도 전혀 동요하지 않고, 사서에게 미국 역사가 존 모틀리의 『네덜란드 공화국의 등장』이라는 책을 신청한 후 이렇게 말했다. 〈손턴 헌트의 사생아 한 명이 또

죽었군.〉칼라일은 서재의 책 권수로 사람을 평가했다.

에벌린 워라면 제2차 세계 대전 때 그가 한 행동으로 평가할 수 있을 것이다. 런던이 폭격당할 때, 문학을 사랑한 이 작가는 자기 책을 안전한 곳으로 옮기라고 지시했다. 그리고 아들 오버론을 런던에 남겨 두고 책을 지키게 했다.

나는 몇 년 전에 해외 통신원이었던 에드거 스노의 전기를 쓰고 있었다. 스노를 반미 공산주의자로 여기는 사람이 많았는데, 나는 우연히 그가 밑줄을 그으며 읽은 책들을 손에 넣게 되었다. 그 가운데 영국 정치학자이자 좌익 활동가인 해럴드 래스키의 저서를 들춰 보다가 스노가 여백에 휘갈겨 써놓은 글을 보게 되었다. 〈이 점에 관해서는 마크 트웨인 참조.〉래스키의 책에 적힌 바로 이 메모는 내 논지를 강화하는 증거가 되었다. 스노의 좌익적 견해는 미국의 관점을 무시한 게 아니라 오히려 철두철미하게 미국적이었다.

중국 선비가 그림을 얻은 후 때로 화가의 이름 옆에 자기 이름을 써 넣듯이, 책을 사랑한다는 것은 곧 그 책에 자기 이름을 써넣는 것이다. 누가 뭐라 해도 내 생각은 그렇다. 사실 책을 다루는 방법에 대해서는 사람마다 생각이 엇갈린다. 찰스 다윈은 한 걸음 더 나아갔다. 누가 책을 보내 주면 그는 칼로 책등을 베어 내고 표지를 떼어 낸 후 낱장만 상자에 담아 보관했다. 잡지라면 더 그러기 쉽다. 다윈과는 정반대인 사람이 살만 루슈디다. 그는 소년 시절부터 책을 떨어뜨리면 〈불손한 행위를 저지른 것을 사죄하기 위해〉책에 입을 맞추는 버릇이 있었다고 한다.

책과 상호 작용을 하기 위해 반드시 책을 읽어야 할 필요는 없다. 실내 장식가에게 책은 장식용 쿠션이나 다름없다. 1925년에 『굿 하우스키핑』지는 이렇게 충고했다. 〈화려하게 제본한 책은 벽널을 두른 방에 진열해야 더욱 멋스럽다.〉 내가 아는 한 여성은 책을 서가에 꽂아 두지 않는다. 책을 〈매달아 둔다〉. 나중에 또 언급하겠지만, 댈러스 카우보이스(미식축구팀)의 소유주인 제리 존스와 그의 아내 진은 1999년 미국 국회 도서관에 거액을 기부했다. 토머스 제퍼슨이 수집한 책을 다시 수집하도록 하기 위해서였다. 그런데 그들은 책 읽는 걸 그리 즐기지 않는다. 〈우리에겐 아름다운 서재가 있어요. 서재는 우리 집에서 가장 중요한 방 가운데 하나랍니다.〉 진 존스가 한 말이다. 국회 도서관 기부 기념식을 할 때, 제리 존스는 토머스 제퍼슨의 명언을 인용했다. 미국인은 개인의 생명과 자유, 그리고 맙소사, 〈재산〉을 추구할 권리가 있다고.

추구할 게 재산이든 행복이든, 다른 어떤 것이든 간에 존스 부부와 같은 부류의 사람들은 통신 판매 회사인 리벤저와 많은 거래를 한다. 〈진지한 독자를 위한 각종 도구(필기구 따위)〉를 파는 이 회사에는 셰익스피어 조각상도 있고, 특수 전구, 발걸이, 손목시계까지 있다. 책만 빼고 거의 없는 게 없다.[4] 다른 여러 통신 판매 회사에서는 책도 파는데, 대개 값비싼 가죽 장정을 한 책이다. 판촉 전단을 보면 이런 말이 나온다. 〈세계 100대 명작 도서: 화려한 추가 소장품.〉 광고 전단에는 그 책들이 지닌 온갖 장점이 적혀 있는데 도서명은 나오지 않는다. 예컨대 이렇게 적혀 있다. 〈최고급 품질의 진짜 가죽. ……중요한 목적을 위해 가장자리에 인상적인 금박을 입혔다는 것을 손님들이 알게 되면 감탄을 금치 못할 것이다!〉 중요한 목적이란 습기를 막는 것이다. 영

---

4 리벤저 출판사에서 펴낸 책 몇 권을 팔기는 한다 — 옮긴이주.

국 시인 로버트 사우디가 말했듯이 부자들에게는 책이 가구다.

열정적인 독자도 부자처럼 책에 대한 욕심을 갖고 있다. 물론 그 욕심은 부자들의 졸렬한 물질주의와는 질이 다르다. 16세기 이탈리아의 한 학자가 논평했듯이, 책을 잘 진열해서 〈완벽한 서재를 만들면 우선 서재가 빛나고, 나아가서 더 크게는 영혼이 빛나게 된다〉. 미국의 유명 서적상 에이브러햄 S. W. 로젠바흐는 특별한 책을 잃으면 참지 못했다. 돈이 되지 않는 책이라 해도 그랬다. 영국의 유명 기자였던 남편을 여읜 어느 여성은 내가 아는 젊은 여성에게 고가구 일부를 팔기로 결심했는데, 판매 조건은 구매자가 자기 남편의 회고록을 읽어야 한다는 것이었다.

나는 보스니아 내전 때 세르비아가 포위를 푼 직후 사라예보에 들어갔다. 내 사무실에서 그리 멀지 않은 곳에 국립대학 도서관의 잔해가 서 있었다. 무어 양식의 이 도서관은 1993년에 세르비아계 무장 세력이 가한 폭격으로 건물 대부분이 그을린 돌무더기로 변해 있었다. 전체 소장 도서 150만 권 가운데 90퍼센트가 재로 변했다고 한다. 이 내전은 당시 세계적인 빅뉴스였다. 보스니아에서 내가 만난 베테랑 기자 한 명은 아주 어렵게 살아가고 있었는데, 그건 물론 누구나 마찬가지였다. 언론에 보도되지 않은 그런 어려움은 점점 심해졌다. 이 기자는 골초의 목쉰 음성으로, 수년 동안 책을 수집해 왔다고 나에게 말했다. 그런데 겨울에 땔감이 떨어지자 책을 태울 수밖에 없었다. 그는 서재에 있는 책의 5분의 1쯤 되는 500권을 태웠다. 먼저 태운 책은 〈큰 책〉이었다. 〈땔감으로는 큰 책이 제격이었습니다.〉 그는 이제 소유물을 애지중지하지 않는다며 이렇게 말했다. 〈책도 태웠는데 의자가 대수겠습니까?〉

독일 평론가 발터 벤야민은 오랫동안 짐 꾸러미로 쌓아 두었던 책을 정리해서 서가에 꽂은 후, 독자들이 어떻게 자기 나름의 도서 분류 방식을 갖게 되는가에 대해 사색했다. 그는 짧은 에세이에 이렇게 썼다. 〈무질서가 질서로 보일 정도로 책을 어질러 놓는 것이 버릇이 되는 것 말고 달리 무엇을 위해 책을 모은단 말인가?〉

〈책 없이는 살 수 없다〉고 말한 토머스 제퍼슨은 몬티첼로에 있는 자기 서재에 자물쇠를 채워 두었다. 그리고 어떤 책을 가지고 있는지 알아 두기 위해 나름대로 도서 분류 체계를 만들었다. 그는 베이컨의 지식 구조를 토대로 해서 마흔네 개 분야로 책을 분류했다. 그와 달리 칼라일은 아주 꼼꼼하게 높낮이를 맞추어 서가에 책을 꽂았다. 내가 아는 한 사람은 다 읽은 책의 커버를 벗겨 두었다. 정복한 책이 얼마나 되는지 한눈에 알아보기 위한 것이다. 한 친구는 책을 정리하는 〈자기만의〉 방식을 알아맞혀 보라고 나에게 말했다. 답은 이러했다. 색깔이 같은 책은 절대 나란히 꽂아 두지 않는다는 것.

사업가이자 미술 애호가인 카터 버튼은 사망할 때까지 개인 서재로서는 어느 서재에 뒤지지 않을 만큼 많은 책을 모았다. 그는 아주 세심하게 저자 이름순으로 책을 배열했다. 그는 누군가 책을 보고 제자리에 꽂지 않으면 버럭 소리를 질렀다. 〈무슨 짓이야!〉

엘리트를 자처하는 자들은 소박한 연애 소설이나 루크 쇼트의 서부 소설 따위의 가벼운 책을 즐기는 사람들을 비웃곤 한다. 비웃는 것이 잘못인 이유는 두 가지다. 첫째, 독서는 재미가 있어야 한다. 무더운 여름날 오후에 누구나 5킬로미터를 뛰고 싶어 하지는 않는다. 가볍게 공원을 산책하는 것이 어울릴 때가 있게 마련이다. 땀을 흘리고 싫어 하지 않다고 해서 그게 어떻단 말인가? 줄곧 텔레비전 앞에 누워 있는 게 아니라 무슨 책이든 읽고 있다는 것만으로도 장한 일이 아닐 수 없다. 둘째, 기분 전환을 하기 위한 독서 습관을 가짐으로써 책이나 사람들이 더 재미있어지고, 진지한 연구가 더욱 가치를 띠게 된다. 영국 소설가 올더스 헉슬리는 이렇게 말했다. 〈책이야말로 인류가 마땅히 연구할 만한 것이다.〉

소수 엘리트만이 우리의 생각을 아주 잘 이해할 수 있어서, 책에 기록된 방대한 파노라마를 총체적으로 관조한 학자가 오늘날까지도 소수밖에 없다는 것은 안타까운 일이다. 그런 학자 가운데 한 명이 아이작 디즈레일리다. 영국 총리 벤저민 디즈레일리의 아버지이고 작가였던 그는 19세기 중반, 문학을 관조해서 문학 혁명에 대한 에세이를 썼다. 이어서 로버트 단턴과 같은 창조적인 역사가 덕분에 상황은 달라지기 시작했다. 그는 사람들이 읽은 볼품없는 책들을 주목한다. 출판업자와 서적상들이 책을 배포하는 은밀한 시스템을 주목하고, 작가가 살아남기 위해 부리는 수작을 꿰뚫어 본다. 그는 계몽 시대에 서적상들이 『자연의 체계』라는 책에 못지않게 『종군 위안부 마르고』라는 책을 간절히 원했다는 것을 알아냈다.

감사의 글과 헌사를 비판한 내 글에 대한 열렬한 반응에 고무된 나는, 이상과 같은 책의 역사에 강렬한 호기심을 느끼게 되었다. 그래서 나는 기자로서, 정부 관료로서, 지금은 학자로서, 여행을 할 때마다 잠시 볼일을 미뤄 두고, 감춰진 책의 세계를 탐구하기 위해 여로를 우회하곤 했다. 이러한 탐구의 결실은 고스란히 내 강의에 반영되었다. 현대 저널리즘과 문자를 이해하기 위해, 또는 현대 경제학과 정치학을 이해하기 위해서라도, 우리는 다채롭고 변화무쌍한 글쓰기의 역사를 먼저 이해할 필요가 있다는 것을 나는 확연히 깨달았기 때문이다.

글쓰기의 역사에서 아주 흥미진진한 인물 가운데 하나가 바로 자코모 지롤라모 카사노바다. 카사노바는 18세기의 난봉꾼으로 널리 알려져 있는데, 정치적으로는 그가 바로 우리 시대에 속한다는 것을 모르는 사람이 많다. 그는 여성들을 이용하기보다는 존중했다. 그 보답으로 여성들은 그를 사랑했다. 별로 알려지지 않은 사실이지만, 카사노바는 열렬히 책을 사랑했다. 그는 시끌벅적한 책과 문학의 세계를 상징하는 인물이다. 그는 문예 부흥기의 인물들처럼 다채로운 이력을 지녔는데, 최고의 작가 가운데 다수가 바로 문예 부흥기의 인물이다.

카사노바는 가톨릭교회의 하위 성품을 받았고, 바이올린 연주자, 군인, 프리메이슨 비밀 결사 회원, 외교관, 연극 연출자, 배우, 댄서, 프로이센의 관료, 비단 제조업자, 사기꾼, 스파이 등 파란만장한 삶을 살며 여러 차례 투옥되기도 했다. 그는 프랑스의 정치가이자 대수도원장이었던 피에르 드 베르니스를 도와서 파리에서 최초로 복권을 발행하는 데 한몫하여 큰돈을 벌기도 했다. 그는 기구한 삶을 살면서도 항상 여성과 함께 있었듯이, 항상 글을 썼다. 베네치아의 경찰 기록에 따르면 그는 〈저술가〉로 행세하며 세상을 떠돌았다.

카사노바가 투옥된 사건 가운데 가장 유명한 것은 납 감방에 투옥된 사건이다. 이것은 베네치아의 총독 관저 윗방을 가리키는데, 지붕을 납으로 만들었기 때문에 그렇게 불린다. 정식 재판도 열리지 않은 탓에, 카사노바는 자기가 무슨 잘못을 했는지도 알지 못했다. 역사가들은 그가 무신론자여서 투옥된 거라고 결론지었다. 만일 그렇다면 가장 명백한 증거로 채택된 것이 바로 책이었을 것이다. 한 스파이가 그를 자극해서 외설적이고 이단적인 시를 낭송하게 했다. 그 순간 그를 체포한 경찰관은 그의 숙소 서재에서 신비주의 서적들을 찾아냈다. 카사노바가 극적으로 탈옥을 하는 데 이용한 것도 책이었다. 그는 다른 죄수 한 명과 책을 바꿔 읽으며, 책 여백에 글을 써 보내는 방법으로 탈옥 계획을 공모했다. 그가 공모자에게 쇠막대를 보내 줄 때 이용한 것은 『성서』였다. 탈옥에 성공한 그는 『납이라 불리는 베네치아 감옥에서 탈출한 내력』이라는 책을 썼다.

카사노바는 호메로스의 『일리아드』를 이탈리아어로 번역했다. 월간 평론지인 『오푸스콜리 미스켈라네이』를 창간해서 집필을 전담했고, 연극 연출에 대한 관심을 살려서 연극 평론지를 펴내기도 했다. 그는 각본을 썼고, 이탈리아의 시인이자 대본 작가인 로렌초 다 폰테가 쓴 모차르트의 「돈 조반니」 가극 대본을 수정해 주기도 한 것으로 보인다.[5] 카사노바가 집필한 40여 권의 책 가운데 몇 권만 열거하면, 『폴란드 사회 불안의 역사』, 『철학자와 신학자』, 『도덕, 과학, 예술에 관한 비판적 에세이』, 『조지 왕조의 역법 개혁에 따른 공통 시간 측정에 관한 생각』, 그리고 5부작 유토피아 소설 『20일 이야기, 곧 지하 세계 프로토코즘의 토착민인 메가미크레스들 사이에서 81년을 보낸 에두아르와 엘리스베트 이야기』 등이 있다.[6] 말년에는 보헤미아의 둑스 성에서 사서로 지내며 열두 권짜리 『생갈의 자크 카사노바 회고록』을 썼다. 벨기에 작가 리뉴 공은 카사노바에 대해 이렇게 말했다. 〈그가 무슨 말을 하든 계시가 되고, 무슨 생각을 하든 책이 된다.〉

독자께서 지금 손에 쥐고 계신 책은, 주제가 같은 다른 수많은 책과

---

5 카사노바는 모차르트가 「돈 조반니」를 작곡하기 전에 만나서 자신의 여성 편력 이야기를 들려주었다고 한다 — 옮긴이주.

6 프로토코즘*Protocosm*은 원시 세계, 메가미크레스*Megamicres*는 대소인(大小人)을 뜻하는 조어인 것으로 보인다 — 옮긴이주.

달리 글쓰기나 작가들을 찬미하고자 하지 않는다. 나는 책이 중요하다는 것을 독자에게 설득할 필요가 없다고 생각한다. 그런 빤한 주제에 매달리지 않고 나는 카사노바를 통해 단서를 얻는다. 그가 〈참한 귀부인〉이라고 부른 일부 여성들은, 그가 리즈에 투옥되어 있는 동안 설사를 했다는 얘기가 저속하다고 비난했다. 그것에 대해 그는 이렇게 말했다. 〈내가 어떤 귀부인과 단둘이 얘기를 나눈다면 아마 그런 얘기를 하지 않았을 것이다. 그러나 대중은 귀부인이 아니다. 나는 뭔가 배울 게 있는 얘기를 하고 싶다.〉

그런 정신을 이어받아, 이 책은 다음과 같은 여러 질문에 답한다. 작가는 글을 쓰는 것만으로 먹고살 수 있을까? (드문 일이다) 또 이런 질문에 답한다. 친구가 낸 새 책을 내가 돈 주고 사야 할까? (나는 아니다. 하지만 당신은 그래야 한다) 또 이런 질문에 답한다. 내 책을 팔아먹기 위해 여차하면 투신자살이라도 해야 할까? (아무렴, 그렇고말고) 또 이런 질문에 답한다. 작가 수의 급증이 왜 문학의 수준을 위협하는 가장 큰 요인 가운데 하나인가? 책을 쓰는 것이 왜 자신을 마케팅하는 이상적인 방법인가? 사서는 왜 더욱 많은 책을 폐기 처분해야 하는가? 정치가는 왜 글을 쓰지 말아야 하는가? 또한 이 책은 어떤 책이 가장 자주 도난을 당했는지 알려 준다. 그걸 주제로 해서 다소 짧게 쓴 에세이가 「뉴욕 타임스」 서평란에 두 번째로 실렸는데, 이번에도 많은 독자의 격려 편지를 받았다. 그 에세이에서 내가 미국 국회 도서관에서 잃어버렸다고 말한 애비 호프먼의 『이 책을 훔치시오』를 도서관에 기증하겠다고 나선 독자도 있었다.

이 책을 쓰며 나는 진지한 연구 기법을 사용했지만, 아주 얄궂은 정보도 부담 없이 사용했음을 고백해야겠다. 그런 정보는 채택되기만 기다리며 어디나 즐비하게 널려 있다. 예를 들어 마닐라 전화번호부를 뒤지다가 우연히 자곤 퍼블리셔스[전문 용어 출판사]라는 이름의 출판사 현지 법인을 발견하듯이. 또는 방탄용 『신약 성서』를 만든 사람이 있다는 것을 알게 되듯이. 그것은 양장본 개념에 새로운 의미를 덧붙인 발명품이다. 구체적인 책 세상에 대한 통찰을 이삭줍기하듯 주위 모을 수 있는 최고의 공간은 일간지다. 「필라델피아 인콰이어러」지의 시사 평론가이자 문학 평론가인 칼린 로마노는 그 점을 논박한다. 그는 이렇게 썼다. 〈아마도 1990년대의 미국 신문에서 가장 주목할 만한 사실은 신문 서평이 모든 형태의 책 읽기에 적대적이라는 것이다.〉 나중에 이 책에서 다루겠지만, 신문 서평이 건성이고 그리 볼 것도 없다는 의미에서는 로마노의 말이 옳다. 그러나 신문에는 책과 저자에 대한 유익한 토막 기사가 즐비하다.

이러한 전제가 옳다는 것을 확인하기 위해, 나는 우리 대학 신문학과의 총명한 학생인 애니타 챙에게 부탁해서, 당일의 「USA 투데이」와 「월 스트리트 저널」에서 책에 대한 얘기를 찾아보게 했다. 전자는 흔히 지식인용의 신문으로 간주되지 않는다. 애니타가 살펴본 결과, 이 신문에서는 여덟 권의 책을 언급했고, 후자의 경우에는 무려 스물여덟 권의 책을 언급하고 있었다. 스물여덟 권 가운데 스물두 권은 부커상에 대한 기사와 관련된 것이었다. 그런데 나머지 여섯 권 가운데 한 권은 신문 1면에서 언급하고 있었다. 이 기사에서는 조지아 주 비데일리아에서 양파를 재배하는 농부들 사이의 치열한 경쟁을 묘사하고 있다.[7] 그런데 이 농부들 가운데 『비데일리아 양파 애호가의 요리

---

7 비데일리아에서는 대규모 양파 축제가 열린다 — 옮긴이주.

책』을 펴내서 10만 부를 판 사람이 있다고 한다.

뉴스는 주로 범죄와 테러, 혼란 등에 관한 것으로 이뤄져 있다. 그런데 그런 뉴스가 책과 관계 있을 때도 있다. 어느 날 「뉴욕 타임스」에 이런 기사가 실렸다. 멤피스의 한 판사가 초범자에게 『맬컴 엑스 자서전』에 관한 10페이지짜리 에세이를 쓰라는 형을 선고했다는 것이다. 또 어느 날 아침, 미국 예술 진흥 기금NEA의 이사장이 텍사스 주 엘패소의 작은 출판사가 발행한 어린이 책 『색깔 이야기』에 대한 지원을 중단한다는 기사가 눈에 띄었다.[8] 이 책의 저자는 신자유주의 세계화를 반대하는 멕시코 게릴라 단체 사파티스타의 부사령관 마르코스. 책 커버 날개에 나온 사진 속의 마르코스는 어깨에 탄띠를 두르고 스키 마스크로 얼굴을 가리고 있다. 또 어느 날, 온라인 뉴스를 통해 미시건 주립대학의 멕시코계 미국인 남학생들이 〈대학 도서관의 책 4,500권을 볼모로 삼아, 대학 당국에 요구서를 제출했다〉는 얘기를 들을 수 있었다. 학생들의 주된 요구 내용은 히스패닉학을 전공으로 채택하라는 것이었다.

따라서 외딴 문학의 섬으로 항해를 떠나는 지금, 진정으로 책을 사랑하는 사람이라면 누구나 카사노바가 회고록을 쓴 근본적인 다음 이유를 신조로 삼아 마땅하다는 데 동의하자. 〈내가 현명치 못하다는 것을 나는 잘 알고 있다. 그러나 내 가슴을 채울 그 무엇, 나를 웃음 짓게 할 그 무엇인가가 나는 필요하다. 그게 있다면 나 자신을 부정할 일이 없을 것이다.〉

8 다양성의 가치를 얘기하는 이 책은 지원 중단 발표 때문에 오히려 베스트셀러가 되었다
— 옮긴이주.

1

작가, 로저 클레이풀의 어물전

저술업의 경제적 측면은 사뭇 달라졌지만,
사실상 달라진 건 아무것도 없으며, 돈이 작가의 최대 걸림돌이라는 걸
우리는 기뻐해야 마땅하다는 것을 여기서 입증해 보이겠다.

「하지만 리어던 같은 사람과 나 같은 사람의 차이를 좀 이해해 주게. 그는
실용적이지 못한 구닥다리 예술가 유형이야⋯⋯. 오늘날에는 문학도 장사라네.
놀라운 재능만으로 성공을 거둘 수 있는 천재는 둘째 치고,
글깨나 써서 성공했다는 사람은 죄다 요령 좋은 장사꾼인 거야.
그런 사람은 무엇보다 먼저 시장을 염두에 둔다네. 물건 판매가 슬슬
지지부진해지기 시작하면, 새롭고 군침 도는 다른 물건을 만들 준비를 하지⋯⋯.
리어던 같은 사람은 그런 짓을 못해. 그는 시대에 뒤떨어졌어.
그는 마치 샘 존슨의 그러브 스트리트[1]에 사는 사람처럼 원고를 판다니까.
하지만 오늘날 우리의 그러브 스트리트는 사뭇 다른 곳이라네. 여기서는 전보로
의사소통을 할 수 있어서, 주민들은 온 세상에서 어떤 문학적 먹을거리를
요구하는지 환히 꿰고 있다네. 이곳 주민들은 사업가인 거야. 행색은 남루하지만.」
조지 기싱의 1891년 소설, 『꿈꾸는 문인들의 거리』에서 재스퍼 밀베인이 한 말.

1 그러브 스트리트Grub Street는 가난한 문인들이 모여 살던 영국의 옛 거리 이름이다. 존
슨 박사라는 애칭으로 유명한 18세기 영국 작가인 샘, 곧 새뮤얼 존슨은 이 거리에서 30년을
살았다. 당시 문인들은 창작으로 돈을 벌지 못해 번역을 했는데, 그나마도 〈서적상들을 위해
번역하느라 굶어 죽는다〉는 냉소 어린 소리가 나올 정도였다 — 옮긴이주.

수년 동안 내 서재에는 한 뉴욕 만화가의 그림이 걸려 있었다. 두 가지 유형의 〈작가의 슬럼프〉를 묘사한 만화였다. 첫 번째 컷에서 작가는 타자기를 등지고 창밖을 내다본다. 그는 〈일시적인〉 슬럼프를 경험하고 있다. 두 번째 컷에서 그는 영업 중인 자기 가게의 간판을 바라본다. 〈로저 클레이풀의 어물전.〉 붓을 꺾고 어물전을 연 클레이풀 씨는 〈항구적인〉 슬럼프에 시달리고 있다. 나는 이 만화를 책상에서 잘 보이는 곳에 걸어 두었다. 글을 쓰고 있지 않는 한, 작가일 수 없다는 것을 늘 자각하기 위해서였다. 하지만 나는 이 만화가 훨씬 더 기본적인 진실을 간과했다는 것을 뒤늦게 깨달았다.

대중의 상상 속에서는 글쓰기가 아주 낭만적인 직업이다. 상상 속의 작가는 꼬박꼬박 정시 출퇴근을 하는 법이 없다. 작가는 헐렁한 바지에 풍성한 낡은 스웨터를 입고 동네를 어슬렁거린다. 날마다 아주 느긋하게 차를 마시고, 또 차를 마신다. 그러면서 끊임없이 머릿속으로 엄청난 주제를 굴린다. 남루한 거처에서 글을 휘갈겨 쓰며 작가는 자유를 만끽한다……. 이런 생각은 일종의 신화라고 할 수 있다.

전업 작가가 편한 옷을 입고 집 안에서 뒹굴 수 있어서 자유롭다고 생각한다면, 그것은 새들이 행복해서 나무에 앉아 노래한다고 생각하는 것과 다를 게 없다. 〈다락방의 작가는 광산의 노예와 다를 게 없다.〉 제임스 랠프의 저서 『직업 작가, 곧 생업 작가의 사례』(1758)에 나오는 말이다. 영국 소설가 조지 기싱이 그러브 스트리트에 대한 마이너 클래식에서 보여 주었듯이, 글쓰기는 꽤나 고단한 사업이다. 전업 작가로 지내며 밥벌이를 하는 사람은 아주 소수다. 밥벌이를 하고 있다면 그 작가는 재스퍼 밀베인 같은 사업 감각을 지닌 사람이라고 할 수 있다. 대다수의 작가는 여느 사람처럼 아침마다 일하러 나갔다가 돌아와서, 이웃 사람들이 쉬거나 잠든 시간에 가외로 글을 쓴다.

이러한 파트타임 작가 가운데 비록 아주 소수이지만 새뮤얼 존슨이 그러브 스트리트의 〈하찮은 작품〉이라고 부른 것을 뛰어넘는 글을 쓰는 작가가 나온다. 정말이지, 작가라는 직종의 역사를 두루 살펴보면, 날품을 팔 수 있는 로저 클레이풀의 어물전 같은 곳이 좋은 작품을 생산하는 최고의 장소라는 기본적인 진실에 이르게 된다.

간추린 글쓰기의 경제사 제1부

역사가들은 자본주의 경제 체제가 15세기 중반에 시작되었다고 주장했다. 요하네스 구텐베르크가 최초로 활판 인쇄술을 선보인 때를 기점으로 잡는 것이다. 구텐베르크의 활판부터 조짐을 보이기 시작한 기계화 생산 체계는 대규모 시장 경제를 가능케 했다. 구텐베르크는 단순히 활판만 선보인 게 아니다. 활자를 대량 생산하는 방법을 개발했고, 새로운 인쇄기와 유성 인쇄 잉크를 발명했다.

구텐베르크는 습관적으로 실험하길 좋아하는 사람이었던 것 같다. 그가 요즘 사람이었다면, 예컨대 과즙을 먹고 싶지 않아도 마을에서 최초로 전기 과즙기를 사들이는 그런 사람이었을 것이다. 인쇄 일을 하지 않을 때 그는 보석을 세공하거나 거울을 만들었다. 그가 인쇄술을 혁신시켜서 이루고자 한 것이 무엇이었든 간에, 그는 자신이 자유 시장 경제의 선두 주자가 될 줄은 꿈에도 몰랐다. 그건 헨리 포드가 T형 승용차를 만든 후 그것 때문에 도시 근교가 발달하게 될 줄 몰랐던 것과 마찬가지다. 어쨌거나 구텐베르크는 아마 자기 발명품에 실망했을 것이다. 돈을 벌지 못했으니까. 역사가 존 P. 페더의 말에 따르면, 그는 〈최초의 인쇄업자는 아니었지만, 파산한 최초의 인쇄업자였다〉. 구텐베르크에 대해 우리가 알고 있는 내용은 대부분 그가 돈 문제로 재판을 받은 자료에서 나온 것이다.

구텐베르크는 활판 인쇄술 덕분에 해마다 수천 종의 새로운 책이 쏟아져 나오며 글쓰기 직종이 급속히 발전할 줄은 꿈에도 몰랐다. 그는 수도사들이 필사해 온 성서를 기계로 척척 찍어 내겠다는 생각에서 인쇄기를 발명했다. 그를 비롯한 초기의 다른 인쇄업자들은 그들이 인쇄한 책을 수도사가 잠깐 살펴봐 주길 바랐다. 그 후 한동안은 가장자리에 널찍이 여백을 둔 책을 인쇄했는데, 손으로 장식을 해넣을 수 있게 하기 위해서였다. 당시 독자들은 인쇄된 책이 천박하다고 생각했던 것이다.

당시 책을 펴내기 위해 창작을 한다는 것은 희귀한 일이었다. 아이작 디즈레일리의 말에 따르면, 〈현대 어법으로 《직업 저술가》라고 일컬어 온 글쟁이 인종〉이 아직 태어나지 않은 것이다. 당시의 저술가는 글을 써서 돈을 벌려고 하지 않았다. 벌려고 해도 벌 수가 없었다. 오늘날 인터넷 요금을 어떻게 책정할 것인가를 두고 고민하는 것처럼, 체계적으로 책값을 어떻게 정할 것인가를 알 수 없었던 당시의 저술가와 출판업자는 아주 다양한 방법을 실험했다. 저술가가 인쇄 잡일을 도와주는 한편, 인쇄업자에게 돈을 주고 책을 팔아 달라고 위탁하는 경우도 있었다. 때로는 저술가가 책을 헌정하고 그 대가를 챙겼다. 인쇄업자가 저술가에게 자금을 대주는 경우도 있었다. 16세기의 네덜란드 사람 가운데 글을 써서 꽤 소득을 올린 사람이 있었는데, 그는 조카에게 이런 조언을 했다. 〈어떤 저술가들은, 자기 작품이 아름답게 인쇄되면 인쇄업자에게 은그릇을 선물했단다.〉

초서, 셰익스피어, 밀턴은 초기 영문학사에서 가장 중요한 세 사람이라고 할 수 있다. 걸출한 이들 작가 가운데 그 누구도 돈벌이를 위해 책을 내지 않았다.

구텐베르크보다 반세기쯤 먼저 태어난 제프리 초서는 직업 공무원으로 생계를 꾸려 갔다. 그는 클래런스의 라이오넬 공의 집안에서 시동으로 돈벌이를 시작했다. 1359년 프랑스군에 포로로 잡힌 그는 잉글랜드 왕이 몸값을 내주어 석방된 후, 에드워드 3세와 리처드 2세를 위해 일하게 되었다. 외교관, 양모와 가죽 보조금 및 관세 회계 검사관, 켄트 주 치안 판사, 여러 왕실 건물의 보수 유지 책임을 맡은 국왕 보좌관 일을 했고, 켄트 주 의원 생활도 했고, 노스 패서턴 왕실 공원 삼림 부책임자로 말년을 보냈다.

초서는 가외로 글을 썼다. 2천 행이 넘는 그의 장시 「명예의 전당」(1370년대)에서 독수리가 다음과 같이 시인을 꾸짖는 장면은 아마 초서 자신을 염두에 두고 썼을 것이다. 〈일을 끝내고 모든 계산을 마친 후, 그대는 다른 일을 하거나 쉬지 않고 곧장 집으로 가서, 눈이 완전히 게슴츠레해질 때까지 또 다른 책을 붙들고 바위처럼 주저앉아 있는구나.〉

그의 작품이 책으로 엮이기는 했지만, 그가 글을 쓴 것은 스스로 즐기기 위한 것이었고, 나아가서 그가 모시거나 함께 일한 상류층 인사들을 즐겁게 해주기 위한 것이었다. 저녁 식사를 한 후 이야기보따리를 풀어놓는 것은 당시 흔히 있는 일이었다. 8천 행이 넘는 그의 장시 『트로일루스와 크리세이드』의 유명한 원고 여백 장식을 보면, 그가 궁전 정원에서 왕족들에게 이것을 읽어 주었다는 것을 알 수 있다. 그의 시편 원고 가운데 온전하게 남아 있는 것은 없다. 『캔터베리 이야기』는 그가 모든 이야기를 완성하기 전에 각 장별로 나눠어 시중에 유포되었다. 이 책은 초기 판본이 워낙 희귀한 탓에 1998년 크리스티 경매에서 기록적인 금액인 750만 달러에 팔렸다.

윌리엄 셰익스피어의 경우는 어땠을까? 셰익스피어의 작품으로 알려진 것을 실제로 그가 모두 썼다고 가정하자. 그는 그걸 책으로 내서 돈을 벌겠다는 생각을 한 적이 없다. 체임벌린스 멘(제임스 1세 즉위 후에는 킹스 멘) 극단의 주요 주주이자 배우였던 그는 후원자들을 사로잡을 수 있는 새로운 극작품을 창작하는 일을 맡았다. 그의 동료들은 오늘날의 방송 작가쯤으로 그를 생각했던 것 같다. 〈이봐, 빌, 이번에는 복수극을 쓰는 게 좋겠어. 저쪽 거리에서 그걸 상연하고 있으니까 말이야.〉 그래서 셰익스피어가 쓴 것이 『햄릿』이다. 그가 벌어들인 극단 소득 가운데 어느 정도가 극작품 대가인지는 확실치 않다. 당시 극작가에게 작품료를 주는 일반적인 방법은, 두 번째 공연 매표액에서 극단 경비를 뺀 금액을 주는 것이었다. 셰익스피어는 1년 내내 배우로 활동하면서, 11월에서 2월 사이에만 글을 썼다.

초기 시집인 『비너스와 아도니스』(1592), 『루크리스의 겁탈』(1593~1594)은 역병 때문에 극장이 문을 닫아야 했을 때 써서 책으로 펴낸 것이다. 이렇게 책을 펴낸 것은 돈을 벌기 위해서라기보다 런던에 자기 이름을 알리기 위해서였을 것이다. 셰익스피어의 중요 전기작가 가운데 한 명인 파크 호넌은 이렇게 결론지었다. 〈그는 평생 런던 서점에 자기 이름이 걸려 있는 것을 보았지만, 그것이 돈이 되지는 않았다.〉

셰익스피어의 시대에 인쇄업자들은 한 해에 대여섯 편의 새 극작품만을 책으로 펴냈다. 저작권이라는 게 없었기 때문에, 그들은 작품료를 단 한 푼도 지급할 필요가 없었다. 셰익스피어와 그의 극단이 1590년대에 『리처드 3세』 등의 극작품을 책으로 펴내서 판 적이 있긴 하다. 그러나 그것은 본질적으로 농부가 볍씨를 파는 것과 다를 게 없는 행위였다. 대본을 책으로 펴낸다는 것은 극단 경영이 절망적이라는 것을 광고하는 행위였다. 그러니 누가 절망적으로 연기하는 극단을 보러 오겠는가? 셰익스피어가 소네트를 쓴 것 역시 책으로 펴내기 위해서가 아니라 스스로 즐기기 위해서였다.

결국 셰익스피어에게 중요한 것은 저작권이 아니라 부동산이었다. 사망 당시에 그는 고향인 스트랫퍼드에서 두 번째로 큰 저택과 주위의 농지 13만 평을 소유했고, 상당한 임대 소득을 올리고 있었다. 물론 런던에도 부동산이 있었다.

그의 극작품 가운데 반쯤은 그보다 더 오래 산 두 동료 덕분에 비로소 책으로 세상에 나오게 되었다. 두 사람은 〈돈이나 명예를 얻으려는 야심도 없이〉 이 책들을 펴냈다. 〈다만 소중한 친구 겸 동료를 잊지 않기 위해서.〉

초기 영문학사 최고의 3인 가운데 막내인 존 밀턴은 셰익스피어가 사망하기 8년 전 신흥 중산층 가문에서 태어났다. 17세에 크라이스트 칼리지에 입학해서, 문학사와 석사 학위를 받은 후, 부유한 아버지에게 얹혀 지내며, 글을 쓰지 않는 시간에는 느긋하게 여행을 다녔다. 1639년부터는 학생들을 가르치다가 의회 정치를 옹호하며 정치 평론가로도 활동했다.

1649년에 찰스 1세가 처형된 후, 밀턴은 크롬웰 정부의 라틴어 비서관으로 임명되었다. 이 직책은 글솜씨를 필요로 했다. 의회에서 함부르크로 보내는 공문서를 번역하는 날이 있는가 하면, 또 어떤 날은

적과 내통한 혐의로 체포된 존 리의 논문을 검토하기도 했다. 때로는 최고 행정 재판소에서 아일랜드와의 문제에 관한 〈소견을 말하라〉는 지시를 내려 보내기도 했다. 이런 일을 하는 대가로 해마다 288파운드 13실링 6.5펜스를 받았고, 화이트홀[런던 관청 소재지]에서 살았다. 작가 가운데 밀턴만 이런 일을 한 것이 아니었다. 조지 루돌프 웨클린과 리처드 팬쇼 — 각각 밀턴의 선임자와 후임자 — 는 시인이었다. 밀턴은 젊은 시인인 앤드루 마블을 조수로 쓰려고 했는데, 마블은 결국 크롬웰의 피보호자를 가르치는 일을 맡았다. 밀턴은 이런 일은 맡은 지 2년여 만에 실명을 했지만, 1660년 왕정복고 때까지 화이트홀에 살았다.

밀턴은 스스로 진리의 대변인이라고 생각했다. 왕정복고를 논박하는 글을 쓰거나 시를 쓸 때에도 그랬다. 그가 언론 출판의 자유에 대한 유명한 소책자인 『아레오파지티카』를 펴낸 것은 돈을 벌기 위해서가 아니라 논쟁을 불러일으키기 위해서였다. 그가 뭔가 기대한 게 있다면, 아마 투옥되는 일이었을 것이다. 글쓰기를 금지한 악행에 맞서서 소책자를 펴내면서도 그는 필요한 면허를 받거나 등록하길 거부했다.

화이트홀에서 추방된 후 밀턴의 재정 형편은 극도로 나빠졌다. 그는 라틴어 비서관 시절에 저축한 돈을 모두 잃었다. 그의 아버지가 물려준 집은 런던 대화재 때 불타 버렸다. 그는 상당한 장서를 헐값에 팔아야 했다. 나이가 들수록 장서는 불필요했다. 불효막심한 세 딸은 막대한 돈을 들여 교육을 시켜 주었는데도 그의 장서를 활용할 줄 몰랐다. 그가 더 나이 들었을 때, 서적상들은 그의 학창 시절 학구적인 습작 시나 편지를 책으로 펴내는 게 돈이 된다는 것을 알게 되었다. 그는 사실 몇 푼 되지도 않는 돈 때문이 아니라 아마 자긍심 때문에 출판에 협조했을 것이다. 자신의 문학적 유산이 보존되길 원한 것이다.

말년에 『실낙원』을 펴내게 되었을 때 그는 5파운드를 선금으로 받고, 1쇄 1,300부를 팔 때마다 5파운드씩, 3쇄를 찍을 때까지 나누어 받기로 했다. 20파운드를 손에 쥘 수 있다는 예상 아래, 그는 『실낙원』의 모든 미래 판권을 양도했다. 그런데 이만한 돈으로는 삶의 질이 전혀 나아질 수 없었다. 어느 밀턴을 연구한 학자의 말에 의하면, 당시 5파운드는 신사의 마차를 한 차례 새로 페인트칠할 수 있는 돈이었다.

밀턴의 시대 이후로도 오랫동안 문학작품은 여가 생활의 부산물에 지나지 않았다. 다시 말하면 주로 귀족 사회에서 글쓰기가 이루어졌다는 뜻이다. 시간이 많고 예술을 좋아하는 부유한 신사들은 작가의 후원자가 되었다. 당시 잉글랜드만이 아니라 유럽 대륙이 다 그러했다. 루이 18세와 샤를 10세는 빅토르 위고에게 해마다 2천 프랑을 주었다. 만일 신사 계층의 사람이 몸소 글을 쓰고자 하면, 글쓰기가 신사의 징표이긴 했지만, 자기 작품에 제 이름을 올리려고 하지 않았다. 글의 대가를 원하지도 않았고, 공식 출판을 하려고 하지도 않았다. 그저 조심스레 가까운 사람들이 원고를 돌려 읽게 했을 뿐이다. 그래서 셰익스피어의 이름이 걸린 작품의 저자도 실은 셰익스피어가 아니라고 주장하는 사람들이 있다. 사실 그런 걸작을 쓰기에는 그의 출신 배경과 교육 수준이 너무 미천하다. 옥스퍼드, 더비, 러틀랜드, 에식스, 사우샘프턴 등지의 백작이 실은 대다수 셰익스피어 작품의 실제 저자라는 것이 그들의 주장이다 — 셰익스피어는 시편들을 사우샘프턴 백작과, 활동적인 사교계 명사였던 17대 옥스퍼드 백작인 에드워드 드 비어에게 헌정하면서 그들을 참된 〈셰익스피어〉라고 일컬었다. 널리 알려진 귀족적 정조로 말하면, 돈은 예술을 타락시킨다. 돈은 쓰여야 할 작품이 아니라 남들이 원하는 작품을 쓰는 쪽으로 작가를 몰아간다. 어쨌든 그 점에서 구텐베르크가 궁극적으로 막대한 영향력을 미쳤다는 것은 부정할 수 없다.

산업 혁명이 일자 책을 대량 생산하는 기술이 더욱 진보하게 되었다. 인쇄기를 돌릴 때 처음에는 말을 이용했는데, 이제는 증기를 이용하게 되었다. 자동 식자기가 등장했고, 낱장이 아닌 두루마리 종이가 기계로 생산되었고, 책장을 접는 기계가 등장했다. 또한 산업화의 부산물인 가스등 덕분에 어둡고 우울한 밤의 세기가 막을 내렸다.

책과 정기 간행물을 사들일 수 있을 만큼 소득 수준과 교육 수준이 높은 중산층이 늘어났다. 그들은 일터의 불을 끈 후 집에서 책을 읽을 수 있었다.

산업화가 진전됨에 따라 귀족층은 도서 집필에 대한 주도권을 잃게 되었다. 읽고 쓰는 기술은 새로 등장한 한 무리의 사무원들에게 중요한 돈벌이 기술이 되었다. 그런 사무원 가운데 한 명인 벤저민 헤인이라는 사람은 〈누구든 고용주를 위한 글왈쓰기writeing 사업〉을 한다고 자신을 광고했다. 〈writeing〉이라는 낱말이 시사하듯, 철자와 구두법이 공장 제품처럼 표준화되기까지는 아직 시간이 필요했다. 문학작품 쓰기도 직업이 되었다. 책이 일종의 제품이라는 생각을 하게 된 여러 나라에서 저술가에게 인세를 보장하는 저작권 제도가 생겨났다. 점점 늘어난 베스트셀러는 귀족이 작가를 먹여 살리던 역할을 대신 떠맡게 되었다. 에밀 졸라는 이렇게 선언했다. 〈돈이 작가를 해

방시켰다. 현대 문학을 창조하는 것은 돈이다.〉

초기의 직업 작가는 때로 자신의 역할에 불쾌감을 느꼈다. 영국 시인이자 수필가인 올리버 골드스미스는 〈나를 뒷바라지해 주는 서적상이야말로 최고의 친구〉라고 생각했다. 그러면서도 그는 〈단지 주머니를 채우기 위해 깃펜을 드는 (그러브 스트리트의) 작가〉를 경멸했다. 바이런이 시를 써서 꽤 소득을 올렸다는 소문이 돌자, 골드스미스는 글의 대가로 돈을 받지 않겠다는 선언을 하려고 했다. 말년에 바이런은 돈이 필요하면서도 출판업자가 선금을 주겠다는 것을 점잖게 사양했다. 1847년의 한 영국 잡지에 이런 말이 나온다. 〈문인들은 직업 저술가가 되는 것을 기꺼워하지 않는다. 일반적으로 그들은 한사코 신사나 변호사인 척한다.〉

그러나 점잖게 구는 것은 경제 현실에 도움이 되지 않는다. 골드스미스의 친구이자 직업적인 글쓰기에 능하고 곧잘 신랄한 글을 쓴 존슨 박사는 저술업에 대한 굳은 신념을 이렇게 표현했다. 〈얼간이가 아니라면, 글을 쓰는 이유는 오직 돈 때문이다.〉

글쓰기의 경제사는 여기서 끝나지 않는다.

간추린 글쓰기의 경제사 제2부

1998년 미국의 책 판매액은 230억 달러를 기록했다. 미국 출판사 협회가 발표한 이 수치는 전년도에 비해 6.4퍼센트 증가한 것이다. 그러나 이처럼 오늘날의 도서 시장이 역사상 그 어느 때보다 더 크다고 말할 때 자칫 현대 작가들의 고단한 삶이 도외시되기 쉽다.

현대의 경제력은 작가들의 과거 환경의 족쇄를 일거에 풀어 주고, 새로운 환경에 족쇄를 채웠다. 결과는 피장파장이다. 산업화의 결과 가운데 하나는 현대 경제 체제에서 사실상 모든 사람이 읽고 쓸 줄 알게 되었다는 것이다. 그래서 때로는 독자와 작가가 평등해진 것처럼 보인다. 결국 작가가 급증함으로써, 작가들이 시장을 잘게 쪼개서 나누어 갖는 바람에 극소수의 대인기 저술가 외에는 책으로 돈을 버는 게 거의 불가능해졌다. 미국의 전위 작가 거트루드 스타인은 이렇게 말했다. 〈18세기에는 읽을 줄 몰라서 그걸로 밥벌이를 할 수 없었고, 20세기에는 누구나 읽을 줄 알아서 그걸로 밥벌이를 할 수 없다.〉

『북스 인 프린츠』라는 잡지의 편집장 앤드루 그라부아의 말에 따르면, 1998년 미국에서 약 14만 권의 신간 서적이 발행되었다. 1990년

인구 통계로 한 명이 책 한 권만 냈다면, 24세 이상의 미국 시민 1,264명 가운데 한 명이 책을 펴낸 셈이 된다. 해마다 새로운 저술가가 선을 보이는데, 거칠게(그리고 보수적으로) 추산해 보면 14만 권 가운데 3만 5천 권은 처녀작이다. 이런 계산대로라면 45만 5천 명, 곧 미국인 388명 가운데 한 명이 10년에 최소한 한 권꼴로 책을 펴내는 셈이다.

물론 이건 줄잡아서 하는 말이다. 10년 사이에 상당수의 저술가가 사망한다. 『북스 인 프린츠』에 이름을 올린 저술가 가운데 일부는 미국인이 아니다. 이런 요소는 저술가 숫자를 낮춘다. 하지만 공동 저자의 책이 많다는 점은 저술가 숫자를 높인다. 그리고 『북스 인 프린츠』에는 군소 출판사에서 비매품으로 발행하는 많은 책이 빠져 있다.

전체적으로 볼 때, 저술가들은 이런 추산에 풀이 죽을 필요는 없다. 높은 문맹률을 감안하면 더욱 그렇다. 교육부에서 성인을 대상으로 연구한 것에 따르면, 〈길고 복잡한 문장을 다수 포함한 평가에서 가장 어려운 문제를 풀 수 있는 능력을 보인〉 사람은 시험 대상 성인의 18~21퍼센트였다. 좀 위험한 가정이겠지만, 그런 능력을 지닌 사람이 책을 쓴다고 가정할 때, 고등 교육을 받은 미국인 70~81명(388명의 18~21퍼센트) 가운데 한 명이 10년마다 책 한 권을 펴내는 셈이 된다.

갈수록 경쟁이 치열해지는 추세가 누그러질 조짐은 보이지 않는다. 『통계로 본 미국』에서는 1992년의 미국 〈저술가〉가 고작 12만 5천 명이라고 보고하고 있다. 이것은 우스꽝스러울 정도로 낮춰 잡은 수치다. 하지만 지난 10년에 비하면 100퍼센트 이상 증가한 수치라는 점에서는 매우 인상적이다. 작가들을 위한 자기 계발 잡지인 『라이터스 다이제스트』는 1998년까지 20년 동안 유료 구독자가 81퍼센트 증가했다. 1998년의 전체 발행 부수는 25만 부였다. 『뉴요커』지 편집자의 말에 따르면, 1980년대 초 이 주간지에 투고된 글과 게재된 글의 비율은 다음과 같다. 〈장편 소설 29,998편 중 2편 게재. 단편 소설 249,511편 중 489편 게재.〉 그 밖에도 해마다 투고된 시가 줄잡아 2만 5천 편이 넘었다. 이러니 오늘날 글을 써서 빛을 볼 승산은 아주 희박하다.

이러한 통계는 전체 인구 증가에 비해 작가들의 수가 급격히 증가하고 있다는 것을 보여 준다. 이런 통계는 평균 수명이 증가하고 있다는 희소식에 긴 그늘을 드리운다. 인간은 수명이 늘어날수록 글을 써서 책을 펴낼 가능성도 커진다. 〈은퇴하면 무엇을 하시겠습니까?〉라는 질문에 대해 〈책을 낸다〉는 답변은 몇 위를 차지했을까? 〈골프를 좀 더 친다〉에 이어 2위를 차지했다. 글을 쓰며 지낼 수 있는 여유가 없는 사람이 많지만, 더욱 많은 사람이 더욱 오래 살게 되면 글을 쓰고자 하는 사람 또한 더 늘어날 것이다. 노인들을 위한 인기 교육 프로그램 가운데 하나가 바로 글쓰기다. 글쓰기 교실에서 노인들은 생각을 글로 옮기는 방법을 배운다. 은퇴해서 넉넉한 연금을 받는 사람들은 자기 글이 안 팔릴지도 모른다는 걱정을 할 필요가 없다.

그 밖의 사람들은 혹독해진 경쟁 때문에 글을 써서는 밥벌이를 하기가 어렵다는 것을 잊어버리면 곤란하다. 먹느냐 먹히느냐의 이런 우울한 풍토를 처음으로 평가한 것은 1994년 갤럽의 독자 습관 연구였다. 미국 서적상 협회의 의뢰로 이뤄진 이 연구에서, 1억 600만 명의 미국인 성인이 해당 분기에 약 4570만 권의 책을 구입한 것으로 나타났다.

 가능한 한 낙관적인 시나리오를 채택해서, 이제 막 책을 낸 저술가를 위해 아주 극적인 여러 가지 가정을 해보자. 첫째, 갤럽 연구의 대상이 된 미국인 도서 구매자가 그 해에 발행된 책만을 샀다고 가정하자. 말하자면 고전을 사지 않고, 지난해에 발행된 책도 사지 않는 것이다. 둘째, 갤럽 연구에서 구매된 모든 책을 기존의 유명 출판사에서만 발행했다고 가정하자. 이렇게 가정하면, 미국의 저술가들은 평균 약 5만 권의 책과 경쟁하고 있는 셈이다. 앞에서 언급한 14만 권, 또는 『북스 인 프린츠』 1998~1999년 판의 목록에 오른 160만 권 이상의 책과 경쟁을 하는 것이 아니다.

 그 결과는? 해당 분기에 새 책당 평균 915부가 팔린다. 갤럽 조사 응답자가 권당 평균 15달러를 썼다고 답했기 때문에, 이 금액에 915부를 곱하면 각 분기에 새 책 한 권으로 벌어들인 돈은 1만 3,725달러다. 이것을 1년으로 환산하면 5만 4,900달러가 되는데, 언뜻 보면 괜찮은 벌이 같다.

 그런데 책을 발행하려면 우선 종이가 필요하고, 인쇄하고 제본하고 편집하고 영업하고 창고에 보관해야 한다. 이 모든 것에 돈이 든다. 게다가 서적 도매상과 서점 주인도 자기 몫을 챙긴다. 저술가의 관점에서 보면, 장터에서 대부분의 돈이 다른 사람의 주머니로 마술처럼 사라지는 것 같다. 저술가는 저작권료(인세)로 급여를 받는 노동자다. 인세 외에 무료 증정본 몇 권을 받고, 자기 책을 살 경우 할인 혜택을 받긴 한다. 인세의 규모는 저술가의 지명도와 책의 종류에 따라 달라진다. 차떼기로 팔리는 로맨스 소설은 흔히 가명을 사용하는데, 초판 15만 부까지 인세를 4퍼센트밖에 받지 못한다. 때로는

2~3퍼센트를 받기도 하는데, 그 후 판매량에 따라 좀 더 받을 수도 있다. 진지한 논픽션 양장본 서적은 일반적으로 초판 5천 부에 대해 5~10퍼센트의 인세를 받고, 그 이상의 판매량에 대해서는 10~15퍼센트를 받는다. 여기서 갤럽 연구 사례를 좀 더 살펴보자. 계산은 여전히 아주 후하게 쳐서, 평균적으로 저술가가 권당 인세를 15퍼센트 받는다고 하자. 그러면 저술가가 1년 동안 거둬들인 인세는 8,235달러다.

소수의 작가만이 두각을 나타내는 세상에서, 대다수 저술가는 통계 자료를 이렇게 왜곡해 가며 자신이 그나마 중간치는 된다는 것을 행운으로 여긴다. 그렇긴 해도 저술가들은 스스로 종이와 펜을 사야 하고, 연금과 보험료를 내야 하고, 도서관을 오가며 연구하는 데 드는 비용을 치러야 한다. 미국에서 좋은 출판 계약을 따내기 위해서는 거의 필수적인 존재라고 할 수 있는 저작권 대리인은 저술가의 몫 중에서 최소한 10퍼센트, 대체로 15퍼센트를 가져간다.

아일랜드는 작가에 대한 세금을 일체 면제했다. 내가 알고 있는 그 밖의 모든 나라의 저술가는 세금을 내야 할 뿐만 아니라, 세금 공제를 받기도 어렵다. 작품 속의 리어던 같은 인물인 제임스 윌콕스는 1985년에 1만 1,800달러를 벌었는데, 작은 아파트 집세의 3분의 1을 세금 공제 받으려고 했다. 그것에 대해 『뉴요커』지의 한 작가는 이렇게 보고했다. 〈세무서 직원은 윌콕스가 글을 쓰는 탁자를 살펴보더니, 거기서 식사를 한다고 꾸짖었다. 아파트가 작아서 탁자를 냉장고 가까이 놓고 일을 했는데, 그걸 오해한 것이다. 윌콕스는 그러지 않는다고 말했다(타자기 옆에서 식사를 한다는 것은 너무 울적한 일이라고). 그러나 세무원은 거기서 먹기도 할 게 분명하다고 우겼다. 그래서 그곳은 작업 공간으로 인정하지 않겠다는 것이었다. 게다가 그곳은 단단한 벽을 두르지도 않아서 사무 공간으로는 실격이라고 지적했다. 그곳에 벽을 두르면 창밖을 내다보지도 못하고 글을 써야 할 판이다.〉

인세를 많이 받는다 해도 남는 게 없을 수도 있다. 루디 맥사와 매리언 클라크는 1977년에 미국 국회의 잘못을 지적한 『공적 믿음, 사적 욕구』라는 책을 펴냈다. 맥사는 이렇게 회고했다. 〈우리는 선인세 3만 달러를 받아서 나누어 가졌다……. 저작권 대리인에게 10퍼센트를 떼어 주고 경비를 제하자 약 7천 달러가 남았다. 그동안 나는 일할 시간을 **빼**앗겼는데, 그 때문에 내 급여가 6천 달러 이상 삭감되었다. 따라서 순이익은 약 1천 달러다. 그런데 매리언의 청에 못 이겨 책 잔치를 하게 되었다. 비용은 우리가 내야 했다(출판사는 20권의 증정본을 보내 주었다). 조지타운에 있는 F. 스코츠 바에서 잔치를 했는데, 크림소다와 시바스 리갈을 무제한 제공하는 잔치였다! 이 책 잔치 비용은 2천 달러가 넘었다.〉

전업 작가가 기고문을 써서 추가 소득을 올릴 수는 있지만, 그것은 비를 피해 강에 뛰어드는 격이다. 폴 갤리코는 『한 소설가의 고백』에서 이렇게 증언했다. 〈정말 솔직히 말하면, 내가 사반세기 전에 「뉴욕 데일리 뉴스」지 기자직을 그만둔 후부터 지금까지 나는 단 한순간도 생계 걱정을 떨쳐 버린 적이 없다.〉 1970년대 저널리즘 스쿨의 한 학장은 스스로 프리랜서라고 자부하는 2만 5천 명의 시민 가운데 글을 써서 생계를 꾸려 가는 사람을 300명 이하로 추산했다. 지금은 아래 표와 같이 상황이 더욱 악화되었다.

프리랜서 작가의 소득[2]

자유 기고 잡지의 편당 고료 감액 현황(1982년 달러 가치 기준)　　　　　　　　　단위: 달러

출판물(월간·주간)	1960년	1994년
코스모폴리탄	3,378	2,362
패밀리 서클	4,223	2,699
매콜스	8,446	2,699
뉴욕 타임스 매거진	1,014	2,024
파퓰러 사이언스	1,351	1,687
리더스 다이제스트	6,757	2,699
레드북	4,730	2,699
우먼스 데이	2,250	2,699

　책을 펴내기 위한 글쓰기의 준비 운동 삼아 기고문을 쓴다고 생각하는 작가가 많다. 미국 작가 존 업다이크는 소설 시장이 위축되었을 때의 글쓰기의 어려움을 이렇게 회고했다. 〈내가 처음 글을 쓰기 시작했을 때, 『뉴요커』지에 연간 6편의 단편 소설만 팔면 내 한 몸만이 아니라 줄줄이 딸린 가족까지 부양할 수 있었다. 그런데 이제는 단편 소설을 팔 곳을 찾기가 힘들다. 그런데 그걸 팔지 않으면 (출판사에 좋은 인상을 심어 줄 수 있는) 실적을 쌓을 수가 없다.〉 1920년대에 『새터데이 이브닝 포스트』지는 연간 250편의 단편 소설을 발표했고, 장편 소설 20~25편을 연재했다. 전자의 고료는 5천 달러였고, 후자는 5만 달러 이상이었다. 유서 깊은 이 주간지가 지금은 파산해서 폐간되고 말았다.

2　이들 수치는 최고 등급의 프리랜서에게 편당 최고액을 준 것으로 계산한 것이다. 이 자료는 『컬럼비아 저널리즘 리뷰』(1995. 9/10), 『자유기고문 고료와 산정 기준에 대한 미국 작가 연맹의 지침』(1995), 그리고 위에 언급된 잡지 편집자들과의 인터뷰를 토대로 한 것이다. 인터뷰로 확인했듯이, 기고문에 대해 작가가 받는 금액은 명성 등의 여러 요인에 따라 차이가 난다. 그러나 그런 차이는 따질 것도 없이, 전체적으로 자유기고 작가의 소득이 35년 전보다 훨씬 열악해졌다는 것을 한눈에 알아볼 수 있다.

『벌거벗은 자와 죽은 자』(1948)로 찬사를 받은 미국 소설가 노먼 메일러는 현재의 아내와 전처 다섯 명, 친딸 다섯 명과 친아들 세 명, 양자 한 명을 부양할 수 있을 만큼 돈을 벌고 있다. 그러나 그는 예외적인 인물이다. 끼니 걱정을 하는 수많은 전업 작가는 배우자가 좋은 직업을 갖고 있지 않는 한 결혼 비용조차 충당하기 어렵다. 프랭크 설로웨이는 수년 동안 고심해서 『타고난 반항아』를 썼다. 이 책은 출생 순서와 지적 창조성 사이의 관계를 탐구한 책이다. 1996년에 이 책이 나왔을 때 거의 50세에 이른 그는 그때까지 자동차와 차고를 소유한 적이 없었다. 그는 결혼도 하지 않았다. 그는 원하는 책 표지를 만들기 위해 자비로 3천 달러를 들여야 했다.

1980년에 최소한 한 권의 저서를 가진 작가들의 소득을 가장 적나라하게 연구 조사한 게 있다. 이 조사에 따르면, 미국 작가의 연평균 소득은 4,775달러였다. 이러한 집계와 더욱 치열해진 경쟁, 고료가 물가 상승을 따라잡지 못하고 있다는 것, 1994년 한 해에 미국 가정에서 책을 사는 데 쓴 액수(가구당 165달러)가 개인 건강관리 용품과 서비스 비용(가구당 397달러)의 반에도 미치지 못했다는 것 등으로 미루어 볼 때, 오늘날 작가들의 형편은 과거보다 좋아지기는커녕 훨씬 더 악화되었다고 할 수 있다.

존슨 박사는 돈벌이를 위해 글을 쓰는 것의 중요성을 강조했다. 그건 아마도 그가 항상 빚에 쪼들렸기 때문일 것이다. 대부분의 현대 작가들은 초서나 셰익스피어, 밀턴과 마찬가지로 다른 직업을 가져야만 한다. 또는 직업으로 글을 쓴다면, 공장 관리직처럼 그 일에 접근해야 한다. 이런 저술업의 경제적 측면을 좀 더 명백히 이해하기 위해, 먼저 직장에 다니며 글을 쓰는 작가를 살펴보자.

품팔이하며 가외로 글쓰기

우리가 〈직업 저술가〉의 시대에 살고 있다고는 하지만, 엄격히 말해서 저술은 전문 직종이 아니다. 전문 직종이 되려면 최소한의 기본 능력을 기르는 특별 교육이 존재하고, 그 능력을 심사하는 사람도 있어야 한다. 저술 직종에는 그런 게 없다. 직업윤리 규범도 없고, 변호사나 의사처럼 어쩌고저쩌고 하는 그럴듯한 복무규정도 없다. 저술가들에게 목표가 있다면 우선 이해되어야 한다는 것이다. 어떤 저술가는 놀랄 만한 사업 감각을 지녔는데, 그렇다고 해서 사업가라고 불리는 건 좋아하지 않는다. 그들은 청바지를 즐겨 입지만, 블루칼라의 막노동자라고 할 수도 없다. 솜씨 좋은 일꾼들은 서로 뭉쳐서 조직화할 줄 안다. 저술가들도 때로 한데 뭉치긴 하지만, 그런 일에는 그리 열정이 없다. 저술가들이 범주화되기를 거부하는 가장 큰 이유는 그들이 모든 범주에 속하기 때문이다.

거리를 걷다가 아무 가게나 들어가 보라. 그때 당신을 맞이한 종업원이 저술가라고 해도 하등 이상할 게 없다. 작가는 밥벌이를 위해 무슨 일이든 해왔고, 지금도 하고 있다. 『누더기를 입은 딕: 구두닦이들과 함께 보낸 뉴욕 거리』를 쓴 호레이쇼 앨저는 교회 목사였고, 브론티 자매(샬럿, 에밀리, 앤)는 가정교사, 매튜 아널드는 장학사, 『벌거벗은 점심』을 쓴 윌리엄 버로스는 해충 구제업자, 래리 브라운은 소방수, 『천로역정』을 쓴 존 버니언은 떠돌이 땜장이, 시인 T. S. 엘리엇은 은행원, 쥘 베른은 증권 중개인, 『테스』를 쓴 토머스 하디는 건축가, 존 키츠는 약제사, 잭 런던은 부두 노동자였다. 『세일즈맨의 죽음』을 쓴 아서 밀러는 고등학교를 졸업하고 접시닦이와 사환, 운전기사, 재단사 등을 전전했고, 『포스터스 박사의 비극』을 쓴 크리스토퍼 말로는 첩보 기관의 스파이였고, 『위대한 개츠비』를 쓴 F. 스콧 피츠제럴드와 『오하이오 와인즈버그』를 쓴 셔우드 앤더슨과 제임스 디키는 광고 일을 했다. 『북회귀선』을 쓴 헨리 밀러는 전신 회사 직원이었다가 무허가 술집을 열었고, 프란츠 카프카와 톰 클랜시는 보험회사에 다녔다. 명탐정 셜록 홈스를 만들어 낸 아서 코넌 도일, 시인 윌리엄 카를로스 윌리엄스, 안톤 체호프, 『밤 끝으로의 여행』을 쓴 루이페르디낭 셀린은 내과 의사였고, 『변경의 영혼』을 쓴 제인 그레이는 치과 의사였다. 타잔을 만들어 낸 에드거 라이스 버로스는 연필깎이 판매원, 『로드 짐』을 쓴 조지프 콘래드는 상선 선원, 『진실한 제임스의 소박한 이야기』를 쓴 브렛 하트는 광부, 『미국 농민의 편지』를 쓴 장 드 크레브쾨르는 농부였다.

심지어 당신의 길을 가로막고 손을 벌리는 노숙자가 작가일 수도 있다. 16세기 후반의 영국 극작가 로버트 그린은 아내를 버리고 방랑자가 되어 〈소매치기, 사기꾼, 매춘부들과 어울리며 살다가, 청어와 라인 백포도주를 포식하고 사망했다〉. 우리가 죽었을 때, 작가가 삽을 들고 우리 무덤을 파줄 가능성도 높다. 미시건의 시인 토머스 린치는 장의사다. 살인 사건이 난 것 같다고? 퍼트리샤 콘웰은 인기 미스터리 작가가 되기 전에, 버지니아 주 리치먼드의 검시관이었다.

배런 콜리어 광고사에서 일하던 피츠제럴드는 아이오와의 증기 세탁기 광고 문안을 이렇게 만들었다. 〈머스커틴으로 당신을 깨끗이 해드리겠어요.〉 이후 그는 북태평양 철도 회사의 열차 지붕을 고치는 일을 했다. 이 일은 2주 만에 끝났다. 이 무렵 『낙원의 이쪽』(1920)을 낸 그는 전업 작가가 되었다.

주목할 만한 다른 다수의 작가들도 글을 쓰기 위해 직업을 포기하진 않았다. 월터 스콧은 문학작품을 왕성하게 발표하면서도 법원 서기직을 그만두지 않았다. 찰스 램은 17세부터 33년 동안 동인도 회사에서 회계원으로 일했다. 윌리엄 카를로스 윌리엄스는 세상을 뜰 때까지 의사 일을 그만두지 않았다. 그와 마찬가지로 의사였던 체호프는 의사직이 〈나의 법적 아내이고 문학은 나의 연인〉이라고 했다.

법학을 공부한 월리스 스티븐스는 1908년 코네티컷 주 하트퍼드의 한 보험사에 입사해서 부사장까지 역임했고, 정년퇴직도 하지 않고 사망하기 직전까지 꿋꿋이 그 자리를 지켰다. 그렇게 산 시인이 또 있느냐는 질문을 받으면, 그는 19세기의 시인 클래런스 스테드먼을 즐겨 들먹였다. 스테드먼은 첫 책을 낸 후 은행에 들어갔다가, 나중에 중개업을 시작해서 평생 그 일을 계속했다. 그는 시인 이름을 전보 암호로 사용했다. 〈키츠〉는 〈구매 주문 취소〉, 〈셸리〉는 〈임의 선택 판매〉를 뜻했다. 스티븐스가 일을 하며 영감을 받았다는 것은 두말할 나위가 없다. 그에게는 돈이 필요했다.

스티븐스는 친구에게 이런 편지를 보냈다. 〈작가는 작가로서의 명예의 문제에 직면한다네. 굶어 죽을 것인가. 아니면 돈벌이가 될 만한

책을 낼 것인가? 이걸 선택해야만 하는 걸세. 고결한 능력을 발휘하면서 생계는 어떻게 해결할 것인가가 작가의 고민거리인 거야. 여기엔 답이 하나밖에 없지. 뭔가 다른 방법으로 끼니를 해결해야 한다는 것.〉다시 말하면, 작가는 보수가 두둑하고 안정된 직장에 다녀야 한다. 로이드 은행에 다니는 것을 싫어했지만, 가난한 것은 더욱 싫었던 T. S. 엘리엇은 이렇게 말했다. 〈현재의 삶을 생각해 볼 때, 자유를 얻자고 단칸방에서 살 수는 없다.〉

앞서 언급한 1980년의 작가 소득 조사에 따르면, 〈모든 저자들이 저술 소득만 가지고 산다면 사실상 궁핍 상태에 놓일 것이다〉. 이 조사에서 중간 소득은 연간 5천 달러 이하였는데, 당시 모든 직종을 통틀어 본 중간 소득은 연간 2만 7천 달러였다. 저술가 조합 회원들의 1979년 설문 조사에 따르면, 글쓰기 이외의 다른 직업을 갖지 않은 회원은 전체의 3분의 1뿐이었다. 이들 전업 작가가 저술로 벌어들인 연간 소득의 중간치는 고작 1만 1천 달러였다.

해당 연도에 발행된 중요 도서가 무엇인가를 알아내는 데에는 「뉴욕 타임스」의 서평만 한 것도 없다. 또 이 신문은 좀 더 비중 있는 저술가의 고용 패턴을 범주화하는 데에도 도움이 된다. 이 점을 염두에 두고, 내 대학원생 조교 가운데 한 명이 1996년 8월에 서평이 실린 미국 저술가들을 개별 조사했다.

그 결과가 바로 다음 페이지의 파이 도표다. 이 도표를 보면 뭔가 감을 잡을 수 있다. 우선 신문 잡지가 상당수의 저술가를 길러 내고 있다는 것을 미루어 짐작할 수 있다. 마거릿 미첼, 월트 휘트먼, 어니스트 헤밍웨이는 기자 생활을 하다가 그만두었다. 그러나 H. L. 멩켄은 예순 살이 넘은 1941년까지 계속 「볼티모어 선」지 시사 평론을 썼

미국에서 작가가 밥벌이하는 분야

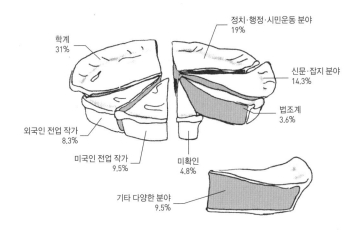

정치·행정·시민운동 분야
19%

학계
31%

신문·잡지 분야
14.3%

법조계
3.6%

외국인 전업 작가
8.3%

미국인 전업 작가
9.5%

미확인
4.8%

기타 다양한 분야
9.5%

주로 책을 펴내는 것만으로 생계를 꾸려 가는 작가는 소수다. 도표에 나타난 것처럼, 대부분의 작가는 끼니를 해결하기 위해 뭔가 다른 일을 한다.

위 도표는 1996년 8월 중의 「뉴욕 타임스」 일요판 서평에 언급된 책들의 저자를 조사한 것이다. 서평을 받은 책의 모든 저자를 대상으로 했는데, 오래전에 사망했지만 새로 책이 번역되어 나온 외국인 작가 두 명은 제외했다. 어린이 책의 저자와 짧게 언급된 책의 저자 역시 제외했다.

참고한 『현대 저술가』 등의 다른 자료에서는 흔히 두 가지 직업을 병기한다. 예컨대 외교관-작가라고 표기한다. 위 도표는 저술가의 소득 가운데 가장 큰 부분을 차지하는 것으로 보이는 직종 분야를 나타낸 것이다. 어느 분야의 소득이 더 큰가를 결정하기 어려운 경우도 있었다. 예컨대 월간지의 시사 평론가인 공상 과학 소설가를 어느 범주에 넣어야 할까? 저술가-시사 평론가의 세금 계산서를 직접 보기 전에는 알 수가 없다. 이 도표를 만든 케네스 대먼은 그런 경우 전업 작가로 간주했다. 물론 〈전업〉 작가 가운데 사실상 글쓰기로 생계를 꾸려 가지 못하는 경우도 있을 수 있다. 그러니까 제임스 트릴링의 경우처럼, 일하는 배우자의 뒷바라지를 받고 있을 수 있다. 그의 아내는 브라운 대학의 종신 교수다. 기타 다양한 분야에는 의료계의 신경 해부학자와 건축가 등이 포함되어 있다.

다. 그 이유는 명백하다. 신문사 편집실에서는 날마다 살아 있는 드라마가 상연된다. 몸담고 있지만 않으면 저널리즘도 좋은 직업이라는 프랑스 속담이 있는데, 이 속담이 저술가에게는 해당되지 않는다.

도표를 보고 전업 작가에 대해 오해를 할 수도 있다. 다시 말하면, 말이 전업 작가일 뿐, 글쓰기로 생계를 해결하지 못해서 신문 잡지에 나온 무료 쿠폰을 열심히 챙겨야 하는 사람도 있을 수 있다. 버지니아 울프는 남성 중심의 사회에서 여성 작가가 겪는 어려움을 토로한 장문의 수필 『자기만의 방』(1929)에서 이런 말을 했다. 말을 타다 떨어져서 사망한 고모가 연간 500파운드를 유산으로 물려줬는데, 울프는 투표권을 얻는 것보다 그 유산이 더 중요하다고 생각했다는 것이다. 유산 덕분에 울프는 노파들에게 책을 읽어 주거나 조화를 만드는 일을 그만둘 수 있었다. 기괴하고 에로틱한 세상을 산문으로 그려 낸 미국 소설가 윌리엄 버로스는 벌어들인 돈을 세기 위해 계산기를 발명한 사람의 손자다. 그는 해충 구제업 등 온갖 일을 하긴 했지만 절박하게 돈이 필요한 사람은 아니었다. 돈이 필요하면 사랑에 빠지는 사람도 있을 수 있다. 바이런 경은 돈을 벌기 위해 일을 하긴 싫어했지만, 돈을 보고 결혼하는 것에는 전혀 거부감이 없었다. 오히려 그것은 바람직한 일이었다. 신분으로부터 좀 더 자유로운 우리 사회에서는 저술가가 열심히 일하는 배우자를 얻는 게 바람직하다. 저술가 조합의 설문 조사에 따르면, 글쓰기로 중간 소득에 해당하는 1만 1천 달러를 버는 전업 작가들의 〈가구〉 소득은 작가 소득의 세 배에 이른다. 이건 두말할 나위 없이 배우자가 뒷바라지를 해주고 있다는 뜻이다.

하지만 대다수의 작가는 품팔이를 하며 용케 글을 쓰고 있다. 그들은 고용주에게 바쳐야 할 시간을 까먹기 일쑤다. 경제 안정도 이루고 문학 생산고를 높이는 데는 그게 상책이다. 그 과정이 어떻게 진행되는가를 이해하기 위해, 물주를 희생시켜 가며 어떻게든 언어의 장인이 되고자 한 사람들에게 역사적으로 특히 인기가 있었던 품팔이의 다섯 가지 범주를 살펴보자.

청빈, 침묵, 그리고 글쓰기 서약

이 범주는 유럽 수도사들이 시작해서 오늘날까지도 계속되고 있다. 과거에 장식 원고를 필사했던 수도사들은 이제 자신의 책을 쓰고 있다. 퀴퀴한 필사실 대신, 지금은 안락한 숙소에 컴퓨터까지 놓여 있다. 물론 현대 작가의 각종 기본 편의 시설도 갖추었고, 저작권 대리인도 두고 있다. 주디스 크랜츠와 다니엘 스틸을 거느린 잘나가는 뉴욕 저작권 대리인 모트 잰클로는 교황 요한 바오로 2세의 책 『희망의 문턱을 넘어』를 600만 달러에 노프 출판사에 팔았다.

『희망의 문턱을 넘어』는 세계 각국의 언어로 번역되어 1~2억 달러를 벌어들였다. 1994년 미국에서 발행되어 교황의 인정을 받은 『가톨릭교회 교리 문답서』는 서점에서 할인도 해주지 않는다(바티칸의 저작권료 요구 때문이다). 그렇다고 해서 가톨릭교회 작가가 되는 것이 유난히 매력적이라고 생각하진 말라. 청빈 서약을 했다는 걸 잊으면 곤란하다. 그처럼 자기 부정을 함으로써 수도사나 수녀는 돈이 되는 일을 전혀 하지 않더라도 사는 데 필요한 것을 언제든 얻을 수 있다. 이건 세상의 어떤 출판사도 보장해 줄 수 없는 것이다.

기도를 하는 것은 글쓰기에 방해가 되지 않는다. 뼈드렁니가 난 영국 수녀이자 미술 평론가인 웬디 베케트는 하루 일곱 시간 기도를 하고 두 시간만 글을 쓴다. 그러면서도 10여 권의 책을 냈다. 그러면서 또 짬을 내서 미술사에 관한 텔레비전 시리즈를 진행했다. 기도와 글쓰기는 내적 성찰을 필요로 한다는 점에서 서로 통한다. 작가는 고용주가 아니라 신에게 바치는 시간에도 글을 써서 많은 작품을 완성할 수 있다.

교회는 항상 강렬한 적대감과 고뇌를 생산해 왔다. 그것은 작가에게 놀라운 에너지를 불어넣어 준다. 구텐베르크의 발명품이 나오자 교회 작가들은 마음이 설레었다. 인쇄가 기계화되자, 교회는 사후 고통을 덜 수 있다는 면죄부 따위를 대량 인쇄해서 죄인들에게 팔았다. 연옥 통과증이라는 이 타락한 면죄부는 이단적인 사상에 불을 댕겼고, 마르틴 루터 같은 사람이 등장하게 되었다. 루터는 모든 성인의 날 대축일 전날인 1517년 10월 31일에 비텐베르크의 아우구스티누스 성당(만인 성자 교회) 문에 95개조 명제를 못 박아 붙임으로써 교회사에 배교자로 남게 되었다. 실제로 그가 무슨 못을 박은 건 아닐 것이다. 설령 못을 박았다 하더라도, 그는 교회 문에 작은 못을 박는 것보다 훨씬 더 큰 문제를 일으켰다. 95개조 라틴어 명제를 독일어로 번역하고 인쇄해서 널리 배포했다는 것이 그것이다. 루터가 문제를 제기하기 시작한 것은 바로 인쇄물을 통해서였다. 그는 훗날 친구에게 이렇게 썼다. 〈나는 그리스도교의 개혁에 대해 독일어로 책을 낼 예정이야. 반그리스도를 부르짖기라도 하듯 거친 언어로 직접 교황에 반대해서 말일세.〉 자국어로 글을 쓴다는 것은 교회 지도자들을 분노케 하는 일이었다. 그들은 까다로운 라틴어를 신성시했던 것이다.

무소불위의 권력을 휘두르는 데 버릇이 된 로마의 교부들은, 느닷

없이 도전해 온 독일 성직자를 비롯한 작가들을 얼마든지 무릎 꿇릴 수 있을 거라는 어리석은 생각을 했다. 그들은 교황의 권위를 의심하는 책들을 불살랐다. 하지만 기계 인쇄술 덕분에 책이 대량으로 유포되고 있다는 것을 생각해 보니 그것은 시간 낭비였다. 그래서 바티칸의 허가 없이는 새 책을 발행하지 못하게 했다. 하지만 그것 역시 어리석은 짓이었다. 바티칸에서 수도사를 통제하듯 인쇄기를 통제할 수는 없었던 것이다. 1559년에 그들은 금서 목록을 발표했다. 이것은 세계 최초의 문학 소비자 안내서라고 할 수 있다. 의심하는 사람들이 갈수록 많아지고 있다는 것을 알게 된 교회에서는 좀 더 창조적인 해결책을 찾기 시작했다. 19세기에는 교회가 종교와 도덕의 문제에 대해 절대 오류가 있을 수 없다는 신성한 계시 교리를 공포했다.

세월이 오래 흘러도 변함이 없는 그런 독선적인 태도에 화가 난 저술가들은 더욱 대담한 글을 썼다. 스리랑카의 신부인 티사 발라수리야는 원죄와 성모 마리아에 대한 교회의 믿음에 반기를 들었다. 그는 성모 마리아가 너무 굴종적이고 위선적으로 묘사되어 있다고 생각했다. 그의 책『성모 마리아와 인간 해방』에서 그는 성모를 억센 농촌 여성으로 그렸다. 이 책에는 그의 파문 사유를 설명한 바티칸의 편지가 특별 부록으로 실려 있다.

앤드루 그릴리 신부는 교리 문답서를 냈고, 『TV 가이드』와 『시카고 선타임스』지에 기고한 글을 모은 신앙 서적도 냈고, 『그대 형제의 아내』, 『7대 죄악』, 『지옥으로 오름』과 같은 소설을 펴냈다. 그의 책 표지는 주홍빛과 살빛이 주를 이룬다. 사회과학 교육을 받은 그릴리 신부는 가톨릭교인이 남들보다 성욕이 더 강하다는 것을 밝힌 조사를 했다. 또한 그는 독자들을 설문 조사해서 자기 책에 나오는 성적 내용이 결코 〈과도하지 않으며, 책에서 종교와 이야기를 결합한 것이 시장과 인간 모두의 필요에 부응한다〉는 행복한 결론을 내렸다. 하지만 그런 결론보다 더 나은 결론이 나온다 해도, 그가 몸담은 시카고 대주교구에서는 그가 책으로 벌어들인 막대한 인세를 받아들이려고 하지 않을 것이다. 그릴리의 말에 따르면, 교회 당국자들은 끈적끈적한(그릴리가 선호한 수식어로 말하면 〈에로틱한〉) 소설을 쓴 신부, 게다가 동성애를 비난하지 않고 여성 성직자 임명에 찬성하는 자유분방한 신부가 벌어들인 돈을 바티칸에서 거부할 거라고 보았다. 그릴리 신부는 세속적인 세계와 종교적인 세계를 최대한 이용했다.[3]

공무원직 가운데 우체국만 한 여물통이 없다

월트 휘트먼은 46세에 이른 1865년에 내무부 산하의 인도 사무국 서기관 자리에서 쫓겨났다. 다니기 시작한 지 6개월 만이었다. 우직한 감리교도였던 내무부 장관은 휘트먼이 정부에 바칠 시간에 『풀잎』을 고쳐 쓰고 앉아 있는 것은 참을 수 있었지만, 그 시집과 시인의 됨됨이가 점잖지 못하다는 것은 참을 수 없었다. 이유야 어쨌든 해고되었다는 것에는 변함이 없다. 이듬해에 그는 친구의 알선으로 젊은 법

---

3 가톨릭교도들만이 작가를 뒷바라지했다고 생각하지 말기 바란다. 다른 종교 역시 좋은 글쓰기 환경을 조성해 주었다고 보아야 한다. 그런데 마르틴 루터의 추종자들은 엄격해졌다. 〈독단론자들은 이렇게 주장했다. 하느님이 단순한 사람들에게 단순한 언어로 직접 말을 건네며, 사람들은 본능적으로 그 말씀을 이해한다고. 그리고 참된 그리스도교인이라면 문학을 멀리하며, 심지어 읽기와 쓰기도 멀리한다고.〉 윌리엄 맨체스터의 글에 나오는 말이다. 소외된 인본주의자 루터교도들은 이처럼 보수적인 독단론에 맞서서 격렬하게 반대하는 글을 썼다.

무장관 밑에서 일할 수 있게 되었다. 전화위복으로, 그가 해고되었다는 뉴스 덕분에 오히려 『풀잎』은 톡톡히 광고가 되었다.

윌리엄 차뱃은 미국 저술 직종의 역사에 대한 값진 책을 냈다. 그 책에서 추산한 것에 따르면, 1800년부터 1870년까지의 전체 남성 미국 작가 가운데 60~75퍼센트가 〈직업 작가라는 의식을 가졌으면서도 공무원 생활을 하고 있거나 하려고 했다〉. 정부에서 작가를 한가한 공직에 앉혀 주는 것은 미국보다는 다른 나라에서 흔히 있었던 일이다. 나폴레옹 덕분에 스탕달(본명 앙리 벨)은 병참 참모로 고용되어 황제 가구 검사관 노릇을 했다. 영국 극작가 윌리엄 콩그리브는 전세 마차 허가증을 내주는 자리에 이어, 포도주 관리 감독관 자리를 거쳐, 44세에 이르러서는 자메이카 섬의 서기관이 되는 등 정부의 한직을 두루 거치며 경제적으로 편안한 일생을 보냈다. 리처드 스틸은 몰수 부동산 감독관이었다. 조지프 애디슨은 상무부 감독위원과 국무장관, 에드워드 기번은 하원 의원, 무역과 열대농업 감독관 자리를 꿰어 챘다. 극작가 리처드 브린즐리 셰리든 역시 하원 의원과 재무장관을 역임했다. 괴테는 바이마르 공국의 젊은 대공 카를 아우구스트의 초대를 받아 비밀 고문관으로서 전쟁과 도로 건설을 책임지는 등 여러 공직을 거쳐 마침내 재상에까지 이르렀다.

공익 여물통 가운데 우체국만큼 많은 저자에게 여물을 제공한 곳도 없다. 우체국은 워낙 규모가 크고 널리 퍼져 있어서 은신할 곳도 많다(미국에서는 1896년에도 비집고 들어갈 수 있는 우체국이 7만 8,500군데나 있었다). 우편 분류 등의 일상적인 일을 하는 데는 머리를 쓸 필요가 없었다. 직원들은 수취인 불명의 정기 간행물을 마음대로 읽을 수 있었다. 미시시피 대학 우체국장으로 있던 윌리엄 포크너도 그랬다.

그는 우체국의 자기 자리를 〈독서실〉이라고 일컬었다.[4]

19세기 중반에 앤서니 트롤럽도 그처럼 놀고먹는 자리를 꿰어 찰수 있었다(어머니의 친구가 체신성 장관인 계부에게 부탁해서 19세의 앤서니를 우체국 말단 직원으로 넣어 주었다). 이런 직장을 얻는 것은 업적이나 실력이 아니라 연줄에 좌우되었다. 덕분에 관료는 둔하다는 좋은 전통이 생겼다. 우편 제도를 연구한 한 역사가는 이렇게 말했다. 〈다른 계통의 일을 하는 데에는 무능하기 짝이 없다는 것이 정부 일을 하는 데에는 중요한 덕목이라고 생각한 사람이 많은 것 같다.〉 다른 계통의 일을 하는 데 무능하다는 것은 바로 순수 문학인의 교과서적 정의일 수 있다. 악전고투하면서도 그럴 보람이 있는 순수 문학을 하는 사람 말이다.

트롤럽은 52세까지 공무원 생활을 계속하며 더없이 성공적인 문학적 체험을 했다고 할 수 있었다. 그는 67세에 사망할 때까지 예순 편(대부분 두세 권 분량)의 장편 소설, 다섯 권 분량의 단편 소설, 네 권의 여행기, 네 권의 스케치, 네댓 권 분량의 잡다한 기고문, 두 권의 고전 작가 연구서, 한 권의 자서전, 기타 다수의 논평을 썼다.

너대니얼 호손은 35세에 고향인 매사추세츠 주 세일럼의 우체국장이 되려고 로비를 했지만 실패했다. 그러나 세관에 취직할 수 있었는데, 우체국과 비슷하게 판에 박은 일을 하는 이 세관에는 거의 초빙되

---

4 야심 찬 많은 작가들이 우체국과 유사한 곳에서 일한 이유가 바로 책을 마음대로 읽을 수 있기 때문이었을 것이다. D. H. 로런스는 장학생으로 입학한 노팅엄 고등학교를 졸업한 후 외과 의료용품 회사의 우편실에서 일했다. 그는 리버풀 우체국에서 일한 진보적인 여성 참정권론자 블랑쉬 제닝스에게 한동안 감화받았다. 윌리엄 서로이언은 우체국에서 전보를 배달했다. 헨리 밀러는 웨스턴 유니온 통신사에서 일하며 첫 소설을 썼다. 그의 직장 상사는 그가 호레이쇼 앨저식으로 배달원에 대한 소설을 썼다고 말했다[호레이쇼 앨저는, 가난하지만 정직하고 희망을 잃지 않은 근면한 소년이 장차 보상을 받게 된다는 식의 얘기를 즐겨 썼다].

는 형식으로 취직이 되었다. 세관 경험을 토대로 한 에세이에서, 그는 이 계통의 일을 한 것을 이렇게 미화했다. 런던 항에서 12년 동안 세관 일을 한 제프리 초서, 그리고 농부로서 실패한 후 30세에 세무원이 되어 시인으로 성공한 로버트 번스의 뒤를 이은 것이라고. 세금을 걷는 뜨악한 일을 한 작가는 그 밖에도 많다. 로마의 시인 호라티우스는 세금을 보관한 금고 서기 일을 했다. 그는 개인 비서가 되어 달라는 아우구스투스 황제의 제안을 거절했는데, 아마 그 자리가 한직이 아니었기 때문일 것이다. 장 드 라브뤼예르는 프랑스 칼바도스 주에 있는 캉 세무서의 빈자리를 돈으로 샀다. 시인 매튜 프라이어와 윌리엄 워즈워스, 소설가 대니얼 디포, 국제적 혁명 이론가이자 작가 토머스 페인도 세무원이었다.

1870년대와 1880년대에 미국 연방의 단일 청사로는 건물 규모가 가장 컸던 뉴욕 세관은 부정부패로 악명이 높았다. 그런데 다재다능한 직원이 많은 것으로도 유명했다. 허먼 멜빌은 포경선 일을 그만둔 후, 하와이에서 볼링 핀을 세우는 일을 비롯한 온갖 허드렛일을 전전한 후 47세에 마침내 부두 세관원 자리를 낚아챘다. 그는 이 일을 19년 동안 계속했다.[5] 가장 문학적인 대통령이라고 할 수 있는 시어도어 루스벨트(26대)는 시인 에드윈 알링턴 로빈슨에게 뉴욕 세관원 일자리를 마련해 주었다.

이런 전통적인 후원 체계에서는, 한 정치가가 준 것을 다른 정치가가 일거에 빼앗아가 버릴 수 있다. 호손은 충실한 민주당원으로서의 든든한 연줄 덕분에 세일럼 세관에 취직해서 하루 세 시간 반을 일하

5 이때에는 주로 시를 썼다 — 옮긴이주.

고 연간 1,200달러를 받았다. 엽관제(獵官制)를 호손은 〈개혁의 빗자루〉라고 일컬었다. 그런데 재커리 테일러가 대통령(12대)이 되자 바로 그 빗자루로 호손을 쓸어버리고 휘그당원을 그 자리에 앉혔다.[6] 호손은 보든 대학의 동기생이자 오랜 친구인 프랭클린 피어스의 선거 운동용 전기를 써주었다. 피어스가 대통령(14대)이 되자 호손은 리버풀 주재 영사가 되었다. 러더퍼드 헤이스(19대) 정부가 숙청 작업을 할 때 뉴욕 세관에서만 200명이 해고되었다. 허먼 멜빌은 살아남았는데, 숙청 작업을 한 사람 가운데 포함되어 있던 셰익스피어 전공 학자 덕분이었던 것 같다. 그러나 멜빌은 업무 시간이 대폭 늘어나는 치욕을 감수해야 했다. 전에는 다섯 시간(10~15시)이었던 근무 시간이 일곱 시간(9~16시)으로 늘어난 것이다.

각국이 산업화의 여러 단계를 거치는 동안, 어떤 정부가 좋은 정부인가가 드러나면서 공무원 개혁이 이뤄지기 시작했다. 이때 정부의 여물통에 코를 박을 수 있는 사람을 결정한 것은 연줄이 아니라 규칙과 규정이었다. 포크너가 우체국장 자리를 얻은 것은 문학에 대한 후원의 손길이 끊겨 갈 무렵이었다. 그는 약 3년 후 해고되었다. 우편 검사관은 이렇게 보고했다. 〈귀하는 등기 우편을 비롯한 모든 등급의 우편물을 함부로 취급한다. 반송 요금 보증 우편물을 비롯한 모든 등급의 우편물을 문간 옆에 있는 쓰레기통에 던져 넣었다.〉 문학 후원자들은 구독 잡지를 보려면 쓰레기통을 뒤져야 했다.

소설가 리처드 라이트는 더욱 심했다. 1920년대에 작가가 될 결심을 한 야심 찬 이 젊은이는 필사적으로 시카고 우체국의 일자리를 얻

---

6 멜빌의 단편 소설 「바틀비」(1853)를 보면, 줄을 잘못 섰다가 〈정권이 바뀌자 느닷없이 해고된…… 워싱턴 사(死)문서국 하급 직원〉의 슬픈 종말 이야기가 나온다.

으려고 했다. 그는 필기시험에서 100점 만점에 94점이라는 높은 점수를 얻었다. 그러나 문학과 관계가 없는 다른 조건, 곧 우편 업무 신체 조건을 충족시키지 못했다. 최저 몸무게 57킬로그램에 미달됐던 것이다. 그는 우유 발효 식품과 바나나를 배가 터지도록 먹은 후 마침내 몸무게 규정을 통과했다. 그런데 우체국에서는 그의 문학적 재능을 전혀 존중해 주지 않았다. 결국 그는 옷을 벗었다. 거리로 돌아온 그는 보험 외판을 했고, 마찬가지로 우체국에 다닌 적이 있는 친구가 우편 사기를 치자는 제안에 귀가 솔깃하기도 했다.

앞서의 파이 도표가 보여 주듯이, 오늘날 많은 〈정부 후원〉 작가들은 정부 정책을 바꾸기 위해 존재하는 운동 단체에서 일한다. 이들 선동가들은 직업의 일환으로 책을 펴낸다. 포크너가 작은 우체국 골방에서 책을 읽던 황금시대가 남긴 거라고는, 접수대에 길게 늘어선 줄을 시큰둥하게 바라보고 꾸물꾸물 움직이는 직원들로 채워진 우체국 시설뿐이다.

그들에게 돌을 던지지 말고 책을 던져라

앞에서 언급한 월터 스콧과 월리스 스티븐스만이 법조계에 있었던 것은 아니다. 제임스 보즈웰은 변호사였다. 영국 소설의 아버지로 불리는 헨리 필딩은 법정 변호사, 하급 판사, 웨스트민스터 구의 치안 판사를 거쳐, 마지막에는 미들섹스 주의 판사가 되었다. 워싱턴 어빙은 8년 동안 법원 서기로 빈둥거린 끝에 변호사 자격을 얻었다. 에드거 리 매스터스는 시카고에서 변호사 개업을 했다. 영국 소설가이자 변호사인 앤서니 호프 호킨스는 재판에서 이긴 후 의기양양하게 자기 사무실로 돌아가다가 거리에서 닮은꼴의 두 남자를 보고 『젠다 성의 포로』(1894) 플롯을 생각해 냈다.

최근에 미국 법조계는 전문 글쟁이 풍작을 이루었다. 루이스 오킨클로스는 1940년대에 뉴욕에서 변호사 개업을 한 직후부터 책을 펴내서 많은 장편과 단편 소설집을 냈는데, 대부분 법률을 주제로 한 것들이다. 그가 권위 있는 설리번 앤드 크롬웰 법률 회사에 있을 때, 훗날 행정 관료가 된 동료 변호사 존 포스터 덜레스가 불평을 해댔다. 오킨클로스가 회사 일을 할 시간에 글을 쓰고 있다는 걸 타박한 것이다. 젊은 오킨클로스는 기분이 상해서 전업 작가로 글만 쓰겠다는 생각도 해보았다. 하지만 결국 그는 변호사 일을 계속하며 글을 쓰는 쪽을 택했다. 문학 평론가 존 레너드는 오킨클로스를 이렇게 평했다. 〈우리의 지배 계층이라고 할 수 있는 미국 사업계에 대해 진지하게 글을 쓴 단 한 명의 진지한 작가.〉

좀 더 최근에는 스콧 터로, 존 그리샴, 조지 V. 히긴스, 스티브 마티니, 존 마텔, 그리프 스토클리, 윌리엄 래시너 등이 법조계를 문학에 담았다. 극장법을 전공한 켄 루드윅은 「테너를 빌려 주시오」 등의 희곡을 썼다. 일부 변호사 출신 작가는 변호사로 자리 잡기 전부터 글을 쓰기 시작했다. 브래드 멜처는 컬럼비아 대학에서 법학을 공부하는 동안 법정 스릴러 『막상막하』를 썼다.

소송을 좋아하는 미국 사회에서는 법이 점점 더 큰 관심의 대상이 되고 있다. 법정에 서보지 않은 미국인이라 해도 고소를 당하는 것은 시간문제일 뿐이다. 그렇다고 해서 그것만으로 변호사-작가가 양산되는 현상을 다 설명할 수는 없다. 변호사 증가율은 작가 증가율보다 더 빠르게 증가하고 있어서, 변호사는 가욋일이 필요하게 되었다고 할 수 있다. 게다가 다수의 젊은 변호사는 로버트 루이스 스티븐슨처럼 변호사라는 직업에 환멸을 느끼게 된다(『보물섬』, 『지킬 박사와 하이드 씨』 등을 쓴 스코틀랜드 작가 스티븐슨은 아버지의 뜻대로 변호사가 되었지만, 그가 변호사로서 번 돈은 법대를 다니며 바친 학비의 0.2퍼센트쯤 되는 4기니가 전부다). 법정 소설과 논픽션을 쓰는 것은 당연히 법률 서류를 작성하는 것보다 훨씬 더 재미있다. 변호사로서 소송 서류 작성을 하기 싫었던 존 그리샴이 지금은 소설을 쓰기 위해 조수들을 고용해서 법률 연구를 하고 있다.

그리샴 법칙이라고 부를 만한 것을 생각해 보지 않을 수 없다. 구급차를 쫓아다니며 소송을 부추기는 것보다 책 계약을 하는 게 졸지에 떼돈을 벌 수 있는 길이라는 것이 그리샴 법칙이다. 먼저 스콧 터로를 예로 들 수 있는데, 하버드 법대를 나온 그는 1987년에 펴낸 『무죄 추정』이 베스트셀러가 되어 벼락부자가 되었다. 4년 후 그리샴의 『그래서 그들은 바다로 갔다』가 발행되었을 때, 그리샴의 말에 따르면 이때 많은 변호사들이 가외로 남몰래 쓴 책이 큰돈이 된다는 사실에 눈을 뜨게 되었다. 그리샴은 이렇게 말했다. 〈북미 대륙 전체의 법률 회사에 안식년 휴가나 특별 휴가 열풍이 불었다. 작가 지망생들이 책을 마무리 짓기 위해 자리를 비웠던 것이다.〉

법률 전문가들이 쓰는 무수한 전문 용어나 은어가 매력적인 소설 제목 후보로 대기하고 있다. 이미 시중에 나온 제목 몇 개만 꼽아 보겠다. 『입증 책임』, 『결정적인 배심원』,[7] 『강력한 증거』, 『전문가 증언』,

---

7 *Runaway Jury*. 평결에 결정적인 영향을 미칠 수 있는 배심원. 우리말 영화 제목은 〈런어웨이〉 — 옮긴이주.

『무죄 추정』, 『적대적 목격자』, 『이해의 상충』, 그 밖에 윌리엄 번하트가 쓴 소설 제목만 해도 『이중 위험』[8]을 비롯해서, 『원초적 정의』, 『맹목적 정의』, 『치명적 정의』, 『완전한 정의』, 『잔혹한 정의』, 『증거 없는 정의』 등이 있다.

　책을 펴낸다는 생각을 해본 적이 없는 변호사라도 대중이나 출판사의 주목을 받은 법정 사건을 담당하게 되면 컴퓨터 앞에 앉아 손이 근질거리게 된다. 티머시 맥베이는 오클라호마 시 폭탄 투척에 대해 유죄 판결을 내려 달라고 호소하며, 자기 변호사를 해임시켜 줄 것을 요청했다. 그가 선고를 받기도 전에 변호사가 자기 사건에 대한 책을 60만 달러에 계약했다는 이유에서였다. 변호사는 자기가 책을 쓰겠다는 것을 맥베이에게 밝혔다고 응수하며 이렇게 말했다. 〈맥베이는 누이인 제니퍼가 자기 대신 책을 써주길 원해서 나한테 대리인을 찾아 달라고 부탁했다. 나는 거절했다.〉

　맥베이의 변호사도 잘 알고 있었겠지만, 오늘날 범죄자들은 작가가 될 수 있는 엄청난 기회를 거머쥐고 있다. 이 범죄자들은 변호사들의 어떤 도움도 필요로 하지 않는다.[9]

---

　8 *Double Jeopardy*. 동일 범죄에 대해 두 번 기소하는 행위를 일컫는 말로, 그러면 안 된다는 일사부재리의 원칙을 언급할 때 쓰는 용어. 우리말 영화 제목은 〈더블 크라임〉 — 옮긴이주.

　9 이 단원의 제목 〈그들에게 돌을 던지지 말고 책을 던져라〉의 원제는 〈그들을 책으로 침 *Throwing the Book at Them*〉이다. 비유적인 속어로 사용될 경우 이 말은 〈엄벌에 처함〉을 뜻한다 — 옮긴이주.

징역살이도 좋다

감옥은 문학을 육성한다는 좋은 전통을 갖고 있다. 우체국 업무와 달리, 감옥에서는 개혁의 희생양이 되지 않는다는 이점이 있다. 교도소 개혁은 오히려 글쓰기를 촉진했다. H. 브루스 프랭클린은 이렇게 말했다. 〈1970년 후반에 미국 교도소 문학의 강물이 둑을 넘쳐흘러서, 신문과 잡지, 보급판 도서(페이퍼백), 블록버스터 영화 등 대규모 시장으로 밀려들었다.〉 국제적인 작가 조직인 국제 펜PEN(시인*Poet*, 극작가*Playwright*, 편집자*Editor*, 수필가*Essayist*, 소설가*Novelist*의 머리글자) 클럽은 해마다 수감자들의 문학 경진 대회를 후원하고 있다.

교도소는 불쾌한 곳이라는 게 우리의 통념이다. 그럴 수도 있다. 토머스 모어 경은 런던탑에 갇혔을 때, 간수들이 필기도구를 빼앗아 가는 바람에 글을 쓸 수 없었다. 오스카 와일드는 동성애에 연루되어 2년간 징역살이를 할 때 중노동에 시달려 건강을 해쳤다. 그러나 좋은 감옥도 있다. 로버트 그레이브스가 말했듯이, 최선의 방법은 세르반테스가 갇힌 곳과 같은 감옥에 갇히는 것이다. 〈바위를 깨거나, 뱃밥[누수 방지용으로 낡은 밧줄을 풀어 만든 것]을 만들거나, 우편 행낭을 기우는 일을 할 필요가 없는 감옥, 하지만 간수에게 몇 푼만 주면 먹을거리는 물론이고 펜과 잉크, 종이, 타자까지 구할 수 있는 옛날식 감옥〉에 갇히면 된다. 월터 롤리는 런던탑에 갇혀서 아무런 방해도 받지 않고 호젓하게 『세계사』를 집필했다.

바스티유 감옥은 프랑스 문학에 특별한 기여를 했다. 한 극작가는 그곳 음식을 이렇게 묘사했다. 〈맛깔스러운 수프, 신선한 쇠고기, 기름기가 자르르 흐르는 삶은 닭다리. 튀겨서 프렌치드레싱을 친 송아

겅퀴나 시금치 한 접시. 정말 맛 좋은 크레샨 배. 싱싱한 포도, 해묵은 부르고뉴산 와인과 최고급 모카커피.〉 사드 후작은 남녀들과 혼음을 하고, 처녀를 겁탈하고, 매춘부에게 채찍을 휘두르지 않을 때에는 칼을 휘둘렀고, 십자가에 대고 자위를 했다. 바스티유에 갇힌 그는 남몰래 『소돔의 120일』 등의 작품을 썼는데, 그는 이 감옥에 우아한 가구를 들여놓고 고급 옷을 입고 지냈다. 글을 쓰지 않는 동안에는 아내를 통해 들여온 야한 소설을 읽었다.

감옥에서 글을 쓸 때의 큰 이점은 작가가 끼니 걱정을 할 필요가 없고, 요리나 세탁을 하느라고 시간을 낭비할 일이 없다는 것이다. 〈인간성 회복을 위한 국가 기부금〉이라는 조직의 보조금을 받아 〈약간의〉 경비를 충당할 수도 있다. 종신형을 받으면 모든 것을 충당할 수 있는데, 덤으로 평안과 고요까지 얻는다. 현대의 교도소 작가 제임스 블레이크는 이렇게 썼다. 〈그토록 사랑스러운 시간이 눈앞에 펼쳐져 있다. 책을 읽을 시간, 글을 쓸 시간, 놀 시간, 운동할 시간, 묵상하고 명상할 시간이.〉

어느 프랑스 작가는 이렇게 노래했다. 〈나는 문학의 광휘가 감옥의 벽을 비추는 것을 보았다. 박해받으면 나는 더 유명해질 것이다.〉 감옥에 갇힘으로써 작가는 악명을 떨칠 뿐만 아니라 글감을 얻게 된다. 프랑스 언론인 시몽 랭게는 『바스티유 감옥에 대한 회상』을 썼다. 조건은 달랐지만, 오스카 와일드는 감옥에서 『옥중기』를 썼고, 석방된 후 『리딩 감옥의 노래』를 써서 동료 수감자였던 C. T. 울드리지에게 바쳤다. 울드리지는 아내를 살해한 죄로 처형된 사람이다. 와일드는 처음에 죄수 번호인 C3.3을 저자 이름으로 썼다. 개인적 체험을 바탕으로 한 그의 중요 작품은 이 『리딩 감옥의

악당 작가들

넬슨 앨그런: 텍사스 주 앨파인의 설로스 교육대학에서 타자기를 훔친 죄로 수감. 때로 〈감옥과 매음굴의 시인〉으로 불림.

짐 배커: 텔레비전 전도 사기 행각. 연방 교도소에서 복역하며 『내가 나빴다』 집필[배커의 공범인 리처드 도치 목사는 더 짧은 기간(16개월) 복역하며 더 생산적으로 세 권의 회개서를 씀].

미겔 데 세르반테스 사아베드라: 터키와의 전쟁 때 처음 수감. 스페인에서 세금 징수원으로 일하다가 사기죄로 투옥되었을 때 명저 『돈 키호테』 집필. 석방된 후에 쓴 책 『페르실레스와 시히스문다의 사역』은 세인의 기억에서 사라짐.

존 클렐런드: 빚을 져서 플리트 감옥에 수감. 이때 『파니 힐』로 더 잘 알려진 『한 유녀(遊女)의 회고록』을 완성해서, 출판사가 대신 빚을 갚아 줌.

아돌프 히틀러: 1923년 맥주홀 폭동을 일으켰다가 수감. 두 명의 동료 수감자(그중 한 명은 루돌프 헤스)에게 구술하여 『나의 투쟁』을 집필.

리처드 러블레이스: 17세기 잉글랜드 내란 때 왕의 편에 섰다는 이유로 두 차례 투옥. 처음 투옥되었을 때 유명한 시편 「알시아에게, 감옥에서」를 씀.

토머스 맬러리: 산문 『아서 왕의 죽음』을 쓴 15세기의 작가. 교회 약탈, 겁탈, 강탈 등의 죄로 여러 차례 투옥. 뉴게이트 교도소에서 삶을 마감한 것으로 보임.

나가야마 노리오: 4명을 살해한 죄로 감옥에 갇혀 있을 때 신일본 문학상 수상. 1997년 도쿄 유치장에서 교수형당할 때 자신의 마지막 소설 인세를 불우 아동에게 기부한다고 유언함.

세사르 바예호: 페루의 시인으로, 누명을 쓰고 수감되었을 때 대표작 『트릴세』 집필.

프랑수아 비용: 맬러리와 같은 시대의 프랑스인으로, 청춘의 대부분을 감옥에서 보냄. 교수형을 기다리며 아름다운 시를 씀. 최후의 순간에 사면된 직후 어디론가 사라짐.

노래』밖에 없다. 미국 시인 로버트 로웰은 제2차 세계 대전 때 양심적 병역 거부로 1943년에 수감되었다. 퓰리처상을 수상한 그의 시집 『위어리 경의 성』에는 감옥에서의 경험을 묘사한 시편들이 담겨 있다.

한 학자의 말에 따르면, 〈초기에 상류 사회를 다룬 극작품과 마구잡이의 외설 소설을 썼던〉 사드는 자신을 감옥에 가둔 사람들에 대한 〈맹렬한 증오〉 때문에 〈사뭇 달라졌다〉. 위대한 작가로 탈바꿈한 것이다. 로버트 단턴의 말에 따르면 사드는 〈프랑스의 거의 모든 전위 예술 운동에 상당한 영향을 미쳤다〉. 대니얼 디포는 세금 징수원으로 일한 것을 비롯해서 온갖 일을 했지만, 파산한 후 뉴게이트 감옥에 갇혔다. E. M. 포스터의 말에 따르면 디포는 〈발바닥에 불이 나도록 바쁜 기자이자 예리한 정치가였다. 그러다가 감옥에서 무슨 일인가 일어났다. 그는 알 수 없는 강력한 감정에 휩싸였고, 대표작인 『몰 플랜더스』와 『록사나』가 태어났다〉. 실제로 뉴게이트 감옥에서 태어난 몰이라는 인물이 있었는데, 그의 어머니는 사소한 절도죄로 교수형을 당했다. 알렉산드르 솔제니친은 소련 강제노동 수용소에 갇혀 있을 때 처음 시를 썼다. 이 시에서 그는 수용소를 〈영혼이 태어난 곳〉으로 묘사했다. 오스카 와일드는 감옥에 가기 전에 이런 말을 했다. 그저 〈영리한 운문 작가〉였던 윌프리드 스코언 블런트는 감옥에 다녀온 후 〈진지하고 깊이 사색하는 시인〉이 되었다고.

과거에 글을 쓴 일이라고는 위조 수표 발행 따위밖에 한 일이 없는 범죄자들 가운데 작가가 되는 게 천직이라는 것을 감옥에서 깨닫게 된 사람도 많다. 『도둑 일기』를 쓴 프랑스 작가 장 주네는 소매치기, 가축 절도, 군대 탈영, 위조지폐 배포, 마약 거래 등을 일삼았다. 그의 말에 따르면 그는 〈생각을 정리하고 즐기기 위해 감옥에서 글을 쓰기 시작했다〉(10대에 소년원에서 글을 쓰기 시작했다고 말한 적도 있다). 맬컴 엑스는 가진 게 시간밖에 없는 감옥에서 읽고 쓰는 법을 독학했다. 마찬가지로 흑인 투사인 엘드리지 클리버도 교도소에서 〈자기 구원을 위해 글을 쓰기 시작했다〉. 「뉴욕 타임스」 집계에 따르면 클리버의 자서전 『갇힌 영혼』은 1968년 10대 베스트셀러였다. 리처드 닉슨 전 미국 대통령의 측근이었던 G. 고든 리디는 내면에서 책이 튀어나오고 싶어 한다는 느낌을 받았다는데, 한때 이런 말을 했다. 〈작가가 되는 데 필요한 것 가운데 하나는 많은 시간이다. 그런데 감옥에 있을 때 세상의 시간이 죄다 내 것이었다.〉

매우 생산적인 작가가 감옥에 가면 무대가 달라져서 자못 심란해질 수도 있다. 영국 작가 펠럼 그렌빌 우드하우스는 제2차 세계 대전이 일어난 후 태평스럽게 프랑스에 남아 있다가 폴란드 감옥에 갇히게 되었다. 이 감옥은 전에 정신병동이었던 곳이다.[10] 우드하우스는 자유로웠을 때 하루 평균 글을 쓴 양이 2천 단어[한글로 200자 원고지 약 30매]에 이르렀는데, 감옥에서는 그것이 300단어로 뚝 떨어졌다. 석방된 후 그는 강요받긴 했지만 어리석게도 미국 독자들을 상대로 친(親)나치 방송을 했다. 이것은 반역죄에 해당하는 것이었다. 그래서 전쟁이 끝난 후 연합군에게 체포되어, 파리의 산부인과 병동에 구금

---

10 노먼 메일러는 아내를 칼로 살해한 후 정신병동에 들어가느니 감옥에 가겠다고 단호히 주장했다. 당시 그의 친구인 노먼 포도레츠의 말에 따르면, 만일 미친 것으로 간주되면 진지한 작가로 인정받지 못할 거라고 메일러가 말했다고 한다. 이건 잘못된 생각이다. 살인자이자 정신병동 수감자인 윌리엄 C. 마이너 박사는 옥스퍼드 영어 사전 편찬에 동참해서 1만 개의 수록 어휘를 기술했다. 에즈라 파운드는 61세부터 12년 동안 세인트엘리자베스 정신병원에서 많은 시를 썼다.

되었다. 그런데 이번에는 잘 적응해서, 석방될 때까지 수감 생활에 대한 책 한 권과 다섯 권의 소설을 썼다.

차라리 감옥에 갇혀 지내는 편이 나았던 경우가 아주 많다. 윌리엄 시드니 포터는 출납 계원으로 일하던 은행의 공금을 횡령해서 온두라스로 달아났다. 나중에 귀국한 그는 5년 형을 선고받았다. 그는 면허를 받은 약사여서, 밤에 감옥 의무실에서 일했다. 쾌적하고 조용한 의무실은 글을 쓰기에 안성맞춤이었다. 한 수감자의 여동생이 그를 도와서 그의 작품을 바깥세상에 소개했고, 그의 책은 O. 헨리라는 필명으로 출판되었다. 그는 석방된 후 10년도 되지 않아 파산한 채 알코올 의존증으로 사망했다.

인도네시아 최고의 현대 작가로 인정받는 프라무디아 아난타 투르는 정치범으로 수감되어 있는 동안 『부루 사중주』를 썼다. 그가 14년의 수감 생활을 한 곳은 주로 인도네시아의 외딴 섬 부루에 있는 교도소였다. 거기서 그는 중노동을 하며 쇠죽 같은 것으로 끼니를 때웠다. 1979년에 석방된 후 그는 10여 년 동안 가택 연금 생활을 했는데, 이 시기에는 작가로서 벽에 부닥쳐서 글을 쓰지 못했다. 석방 후 그가 쓴 글이라고는 최근 발행한 수감 생활 회고록 『벙어리의 독백』 외에 중편 소설 하나와 기고문 몇 편밖에 없다. 하루 다섯 시간씩 신문에 연재되는 소설을 스크랩하며 시간을 보낸다는 그는, 〈너무 많은 정보에 주눅이 든다〉는 말을 했다. 그런데 그의 말에 따르면 감옥에서는 〈아무런 문제가 없었다〉.

한 가지 단점이 있다면, 죄를 짓고 득을 보는 악당들을 바라보는 사법 체계의 시선이 그리 곱지 않다는 것이다. 1977년에 뉴욕 주는 일명 〈샘의 아들〉이라는 법안을 통과시켰다. 이 용어는 살인자 데이비

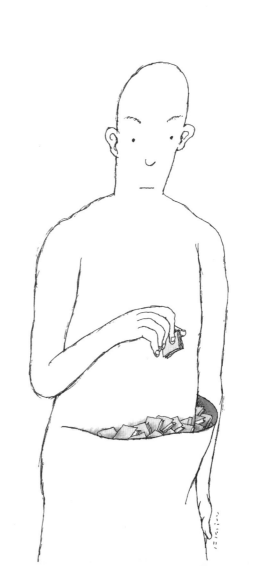

드 버코위츠가 처음 사용한 말인데, 법안의 별명으로 굳어 버렸다. 이 법안은 범죄자가 자신의 범죄에 대한 글을 써서 돈을 버는 것을 금지한 법이다. 대법원은 미국 수정 헌법 제1조(언론, 신문, 종교의 자유를 보장한 조항)에 따라, 이 법안이 표현의 자유를 억압한다면서 위헌 결정을 내렸다. 뉴욕 주는 〈범죄로부터 어떠한 이득도〉 얻을 수 없다는 문장으로 법안을 고쳤다. 다른 여러 주에서도 교도소 작가가 돈을 벌지 못하도록 비슷한 법안을 통과시켰다.

범죄를 저지르고도 글을 써서 돈을 벌고자 한다면, 본받을 만한 인물로 로니 빅스가 있다. 그는 1963년에 세상을 떠들썩하게 한 대열차 강도 사건을 벌인 무장 강도 가운데 한 명이다. 그는 탈옥한 후 오스트레일리아로 가서 성형수술을 하고 브라질에 정착했다. 빅스는 그 사건으로 땡전 한 푼 벌지 못했다며, 관광객에게 〈로니 빅스〉 티셔츠를 팔거나 자서전을 써서 생계를 꾸려 가고 있다고 말한다. 자전적 영화로도 약간의 돈을 벌었고, 『왕따: 도망 중인 내 인생과 대열차 강도 사건의 진실』이라는 자기 책에 썼듯이, 언론의 여러 신사들이 제안한 대로 〈다이애나 왕세자비〉 티셔츠를 입고 그녀가 리우에 온 것에 대해 몇 마디 촌평을 해서 돈을 벌기도 했다.

상아탑에서 글쓰기

미국에서는 역사상 처음으로 1995년에 대학 건물을 짓는 것보다 교도소를 짓는 데 더 많은 돈을 들였다. 이것이 문학의 일대 전환점을 이룰지도 모른다는 상상도 못할 건 없지만, 물론 상상에 그칠 것이다.

수감자들은 글을 써도 좋고, 자동차 번호판 만드는 일을 해도 좋다. 〈근무 시간에 글을 쓴다〉는 것은 전형적으로 교수라는 직업을 기술하는 말에 속한다. 앞서의 파이 도표에 나타나 있듯이, 파트타임 작가의 압도적인 다수를 이루는 게 바로 교수들이다.

대학의 문화는 여타 문화에 비해 좀 더 책과 가깝다. 학교에서 가장 우수한 학생은 다른 학생에 비해 지나칠 만큼 책을 좋아한다. 박사 학위를 받거나 받으려고 할 가능성이 가장 높은 학생도 그들이다. 나는 가르치는 능력 시험을 통과하라고 요구하는 박사 과정이 있다는 소리를 들어 보지 못했다. 박사 후보에게 요구하는 것은 논문밖에 없다. 그래서 수많은 박사 논문이 쏟아져 나온다. 미국에서 한 해에 나오는 박사 논문의 수는 4만 7천 편에 이른다. 그래서 책이 더욱 많이 발행된다. 갓 등장한 박사들이 논문을 첫 책으로 펴내고 싶어 하기 때문이다.[11] 책에 대한 이런 관심은 구텐베르크 이후 세기가 바뀔수록 더욱 고조되어 왔다. 이제 교수들은 인문학 분야에서 종신직 교수 자격을 판가름하는 가장 중요한 기준이자 유일한 척도가 바로 책을 펴내는 것이라고 확신하기에 이르렀다. 그들은 또한 저술이 인간다움을 드러내는 가장 숭고한 길이라는 것을 남들에게 확신시키려고 한다. 동창 회보를 보면 흔히 졸업생들이 최근에 펴낸 책을 자랑하는 특별란이 있다.

일반적으로 학구적인 인생의 특징을 이루는 것은 괴팍하다는 것이다. 피고용인 교수가 유일하게 애써야 할 일이 있다면 무엇일까? 그

11 박사 논문의 양은 해마다 발행 도서가 증가하는 비율만큼 증가하고 있다. 『박사 논문 총목록』에 따르면 박사 논문의 수는 미국에서 최초로 박사 학위가 수여된 해인 1861년부터 1972년까지 41만 7천 편, 1973년부터 1982년까지 35만 1천 편이다. 미국에서 1998년 한 해에만 새로운 박사 논문 3만 9,345편이 목록에 올랐다.

건 고용주 학생을 괴롭혀야 한다는 것이다. 이 얼마나 괴팍한가. 여기서 한발 더 나아가, 전혀 돈이 되지 않는 글을 쓰는 것이 상아탑의 미덕으로 간주된다. 범죄자들은 선거로 뽑힌 관료들이 저작권료를 빼앗아 가려고 하는 것에 낙담한다. 그런데 대학에서는 교수들이 저임금 일자리를 유지하기 위해, 아무도 사려고 하지 않는 책을 써야 한다는 것을 신조로 삼고 있다. 신참 교수를 종신직으로 임명할 것인가를 심사할 때, 대가를 받은 글은 업적에 포함시키지 않는다는 말을 나는 고참 교수들에게 들은 적이 있다.

그러니 학술지의 60퍼센트 이상이 저술가에게 고료를 한 푼도 주지 않는다는 미국 작가 연맹의 조사에 놀랄 필요가 없다. 또 이 조사에 의하면, 학술지 가운데 최소한 20퍼센트가 요행을 바라고 투고를 한 저술가에게 〈검토료〉를 요구하는 것으로 나타났다. 일부 학술 서적 출판사는 저술가에게 출판 비용을 대라고 요구한다.

학술서 분야의 작가 대 시장 비율을 생각해 보면 이것은 쉽게 이해할 수 있는 일이다. 극단적인 예로, 가장 순수한 학문인 철학 분야를 생각해 보자. 오하이오 주의 철학 자료 센터에서 1990년대 중반에 보고한 것에 따르면, 미국의 철학 잡지는 184종인데 비해 미국 철학자 수는 8,500명밖에 되지 않았다. 철학 잡지가 철학자 46명당 한 권 꼴이다. 이런 잡지 발행자는 작가에게 고료를 지불할 의욕이 나지 않는다.

이처럼 경제적으로 초현실적인 학계에서 책을 낸다는 것은 자신을 학대한다는 소리로 들린다. 이 책을 발행한 루이지애나 주립대학 출판부의 편집자들 말에 따르면, 히틀러의 은퇴 계획이나 토머스 잭슨과 함께 복무한 동성애 장군들에 대한 책을 내자고 제안하는 저술가가 있다고 한다.[12] 실제로 시시콜콜한 주제의 책이 허다하게 출판된다. 「고등교육 일보」 한 호에 다음과 같은 새 책 두 권이 소개되어 있다. 『금지된 곳을 피하라: 근무 시간 중에 소변을 눌 권리와 휴식 시간』, 그리고 『체면의 문제: 미치도록 논픽션 읽기』. 전자는 〈화장실에서 쉬는 것 등에 대한 법적 투쟁〉을 논하고, 후자는 〈아무리 현실적인 소설을 읽는다 해도 논픽션을 쓰고 읽는 것과는 근본적으로 다르다는 것을 주장한다〉.

학술서 전문 출판사인 그린우드 출판사는 구태여 책 커버를 씌우지도 않고, 광고를 하지도 않는다. 편집자들은 소수의 학자와 대학 도서관 정도만 그들의 책에 관심을 보일 거라는 점을 잘 알고 있다. 이 독자들은 학술지 서평을 토대로 해서 책을 구입한다. 대학 출판부는 가끔 더 큰 시장을 노린다. 하지만 미국 서적상 협회의 추산에 따르면, 대학 출판부에서 펴낸 책은 전체 판매 도서의 1퍼센트에 지나지 않는다.

얼마 전 「뉴욕 타임스」 보도에 따르면, 원래 학술서를 펴내기 위해 만들어진 대학 출판부가 살아남기 위해 점점 더 시장에 민감해지고 있다고 한다. 그러나 캠퍼스 한쪽에서 대학 출판부가 애를 태우고 있는 동안, 다른 한쪽의 교수들은 전혀 달라진 데가 없다. 「뉴욕 타임스」는 박사 학위 논문을 책으로 발행해 줄 대학 출판부를 찾지 못한 젊은 학자의 이런 말을 인용했다. 〈나는 그들이 원고의 가치를 평가하는 기준으로 판매 가능성을 들먹이는 소리를 듣고 놀랐다.〉

그러나 유도의 달인이라도 되듯 일부 학자들은 괴팍함으로 괴팍

---

12 히틀러는 은퇴해서 그림과 건축, 음악에 전념하고 싶다고 말했다. 그런 방면의 히틀러 미학에 대한 책이 나와 있다 — 옮긴이주.

함을 이긴다. 학생들이 매력적인 시장이라는 것을 아는 그들은 교재를 만든다. 노벨 경제학상 수상자 폴 새뮤얼슨은 경제학 교재를 만들어서 부자가 되었다. 그의 후계자 가운데 한 명인 그레고리 맨큐는 1997년에 『경제학 원리』를 펴내서 달러로 일곱 자리 숫자의 선인세를 받았다. 존 케네스 갤브레이스를 본받는 학자들도 있다. 하버드 대학교수였던 갤브레이스는 인기 있는 경제학 서적들만이 아니라 소설도 냈고, 다른 분야의 논픽션을 여러 권 냈다. 그는 이렇게 고백한 적이 있다. 〈남는 시간에 대학원생의 미발표 논문을 고쳐 줄 것인가, 갤브레이스의 미발표 작품을 고칠 것인가를 선택해야 할 경우, 나는 망설이는 법이 없다.〉

품팔이를 하며 글을 쓰는 최후의 미덕을 이제 말할 때가 된 것 같다. 이 미덕은 주목할 가치가 있다. 벽돌공은 해고당하면 할 일이 없어진다. 그런데 직장을 다니는 저술가가 해고당하면 바로 전업 작가가 될 수 있다는 것은 커다란 미덕이 아닐 수 없다.

니콜로 마키아벨리는 피렌체에서 메디치가(家)를 위해 일하면서 진지하게 메모하는 방식으로 계속 글을 썼다. 그러다 관직에서 쫓겨나자 글을 쓰는 것 말고는 할 일이 없게 되었다. 『군주론』, 『티투스 리비우스에 관한 논문(로마사론)』, 『전술론』, 시, 극작품인 「맨드레이크」 등이 바로 이때 쓴 것이다. 「맨드레이크」는 이탈리아 역사상 가장 위대한 극작품으로 일컬어져 왔다. 메디치가의 관직을 되찾은 마키아벨리는 피렌체 역사를 집필하라는 명을 받았다. 말년에 그는 한 편지에 이렇게 서명했다. 〈니콜로 마키아벨리, 역사가, 희극 작가 겸 비극 작가.〉

고용주는 실직 기간이 긴 벽돌공의 이력서를 보면 어쩐지 미덥지 않게 된다. 그러나 작가의 이력서에는 공백 기간이라는 게 없다. 덕분에 땀을 덜 흘리는 새 일자리를 얻기도 쉽다.

품팔이 얘기는 이 정도로 해두고, 이제 전업 작가 얘기를 해보자. 그들 역시 날마다 작업을 해야 한다. 우체국 직원과 달리, 날마다 빈둥거렸다가는 굶어 죽을 수도 있다.

저술업자

식견 있는 독자라면 일찌감치 이런 생각을 했을지 모르겠다. 〈하! 그래! 하지만 다른 종류의 작가도 있어. 재스퍼 밀베인(『꿈꾸는 문인들의 거리』의 주인공), 아니 스티븐 킹 같은 작가 말이야. 그들은 다른 직업 없이 글만 쓰면서 잘만 살고 있어.〉 그러나 알고 보면 그들 역시 뭔가를 겸하고 있는 작가다.[13] 산업 혁명 덕분에 전업 작가가 탄생했는데, 재능만으로 성공한 작가라면 대부분 작품 생산에 대한 견해와 태도 면에서 분명 제조업자를 빼닮았을 것이다. 그들은 날마다 일정대로 글을 쓴다. 최근 작고한 문학 평론가이자 전업 작가인 맥스웰 가이스마는 아침마다 무조건 사무실에 나간다고 말했다. 쓸 게 없으면 타자기라도 닦았다. 그는 글쓰기를 직업으로 생각했다. 글쓰기 직업도 게으르게 빈둥거릴 여유가 없다.

제임스 페니모어 쿠퍼는 미국 소설계 최초의 재스퍼 밀베인이다. 그는 오로지 글만 써서 살았는데, 자신의 작품을 〈교역품〉이라고 말

---

13 저술업자, 곧 저술가-산업가*author-industrialist*라는 뜻이다 — 옮긴이주.

했다. 그는 30세부터 31년 동안 한 해 평균 장편 소설 한 권을 썼고, 그 밖에도 역사서 등 스무 권과 수많은 잡지 기고문을 썼다. 그는 뮤즈 여신이 찾아올 때까지 한가하게 기다리고 있지 않았다. 날마다 정해진 시간에 글을 썼다. 작업 능률을 생각해서 거의 고쳐 쓰지는 않고, 문장 다듬는 일은 인쇄공과 교정자에게 맡겨 버렸다. 그는 이미 발행된 소설을 개작해서 더 좋은 책으로 만들겠다는 생각이 전혀 없었다. 여분의 돈벌이가 될 때에만 개정판을 냈다. 닳지 않은 타이어와 내부 가죽 인테리어로 고객의 관심을 끄는 자동차 세일즈맨처럼 그는 출판업자에게 이런 식으로 말했다. 자신이 쓴 어떤 선원 이야기는 남의 글보다 더 가치가 있는데 그 이유는 선원이 〈인디언 혼혈〉이기 때문이라고. 그가 1820년대에 벌어들인 연평균 소득 6,500달러는 당시 아주 거액이었다.

작품을 끝내야만 돈을 받을 수 있기 때문에, 작가들은 생산 능률을 높이기 위한 탐색을 시작했다. 자서전을 쓸 때 찰스 채플린은 거친 대화체로 하루에 1천 단어 정도를 구술했는데, 마무리한 원고 상태에서는 이것이 300단어로 줄어들었다. 그는 줄곧 생산성을 높이고 싶어서 경쟁자들이 어떻게 글을 쓰는가에 관심을 기울였다. 그는 알렉산더 울컷이 15분 만에 750단어의 평론을 쓰고 나서 포커 게임을 한다는 말을 듣고 감탄했다. 그런데 조르주 심농의 말을 듣고는 더욱 감탄했다. 조르주 심농은 깨알 같은 글자로 한 달에 〈뛰어난〉 중편 소설 한 편을 완성했다. 왜 그렇게 글씨를 작게 쓰냐고 채플린이 묻자, 심농이 답했다. 〈그래야 손이 덜 피곤하거든요.〉

심농은 또 다른 노동 절약 기법을 갖고 있었다. 글을 쓸 때면 〈방해하지 마시오〉라는 팻말을 걸고, 사무실 차양까지 내렸다. 그리고 미리 파이프 대여섯 개에 담배를 채워 두었다. 파이프에 담배를 채우기 위해 글쓰기를 멈추는 일이 없도록 하기 위해서였다. 그리고 글을 쓰기 전후에 프로 권투 선수처럼 체중을 쟀다. 1924년에서 1931년까지 그는 줄잡아 200편의 통속 소설을 썼다. 사람이 무르익을수록 글을 쓰는 속도가 느려졌지만, 과거에 비해 그렇다는 뜻이다. 1989년에 세상을 뜰 때, 그가 펴낸 책은 400권이 넘었다.

눈에 띄는 다른 문학 기계들도 물론 많다. 쥘 베른은 증권 중개인 일을 그만둔 후, 날마다 맹렬히 글을 썼다. 그는 약 100권의 책을 냈다. 또 다른 글쓰기 중독자 아이작 아시모프는 1분에 90단어씩, 하루 열두 시간 글을 썼다. 거의 휴가를 떠난 일도 없는 그는 작가의 걸림돌을 경험한 적이 없다고 한다. 그는 400권 이상의 책을 썼다. 기고문과 단편 소설만 해도 2천만 단어 이상[한국 단행본으로 200권 분량]을 인쇄했다. 그는 뭐든 소설로 써낼 수 있었다. 미국 서적상 협회의 연례 모임을 다룬 장편 소설을 쓰기도 했다. 텔레비전 대담 진행자인 바버라 월터스가 아시모프에게 물었다. 〈살아갈 날이 6개월밖에 남지 않았다면 어쩌시겠습니까?〉 그가 답했다. 〈타자기를 더 빨리 두드려야죠.〉

더욱 생산적인 작가로는 브라질 통속 소설 작가 이노우에 리우키가 있다. 그는 1986년에 의사직을 그만두고 주로 서부 소설을 썼다. 10년 후 그는 서른아홉 개의 필명으로 포르투갈어 책을 1천 권 이상 냈다. 그는 자기 트럭을 수리공이 고치고 있는 동안 차고에서 책 한 권을 써냈다고 한다. 그는 이렇게 말했다. 〈정말이지, 나는 내가 낸 책을 다 읽어 보지 못했다.〉

저술가-산업가, 곧 저술업자를 길러 내는 토양은 현대의 자본주의

다. 신세대 중국인인 왕슈어는 나라에 봉사한다는 마르크스주의자들의 말을 경멸한다. 그는 〈돈을 많이 벌고 싶다〉고 말한다. 그의 책은 200만 부 이상이 팔렸다. 시장에 아주 민감한 그는 중국의 이노우에 리우키가 되어 가고 있다. 그는 이미 중국인 인생의 이면에 대해 20여 권의 소설을 썼다.

〈미국의 문학 산업 생산량 가운데 아주 많은 부분은 작가가 바라는 글이 아니라 독자가 바라는 글이다.〉 1940년 뉴욕 공공 도서관 강의에서 엘머 데이비스가 한 말이다. 이것은 작가가 대중의 취향을 잘 알고, 그것을 만족시켜 주기 위해 글을 쓴다는 뜻이다. 또한 작가가 시간이 돈이라는 것을 알고 있으며, 정해진 시간을 능률적으로 써야 한다는 뜻이기도 하다. 이노우에는 하루에 세 권의 책을 동시에 쓰면서 일종의 공식을 적용했다. 한 권의 책에서 최소한 다섯 명이 죽어야 하고, 최소한 두 건의 로맨스가 펼쳐져야 한다. 등장인물은 스무 명 이하여야 한다. 스토리가 복잡해지면 어떻게 할까? 〈골치 아픈 것들은 다이너마이트로 날려 버린다.〉 이노우에가 「월 스트리트 저널」 기자에게 한 말이다. 애거서 크리스티는 추리 소설을 쓰면서, 그레이스 리빙스턴 힐은 로맨스 소설을 쓰면서, 똑같은 플롯을 몇 번이고 재활용했다.

논리적으로 한발 더 나아가 보자. 공식을 가진 작가가 문학작품 조립 라인에서 혼자 일하면 일손이 달릴 수밖에 없다. 그래서 일꾼들을 부리면 바야흐로 대량 생산이 이루어진다. 제임스 미치너는 엄청난 양의 책을 쓰는 데 일손이 달려서, 비서 세 명을 부렸을 뿐만 아니라 따로 자료 조사 팀을 두었다. 초고를 평하고 고쳐 주는 일손도 따로 있었다. 그는 일꾼들을 내보내서 구해 온 자료에 대해 인터뷰 기자에게 이렇게 말했다. 〈난 그것들을 전혀 읽어 보지 않아요. 다만 색인만 읽고 눈에 쏙 들어오는 항목을 노련하게 추려 내지요.〉 그의 책 『센테니얼』 서평 가운데 하나는 예상 독자들에게 이렇게 경고한다. 이 책의 〈장르〉를 오해하지 말라고. 〈이 책은 《쓰인》 것이 아니라, 편집된 것〉이라고.

『요리의 기쁨』 최신 개정판에는 공동 저자가 세 명으로 되어 있다. 작고한 어마 S. 롬보어, 그녀의 딸로 역시 작고한 매리언 롬보어 베커, 그리고 상속인인 에단 베커가 그들이다. 「뉴욕 타임스」 기자는 이렇게 썼다. 〈개정판은…… 사실상 150명의 요리사와 영양학자, 작가들의 합작품이다(이 작가 가운데 상당수가 다른 요리책 저자를 만들어 낸 인물들이기도 하다).〉

1,300권 이상의 소설을 낸 한 〈저자〉 스트래트마이어에 대해 『포춘』지는 썼다. 〈석유 업계에 록펠러가 있었듯이, 문학계에 스트래트마이어가 있었다.〉 에드워드 스트래트마이어는 1900년 무렵부터 수많은 청소년용 연작 소설을 쏟아 냈다. 그는 프랭클린 W. 딕슨, 캐럴린 킨, 로라 리 호프, 빅터 애플턴 등의 필명으로 『용감한 소년들』, 『낸시 드루』, 『쌍둥이 밥시』, 『톰 스위프트』 등의 연작 소설을 냈다. 이 책들을 처음에는 그가 직접 썼다. 그러다가 3페이지 분량의 줄거리만 써서, 배고픈 신출내기 작가에게 던져 주었다. 물론 문학판에는 배고픈 작가가 항상 넘쳐난다. 스트래트마이어는 품질 검사관으로서, 최종 제품에 하자가 없는지 관리했다.

1906년에 소설책 가격은 평균 1.25달러였다. 고가에 소량을 파는 것보다 저가에 대량 판매를 하는 것이 더 낫다는 것을 잘 알고 있던 스트래트마이어는 출판업자를 설득해서 권당 50센트만 받도록 했다. 그러면서 그는 작가에게 권당 50달러에서 250달러 사이의 고료만 줌으로써 생산 단가를 낮추었다. 그래서 그는 1달러만 가지면 세 코스의 훌륭한 만찬을 즐길 수 있던 시대에 연간 5만 달러를 벌어들였다.

스트래트마이어는 여러 가지 필명으로 글을 썼고, 그가 부리는 작가들도 그 필명을 사용하도록 했다. 그는 스트래트마이어 문학 배급사를 만들어서, 휘하의 작가들이 어떤 작품을 실제로 누가 썼는가를 밝히지 않는다는 서약을 하고 글을 쓰게 했다. 작가 집단은 점조직으로 구성되어 서로 알지 못했고, 서로 만나는 일도 없었다. 이 밖에도 스트래트마이어에게는 또 다른 글쓰기 규칙이 있었다. 본격적으로 연작을 쓰기 전에 먼저 세 권을 출판해 본다. 모든 새 책의 제1장에는 이전 책의 내용을 맛깔스럽게 간추려서, 그걸 읽지 않은 어린 독자들의 구미를 당긴다. 마지막 장에는 다음에 낼 책을 감질나게 맛보여 준다.

이러한 공식대로 글을 쓰는 것은 그리 어려운 일이 아니었다. 스트래트마이어가 1930년에 사망하자, 그의 딸이 이 공장을 상속받아, 계속 더욱 많은 책을 찍어 냈다. 물론 작가를 계속 고용했고, 시대 흐름에 맞추어 옛날 책을 고쳐 쓰기도 했다. 그녀가 1982년에 사망한 후에도 오랫동안 이 배급사는 연간 200만 달러 이상의 판매고를 올렸다.

저술업자의 또 다른 전술로는, 거물 기업가들이 수평 통합(동업종간의 합병)이라고 부르는 것이 있다. 글쓰기와는 별개이지만 수평적으로 관련이 있는 일을 하는 것이다. 전문가 작가는 전문가 독자 역할을 할 수 있다. 지식인 무리들에게 시를 낭송하며 돌아다닐 수도 있고, 소수의 청중에게 책을 읽어 주는 일을 할 수도 있다. 프랑스 시인 폴

발레리는 동틀 녘에 주로 자기만의 글쓰기를 한 후, 글을 읽는 일을 하러 나갔다. 주요 신문을 읽고, 아바 통신사 이사에게 중요 사건 기사를 읽어 주는 게 그의 일이었다. 그는 이 일을 20년 동안 계속했다. 이 통신사 이사는 17세기 산문에 대해 토론하길 좋아했다. 윌리엄 C. 데이비스는 미국 남부 역사와 남북 전쟁에 관한 글을 쓰고 있는 사람이다. 그는 남북 전쟁 관련 도서를 편집하는 일, 그리고 관광객을 이끌고 남북 전쟁 때 사용된 나룻배 체험을 시키며 글쓰기보다 훨씬 더 많은 돈을 번다. 이런 일은 더욱 전문성을 다지는 데에도 도움이 된다. 그는 언론 매체의 통신원으로도 일하는데, 텔레비전 시리즈인 「남북 전쟁 일기」에 자주 등장하는 해설자 가운데 한 명이기도 하다.

영사막은 발명 당시부터 작가의 안식처였다. 비록 절망의 안식처이긴 했지만. 작가들은 스튜디오 입구에서 자존심을 벗어 놓고 들어가야 했다. 안에서 제작자들이 시나리오 작가를 스턴트맨 취급했기 때문이다. 그런데도 절망에는 보상이 뒤따랐다. 1930년대 중반에는 할리우드에 1천 명 이상의 작가가 있었는데, 그 가운데 한 명인 벤 헥트는 이렇게 말했다. 〈할리우드에서 나에게 요구하는 것에 대한 불만이 극에 달할 즈음, 나는 마침내 한 달 시나리오 집필료로 12만 5천 달러를 받게 되었다.〉 미국 작가 조합의 통계에 따르면, 1995년 미국 서부의 시나리오 작가와 방송 작가의 연평균 소득은 7만 2,500달러였다. 서부 해안의 조합원 수는 7,500명이었는데, 그 가운데 40명은 1995년에 1백만 달러 이상을 벌었다. 다음 200명은 51만 5,300달러 이상을 벌었고, 1천 명은 최소한 17만 6,560달러를 벌었다. 윌리엄 포크너는 시나리오를 써서 얻은 푹신한 돈방석에 앉아 여러 편의 걸작을 썼다. 시나리오를 쓰면 얼마간 이름을 날릴 수도 있다. 영화 저작자로 인정받은 최초의 시나리오 작가인 애니타 루스는 1916년에 영화 「맥베스」 대본을 써서 윌리엄 셰익스피어와 공동 저자로 인정을 받았다. 그녀는 훗날 이렇게 말했다. 〈내가 요구하기만 했다면, 영화 광고에서 주연배우 대신 내 이름을 더 크게 내세웠을 것이다.〉

오늘날 이런 경제 관리 지침을 따를 경우 마음에 걸리는 게 딱 하나 있다. 비능률적인 작가가 능률적인 작가보다 더 위대한 문학을 생산하는 것 같다는 게 그것이다. 능률에 밝은 하버드 경영 대학원의 젊은 이들이 『율리시스』 같은 작품을 쓰려고 하다가는 미쳐 버리고 말 것이다. 제임스 조이스는 7년에 걸쳐 이 책을 썼다. 줄잡아 2,500일 동안 하루 여덟 시간씩, 모두 2만 시간을 이 책에 바친 것이다. 그리고 일부 에피소드는 아홉 번에 걸쳐 고쳐 썼다. 에즈라 파운드는 이 책이 신기원을 이룬 것을 기리기 위해 새로운 연도 명명법을 제안했다. 그의 제안에 따르면 『율리시스』가 발행된 첫해(1922)는 1 p.s.U.(*1 post scriptum Ulysses*, 율리시스 집필 후 1년)이다.

결론

농부처럼 작가에게도 나름대로 최악의 적이 있다. 농작물의 수확량이 줄어들 경우 그 가격이 올라간다. 그러면 농부들은 이듬해 더 열심히 일을 해서 더 많은 수확을 하는 경향이 있다. 그래서 막상 힘들게 일을 했는데도 소득은 오히려 줄어든다. 그럴 경우, 강력한 정치력을 지닌 농부들은 정부를 상대로 로비를 해서 보조금을 받아 낸다. 게다가 농사의 경우에는 경작지에 한계가 있어서 농부의 수가 마구 늘어나는 일도 없다. 작가에게는 이런 혜택들이 주어지지 않는다. 누구나 글을 써서 책을 내겠다는 포부를 가질 수 있어서 경쟁은 치열한데, 정치적 영향력을 가지고 있지도 않다.

책을 내고 싶어 하는 독자들이 주로 오해하는 것이 바로 그 점이다. 독자들은 원하기만 하면 누구나 글을 쓸 수 있다고 생각한다. 그래서 표현의 자유를 허용한 미국 수정 헌법 제1조가 국가에 이로운 것이라면, 가능한 한 많은 사람이 기꺼이 글을 쓰는 것이 국가에 더욱 이로울 거라고 생각한다. 수정 헌법 제1조 담당 검사인 캐머론 드보어는 텔레비전에 출연해서 이렇게 말한 적이 있다. 〈이 사회에서 우리는 적

게 말하는 것보다 더 많이 말하는 것을 항상 더 좋게 보아야 합니다.〉

이런 말에 저술가들도 공감은 하지만 조금은 생각이 다르다. 코카콜라의 소유주들은 콜라 만드는 비법을 펩시사에 팔지 않을 것이다. 그런데 저술가들은 푼돈을 받고 글 쓰는 비법을 판다. 소설가 존 어빙은 문학 창작 강의가 〈미국 작가들에게 경제적으로 꼭 필요한 것〉이라고 주장했다. 〈가르치는 작가 입장에서 보면《작가로서》생계를 꾸려 가는 데 그것이 꼭 필요하다. 배우는 학생 입장에서 보면, 진정으로 배움을 얻는 학생 수는 적을지 몰라도 강의를 통해 격려를 받고 습작 시간을 절약할 수 있다. 작가, 특히 젊은 작가에게는 격려와 시간이 더욱 필요하다.〉

『꿈꾸는 문인들의 거리』의 진짜 주인공인 매리언 율은 진정한 사랑을 할 줄 아는 분별력 있는 여성이다. 밀베인은 그녀와 잠시 사랑을 나누었지만, 두 사람은 생각이 다르다. 율은 이렇게 말한다. 〈나는 책을 사랑해요. 하지만 사람들이 (새로운 책을 원하지 않고) 지금 있는 책만으로 만족하길 바라요.〉

출판업자들이 율의 충고를 받아들여 몇 년 동안 새 책을 내지 않기를 바라는 것은 무리일 것이다. 그들은 드라큘라가 피를 필요로 하듯 새 책을 필요로 한다. 많은 것이 항상 더 좋은 것은 아니다. 많은 책을 내는 것은 저자에게도 이롭지 않다. 문학의 질을 높이는 데에도 하등 도움이 안 된다. 이제 바야흐로 그것을 보여 주는 법칙 세 가지를 말할 때가 된 것 같다.

제1법칙: 세상에 많은 책이 나올수록 저술가는 더욱 살아남기 힘들다

이런 자명한 이치를 역력히 보여 주는 게 바로 요즘 서점의 모습이다. 새 책이 더 많이 나올수록 서점에서 다룰 수 있는 새 책의 권수는 줄어든다. 서가에 빼곡하게 꽂히지 않고 표지 전면이 보이도록 진열되는 책은 소수일 수밖에 없다. 그 결과 손님들은 서가에 꽂힌 책의 가녀린 등을 그저 쓰윽 훑어보고 지나간다. 자연스레 시선이 꽂히는 것은 표지 전면이 보이도록 진열된 소수의 책이다. 얼른 팔려 나가지 않는 책은 다른 책들의 물결에 밀려 출판사로 반품된다. 서점에서는 책을 위탁 판매한다는 게 큰 이점이 아닐 수 없다. 책이 반품되면 저자와 출판사는 돈을 받지 못한다.

O. H. 체니는 미국 도서 출판 협회에 이런 보고서를 냈다. 〈가장 비참한 출판 현실은 책의 수명이 짧다는 것이다……. 책이 살아 있는 기간은 대체로 4~5개월이다.〉 체니가 이 보고서를 낸 것은 1931년이었다. 경쟁이 치열한 오늘날의 기준으로 보면 이건 지루할 만큼 긴 기간이다. 한 익살꾼이 말했듯이, 오늘날 책의 수명은 요구르트 유통 기한과 같다.

제2법칙: 발행 도서가 줄어들어도 좋은 책이 집필되는 양은 줄어들지 않을 것이다

오히려 반대일 것이다. 즉, 발행 도서가 줄어들면 해마다 나오는 좋은 책의 총 권수가 늘어날 것이다. 경제학의 새 분야인 스포츠 계량학 연구 결과에 따르면, 경주에서 달리는 속도는 소수의 사람이 경쟁할수록 더 빨라진다. 더 작은 경기장에서 달리는 사람들은 이길 가능성이 더 높다고 보고, 더 열심히 달리게 된다고 한다. 제1법칙이 제시한 상황에서 선수들이 경주를 한다면, 그들은 트랙을 어슬렁어슬렁 걷게 될 것이다. 키케로는 이렇게 말했다. 〈세상이 타락했다. 어린것들은 더 이상 부모의 말을 듣지 않고, 잡것들이 너나없이 책을 내려고 한다.〉

제3법칙: 부업을 하는 작가는 글을 쓸 시간이 줄어들지만 할 말은 많아질 수 있다

프란츠 카프카는 보헤미아 왕국의 노동자 상해 보험국에서 일했다. 그는 통계 청구 부서의 일에 환멸을 느꼈다. 집안에서 운영한 석면 공장의 일을 하는 것 역시 싫기는 마찬가지였다. 그의 말에 따르면 그는 〈끔찍한 이중생활을 했다. 거기서 탈출하려면 미쳐 버리는 길밖에 없었다〉. 카프카에게는 모든 것이 카프카적이었다(부조리한 악몽 같았다). 그는 보험국에서 오전 여덟시부터 오후 두시까지는 줄곧 일만 했고, 일을 썩 잘한다는 소리를 들었다. 그런데 레오나르도 다 빈치가 말했듯이, 경험은 〈글을 잘 쓰는 모든 이들의 안주인이었다〉.

초서는 외교관으로서 이탈리아까지 멀리 여행을 한 덕분에 『캔터베리 이야기』(1393~1400)의 순례 이야기 소재를 얻을 수 있었다. 그뿐 아니라 그는 피렌체에서 단테와 페트라르카, 보카치오의 작품들을 구해 볼 수 있었고, 그 거장들의 직접적인 영향을 받았다. 멜빌은

4년 동안 선원 생활을 한 덕분에 『타이피족』(그는 한 달 동안 폴리네시아의 타이피족과 같이 살았다), 『오무』, 『백경』, 『하얀 재킷』 등의 작품 소재를 얻을 수 있었다. 호손은 세일럼 세관의 해묵은 서류철에서 〈주홍빛 누더기 천과 ……대문자 A [간통 *Adultery*의 머리글자]〉, 그리고 관련 이야기를 발견한 덕분에 대표작인 『주홍 글씨』를 쓰게 되었다. 멜빌과 호손은 동시대인 전업 작가 제임스 페니모어 쿠퍼보다 더 훌륭한 작가로 평가되고 있다. 이런 예를 다 들자면 한이 없다. 매튜 아널드는 장학사로 35년을 보내며 열정적으로 시를 쓰는 한편 사회 비평을 했다. 찰스 디킨스는 아버지가 빚을 지고 감옥에 갇혀 있던 12세 무렵부터 공장에 다녔다. 이때의 경험 덕분에 신랄하게 현실을 그려 낸 『올리버 트위스트』와 『황폐한 집』이 태어났다.

미국 평론가 에드먼드 윌슨은 말했다. 〈시인이 은행원이나 공무원 또는 영화계 일 등을 한다면, 그 직종을 누구보다도 더 잘 간파할 수 있을 것이다. 요즘의 젊은 미국 시인들에게 문제가 되는 것은, 그들이 이 사회와 아무런 이해관계가 없다는 것이다.〉 존 그리샴은 변호사 일을 계속하고 있다. 그 일을 해서 돈을 벌 필요가 전혀 없는데도 말이다. 그는 이렇게 말했다. 〈법조계에서 완전히 손을 떼는 데는 일종의 두려움이 뒤따른다. 거기서 아이디어가 나오기 때문이다.〉

소설가 테드 코노버는 몇 년 전 마이애미 대학 강의에서 이런 말을 했다. 〈직업이 좋지 않을수록 책이 좋아진다.〉 존 스타인벡은 농장 막노동, 벽돌 운반, 백화점 점원, 여객선 승무원 등의 일을 전전하며 남녀 노동자에 대한 감동적인 소설을 썼다. 그는 미국 타호 호숫가에서 2년 동안 별장지기를 하며 첫 소설인 『황금의 잔』(1929)을 썼는데, 그곳에는 커다란 서재가 있었고, 겨울 몇 달 동안은 홀로 고독하게 지낼 수도 있었다. 그는 가난이 창조성을 북돋아 준다고 믿었다. 그는 돈이 더 이상 문제가 되지 않게 되었을 때에도 돈이라는 주제에 매달렸다. 그가 실제로 부자가 된 훗날을 친구가 이렇게 회고한 적이 있다. 〈그는 마음을 다잡기 위해 과거에 가난했다는 것을 곱씹을 필요가 있었다.〉

호손은 냉소적으로 말했다. 〈문학적 명성을 얻고자 하는 사람, 문학으로 세상의 명사들 반열에 오르고자 하는 사람, 큰소리를 칠 수는 있지만 우물 안같이 좁을 뿐인 이 세상을 초월하고자 하는 사람, 우물 안을 벗어나기만 하면 기존에 성취한 모든 것, 지향한 모든 것이 궁극적으로 얼마나 하찮은 것인가를 알게 될 그런 사람〉이라면 세관에서 〈배울 게 참 많다〉고. 그러나 이 말이 꼭 옳지는 않다. 작가들은 절실하게 다른 작가들과 함께 있을 필요도 있다.

『창조하는 정신』에서 하워드 가드너가 한 말에 따르면 창조성은 변방에서 꽃핀다. 소수 인종에 속하는 것도 도움이 될 수 있다. 또래에게 둘러싸이는 것을 피하는 게 좋다. 알베르트 아인슈타인은 취리히 공과대학을 졸업한 후 대학의 교직을 얻지 못하고, 베른 특허 사무소의 3급 기술 심사관이 된 것이 행운이었다고 말했다(이 사무소는 체신부 건물 안에 있었다!). 그는 거기서 7년 동안 일하고 2급 심사관으로 승진했다. 〈나 같은 인간에게 진정 도움이 되는 것은 실용적인 직업이다. 젊은이가 대학 교직에 있으면 최대한 많은 양의 논문을 발표하라는 일종의 강요를 받게 된다. 이때 정말 강한 사람이 아니고서는 논문을 대충 쓰고 싶은 유혹을 이기기 어렵다.〉

후렴

늙고 가난한 에드윈 리어던은 대영 박물관에서 일한다. 재스퍼 밀베인의 말을 빌리면, 책 그늘의 골짜기에서 일한다. 팔리는 책을 쓰길 거부한 그는 박봉을 받고 일한다. 잡무에 시달리면서, 글을 쓰고자 하는 그의 욕구는 점점 시들어 간다. 결국 동정하면서 함께 사는 것을 더는 참을 수 없게 된 아리따운 아내가 곁을 떠난다. 그는 끼니를 해결하기 위해 귀중한 소장 도서까지 팔아 치우지만, 약을 써보지도 못하고 영양실조로 사망한다. 한편 전업 작가인 밀베인은 무가치한 문학작품을 만드는 게 하등 꺼림칙하지 않다. 그게 돈이 되지 않을지도 모른다는 게 우려될 따름이다. 그는 기계적이고 기술적인 글쓰기로 이름을 날리게 된다. 그는 상당한 재산을 물려받게 된 리어던의 미망인과 결혼한다.

여기서 교훈을 얻는 게 있다면? 밀베인의 인생처럼, 참을 수만 있다면 쓰레기 같은 글을 쓰며 악착같이 전업 작가로 살아간다? 아니다. 참된 성공, 참된 행복에 이를 수 있는 최고의 기회를 가진 사람은 리어던 같은 사람이다. 아내, 아내의 상속 재산, 자기 책, 글쓰기 인생,

그 어느 것도 그는 잃지 않을 수 있었다. 그가 한가한 우체국 일자리만 거머쥘 수 있었다면.

2
책을 파는 기술

자기 광고용으로 책보다 더 좋은 것은 없다.
시장 경제 체제 아래서 우리는 책을 팔고 우리 자신을 팔기 위해 무지막지한
도서 마케팅을 하고 있다는 것을 여기서 보여 드리겠다.

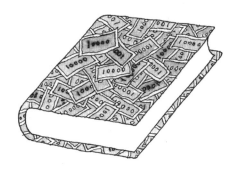

산문을 쓴다는 것은 내 인생 역정에서 여간 쓸모가 많지 않았을 뿐만 아니라,
내 출세의 핵심 수단이기도 했다.
벤저민 프랭클린, 수수한 제목의 저서 『자서전』에서

사람들이 종종 나에게 말한다. 〈론, 자네는 미스터 마이크로폰과 포페일
자동 파스타 마커라는 걸 대체 어떻게 발명했나? 그것들은 영 딴판인데 말이야.〉
답은 간단하다. 나는 늘 시장에서 무엇을 원하는지 알아내려고 했을 뿐이다.
내가 사용하는 공식은 어떤 분야에서도 쓸모가 있다.
세상만사는 마케팅에서 시작된다.
론 포페일, 오만한 제목의 자서전 『세기의 세일즈맨』에서 벤저민 프랭클린은 미국에서 누구 못지않게 언어를 사랑한 사람이다.

역사가 칼 밴 도런의 말에 따르면 프랭클린의 『자서전』은 〈자수성가한 사람이 쓴 자서전으로서는 최초의 걸작이었다〉. 1732년부터 1757년에 이르기까지 그가 해마다 발행한 금언 달력인 『가난한 리처드』는 플리머스 록[1620년 신앙의 자유를 찾아 메이플라워호를 타고 온 미국 선조들이 처음 발을 내린 곳으로, 1774년에 자유의 상징으로 추대된 바위] 만큼이나 미국을 대표하는 기념물이 되었다. 프랭클린은 다른 저술가들의 책도 발행했고, 당시 미국 최고의 서점 가운데 하나를 소유했다. 그는 필라델피아에 최초로 회원제 도서관을 세웠고, 준토라는 독서 클럽을 만들었다. 〈최근에 읽은 책 가운데, 준토 회원에게 소개할 만한, 또는 주목할 만한 책이 있는가?〉라는 식의 질문에 답하는 게 이 클럽 회원들의 의무였다.

그는 인쇄업을 하면서 날마다 새로운 문장과 사상을 접했다. 덕분에 새로운 아이디어를 얻을 수 있었고, 그것은 곧바로 새로운 문장의 탄생으로 이어졌다. 18세기의 구텐베르크라고 할 수 있는 그는 인쇄기를 개량했고, 미국에서 최초로 쓸 만한 인쇄 잉크라고 할 수 있는 것을 만들었다. 그는 번개와 전기 방전이 동일하다는 것을 최초로 입증했고, 인쇄물에서 〈배터리〉, 〈감전〉, 〈음전기〉 등의 전기 용어를 처음 사용한 사람이다.

프랭클린은 미국 독립 선언서를 쓴 〈5인 위원〉 가운데 한 명이다. 공화국의 사절로 프랑스에 가서 사교계의 명물이 되기도 했다. 특히 그는 여성 사교계에 인기가 높았다. 전에 펴낸 책들도 인기를 끌었지만, 프랑스 파시에 인쇄소를 세우고 여성들을 위한 피아노 소곡집 악보를 찍어 내면서 더욱 인기를 끌게 되었다.

인쇄업에 얽힌 별난 이야기를 들어 보면 그의 언어 사랑이 얼마나 각별했는가를 알 수 있다. 그의 표현에 따르면 〈아주 합당한〉 여성과의 결혼 제의가 들어오자, 그는 여자 쪽 집안에 전했다. 〈인쇄소를 차리느라고 진 빚을 갚을 만한 지참금을 고대합니다.〉 그만한 여유 자금을 갖고 있지 않다는 답을 들은 프랭클린은 집이라도 저당 잡히라고 말했다. 그들이 거절하자 프랭클린의 마음은 싸늘하게 식어 버렸다.

프랭클린은 이런 연애담을 자서전에 솔직하게 털어놓았다. 『가난한 리처드』에서도 독자에게 솔직하게 말한다. 〈나는 이 자리에서 오로지 공공의 선을 위한다는 관점에서 금언을 쓰겠다고 선언함으로써 독자 여러분의 호감을 살 수도 있을 것이다. 그러나 나는 정직하게 말하지 않을 수 없다. 요즘 독자들은 워낙 현명해서 아무리 근사한 탈을 쓰더라도 속일 수가 없다. 사실을 툭 털어놓고 말하면, 나는 지독히 가난하다.〉

달력은 인쇄업자들의 오랜 호구지책이었다. 1639년 미국에서 두 번째 책이 발행되었는데, 그게 바로 항해 달력이었다. 프랭클린은 금언 달력 『가난한 리처드』를 직접 집필했다. 그가 글을 잘 썼기 때문이기도 하지만, 그런 일에 다른 작가를 동원하면 비용이 너무 많이 들었기 때문이다. 1732년에 발행된 초판은 2쇄를 찍었고, 기대 이상으로 1만 부나 팔렸다. 다음에 이 금언집 축약본을 낼 때에는 제목을 영악하게 『부자가 되는 길』이라고 지었다. 그는 자기가 언어 〈사업〉을 하고 있다는 것을 스스로 잘 알고 있었다. 그는 몸소 개량한 난로 제작을 다른 사람에게 넘겼지만, 그가 처음 조직한 미국 철학회의 한 신문에 이 난로를 광고해 주었다. 〈땔감을 반의반으로 줄여도 거실은 두 배로 따뜻해집니다.〉 한번은 펜실베이니아 주에서 지폐를 사용하는 것의 장점을 격찬하는 글을 쓴 적이 있었다. 의회에서 그것을 인쇄하기로 결정하자 그가 인쇄 계약을 따냈다. 그는 이렇게 시인했다. 〈이건 내가 글을 쓰는 능력 덕분에 얻게 된 가외의 소득이었다.〉

호라티우스가 말했다. 〈울어 줄 이도, 우러러 줄 이도 없이 끝없는 어둠에 묻혀 버린 영웅이 많다. 그건 그들을 기리는 시인이 없었기 때문이다.〉 요즘에는 시인이라는 말이 컨설턴트를 빛내는 수식어쯤으로 쓰이고 있긴 하지만, 프랭클린은 자신을 기리는 시인이었다. 그는 피뢰침을 발명한 후 그것을 기리는 글을 직접 썼다. 그의 논문이 영국 왕립 학회에 발표되자, 그는 곧바로 회원이 되었다. 그와 몇몇 친구들이 필라델피아에 소방서를 처음 만든다는 기발한 아이디어를 떠올렸을 때, 그는 자기 자신에게 보내는 편지를 써서 자기가 발행하는 「펜실베이니아 가제트」지에 실었다. 글만 잘 쓰면 영향력 있는 친구를 얻을 수 있고 힘을 가질 수도 있다는 것을 그가 처음 깨닫게 된 것은 젊은 시절 런던에서 인쇄공으로 일할 때였다.

프랭클린은 〈상업적인〉 미국 문인의 원조라고 할 수 있다. 오프라 윈프리가 문학적 가치가 있다고 판단되는 책을 소개해서 베스트셀러로 만들기 훨씬 전에, 프랭클린은 본능적으로 깨달았다. 〈언어 사업〉을 하면 자기 책뿐만 아니라 자기 자신을 무한히 마케팅할 수 있다는 것을. 역사가 R. 잭슨 윌슨의 말에 따르면, 벤저민 프랭클린은 〈글쓰기를 통해 부와 명예를 동시에 얻은 최초의 미국인〉이었다.

언어에 내재된 마케팅 위력 가운데 프랭클린이 미처 알지 못한 게 하나 있었던 것 같다. 그 위력이 얼마나 오래 가느냐가 그것이다. 프랭클린의 동시대인들은 〈가난한 리처드〉가 돈을 벌고 싶다고 터놓고 말하는 것이 고마웠을 것이다. 그들도 그랬기 때문이다. 게다가 그러한 정직함은 그들이 일을 해서 돈을 번다는 것의 미덕을 일깨워 주었다. 그러나 프랭클린의 언어 사업 후계자들이 무자비한 마케팅을 펼친 여파로, 오늘날 정직해서는 더 이상 득이 되지 않는다. 사업 목적에 대한 프랭클린의 솔직한 진술을 지금 읽는다면, 솔직한 게 아니라 잔머리 굴린다고 생각할 독자가 많을 것이다. 그런 독자들은 오늘날의 유권자처럼 〈오로지〉 가장 나쁜 점만 생각한다. 그러지 않는다면, 사실 그래야 한다.

프랭클린의 시대에는 문학성과 상품성이 균형을 이룬 책이 출판되었다. 그런데 지금은 상황이 열악하다. 프랭클린의 현대적 화신이라고 할 수 있는 레스터 분더만의 예를 간단히 들어 보자. 그는 최근 『솔직히 말하자: 나는 광고로 돈 버는 방법을 어떻게 터득했는가』라는 자전적 책을 펴냈다. 제2차 세계 대전 때 처음 책 마케팅 업계에 발을 들여놓은 그는 〈아무도 사려고 하지 않는 책 한 권을 발견했다〉.

그는 이것을 마케팅했다. 이것은 『나는 히틀러의 의사였다』라는 책인데, 나치 독일에서 탈출한 의사가 쓴 것으로 보인다. 이 책과 저자에 대한 의문점이 많아서 「뉴욕 타임스」가 서평을 실어 주지 않을 가능성이 높았다. 분더만은 거기에 아랑곳하지 않았다. 그는 이렇게 회고했다. 〈내 직업은 책을 파는 것이었고, 그건 신명나는 일이었다.〉 그는 신문 사설처럼 보이는 광고 문안을 작성해서, 라디오 특별 코너를 이용해서 오늘날의 소비자 이익을 위한 〈정보 광고〉처럼 들리도록 광고를 내보낸 후, 우편으로 직접 책을 팔았다. 그는 우리에게 자랑스럽게 말한다. 그것을 버젓한 베스트셀러로 만들었다고.

이제는 마케팅이다

해리 셔먼은 1926년에 이달의 책 클럽BOMC을 발족했다. 또 다른 혁신적인 책 판매 방법으로, 그는 저명한 문인으로 이루어진 도서 선정 위원회를 조직했다. 이 위원회는 전적으로 자유롭게 어떤 장르의 책이든 선정할 수 있었다. 선정된 책의 수준이 때로 아주 아리송하더라도, 이 위원회 덕분에 그 책이 BOMC 수준에 합당한 문학성을 갖추긴 했다는 것을 보장할 수 있었다.

현재 BOMC의 소유주는 미국의 커뮤니케이션 복합 기업인 타임워너사다. 이 소유주 밑에서 마케팅 부서 직원들은 처음으로 편집 부서 직원들과 함께 앉아서 선정 도서를 결정하게 되었다. 덕분에 판매고가 치솟았다. 그러나 BOMC의 문학 수준에 대해서는 같은 말을 할 수 없게 되었다.

부록 1에서 보다시피, 책은 항상 스스로를 판촉해 왔다. 그렇긴 하지만 오늘날에는 마케팅이 압도적인 역할을 하고 있다. 어떤 경영 컨설턴트의 말에 따르면, 〈대형 저술가를 붙들려고 하는 것은 낡은 방식이다. 이제는 마케팅이 중요하다〉.

지난날 가장 비중이 큰 출판사의 사장은 대체로 문학계의 신사 같았다. 그들 가운데 한 명이 한 말을 빌리면 출판업자는 〈잡스러운 일이나 과시적인 행위를 할 줄 모르는〉 신사였다. 그런 자기 평가가 다소 과장된 것일 수는 있다. 그러나 미국 광고 분야의 선구자인 에드워드 버네이스가 〈마치 신성한 의식을 치르듯 사업을 하는 꽉 막힌 늙다리 회사〉라고 빈정거린 출판사를 지배한 게 바로 그런 신사들이었다. 책이 상품으로 간주되는 것을 싫어한 그들은 끝자리 가격을 99센트로 하지 않고 95센트로 했다(예컨대 책값을 24.99달러가 아니라 24.95달러로 책정했다). 랜덤하우스처럼 〈하우스〉라는 말을 사용하는 출판사가 아직 남아 있지만, 오늘날의 새로운 출판사는 출판 하우스가 아닌 출판 공장을 운영한다. 이 출판 공장은 거대 오락 복합 기업을 이룬다. 오늘날의 출판사는 아예 5센트를 더해서 25달러로 하거나 태연히 24.99달러로 가격을 매긴다.

1970년대 중반에는 미국에서 약 50개의 출판사가 성인 도서 시장의 75퍼센트를 장악했다. 1990년대 후반에는 일곱 개의 출판사가 75퍼센트를 장악했다. 출판사 경영자 테드 솔로태러프는 곤혹스러워하며 그런 출판사를 〈문학-산업 복합체〉라고 불렀다. 이 복합체는 탐욕으로 똘똘 뭉쳐 있다. 1998년에 독일 미디어 회사인 베르텔스만사는 기존의 출판 이익을 더욱 강화하기 위해 랜덤하우스를 14억 달러에 인수했다. 베르텔스만사는 한때 세 개의 독립된 기업이었던 밴텀 더블데이 델 출판사 외에 랜덤하우스를 거느리게 되었다. 같은 해에 랜덤하우스는 『퍼블리셔스 위클리』지의 양장본 베스트셀러 순위에 가장 많은 책을 올린 출판사가 되었다. 밴텀 더블데이 델은 2위를 차지했다. 보급판 도서에서는 각각 3위와 1위를 차지했다. 베르텔스만사는 두 출판사 외에도 독일의 『슈테른』지, 미국의 『페어런츠』지를 비롯한 여러 잡지 발행사, 신문사들을 소유하고 있고, 아메리카 온라인사AOL와 온라인 서점인 반스앤드노블 닷컴 등의 주식을 소유하고 있다. 그 밖에도 RCA 등의 음반 회사, 유럽 최대의 텔레비전 방송사를 소유하고 있고, 리터러리 길드[문학 조합]와 더블데이 북클럽 등, 전 세계에 2500만 명 이상의 회원을 거느린 여러 북클럽을 소유하고 있다. 이 복합 기업은 한때 돼지와 닭 농장을 소유한 적도 있다.

이러한 인수 합병을 계속하는 경영 관리자들은 모노폴리 게임[1]에 열중하는 젊은이들을 닮았다. 1994년에 바이어컴사는 패러마운트 커뮤니케이션스사를 인수함으로써 타임워너사에 이은 세계 2위의 미디어 그룹이 되었다. 이때 바이어컴사는 휘하 출판 부문 가운데 하나인 사이먼 앤드 슈스터사가 모든 출판업을 총괄한다고 발표했다. 이에 따라 사이먼 앤드 슈스터사는 자체 출판사뿐만 아니라, 포켓 북스, 스크리브너스, 프리 프레스, 프렌티스홀, 터치스턴, MTV 북스, 파이어사이드, 맥밀런 제너럴 레퍼런스, 조시배스 등의 출판사를 거느리게 되었다. 한편 영국 출판사인 퍼트넘 펭귄사는 별개의 두 회사를 합병한 것인데, 대형 미디어 그룹인 피어슨사 소유다. 퍼트넘 펭귄사는 타임스-미러사로부터 바이킹 출판사와 뉴 아메리칸 라이브러리 출

---

1 부동산 따먹기 게임인 모노폴리는 상대를 파산시켜야 승리하는 전형적인 미국의 게임이다 — 옮긴이주.

판사를 인수하고, 한 네덜란드인이 소유한 듀턴 출판사를 인수했다. 의자 빼앗기 놀이는 이후에도 계속되었다. 피어슨사는 사이먼 앤드 슈스터사의 교육 도서 부문과 참고서 부문을 인수한다고 발표했다. 이 밖에도 피어슨사는 젊은 독자를 위한 다이얼 북스와 시그닛 클래식스를 비롯한 다른 많은 출판사를 거느리고 있다. 이러한 추세에 발맞추어, 하퍼콜린스 출판사를 소유한 뉴스사는 1999년에 허스트사로부터 에이번 북스와 윌리엄 모로 앤드 컴퍼니를 사들였다.

물론 출판사 경영자들은 자기 돈을 쓰지 않는다. 대주주의 돈을 쓸 뿐이다. 그리고 대주주는 자기 회사가 발행한 책보다 대차 대조표를 더 열심히 읽는다. 〈오늘날 돈보다 더 중요한 것은 없습니다. 우리가 늘 하는 얘기도 돈에 대해서입니다.〉 랜덤하우스의 밥 루미스가 C-SPAN의 창업자이자 인터뷰 진행자인 브라이언 램에게 털어놓은 말이다.

지난날 편집자들은 장래가 촉망되는 신인 작가의 책을 내서 밑지지만 않아도 만족스러워했다. 그러나 이제는 당장 수익을 내야 한다는 압박을 받고 있다. 〈더 이상 약간의 성공이라는 것은 존재하지 않는다.〉 바이킹 펭귄 출판사의 편집장 돈 드럴이 한 말이다. 베르텔스만사의 경영자들은 이 회사가 개인 소유라서 이익을 내야 한다는 압박을 덜 받는다고 말한다. 그렇지만 이 회사의 자금부장 말은 다르다. 〈아무도 읽고 싶어 하지 않는 책을 쓰는 사람까지 시장이 먹여 살리지는 않는다.〉 그가 말한 책은 초판 4천 부 이하만을 발행하는 책이다. 신인 작가의 첫 책, 또는 전문적인 특수 분야의 의미 있는 책이라면 물론 경우가 다르다.

월 스트리트가 늘 주시하는 단기 손익에 아랑곳하지 않는 듯한 베르텔스만사는, 1998년에 랜덤하우스를 인수하며 이 회사의 자율성을 빼앗을 생각이 없다고 말했다. 그러나 이듬해 이 회사를 합병한다고 발표했다. 랜덤하우스의 사장 피터 올슨이 말했다. 〈이것은 비용을 절감하기 위한 조치가 아니라, 마케팅 효율을 높이기 위한 것입니다. 우리는 여러 출판사를 소유하고 있는데, 한정된 구매 독자층, 한정된 서가를 두고 서로 경쟁을 하고 있습니다. 어떻게 해야 효율성을 높일 수 있는가, 이것이 문제입니다. 그래서 이런 조치를 취하게 되었는데, 우리가 원하는 것은 판매고를 높이는 것입니다.〉

역사가 오래되고 기반이 든든한 대표적인 출판사라고 할 수 있는 홀트사는 월 스트리트 입성을 노린 최초의 출판사다. 1949년에 사장으로 취임한 에드거 리그는 금융 정보와 분석 분야를 주도해 온 스탠더드 앤드 푸어스사의 부사장이었다. 홀트사의 사령탑을 맡게 된 그는 〈문학 티파티가 아니라 현대적인 사업〉을 하는 회사를 운영해 나가겠다고 선언했다. 홀트사는 1959년에 라인하트 앤드 윈스턴 출판사를 인수해서, 뉴욕 증권거래소에서 탐내는 기업이 되었다. 결국 홀트사는 1967년에 CBS 방송국이 인수했다.

에드거 리그는 부별 예산과 현금 흐름을 예상한다는 아이디어를 도입해서 성공을 거두었다. 반면에 더블데이사는 서점에서 종별로 몇 부의 책을 보유해야 하는가를 결정하는 데 도움이 되는 공식을 사용해서 성공을 거두었다. R. W. 애플이 1960년 『새터데이 리뷰』지에 소개한 이 공식은 〈어느 독일 수학자가 20년에 걸쳐 말 뒷발에 채여 죽을 프러시아 기병의 수를 예측하기 위해〉 개발된 것이었다. 애플의 말대로, 그러한 사업 공식을 출판사 발송실에 적용하면 〈편집자들의 자세 역시 달라지지 않을까? 발송실이 활기차게 움직일 수 있도록 잘 팔리는 상품을 만들겠다는 자세로 말이다〉. 물론 그랬다.

출판사들의 변화는 도매상의 변화로 이어지고 있다. 미국 책 도매 시장은 베이커 앤드 테일러사와 인그램사라는 두 도매상이 지배하고 있다. 이들은 주도적인 두 서점 체인인 보더스와 반스 앤드 노블을 통해 대부분의 마케팅을 한다. 반스 앤드 노블은 1998년에 인그램사를 6억 달러에 인수해서 더욱 원활한 마케팅을 하고자 했다. 이러한 거래가 미국 연방 거래 위원회와 마찰을 일으킬 가능성이 높아 보이자, 반스 앤드 노블은 결국 차선책을 추진했다.[2] 이 차선책은 네바다와 테네시 주에 창고를 지어서 도서 배본 시스템을 강화하고, 6억 달러는 다른 회사들을 인수하는 데 쓴다는 것이었다. 미국 독자의 반 이상은 이들 대형 서점에서 책을 산다. 체인점이 아닌 독립 서점들은 점점 설 자리를 잃고 있다. 1991년에서 1998년 사이에, 미국 서적상 협회의 회원 수는 45퍼센트나 줄어들었다.

저자와 저작권 대리인의 경우도 좀 살펴보자. 높은 판매고를 올리는 게 보장된 미국의 유명 전업 작가는 영문학이나 역사를 전공했다기보다는 경영학을 전공한 사람처럼 행동한다. 다수의 창작 워크숍에서 오락 기업의 경영자들과 창조적인 만남의 자리를 갖는 것만 보아도 그것을 여실히 알 수 있다. 할리우드의 저작권 대리인 마이클 오비츠는 1998년 중반에 이렇게 말했다. 〈나는 《톰 클랜시 브랜드》라고 부르는 것을 만들어 내려고 애를 씁니다. 브랜드를 지닌 저술가가 있다는 게 내 생각인데, 그들은 보통의 저술가와는 좀 다른 대우를 받게 마련입니다.〉

2 미국 연방 거래 위원회는 1997년까지 17년간에 걸쳐 출판사들의 가격 조작 혐의 등을 조사한 적이 있다 — 옮긴이주.

다른 점 하나는 그들이 요구하는 액수다. 상업 출판사라면 달러로 여섯 자리 숫자 이상의 선인세를 주고 브랜드를 지닌 작가를 끌어들이지 않을 수가 없다. 스크리브너스 출판사는 『자루 속의 뼈』를 얻기 위해 스티븐 킹에게 200만 달러를 선투자했다(선투자액은 선인세와 다르다. 선인세는 훗날의 인세를 선금 형식으로 주는 것이지만, 선투자액은 가외로 얹어 주는 금액이다). 또한 스크리브너스사는 경이적으로 높은 55퍼센트의 인세를 스티븐 킹에게 주기로 계약했다. 그게 전부가 아니다. 〈독자들〉을 위한 신간 견본 9천 부, 서점 종업원용 판촉 오디오를 별도로 제작하고, 웹 사이트를 만들고, 책 모양의 냉장고 자석을 만들어 뿌리고, 그 밖에 여러 방법으로 막대한 돈을 들여 의무적으로 책 광고를 해야 했다.

미디어 분석가 리오 보가트가 지적했듯이, 〈전문 경영자가 아무리 의도가 좋고, 개인적 취향도 남부끄럽지 않고, 아무리 지적이라 해도, 적정 이익 목표를 달성하고자 할 경우에는 회사 제품을 오로지 목표 달성의 수단으로 삼을 수밖에 없다〉. 다시 말하면, 문학-산업 복합체의 경영자는 책과 저자를 젖소로 보고 최대한의 젖을 짜내기 위해 치밀한 계획을 세워야 한다.

로맨스 소설 전문 출판사처럼 상품을 특화한 출판사는 작가에게 기계적으로 준수해야 할 글쓰기 지침(공식)을 마련해 준다. 할러퀸 출판사의 로맨스 소설 편집 지침에 따르면, 한 편의 분량은 영어로 5만에서 5만 5천 단어[여백을 감안해서 200자 원고지 약 1천 매]를 요구하며, 〈노골적인 성행위 없이, 따뜻하고 부드러운 정감〉을 강조하고, 〈등장인물 간의 사랑이 깊어져서, 분위기가 무르익었을 때에만 성행위를 해야 한다〉. 할러퀸 유혹 시리즈는 내용이 좀 더 길고(6만 단어), 양

넘으로 외설을 요구한다(독자와 동시대를 살아가며 사랑하는 남녀를 원한다!). 할러퀸 역사 로맨스 시리즈는 〈시대를 1900년 이후로 설정한 책은 받아들이지 않는다〉. 그리고 의학 로맨스 소설은 등장인물 중에 최소한 한 명은 의사여야 한다.

『톰 스위프트』 등 청소년용 연작 소설을 양산한 에드워드 스트래트마이어의 후계자라고 할 수 있는 사람이 조지 엔절스다. 그는 북 크리에이션스사를 운영하는데, 그는 이 회사를 영어 머리글자만 따서 BCI라고 부른다. 이런 회사 이름은 은행에나 어울릴 것 같은데, 알고 보니 이 회사가 다루는 게 바로 돈이다. 돈을 위해 이 회사는 풀 서비스를 제공한다. 즉 BCI는 책 발행 과정의 전체 업무를 대행한다. 일단 저술가를 고용한다. 저술가와 함께 스토리를 개발한 후, 책을 낼 출판사를 섭외해서 스토리 승인을 받는다. 이윽고 저술가에게 이 스토리를 가지고 글을 쓰게 하고, 책을 디자인하고, 인쇄하고, 〈출판사의 수고를 덜어 주기 위해 광고안까지 만들어 준다〉. BCI가 대행해서 만든 400권 이상의 책 가운데 존 제이크스가 쓴 〈켄트 씨네 연대기〉 시리즈는 대박을 터뜨렸다. 조지 엔절스는 자기 홍보물에서 이렇게 말했다. 〈우리는 시리즈로 만들기를 좋아합니다. 다음 책을 기다리는 충실한 독자층을 확보할 수가 있으니까요.〉 결국 톰 스위프트는 물러나고, 공수 특공대가 투하되었다.[3]

〈한 명의 저술가가 쓴 각각의 책은 일으켜 세워야 할 하나의 잠재 기업이다.〉 톰 클랜시를 거느리고 있는 윌리엄 모리스 에이전시의 저작권 대리인 로버트 고틀리브가 한 말이다. 클랜시는 하이테크 방어

---

3 『공수 특공대*Airborne Rangers*』라는 베스트셀러가 있다 — 옮긴이주.

체계에 대한 연작 소설인 오피 센터 시리즈의 저자인데, 이 시리즈를 실제로 그가 쓴 것은 아니다. 그는 〈실행 지시〉를 했다는데, 그것은 사실상 별 의미가 없는 지시였다. 그런데 책 커버에는 버젓이 그의 이름, 곧 브랜드를 내세운다. 돈벌이에 관심이 있는 출판사에게는 브랜드의 의미가 막중하다.

소설가 올리비아 골드스미스는 이렇게 말했다. 〈우리는 원고를 책으로 만들어 팔 수 있어요. 영화로 만들어 팔 수도 있고, 연재물로, 또는 오디오 책으로 팔 수도 있어요. 내가 지금 팔지 못했다고 해서 나중에도 팔 수 없다는 것을 의미하진 않아요. 『조강지처 클럽』과 같은 책이 대박을 터트리자, 그건 마치 부동산과도 같더군요. 다른 모든 내 부동산(책)들도 좀 더 잘난 이 이웃 덕에 덩달아 값이 치솟지 뭐예요.〉

그녀는 「뉴욕 타임스」 비즈니스 섹션 기자와의 인터뷰에서 이렇게 말했다. 〈본질적으로 나는 150만 달러짜리 기업을 운영하고 있는 거예요.〉

에드거 라이스 버로스는 개인의 글쓰기를 1인 복합 기업으로 바꿀 수 있다는 것을 간파한 최초의 작가라고 할 수 있다. 〈타잔〉 시리즈 24권의 저자이고, 다른 모험 소설 50권을 펴낸 버로스는 1923년에 에드거 라이스 버로스 주식회사를 세웠다. 그는 다른 많은 기업처럼 잘못된 결정을 내렸다. 이를테면 가족들을 종업원 명단에 올린 게 그것이다. 또한 성공한 많은 기업처럼, 늘 호시탐탐 새로운 기회를 노렸다. 글쓰기를 복합 기업화하는 것 외에도 부동산을 사들였고, 목장을 운영했고, 타잔 인형과 타잔 풍선껌을 만들어 팔았으며, 동시대인인 루 월리스의 유족이 우연히 발견한 돈줄인 영화도 당연히 만들었다.

루 월리스의 역사 소설 『벤 허』(1880)는 1907년에 케일럼 영화사에 의해 20분짜리 영화로 만들어졌다. 윌리스의 유족은 저작권료를 무시한 이 영화사를 상대로 소송을 제기해서 2만 5천 달러를 받아 냈다. 책에서 출발해서 할리우드로 가던 비포장도로는 이제 널따란 고속도로로 바뀌었다. 영화사 경영자들은 좋은 영화 소재를 찾기 위해 치열한 경쟁을 벌인다. 장차 영화로 만들 〈가능성〉이 있어 보이는 책의 판권을 사들이고, 심지어는 완성되지도 않은 책, 나아가서 아직 쓰기 시작하지도 않은 책의 판권까지 사들인다. 열아홉 페이지의 줄거리만 보고 100만 달러의 선인세를 주고, 열여섯 페이지의 기획안에 120만 달러, 두 페이지의 편지에 120만 달러를 준 영화 제작자도 있다. 이런 도박은 이미 당첨된 복권을 싸게 사는 것만큼이나 수지맞는 일일 수 있다. 1994년에 박스 오피스 10위 안에 오른 영화 가운데 세 편은 책을 영화화한 것이다. 톰 클랜시의 『마약전쟁』, 앤 라이스의 『뱀파이어와의 인터뷰』, 윈스턴 그룸의 『포레스트 검프』가 바로 그것이다.

세월이 흐르자 출판업자들은 영화와 텔레비전의 가능성에 촉각을 곤두세우게 되었다. 한 출판업자가 눈독을 들인 책은 곧바로 종이에서 스크린으로 옮겨질 기회를 갖게 되고, 책의 가치가 뛰어오른다. 랜덤하우스가 존 단턴의 책 『네안데르탈인』에 처음 도박을 건 것은 마지못해서였다. 그런데 할리우드에서 입질을 해왔다. 그러자 양장본을 펴내는 데 통 관심을 보이지 않던 출판업자들이 보급판 판권으로 50만 달러를 제시했다. 랜덤하우스는 이 책이 서점에 출시되지도 않았을 때 베스트셀러가 될 거라고 보았고, 예감은 적중했다. 1996년에 책이 나오자, 스티븐 스필버그는 당장 영화로 만들 생각도 없으면서 100만 달러 이상을 내고 영화 판권을 사들였다.

작가들은 흔히 자존심을 버리고 영화사가 자기 책을 뜯어고치는 것을 못 본 척한다. 서부 소설을 쓴 루이스 라무어가 바로 그랬다. 그의 아들 말에 따르면, 〈우리 아빠는 그게 마치 집을 파는 것과 같다고 말씀하셨어요. 구매자가 제 마음대로 집을 개조할 권리가 있다는 거죠〉. 일부 영화사는 창문 수리 정도에서 그치지 않고 아예 집 전체를 철거하고 새로 짓기도 한다. 논픽션인 『섹스와 독신 여성』이 영화화되었는데, 저자인 헬렌 걸리 브라운은 이렇게 말했다. 그녀는 정신과 의사가 아니었는데, 〈내 역을 맡은 나탈리 우드가 정신과 의사로 나오더군요! 토니 커티스, 헨리 폰다, 로렌 바콜도 주연으로 나왔죠. 하지만 나는 각본 근처에도 가지 않았어요. 머리 좋은 남편이 충고해 줬거든요. 돈만 받고 튀라고〉.

처음에 영화사들은 인기가 높은 책을 영화화했다. 소재가 필요하던 참이기도 했고, 수많은 독자를 관객으로 끌어들일 수 있었기 때문이다. 책 판권을 사들이면 영화에 대한 법적 보호 장치를 마련할 수도 있고, 어쩐지 영화가 권위 있어 보이기도 했다. 그런데 이제는 이 과정이 곧잘 뒤집히곤 한다. 텔레비전 프로그램이나 영화가 책으로 나오는 것이다. 300여 페이지에 이르는 『소더비』라는 책이 있다. 이 책 커버에는 이런 광고문이 적혀 있다. 〈60분 영상으로 보았던 바로 그 책.〉「타이타닉」이라는 영화가 얼마나 비싼가를 의식하며 하퍼콜린스 출판사가 만들어 낸 도서류와 광고문은 다음과 같다.

— 『제임스 카메론의 타이타닉』: 〈수천 명의 예술가와 장인들의 기념비적인 노력을 포착해서 《꿈의 배》를 정확히 재현해 낸 감독의 섬세한 시선.〉 영화 스크린과 같은 비율의 책에 175개의 컬러

화보를 실어 책이라기보다 영화에 더 가까운 느낌을 준다.

— 1999년 타이타닉 달력 〈벽 판본〉: 한 독일 독자가 아마존 독자 서평에 이렇게 썼다. 〈나는 얼른 사고 싶어서 견딜 수가 없었다. 이 달력에는 진짜 타이타닉호에 대한 흥미로운 사실과 중요한 일지가 적혀 있다.〉

— 『제임스 카메론의 타이타닉 포스터 북』: 〈열두 장의 찬란한 총 천연색 포스터.〉

— 『타이타닉: 제임스 카메론의 콘티 대본』

— 『타이타닉 포트폴리오』: 〈스물네 장의 사진으로 아름답게 디자 인한 등장인물 등의 포트폴리오…… 액자용으로 안성맞춤.〉

영화 「타이타닉」은 거대한 빙산과도 같은 분량의 책으로 쏟아져 나왔다. 『타이타닉에서의 마지막 만찬: 호화 여객선의 메뉴와 요리 법』이라는 요리책도 나왔다. 『타이타닉호의 재앙: 1912년 상원 조사 에 대한 공식 의사록』이라는 제목으로, 이 배의 침몰을 다룬 국회 청 문회 내용을 담은 책도 나왔다. 「로키 마운틴 뉴스」지의 편집장 패티 손은 「타이타닉」 관련 책 열풍에 대해 이렇게 말했다. 〈타이타닉호는 침몰한 것으로 재앙이 끝난 게 아니었다.〉

펭귄 북스라는 존경할 만한 출판사의 신임 회장 겸 대표이사가 된 마이클 린턴이 전에 디즈니 영화사의 대표였다는 것은 하등 이상할 게 없는 일이다. 그는 경영 대학원 출신으로, 한때 월 스트리트에서 증권 인수업자로 잠시 일하다가 디즈니로 진출한 인물이다. 놀라운 재능을 지닌 저작권 대리인 제프 버그가 말했다. 〈그는 미디어가 미디 어를 부린다는 사실을 잘 알고 있습니다. 만일 당신이 한 분야에 값진 재산을 갖고 있다면, 예컨대 책을 갖고 있다면, 당신의 브랜드를 다른 분야로 확대할 수 있습니다.〉 린턴은 자신의 전략을 〈책 더하기 books plus〉라고 부른다.

〈책 더하기〉 세계에서, 책이 먼저인가 영화가 먼저인가를 말하기는 점점 더 어려워지고 있다. 디즈니 영화사에서 1996년에 다시 만든 영화 「101마리 달마시안」은 진짜 개들을 출연시켰는데, 이 영화가 출시되자 출판업자들도 옛날의 디즈니 만화영화에 대한 책을 새로 펴냈을 뿐만 아니라, 새 영화에 대한 새 책도 냈다. 그리고 1961년의 원작 만화영화와 관련된 원작 도서도 재발행했다. 여기에 더해서 원작이라고 주장하는 다른 책들도 여러 종이 나왔다.

로스앤젤레스 교외의 옛 유니버설 영화사 부지에 위치한 영화 테마 공원인 유니버설 시티에 가면, 영화사들이 책을 평가하는 방법에 대한 실마리를 어렵지 않게 찾을 수 있다. 그곳 서점은 작은 서가 하나에 약 30종의 책을 꽂아 둔다. 가게의 다른 부분에는 영화 관련 잡동사니, 비영화 관련 잡동사니, 그리고 사탕으로 채워져 있다.

케이블 텔레비전은 점점 채널 수가 많아져서, 영화와 책의 동시 발행과 속편 제작의 기회가 거의 무한히 열려 있다. 사이먼 앤드 슈스터사에서는 젊은이들을 위한 웨더 채널의 책을 발행한다.[4] 포켓 북스는 코미디 센트럴 채널의 〈사우스 파크〉 시리즈 도서를 발행한다. 포켓 북스는 사이먼 앤드 슈스터사의 자회사다. 이것을 소유한 바이어컴사는 MTV도 소유하고 있어서, 포켓 북스에서는 MTV의 책들도 발행한다. 아라베스트사를 인수한 블랙 엔터테인먼트[흑인 오락] 텔

---

4 웨더 채널, 곧 일기예보 방송사에서 일기와 대기 등에 관한 교육 도서를 다수 펴냈다 ― 옮긴이주.

레비전 방송사는 미국 흑인의 로맨스 소설 시리즈를 발행한다. 바이어컴사의 통계에 따르면, 사이먼 앤드 슈스터사는 1998년 초 현재 〈니켈로디언[MTV 자회사인 케이블 위성 방송사] 프로그램을 기초로 한 책 850만 부〉를 발행했다. A&E 바이오그래피 방송사는 방영된 인물들 일부의 전기를 발행한다. 래리 플린트의 전기는 특히 인기를 끌었는데, 「세상 사람 대 래리 플린트」라는 영화가 동시에 출시된 덕을 보았다.

오락 기업들을 공유함으로써 그러한 시너지 효과를 극대화할 수 있다. 백악관에서 리처드 닉슨이 〈국가 안보〉라는 용어를 남발했듯이 기업체 중역들의 회의실에서 남발되는 경영학 용어가 바로 〈시너지〉라는 것이다. 예컨대 포켓 북스의 모든 것을 소유한 바이어컴사는 코미디 센트럴 채널의 주식 50퍼센트를 소유하고 있다. 디즈니 영화사도 비슷한 유형의 책을 펴내는 하이피리언 출판사와 ESPN 출판사를 소유하고 있다.

새천년이 시작된 후 마케팅은 하나의 종교가 되었고, 종교는 마케팅이 되었다. 텔레비전 전도사 팻 로버트슨과 그의 크리스천 방송사 CBN는 새로 번역한 『성서』를 팔아서 상당한 수익을 올리고 있다. 이 『성서』의 특징은 문장이 단순하고, 『성서』를 〈책〉이라고 발랄하게 명명했다는 것이다. 그러한 정신으로 로버트슨과 그의 사도들은 징글벨 노래 같은 찬송가를 척척 만들어 냈다(〈나를 흔들어 줘요, 나를 놀라게 해줘요, 나를 뒤집어 줘요, 나를 변화시켜요, 나를 자유롭게 해줘요, 나를 위해 준비된 걸 보여 줘요, 나를 『책』으로 이끌어 줘요〉). 광고 예산은 700만 달러에 이르는데, 이 금액으로 『책』에 나오는 문장을 일부 인용한 판촉용 달력과 문 걸개(〈방해하지 마시오〉 따위)를 만들고, 음악 CD를 만들고 텔레비전 광고까지 한다. 이 책을 제작한 종교 전문 출판사의 부사장이 말했다. 〈미국에서 의사소통을 하는 데는 비용이 많이 듭니다.〉

유명 인사라는 광고 기계

미국에서는 영화와 텔레비전이 각광을 받으면서 유명 인사 문화라는 게 형성되었다. 미디어에 편승한 유명 작가와 보통 작가 사이에는 메울 수 없는 틈이 벌어졌다. 텔레비전에 등장한 최초의 스타 작가 가운데 한 명인 재클린 수잔은 1966년 2월 『인형의 계곡』을 펴냈고, 이 책은 훗날 영화화되었다. 수전은 영화배우, 모델, 라디오 성우로도 활동했다. 그녀는 그만한 스타가 된 것으로 성이 차지 않았는지, 할리우드 광고업자를 거쳐 텔레비전 제작자가 된 어빙 맨스필드와 결혼했다. 명사 저술가의 책 판촉 여행을 처음 시작한 게 바로 재클린 수전이라고 말하는 사람도 있다. 그녀의 첫 책을 펴낸 출판업자인 버나드 가이스는 과거 프렌티스홀 출판사의 편집자였다. 가이스는 영악하게 텔레비전 마케팅의 위력을 이용해서 그녀를 도와주었다. 수전은 숨 가쁘게 『인형의 계곡』 판촉 여행을 하면서 머브 그리핀과 마이크 더글러스와 인터뷰를 하는 등 미국 전역에서 수십 차례 텔레비전 인터뷰를 했다. 한 전기 작가는 이렇게 썼다. 〈1966년 여름에 재클린은 미국에서 가장 유명한 여성 가운데 한 명이었다. 그녀는 모든 곳에 등장했다. 신문과 잡지에, 서점 유리창과 버스 포스터에, 그리고 늘 텔레비전에 나왔다.〉 재클린 수전의 남편은 이 현상을 이렇게 묘사했다. 그가 판 것이 〈지랄 같은 종이 뭉치〉가 아니라 바로 재클린이었다고.

현재 수전의 눈부신 발자취를 뒤따르고 있는 게 바로 『순 헛소리』의 저자인 스티브 마틴 같은 사람들이다. 『순 헛소리』는 이 코미디언이 『뉴요커』지에 발표한 글을 모아서 포장만 한 것이다. 한 인터뷰에서 마틴이 한 말에 따르면, 그는 1주일쯤 기고문 아이디어를 궁리하다가 반나절에 걸쳐 수필 한 편을 썼다. 이 수필집이 1998년에 출시되었을 때, 마틴은 전에 출연했던 텔레비전 프로그램인 「새터데이 나이트 라이브」에 〈깜짝〉 출연을 했다. 그리고 「찰리 로스」, 「로지」, 「레지스 앤드 캐시 리와의 라이브」, 「데이비드 레터맨 심야 쇼」 등에 나가 인터뷰를 했다.

명사 저술가들이 「데이비드 레터맨 쇼」에 등장했으니, 텔레비전 명사인 레터맨도 책을 두 권쯤은 내지 않을 수 없었다. 『데이비드 레터맨이 선정한 10대 신간 서적』과 『건장한 신부를 위한 웨딩드레스 패턴』이 바로 그 책이다. 하퍼콜린스의 고참 편집자인 모로 디 프레타가 말했다. 〈명사라는 것은 자동 판촉 기능을 가진 대단한 광고 기계라고 할 수 있다. 누구나 온갖 사람의 협조를 받아 창조적인 마케팅을 할 수만 있다면 정말 위력을 발휘할 수 있다.〉

출판업자치고 명사와 출판 계약을 하지 않을 사람은 없다. 대충 예를 들어보면, 1997년 여름 밴텀 출판사의 발행 도서 목록에 이런 게 나온다. 코미디언 신배드의 책 『나는 쿨한 적이 없다: 신배드의 항해』, 그리고 「새터데이 나이트 라이브」의 고정 출연자 줄리아 스위니의 책 『하느님이 말했다, 〈하!〉: 회고록』.

명사 저술가의 매력은 그들이 글을 잘 쓴다는 데 있지 않다. 노래를 잘 부르거나, 공을 잘 던지거나, 농담을 잘해서 유명하다는 데 있다. 또는 유명한 사람 주변에 있다가 덩달아 유명해졌다는 것이 그들의 매력일 수도 있다. O. J. 심슨 재판[5] 때문에 피고 변호인이 쓴 책이 나왔고, 그 변호인의 전 아내, 해당 법정의 검사, 예비 검사, 민사 소송을 제기한 피살자 유족의 변호사, 목격자, 형사, 배심원 또는 거부된 배심원, 재판 담당 기자, 피살자 아내의 친구, 희생자들의 유족들, 피고의 친구, 피고의 전 여자 친구, 피고의 조카, 그리고 피고 자신까지 책을 냈다. 그런데 이 피고가 정작 법정에서는 아무런 말도 하지 않았다. 한 재담가가 말했듯이, 여러 차례의 O. J. 심슨 재판에 참석한 배심원들은 정말 심각한 고민에 빠졌다. 랜덤하우스에 붙을까, 더블데이에 붙을까.[6]

명사들은 아주 충성스러운 추종자들을 거느리고 있기 때문에, 출판업자들은 원고의 품질이 문제가 되지 않도록 각별히 신경을 써야 한다. 드라마 스타인 존 콜린스는 소설 두 권을 쓰기로 랜덤하우스와 계약하고 선인세 400만 달러를 받았다. 랜덤하우스 측은 두 원고 가운데 어느 것도 책으로 펴낼 가치가 없다고 판단했다. 두 원고가 실은 그 나물에 그 밥이었다. 출판사에서는 선인세를 돌려받길 원했다. 법정에 출두한 랜덤하우스 측에서는 이렇게 증언했다. 완벽한 원고에

---

5 미식축구 스타 선수였던 O. J. 심슨은 1994년에 아내 니콜과 그녀의 정부를 살해한 혐의로 기소되어, 형사 재판에서는 무죄 선고를 받았지만 민사 재판에서 유죄가 인정되어 니콜의 부모에게 3350만 달러를 배상했다 — 옮긴이주.

6 심슨은 수많은 사람이 공평하게 돈을 벌도록 해주었다. 요르단 사람인 와스피 톨레이맷은 심슨이 살인 직후 머문 호텔 방 가구를 4천 달러에 사들였다. 그는 나중에 이걸 30만 달러에 팔았다. 론 골드먼이 웨이터로 일하다 살해된 식당, 이때 같이 살해된 니콜과 그녀의 가족이 마지막으로 저녁 식사를 한 메잘루나 식당의 주인은 살인 사건 후 하루에 평소보다 240인분의 요리를 더 팔았다. 심슨의 친구인 A. C. 콜링스는 1-900-ASK에 전화를 건 사람들에게 대답을 해주는 데 1인당 1분에 2.99달러를 받아서, 30일 만에 30만 달러를 벌었다. 물론 출판업자 가운데 책을 냈다가 낭패를 당한 이들도 있다. 피고의 전 여자 친구인 폴라 바비에리는 선인세 300만 달러를 받았는데, 팔린 책은 15만 부도 되지 않았다.

대해 인세를 지급하기로 약속했고, 그것은 원고의 시작과 중간과 결말이 분명해야 한다는 뜻이라고. 평결 때 배심원들은 사랑스러운 콜린스의 손을 들어 주었다. 그 끔찍한 책 가운데 한 권에 대해서는 선인세를 받을 자격이 있다고 결정한 것이다. 신문 보도에 따르면 배심원들은 출판도 되지 않은 콜린스의 원고 사본을 품에 안고 법정을 떠났다.

콜린스의 변호사는 서두 발언 때 배심원들에게 이렇게 말했다. 이 사건을 통해 〈저술가와 편집자가 어떠한 관계인가, 그리고 소설이라고 불리는 신비한 것을 만드는 데 두 사람이 어떻게 협조하는가〉를 알게 될 거라고. 쉽게 말하면, 콜린스가 글을 잘 쓰지 못했다 해도 그의 잘못이 아니라는 것을 입증하겠다는 뜻이다. 원고를 수술해 주고 두둑한 보수를 받는 책 외과 의사를 고용하는 것은 출판업자의 책임이니까.

명사들 가운데 워낙 바빠서 글을 쓰는 데 시간을 뺏기고 싶지 않은 사람도 있다. 텔레비전 앵커인 톰 브로코, 댄 래더, 피터 제닝스는 최근 저서를 냈는데, 모두 상당한 도움을 받아 쓰인 것들이다. 전에 기자였다가 이제는 퍼블릭 어페어스 출판사를 운영하는 피터 오스노스가 말했다. 〈그 인간들은 스스로 기자라고 자처하면서, 텔레비전에 나오는 사람 이상으로 여겨지길 원합니다. 그들은 책을 내서 돈을 벌 생각은 없지만, 사람들에게 저서를 지닌 작가로 알려지고 싶어 하죠.〉 앵커가 작가로 알려지면, 아침에 진행하는 텔레비전 토크 쇼에서 한결 돋보일 수 있다. 작가가 될 것인가, 아니면 작가로 보일 것인가, 이 가운데 하나를 앵커는 선택한다. 둘 다 하기에는 워낙 바쁘니까.

명사들이 자기 책을 직접 쓸 필요가 없다고 일단 전제하면, 그걸 정작 누가 썼는가도 하등 중요할 게 없는 일이 된다. 전통적으로 자서전은 세상을 아주 오래, 충분히 살아본 후에 쓰는 것이다. 그런데 자서전을 낸 신배드나 스위니 같은 이들은 이제 겨우 살기 시작했다고 할 수 있는 사람들이다. 나아가서 전혀 미덥지 않다는 점이 오히려 책 판매에 도움이 될 수도 있다. 보도에 따르면 매직 존슨은 무분별한 성행위 때문에 에이즈에 감염되었는데, 그런 진단을 받은 직후 랜덤하우스와 출판 계약을 맺었다. 전에 군대 의무감이었던 C. 에버렛 쿠프와 공저로 책임 있는 성행위에 대한 책을 펴내기로 한 것이다. 또 다른 출판사인 윌리엄 모로 앤드 컴퍼니는 연쇄 살인범 제프리 대머의 아버지인 라이오넬 대머에게 15만 달러를 주고 육아법 책을 쓰게 했다. 클린턴 전 대통령의 고문이었던 딕 모리스의 친구들 말에 따르면 모리스는 고문직에서 쫓겨난 후 즐거워했다고 한다. 이른바 백악관의 비밀을 매춘부에게 털어놓은 결과 해임되어, 그는 『대통령의 집무실 뒷이야기』라는 책에 속내를 털어놓는 대가로 250만 달러의 선인세를 받을 수 있었다. O. J. 심슨 재판에서 검사장으로 나섰다가 패소한 마샤 클라크가 지역 변호사 사무실로부터 받은 수당이 1만 4,330달러였는데, 재판에 대한 책을 내기로 바이킹 출판사와 계약하고 선인세로 420만 달러를 받았다(이 선인세는 납세자가 재판 비용으로 들인 금액의 반쯤 되는 액수). 패소한 재판에서 부검사 역을 한 사람은 적절하게 130만 달러를 받았다.

탁월한 저작권 대리인인 잰 밀러는 저술가 후보를 섭외할 때 글쓰기 능력이 있는가는 전혀 신경 쓰지 않는다고 말한다. 수많은 외과 의사 가운데 한 명을 고용하면 되기 때문이다. 그 대신 저술가 후보가 텔레비전에 출연할 수 있는가, 정보 광고로 책을 판촉할 수 있는가,

오디오 테이프를 만들 수 있는가 등을 그녀는 집중적으로 따진다. 마샤 클라크가 〈결정적인 배심원〉을 무시하는 바람에 패소했는데도 출판업자들은 그녀의 저서 입찰에 몰려들었다. 그 이유는 바로 텔레비전에서 그녀를 출연시키려고 안달이었기 때문이다. 텔레비전 제작자들은 유명 인사를 출연시킬 수만 있다면 자기 할머니라도 판다.「데이트라인 NBC」[NBC 방송사의 대표적인 뉴스 매거진]의 제작 책임자 닐 샤피로가 말했다. 〈시청자들을 유인해서 계속 시청하게 하는 것은 특종 인터뷰입니다. 시청률 12퍼센트와 20퍼센트는 차이가 큽니다.〉

근육질의 파비오는 에이번 북스의 역사 로맨스 소설 표지에 등장하는 장발의 이탈리아 모델이다. 그는 이상적인 저자다. 책 커버에 파비오의 섹시한 사진을 저자 사진으로 내세울 수 있다는 것에 착안한 에이번사는 그에게 책을 쓰게 하기로 결정했다(그래서 본인 말에 따르면 파비오는 플롯을 제공했다). 그의 유명세 덕분에 전설적일 만큼 많은 마케팅 부산물이 만들어졌고, 그것을 팔기 위해 파비오는 또다시 전공을 살려서 무대에서 예쁘게 보이려고 애를 썼다. 마케팅 부산물로는 음악 CD, 베르사체 오드콜로뉴, 달력, 티셔츠 등이 있다. 어린이용 텔레비전 만화 시리즈인 〈소어〉에서 그는 겉모습이 파비오를 닮은 주인공에게 목소리를 빌려 주기도 했다.

유명 인사의 저서가 돈이 되는 걸 보면 그건 정말 옛 속담 그대로다. 가진 게 많으면 생기는 것도 많다.『포브스』가 발표한 1998년의 고소득 연예인 마흔 명 가운데 열아홉 명은 최소한 한 권의 저서를 냈다. 이 명단에는 두 명의 전업 작가도 포함되어 있는데, 마이클 크라이턴과 스티븐 킹이 그들이다. 그러나 최고의 소득을 올린 연예인은 배우나 가수다. 팝 그룹 스파이스 걸스가 바로 그들인데, 이 그룹은 두 권의 책을 냈다. 미국 최고 갑부에 속하는 샘 월턴은 1992년에 사업가 회고록으로 400만 달러가 넘는 최고액의 선인세를 받았다. 그의 계약서에는, 원고의 질이 떨어질 경우 출판업자가 원고를 거부할 수 있다(그러면 선인세를 돌려준다)는 통상의 조항이 들어 있지 않았다.

스타들은 유명하다는 것이 은행의 현찰과 같다는 것을 잘 알고 있다. 현찰이 부족하면 책을 써서 인출하면 된다. 요크의 공작 부인 세라 퍼거슨은 『나의 이야기』라는 자서전에 이렇게 썼다. 〈남들이 생각한 것보다 수입이 적고 부동산도 거의 없이 자식을 길러야 할 홀어미로서, 나는 심각한 재정난을 겪었다.〉 그녀는 자서전 외에 여러 종의 어린이 책을 냈고, 작위를 이용해서 빅토리아 여왕에 대한 책도 썼다. 1988년에 미국 부통령으로 당선된 댄 퀘일의 아내 메릴린은 『독사를 껴안다』라는 끔찍한 책을 공저했다. 훗날 보도에 따르면, 자녀들의 대학 학비를 벌기 위해 낸 책이라고 한다(더 훗날 그녀는 이 말을 부인하고, 그 책을 쓴 진짜 이유에 대해서는 함구했다).

명사들은 책을 냄으로써 더욱 큰 스타가 될 수 있다고 생각한다. 워싱턴 스피커스 뷰로 주식회사는 유명 인물의 유료 강연을 알선해 주는 강연자 소개소인데, 강연자의 능력을 과시하기 위해 해마다 쇼핑몰 L. L. 빈의 카탈로그 같은 것을 만들어 낸다. 이 카탈로그에서는 강연자가 펴낸 책의 커버가 미슐랭 가이드[7]에 나오는 별표 같은 기능을 한다. 이 카탈로그 1997년판을 보면, 기상 캐스터 윌러드 스콧은 별 세 개를 땄다. 마거릿 대처와 메릴린 퀘일은 별 두 개. 콜린 파월, 제임스 베이커, H. 노먼 슈워즈코프, 빌 브래들리 등 정부 요인과

---

7 프랑스의 해외 여행 안내 시리즈와 도로 지도 시리즈. 이 시리즈는 별표의 개수로 유명 식당을 평가한다 ─ 옮긴이주.

미식축구 선수 프랜 타켄턴, 사업가 리 아이아코카는 각각 별 한 개를 땄다.

누구나 미국인에게 윌러드 스콧이나 프랜 타켄턴만큼 뜻깊은 인물일 수는 없다. 그러나 누구나 스스로 중요한 인물이라고 생각하지 말란 법은 없다. 책을 내서 떼돈을 벌지 말란 법도 없다. 그러기 위해 해야 할 일은 벤저민 프랭클린의 선례를 따라 자기 책을 펴내기만 하면 된다. 다음 단원에서 기술한 것처럼, 책이란 자기 자신을 홍보하는 위대한 방법이니까.

최고의 명함 — 저서

　미국 광고계의 선구자 에드워드 버네이스는 도서 판촉을 하는 창
조적인 전략을 세웠다. 사이먼 앤드 슈스터, 하코트 브레이스 등의 출
판사가 그의 고객이다. 그는 고객들을 위해 건축가와 실내 장식가, 건
축업자를 설득해서 새 집을 지을 때 서가를 아예 내장하도록 했다.
〈서가가 있으면 책이 있게 된다.〉버네이스가 한 말이다.

　이 과정은 역으로 작용할 수 있다. 즉 책이 다른 제품의 판촉을 도
울 수 있다. 벤저민 프랭클린의 인쇄소에서는 책 외에도 연필과 잉크
등의 문구와 지도를 팔았다. 서점과 카페를 통합한 반스 앤드 노블
서점보다 앞서서 프랭클린은 인쇄소에서 커피도 팔았을 뿐만 아니라
치즈, 대구, 그물, 약, 복권도 팔았다. 인터넷으로 새 책을 팔기 시작한
아마존 닷컴이 이제는 도서 희귀본, 비디오, 음악 CD, 축하 엽서, 컴
퓨터 같은 전자 제품, 연장, 장난감 등을 팔고 경매까지 한다. 1999년
에 아마존 닷컴은 시애틀과 포틀랜드 지역에서 식료 잡화를 온라
인 판매하는 홈그로서 닷컴의 주식 3분의 1을 인수했고, 드러그스토
어 닷컴 주식회사도 인수했다. 그래서 이제 아마존 닷컴에서는 발작

Balzac만이 아니라 프로작Prozac도 팔 수 있다.

해리 셔먼도 이달의 책 클럽BOMC을 만들기 전에 드러그스토어[약국, 잡화점, 패스트푸드점이 결합된 가게]와 손을 잡는 것이 돈이 된다는 것을 간파했다. 그는 찰스 앤드 앨버트 보니 형제와 손을 잡고, 셰익스피어 희곡 열다섯 편을 작은 가죽 장정본으로 펴냈다. 그는 판촉을 하기 위해 휘트먼 캔디사를 설득해서 휘트먼 문고 꾸러미라는 것을 만들게 했다. 자그마한 셰익스피어 희곡 책을 큼직한 휘트먼 캔디 상자에 담아 팔 수 있게 한 것이다. 책-캔디 애호가들은 드러그스토어에서 또는 우편으로 이 가죽 장정 문고를 무려 2500만 부나 샀다.

1990년대 중반에 노던 트러스트 금융 회사는 비영리 북클럽을 운영했는데, 플로리다에 일곱 개, 시카고에 한 개, 샌프란시스코에 한 개가 있었다. 이 금융 회사는 북클럽이 신규 고객을 끌어들이는 데 큰 도움이 된다는 것을 알게 되었다. 한편, 어니스트 헤밍웨이의 세 아들은 어니스트 헤밍웨이 컬렉션이라는 것을 창안했다. 침실, 거실, 주방의 가구, 책상, 시계, 기타 소품 등 거의 100종에 이르는 이 컬렉션은 토머스빌 가구 회사에서 제작했다. 그런데 이 가구들 가운데 그들의 아버지가 실제로 집에서 사용한 것과 닮은 가구는 하나도 없다. 하지만 헤밍웨이가 방문한 곳이나 글로 묘사한 곳의 흥취를 자아내는 가구들이긴 하다.[8]

도서 마케팅 부산물로 향수를 만든 것이 에이번 북스의 저자인 파비오뿐인 건 아니다. 〈매디슨 카운티의 다리〉라는 향수도 있다. 찰스

---

8 가구 제작자들은 홍보물에 이렇게 썼다. 〈헤밍웨이가 동시대인들을 고무시켰듯이, 이 가구가 가정에서 개성의 향기를 느끼고 싶은 현대 고객들을 고무시키길 바랍니다.〉 대중에게 개성을 파는 것이 미국 마케팅의 특징 가운데 하나다.

디킨스의 대표작 가운데 하나인 『어린 도릿』을 보면 페르시아 파라솔, 향수, 책, 의약품을 광고하는 내용이 포함되어 있다. 마찬가지로 페덱스FedEx 등의 회사를 광고하는 내용이 담긴 유명 작가들의 단편 소설이 있는데, 휘틀 커뮤니케이션스사가 1980년대에 그것을 모아 라저 어젠더 시리즈를 펴냈다.

이처럼 책이 온갖 것을 광고하고 판촉할 수 있는데, 가장 잘 광고가 되는 것은 바로 저자 자신이다. 조 블랙은 이렇게 말했다. 〈(내 책이) 얼마나 많은 사업과 연관되어 있는가를 알고 나는 놀라지 않을 수 없었다. 누구나 책을 낼 수 있다……. 중요한 것은 그것을 어떻게 이용할 것인가다.〉

조 블랙은 은퇴해서 콜로라도에 살 때 이런 지혜를 나에게 선물해 주었다. 그는 캘리포니아 남부의 섬유 업체인 밀리컨 앤드 컴퍼니에서 15년 동안 재직했다. 이사직까지 오르며 많은 돈을 번 그는 그의 선조가 그랬던 것처럼 자기 사업을 하고 싶었다. 그가 전공한 것은 〈일관 개선 공정〉이었다. 쉽게 말하면, 마케팅과 생산, 고객 배송 작업을 더 잘하는 방법을 가르쳐 주는 사업이다. 이 컨설팅 사업에서 큰 부분을 이루는 것은 강의였다. 그의 말에 따르면 〈내가 꽤 잘한 것〉을 가르쳤는데, 어느 날 고객 한 명이 그가 한 말을 글로 써보라고 제안했다. 그래서 블랙은 세 권의 책을 내게 되었다. 『태도의 일관됨』, 『미래를 돌아보라: 질적 기초 다지기』, 『경험하기: 인생 회고』가 그것이다. 그는 자비로 출판한 이 책들을 〈경영자들이 화장실에서 읽어야 할 책〉이라고 일컫기를 좋아했다.

미국은 개인의 자주독립이라는 프랭클린의 꿈을 실현해 온 컨설턴트인 조 블랙과 같은 사람들의 나라가 되었다. 『머니 매거진』에 따르

면 컨설팅 직종은 1978년에서 1992년까지 52퍼센트 신장했다. 지구 전체의 컨설팅 소득은 1995년부터 2000년까지 5년 동안 두 배 이상 늘어날 것으로 예상되었다. 언스트 앤드 영사(社)의 회장은 이렇게 말했다. 〈행동이 존재하는 곳에 컨설팅이 있다.〉 그 행동에는 책 발행도 포함된다. 듀크 대학 경영학과에서 하는 말을 빌리면 〈컨설팅은 커뮤니케이션에 관한 것이다〉. 특히 『가난한 리처드』에 나오는 것처럼 자기 계발에 도움이 되는 커뮤니케이션을 다루는 것이 컨설팅이다.

블랙은 강의하러 갈 때면 꼭 자기 책을 잔뜩 가져가서, 강의실 뒤에 눈에 띄지 않게 쌓아 두었다. 강의가 끝난 후 책을 팔았는데, 수강자들의 수준을 헤아려 본 후 정가로 사게 하거나, 때로는 모든 사람이 부담 없이 한 부씩 가져가고, 적절하다고 생각하는 책값을 알아서 내도록 했다. 어떤 사람은 300달러를 냈다. 〈그런 사람들 중에 정말 도움이 절실히 필요한 사람이 있다〉고 그는 말했다. 세라 리사(社)의 경영자들에게 강의를 한 후, 그는 강의실 뒤에서 8천 달러어치의 책을 팔았다.

책을 직접 팔아서 돈을 챙기는 것도 뿌듯한 일이겠지만, 책으로 그보다 훨씬 더 수지맞는 일을 할 수 있다. 블랙은 자기 책을 명함으로 사용했다. 그는 비서를 통하거나 직접 최고 경영자에게 자기 책을 주었다. 이 선물의 답례로 곧바로 블랙의 전화가 울렸다. 그의 말에 따르면, 자기 책을 최고 경영자의 손에 쥐여 주는 것은 〈정자를 난자와 만나게 하는 것〉과 같다. 『출판 기업가』라는 잡지를 발행하는 제럴드 젠킨스의 말에 따르면, 홍보용 책 — 저자 자신을 홍보하기 위한 책 — 이 전체 출판물의 반에 이른다. 또한 〈책을 펴내면 위상이 높아져서 몸값이 뛴다〉.

책은 사업만이 아니라 영적인 컨설턴트에도 도움이 된다. 신도 수를 늘리는 최고의 방법은 음악을 가미하고, 예배는 짧게 하고, 얼른 주차장으로 돌려보내는 것이라는 사실을 교회는 깨달았다. 역시 그것을 깨달은 시골 목사 T. D. 제이크스는 온갖 것을 이용했다. 텔레비전과 광고 인쇄물, 인터넷, 전화, 잡지뿐만 아니라 『성모의 연인과 주님』 등의 책까지 이용해서 전도를 했다. 그는 데스티니 이미지 출판사라는 작은 출판사에서 책을 펴내다가 1997년에 퍼트넘 펭귄사와 180만 달러에 책 두 권을 계약했다. 「월 스트리트 저널」지 기자의 말에 따르면 제이크스는 〈자기 저작물을 스스로 아주 꼼꼼히 양육하고 보호하고 마케팅한다〉.

『전문가, 저술가, 강연자 연감』을 보면 책의 세계와 컨설턴트의 세계가 어떻게 같은 궤도를 돌고 있는가를 알 수 있다. 이 책에는 다음과 같은 사람들이 나온다. 의사인 브래드 블랜턴. 그는 『철저한 정직: 진실을 말함으로써 인생을 혁신하는 방법』의 저자이자 웰빙 센터의 소장이다. 역시 의사인 비벌리 포터. 그는 『업무 스트레스 극복: 일부담을 생산성으로 바꾸는 방법』의 저자다. 남성 성기능 장애 연구소 출신의 의사 셸던 버먼. 그는 어떤 책을 냈는지 밝히지 않았지만, 〈유명 강사이자 인기 저술가〉라고 스스로 자신을 홍보한다. 그가 정말 책을 냈다면, 아마 책 제목으로 〈혁신〉 운운하는 낱말을 사용했을 것이다.

기존의 대형 출판사들은 컨설턴트의 책이 돈이 된다는 것을 잘 알고 있었다. 사이먼 앤드 슈스터사의 광고 책임자 케리 케네디의 말에 따르면, 컨설턴트들은 자기 책을 판촉할 수 있는 아성을 가지고 저술가로 데뷔한다. 그러나 대다수의 작가는 벤저민 프랭클린처럼 글

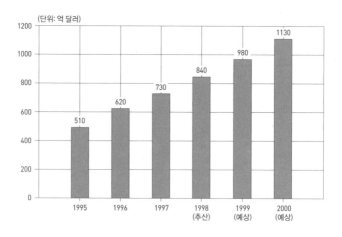

(단위: 억 달러)

전 세계 컨설팅 산업 소득

자료 출처: 1998 케네디 인포메이션 LLC(뉴햄프셔 주 피츠윌리엄 소재).
『전 세계 경영 관리 컨설팅 시장: 기본 데이터 추세와 예상』에서 재인용.

쓰기에 몰두해서 책을 펴낸다. 책은 부분적으로 필요의 산물이다. 대
박 마인드를 가진 대형 책 사업이 활개를 치는 현실에서는 신진 저술
가가 대형 출판사의 관심을 끌어 책을 내는 게 점점 더 어려워지고 있
다. 하지만 책이 꼭 필요의 산물인 것만은 아니다. 컴퓨터 기술이 발
전한 오늘날에는 훨씬 값싸게 자가 출판[9]을 할 수 있다. 식자공이나
인쇄공이 전문 장비를 가지고 일을 해야 할 때에 비하면 말이다. 그래
서 프랭클린이 잘 해냈듯이, 기회를 노려 봄 직도 하다.

자가 출판의 논리는 대충 다음과 같다. 목표가 돈을 버는 것이라
면, 가능한 한 많이 벌어야 한다는 것. 다시 말하면, 출판업자에게 몇

---

9 자비 출판에는 두 종류가 있다. 아예 출판사를 만들어서 책을 내는 〈자비 출판*self-publishing*〉은 〈자가 출판〉으로 번역했는데, 부록 2에 나오듯 자비 출판 전문 출판사*vanity press*
에 돈을 대서 책을 내는 〈자비 출판*vanity publishing*〉은 〈허영 출판〉으로 직역했다 — 옮긴이주.

푼 되지도 않는 인세를 받기는 싫다는 것이다. 자가 출판을 하면 이익을 죄다 챙길 수 있다. 조 블랙의 말에 따르면, 뉴욕의 출판업자들이 그의 책에 관심을 보였다. 하지만 그는 자기 책을 몸소 판촉해야 한다는 것을 알고 있었다. 어차피 많은 일을 스스로 해야 한다면, 아예 모든 걸 혼자 하는 게 낫다. 그는 라이프 비전 북스라는 출판사를 차렸다. 그리고 혹시 손해 볼 일이 없도록, 첫 책을 내기 전에 먼저 여섯 개의 도매상과 계약을 맺었다. 도매상은 현물도 보지 않고 선뜻 2만 부를 사기로 했다.

조 블랙과 얘기를 나눠 본 사람치고 그를 좋아하지 않는 사람은 없다. 또한 그의 책을 읽은 사람치고 그가 인간 조건 개선에 관심을 두고 있는 것에 찬탄하지 않을 수 없다. 그런데도 그의 가정적인 금언(〈가정의 식탁에서 오가는 얘기는…… 기업의 회의석상에서 오가는 얘기보다 훨씬 더 중요하다〉)은 〈가난한 리처드〉의 금언(〈한번 잃어버린 시간은 되찾을 길이 없다〉)보다 격이 떨어진다.[10]

대다수 컨설턴트의 책은 수준이 매우 떨어진다. 대형 출판사에서 공들여 교열과 편집을 한다 해도 그렇다. 보니 세인트존 딘의 『제정신으로 성공하기: 미친 세상에서 기쁨의 공간 만들기』는 사이먼 앤드 슈스터사에서 발행한 책인데, 첫 문장이 이렇게 시작한다. 〈이 책은 한 그루 나무처럼 나를 휘어잡았다. 뿌리를 내리고 가지 뻗는 것을 내가 지켜보며 압도당한 그런 나무처럼.〉 마지막 문장은 이렇다. 〈이 책의 결론은 사실상 당신이 마음먹기에 달려 있다.〉

10 오늘날의 책 가운데 지난날 프랭클린의 책만큼 독자를 고양시키는 것은 거의 없다. 프랭클린의 책에는 셰익스피어만큼 실용적이고 항구적인 금언이 많이 담겨 있다. 예컨대 이런 것들이다. 〈신은 스스로 돕는 자를 돕는다.〉〈살기 위해 먹지, 먹기 위해 사는 게 아니다.〉〈사랑하지 않는 결혼이 있다면, 결혼하지 않는 사랑도 있을 것이다.〉

〈세계적으로 유명한 저자, 연사, 컨설턴트〉라고 자처하는 바버라 A. 글랜츠는『가정 건강 관리의 모든 것: 입원하지 않고 원기를 회복하는 다양한 방법』의 저자인데, 이 책은 앤드루스 맥밀 출판사에서 발행했다. 바버라가 권하는 수명 연장 비결 가운데 폭소 클럽을 만들라는 게 있다. 1주일에 한 번 친구나 친지가 모여서 가장 웃기는 이야기 경진 대회를 벌이라는 것이다. 마이클 J. 겔브의『레오나르도 다빈치처럼 생각하는 방법』(델라코트 출판사)도 마찬가지로 얼빠진 책이다. 그의 창의력 계발 단계 가운데 감각 능력을 기르는 게 있다. 〈자기 평가: 냄새 맡기〉 단계에서 그는 독자로 하여금 〈냄새로 친구를 식별〉해 보라고 제안한다. 그는 자기를 초대해서 이런 터무니없는 짓들에 대한 결과를 직접 자기에게 털어놓고 상담하라면서, 책 뒤에 자기 집 주소와 전화번호를 적어 놓았다.

그런 책을 펴내는 것은 결국 자기 홍보를 하기 위한 것이다. 상담가인 롤리 핀스키의『자기 홍보를 하는 101가지 방법: 〈눈에 확 띄는 마케팅〉TM 전문가가 말하는 성공 거래 비법』도 그 점을 여실히 보여 주는 책이다. 〈눈에 확 띄는〉 그의 비결은 이런 것이다. 보드 게임[체스나 바둑처럼 판을 쓰는 게임]에 숙달하라(제31비법), 같이 점심을 먹으라(제50비법), 책을 쓰라(제43비법). 그는 책을 쓰는 것이 〈식은 죽 먹기〉라고 말한다. 식은 죽 먹는 그의 방법은 이렇게 요약할 수 있다.

— 어떤 주제에 대한 권위자가 되는 것을 지레 포기하지 말라. 특정 주제에 대해서는 누구나 권위자다. 〈비서는 전화 에티켓에 대한 전문가일 수 있다. 고압선을 다루는 전기공은 용기와 두려움에 대한 전문가일 수 있다.〉

— 조리 있는 글을 쓸 수 없다고 지레 포기하지 말라. 그저 전에 글로 써놓은 것을 취하라. 특정 보고서나 회보 같은 것 말이다. 〈그것들을 모아서 인쇄하기만 하면 된다.〉

— 빈둥거리면서도 글을 써놓은 게 없다거나, 글을 쓸 시간이 전혀 없다고 해서 지레 포기하지 말라. 〈공부하러, 운동하러, 쇼핑하러〉 차를 몰고 가는 동안 녹음을 하라. 비서를 고용해서 그걸 타이핑하면 된다.

— 타이핑한 것을 편집할 시간이 없다고 지레 포기하지 말라. 〈전화번호부의 작가 항목을 찾아보라.〉

— 책으로 내주려는 출판사가 없다고 해서 지레 포기하지 말라. 자가 출판을 하면 된다. 〈책 표지 만들기는 쉽다.〉[11]

핀스키는 강조한다. 책이 부와 명예의 전당 입장권이라고. 책을 내면 다음과 같은 것들을 얻게 된다고 그는 말한다. 더욱 큰 신뢰, 더욱 많은 돈, 자기 홍보 효과, 그리고 〈라디오나 텔레비전에 나올 수도 있다〉.

조 블랙이 책을 내는 것을 도와준 메릴린 로스와 톰 로스는 이렇게 말한다. 〈자기 분야의 전문가로 대접받고 싶다면 책을 내라〉(부록 2에서 이들에 대해 좀 더 살펴보게 될 것이다). 로스 부부는 스스로 유명해짐

---

11 말이 난 김에 덧붙여 말하면, 컨설턴트의 책은 표지만 보고 질을 판가름할 수 있다. 특히 표지에 나온 찬사만 읽어 보면 된다. 이 찬사는 대개 일상적으로 쓰는 말과는 아주 동떨어진 극찬이기 쉽다. 예를 들면, 〈『수익 지대』는 내가 지난 10년 동안 읽은 책 가운데 최대 최고의 정보를 제공하며, 더없이 유익한 사업 안내서다 ─ 데이비드 L. 슬리니, 램코 벤처스 사장〉. 내 조교인 보니 보먼이 세인트루이스에 있는 램코 벤처스사에 전화를 해보았다. 이 회사는 직원이 두 명이었는데, 그 가운데 한 명이 슬리니 사장이었다.

으로써 사업을 키우고 싶어 하는 영리한 컨설턴트다. 그들은 스스로 충고한 대로 여러 책을 냈다. 『시골로 가자!』(〈푸른 양복의 꿈 대신 청바지의 꿈을 이루라〉), 『자기 책 팔기: 저술가와 출판업자의 돈벌이 입문서』, 『자가 출판 완벽 길잡이』. 그들은 마지막 책을 벤저민 프랭클린에게 헌정했다.

광고에 대한 헤겔 철학적 부정

아라비아의 로런스로 더 유명한 T. E. 로런스는 자신의 고전적인 작품인 『지혜의 일곱 기둥』에 대한 관심을 서서히 고조시켰다. 그는 초판을 8부만 슬그머니 발행해서 토머스 하디와 조지 버나드 쇼 등 유명 작가에게 보냈다. 이어서 1926년에 영국에서 예약을 받아 220부를 발행했는데, 가격은 권당 150달러였다. 1927년에 미국에서 같은 식으로 10부만 발행했는데, 정가는 2만 달러였다. 신문 보도에 따르면 이런 도깨비장난 같은 도서 시장에서 게이브리얼 웰스라는 사람이 영국 예약본을 뉴욕 경매 시장에서 1,150달러에 샀다고 한다. 당시 희귀본인 킹제임스 영역 성서 초판 1쇄 가격이 1천 달러밖에 나가지 않던 때였다. 이때 아무개 씨는 『지혜의 일곱 기둥』 축소판인 『사막의 반란』을 고작 3달러에 살 수 있었다. 이 축소판은 이달의 책으로 선정되었다.[12] 무엇보다도 주목할 만한 것은 은퇴한 전쟁 영웅이자 작가인 로런스가 돈에 무관심했다고 버나드 쇼가 말했다는 것

---

12 축소판은 원본 55만 단어를 13만 단어로 축약한 것이다 — 옮긴이주.

이다. 이때 버나드 쇼는 『성녀 조앤』을 집필하고 있었는데, 그의 마음 속에서는 존과 로런스라는 두 영웅적 인물이 겹쳐 보였는지도 모른다. 좀 더 객관적인 안목을 가진 「뉴욕 타임스」는 이렇게 꼬집었다. 〈광고에 대한 헤겔 철학적 부정이라고 할 수 있을 만큼 극도로 겸손할 수도 있는 것 같다.〉 로런스가 수줍어 보였다면 그만큼 교활했다고 할 수 있다.[13]

스크리브너스 출판사의 편집자이자 베스트셀러 저자였던 J. G. 홀랜드가 말했다. 〈대중은 시장에서 너무 돈을 밝히는 사람을 용납하지 않는다.〉 저술가가 돈벌이에 촉각을 곤두세울수록, 역으로 초연한 척하는 것이 효과적인 마케팅을 하는 데 더 도움이 된다. 이것은 의사가 해마다 정기 건강 검진을 하면서, 졸라 대는 자녀들을 위해 마당에 수영장을 만들어 주려면 맹장 수술을 몇 번만 더 하면 되겠다는 속내를 환자에게 내비치지 말아야 하는 것과 같다. 화가로 말하자면 도나텔로가 좋은 예다. 전해 오는 이야기에 의하면, 그는 번 돈을 죄다 고리버들 바구니에 집어넣었다. 바구니는 피렌체의 화실 천장에 매달아 두었는데, 일꾼이든 친구든 돈이 필요하면 마음대로 꺼내 갈 수 있었다고 한다.

마크 트웨인이 〈행하[팁]〉라고 부른 것에 한눈팔아서는 안 된다고 생각한 버나드 쇼는 이런 말을 하곤 했다. 〈출판업자가 나에게 (돈벌이가 될 직한) 문학적 조언을 할 때마다 나는 즉각 고약한 복수를 합니다. 그에게 사업적 조언을 하는 거죠.〉 앤 라이스는 노프 출판사로부터 책 두 권에 대한 선인세로 500만 달러를 받았는데, 그 직후 이 괴

---

13 로런스는 훌륭한 일을 하고 있다는 자각 아래, 신병 훈련에 대한 반(半)사실적 회고록인 『민트』의 초판 정가를 50만 달러로 매겼다.

기 소설 작가는 기자에게 이렇게 말했다. 〈돈이란 덤이에요. 우리 루이지애나 주에서는 덤을 래니애프_lagniappe_라고 하죠.〉 신문에 나온 저자 소개 가운데 이상적인 예를 들면 범죄 소설 작가인 조지 펠레카노스에 대한 것이 있다. 「볼티모어 선」지는 펠레카노스가 돈벌이에 무관심한 것에 대해 이렇게 주절거렸다. 〈이 친구에게 애창곡이 있다면, 그건 「케세라세라」일 것이다.〉 이 기사는 사실을 외면한 것이다. 정말 중요한 사실 말이다. 펠레카노스는 책 판촉 여행을 다녔을 뿐만 아니라, 지방의 서점 주인들에게 사인회를 열게 해달라고 하소연했다.

저술가가 돈에 초연했다가는 가족이나 친구들을 심각한 고민에 빠뜨리게 된다. 워싱턴 어빙은 출판업자가 자기 소설 『스케치 북』을 신문 편집자들에게 보내 서평을 받는 것을 원치 않았다. 하지만 그에게는 막후에서 일하는 영향력 있는 친구들이 있었다. 친구들은 그를 지켜보며 늘 챙겨 줘야 했다. 블라디미르 나보코프에게는 온갖 잡일을 도맡아 해준 충실한 아내 베라가 있었다. 아내가 차를 모는 동안 그는 뒷좌석에서 『롤리타』를 썼다. 그는 이 원고 타이핑을 아내에게 맡겼다. 그의 아내는 온갖 마케팅 결정까지 해야 하는 자기 신세를 한탄한 적이 있다.

물론 시장 혐오자로 자리매김된 작가들이 있는데, 세월이 흐르면 마각이 드러나기도 한다. 헨리 소로가 말했다. 〈거래되는 것은 저주를 받게 마련이다.〉 오랫동안 그는 〈글을 쓰는 것이 기쁘다면 그것으로 충분〉하다고 공언했다. 그러면서 그는 미국 시인이자 월간지 편집장이었던 제임스 러셀 로웰에게 이런 편지를 보냈다. 〈1페이지에 6달러씩 33페이지〉를 쓴 것에 대해 198달러를 지불하라고. 어니스트 헤밍웨이는 자기 소설 편집자인 맥스웰 퍼킨스에게 이런 편지를 보냈다. 자기가 〈화려한 전등불로 이름을 밝히고 싶은 여배우〉는 아니지만, 그래도 새 책 커버에 적힌 자기 이름 활자가 너무 작다고.

마케팅이 더욱 널리 행해질수록, 저술가와 출판업자들의 마케팅은 더욱 과격해지지 않을 수 없게 된다. 그러다 보면 아주 저급한 방법도 마다하지 않게 된다. 윌리엄 엘리엇 헤이즐그로브는 헤밍웨이가 어린 시절을 보낸 일리노이 주 오크파크의 집 다락방에서 소설을 쓰고 있다는 것을 광고했다. 「뉴욕 타임스」에 근사하게 기사화된 이 술책은 조르주 심농의 아이디어를 연상시킨다. 심농은 자기가 글을 쓰고 있는 모습을 누구나 지켜볼 수 있도록 유리 상자 안에서 소설을 쓰려고 했다. 신문사에서는 이 퍼포먼스를 날마다 보도하려다가 포기했고, 퍼포먼스 역시 포기되었다. 지나치게 뻔뻔하다고 비난받은 이런 만행을 실천에 옮기지 않고 입만 벙긋거린 것으로도 심농은 대대적인 언론의 주목을 받았다.

수많은 도시에서 수많은 작가가 등장하자, 출판업자들이 책 판촉 여행을 기획하는 것도 시들해지기 시작했다. 새로운 방법을 모색하게 된 출판업자들은 책을 발행하기 〈전에〉 작가를 보내서 소매상들의 관심을 끌게 했다. 로널드 레이건의 측근이자 법무장관을 지낸 에드윈 미즈는 『레이건과 함께: 뒷이야기』(1992)라는 책을 펴냈는데, 그의 친구들은 이 책을 홍보하는 기발한 방법을 생각해 냈다. 그들은 친구가 책 판촉 여행을 할 시간이 없다고 말하자, 〈미즈 북펀드〉라는 면세 기금을 모으기로 했다. 100달러를 내면 기증자로서 일반 회원이 될 수 있는 자격을 얻고, 1만 달러를 내면 내각 준자문위원이 될 수 있었다. 기부금을 받으며 책 홍보를 한다! 그런데 이 아이디어를 낸 것은 자유 시장을 주창하는 보수주의 레이건주의자들이었다.

우리는 안티 광고를 광고하는 시대로 접어들었다. 그런 광고가 시작된 공식 일자는 확실치 않지만, 1967년에 처음 시작된 게 아닌가 싶다. 하퍼콜린스 출판사는 윌리엄 맨체스터의『대통령의 죽음』발행을 보류하고, 당시로서는 기록적인 금액인 66만 5천 달러를 받고『룩』지에 연재한 후 발행하기로 했다. 이 사건 이후 출판업자들은 스트립쇼가 성공하는 비결을 깨닫게 되었다. 손님들이 계속 술을 마시게 하는 최선의 방법은 원하는 것을 바로 주는 게 아니라 감질나게 하는 것이다. 독자들은 술을 더 가져오라고 술상을 두드리며 맨체스터의 책 제1권을「뉴욕 타임스」베스트셀러에 올려놓았다.

베트남 전쟁을 다룬 올리버 노스의 책『화염 속에서』의 광고는 1991년에 반(反)직관적인 마케팅에 새로운 책략을 가미했다. 사전 광고 없이 기습적으로 책을 서점에 배포함으로써 이것이 뉴스가 되게 한 것이다. 뉴욕의『타임』지는 이것을 커버스토리로 다루었고, 테드 카플은「나이트라인」을 진행하며 이것을 2회 연속 다루었다. 노스는 그 후 비로소 책 판촉 여행을 떠나 스무 군데 도시를 돌았다.

책에 대한 찬사가 흔해 빠지자, 마케팅 직원들은 원색적인 비난의 글을 찾기 시작했다. 양장본 책에서 자화자찬식의 찬사를 늘어놓는 것은 너무 빤한 짓이라는 게 그 이유다. 그래서 차라리 지독한 혹평을 받는 게 더 흥미를 끌게 된다. 크리스토퍼 히친스의 냉혹한 전기인『선교사의 자세: 마더 테레사의 이론과 실천』을 펴낸 출판업자가 한 것이 바로 그것이었다. 버소 출판사는 〈가톨릭 성직자 가운데 꼽을 만한 모든 사람과 뉴욕의 추기경, 그리고 교황에게까지〉 가제본한 책을 보냈다. 〈우리는 가톨릭교회를 분노케 하는 것이 우리 독자들에게는 즐거운 뉴스가 된다는 것을 알고 있었다.〉 성직자 가운데 아무도 미끼를 물지 않았다. 그러나 버소 출판사는 저자를 매도하는 수녀들의 촌평을 잔뜩 얻어서 그걸 잘 써먹을 수 있었다. 보급판 표지에 실린 서평 가운데 이런 게 있다. 〈지옥이 정말 있다면, 바로 이 책 때문에 히친스가 거길 가게 될 것이다.〉

이러한 기법의 의미를 간파하게 된 출판업자와 직원들은 이제 스스로 불명예를 뒤집어쓰는 방법을 찾는 데 혈안이 되어 있음 직도 하다. 모던 라이브러리 출판사[랜덤하우스를 설립한 회사]는 작가 위원회를 구성해서 〈20세기의 100대 소설〉 목록을 만들게 했다. 1998년에 결과가 발표되었을 때, 도서 선정 과정에 대한 불만과 그 결과에 대한 당혹감으로, 심사 위원들은 회개하는 지미 스웨거트처럼 무릎을 꿇고 모든 신문 잡지사에 사과했다.[14] 모던 라이브러리 측은 이 목록을 발표한 지 몇 주 만에 지난 2년 동안 판 것보다 더 많은 부수의 『율리시스』를 팔아 치웠다. 그 후 출판사 측은 논픽션으로 관심을 돌렸다. 〈20세기의 100대 논픽션〉이 같은 방식으로 선정되었다. 우연찮게도 모던 라이브러리가 발행한 『헨리 애덤스의 교육』이 1위를 차지했다. 결과를 발표한 지 2주 만에, 평년 판매량의 열 배에 달하는 주문이 밀려들었다.

나는 안티 마케팅으로 마케팅하는 것이 나쁘다는 것을 지적하려는

---

14 이 목록 1위는 조이스의 『율리시스』, 2위는 피츠제럴드의 『위대한 개츠비』, 3위는 역시 조이스의 『젊은 예술가의 초상』, 4위는 나보코프의 『롤리타』, 5위는 헉슬리의 『멋진 신세계』다. 이런 선정이 문제가 된 것은 여성 작가의 작품이 여덟 편밖에 포함되지 않았고, 유색인종 작가를 무시했으며, 선정 위원들이 자기 시대 작품을 선호했기 때문이다. 지미 스웨거트는 텔레비전 전도사로 유명했는데 사기죄로 투옥되기도 했고 매매춘 단속에 걸려서 위선자로 낙인 찍힌 사람이다 — 옮긴이주.

게 아니다. 그 반대다. 과대광고가 증가하면 냉소주의를 불러오게 되는데, 그것은 사실 바람직한 일이다.

초등학교 교사들이 학생들에게 읽기를 가르치는 순간부터, 학생들은 책이 신성하다는 것을 학습하게 된다. 학생들에게 형편없는 책이 많다는 것을 가르치면서 시간을 보내는 일은 없다. 그 결과, 너무나 많은 어린이들이 커서도 잘못된 생각을 갖게 된다. 책을 쓴 사람이라면 누구나 〈분명 대단한 사람〉이라고 생각하게 되는 것이다. 그래서 이런 교육 때문에 마케팅 컨설턴트의 수중에서 놀아나게 된다. 진정한 안티 마케팅 저술가가 소수 있긴 하다. 그러나 그들은 영향력이 없어서 도움이 되지 않는다. 워커 퍼시는 자기 책 가운데 한 권을 「딕 카벳 쇼」에서 다루겠다는 것을 거절하며 이렇게 말했다. 자기 직업은 글을 쓰는 것이지 파는 게 아니라고. 퍼시 같은 작가가 있어서 그나마 위안이 되긴 한다.

책이 립스틱과 애완석[15]처럼 쏟아져 나오는 우리의 시장 경제 체제 아래서는, 광고의 간교함을 간파하는 방법을 익혀야 한다. 추리 소설 작가 유진 이지가 1996년에 사망한 것에 대한 반응은 본받을 만한 것이었다. 그가 시카고의 사무실 밖에서 목매달고 죽은 채 발견되었을 때, 이것이 광고 책략이었다고 지적한 사람들이 있었다. 물론 그 책략은 실패했다. 지각 있는 문학 소비자라면 벤저민 프랭클린과 론 포페일의 차이를 구별할 수 있을 것이다. 회원제 대출 도서관의 창시자이자 개량 난로를 발명한 벤저민 프랭클린과, 미스터 마이크로폰

---

15 *pet rocks*. 1980년대 미국에서 유행한 것으로, 우스갯말이 쓰인 상자 안에 돌멩이만 달랑 들어 있는 것. 컴퓨터 게임처럼 잠시 유행하다가 사라지는 것을 뜻하는 말로 쓰인다 — 옮긴이주.

과 긴수 나이프를 만들고 그것에 대해 〈책도 쓸 수 있었다!〉는 충격을 고백한 론 포페일의 차이 말이다.[16]

현명한 책의 수는 현명한 독자의 수에 비례한다. 소비자들이 광고업자의 술책을 더욱 날카롭게 주시할수록, 그 산물에 대해 올바른 질문을 던질 확률이 더욱 높아진다. 벤저민 프랭클린이 천재였던 것은 그가 글을 잘 썼기 때문만이 아니라, 글을 잘 읽었기 때문이라는 것을 우리는 되새길 필요가 있다.

16 미스터 마이크로폰은 무선 마이크이고, 긴수*Ginsu*는 아무 의미 없는 상표명이다 — 옮긴이주.

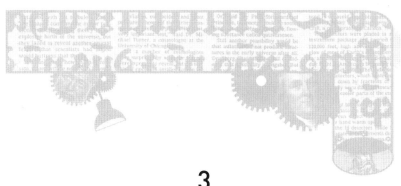

3
볼꼴 사나운 감사의 글

여기서 독자는 저술가들이 가족에게 말하듯
감사의 글과 헌사를 남발한다는 것을 알게 될 것이다.
또한 여기서 장래의 저자들은 전문(前文)을
글답게 쓰는 법을 배우게 될 것이다.

대공의 총애를 얻고자 하는 자는 모름지기 선물을 바치는 것이 관례이옵니다.
……그러므로 대공 전하께서 작은 이 선물을
가납하시리라 믿어 의심치 않사옵나이다.
니콜로 마키아벨리, 〈위대한〉 로렌초 메디치에게 바친 『군주론』 헌사

제1의 찬사. 모든 사람은 존경할 만하다…….
조너선 스위프트, 「헌사를 찬사나 풍자로 만드는 방법」

새 책을 펼치고 헌사와 감사의 글을 읽는다. 그럴 때마다 나는 여러 해 전 해군 사관학교 생도였을 때의 경험을 되풀이하는 듯한 느낌이 든다. 어느 날 밤 나는 항공모함의 후미에서 젊은 사병 선원과 함께 불침번을 서게 되었다. 이 선원은 칠흑 같은 태평양에 한줄기 달빛이 드리워진 것을 바라보며 서글펐던 어린 시절의 이야기를 쏟아 놓았다. 그가 주로 털어놓은 것은 부모에게 학대당한 이야기였다. 선원의 얼굴을 가까스로 알아볼 수 있을 정도의 짙은 어둠 속에서, 나는 진지한 자기 고백에서 비롯하는 강한 유대감을 느꼈다. 며칠 후 우리는 우연히 대낮에 마주쳤다. 이 선원의 팔뚝에 새겨진 큼직한 문신이 눈에 띄었다. 얄궂게도 하트 무늬 안에는 〈어머니〉라고 쓰여 있었다.

소설이든 비소설이든, 책을 펴낸 저술가들은 결코 타협할 줄 모르는 정직함과 용기를 발휘해서 글을 썼다고 자부한다. 글의 독창성과 문체를 자부하기도 한다. 그러나 마지막으로 헌사와 감사의 글을 쓸 때가 되면 젊은 선원처럼 판단력이 멈추는 경향이 있다. 즉, 갑자기 마지못한 의무감에 사로잡힌 나머지, 아첨의 글이나 진부한 문장으로 책을 장식하는 것이다. 그 결과 책의 전문[前文, 본문 이외의 헌사와 감사의 글 등]은 대개 탐구할 가치가 없는 상투적인 월면(月面) 사진 같은 게 되어 버렸다.

그 증거로, 여러 서가에서 무작위로 뽑은 50권의 책을 조사한 결과를 한번 살펴보자.

저자와의 관계를 명백히 밝히고 있는 헌사 가운데 반은 배우자에게 바친 것이다. 이것은 작가의 상상력 부족 탓이 아니다. 그렇다고 작가의 두뇌가 명석하다는 것을 특별히 재확인해 주는 것도 아니다. 어느 사랑 전문가의 말에 따르면, 모든 살인의 4분의 1은 배우자 또는 서로 낭만적인 관계를 맺은 사람을 살해한 것이라고 한다. 미국에서 첫 결혼의 반쯤은 이혼으로 끝난다. 두 번째 결혼한 사람도 첫 번째처럼 반이 이혼한다. 오늘날 짜증스러운 온갖 서류 절차를 밟기 싫어서 차라리 이혼을 안 하고 마는 사람이 아주 많은데, 그런 일만 없다면 아마 어니스트 헤밍웨이처럼 네 명쯤의 아내에게 차례로 책을 바치는 게 보통일 것이다.

50권의 논픽션 책에 적힌 감사의 글 가운데 누군가 또는 무엇인가에 대해 부정적인 말을 한 게 하나도 없었다. 뭔가 걱정되는 게 있기라도 하듯이 말이다. 작가가 도무지 너그러운 데가 없이 온통 적대적이기만 하면 물론 그것도 곤혹스러울 것이다. 그러나 모든 사서가 어김없이 도와주고, 모든 타이피스트가 전혀 짜증을 안 내고, 모든 자료 제공자가 지극히 솔직하고, 모든 학자가 항상 이타적으로 적시에 유용한 평을 해주었다는 듯이 말하는 저술가에게도, 우리는 마찬가지로 의심을 눈길을 던져야 한다. 균형 잡힌 비평을 하지 않고 칭찬만 하는 것은 아무런 의미가 없다.

솔직히 타산적인 찬사를 듬뿍

책의 전문이 항상 한심해 보이기만 하는 것은 아니다. 옛 저술가들의 찬사가 오늘날보다 더 흥미롭다거나 지각이 있었던 것도 아니다. 시보다 산문의 찬사가 더 황당하고, 대체로 더 정직하지 못했다. 그러나 옛날에는 그러한 결점이 장점이기도 했다. 오늘날에는 그렇지 않다. 뚜렷한 이유도 없이 달콤한 말을 늘어놓는 오늘날의 작가와 달리, 옛 작가들이 책 앞머리에서 찬사를 듬뿍 늘어놓은 것은 영악하게 실속을 챙기기 위해서였다. 그들은 당국의 완력을 피하거나, 연구비를 대줄 부유한 후원자를 얻고자 했는데, 물론 두 가지가 다 가능하면 더욱 좋았다.

교묘한 정략 전문가인 니콜로 마키아벨리는 피렌체의 정치 경제를 지배한 메디치 가의 로렌초에게 『군주론』을 바쳤다. 헨리 필딩은 『톰 존스 일대기』를 〈재무위원회 위원이신 존경하는 조지 리틀턴〉에게 바쳤다. 문학 후원자였던 리틀턴은 필딩 외에도 알렉산더 포프 등을 도왔다. 필딩은 기필코 후원을 받아야 한다는 절박한 심정으로 이런 헌사를 쓴 적도 있다. 〈이 책을 위원님께 헌정케 해달라는 저의 요청

을 계속 거절하셨으나, 저는 위원님의 보호를 받을 권리를 계속 고집하지 않을 수 없습니다…….〉

저술가들이 이따금 상궤에서 벗어나는 경우가 있긴 하지만, 그런 예외조차도 실은 총칙에서 어긋난 게 아니라는 것을 입증할 수 있다. 프란시스코 데 케베도 이 비예가스는 『어린 시절의 장난감』(1641) 헌사를 이렇게 썼다. 〈그 누구에게도 바치지 않는다……. 작가가 책을 헌정하는 데는 두 가지 목적이 있는 듯한데, 두 가지는 불가분의 관계가 있다. 하나는 책을 펴내는 데 보탤 구호금을 받기 위한 것이고, 다른 하나는 비평으로부터 작품을 보호하기 위한 것이다.〉

지난날 이런 헌사를 쓴다는 것은 정교한 사업 행위였다. 문학적 기교를 구사하진 않더라도 예리한 정치적 본능만은 제대로 발휘해야 하는 사업이었던 것이다. 왕실, 교회 지도자, 부자, 좀 더 권력을 지닌 귀족 등 책을 헌정할 만한 사람은 한정되어 있었다. 마키아벨리와 케베도 이 비예가스의 경우처럼 잉글랜드만 그런 것이 아니라, 다른 나라도 마찬가지였다. 일본에서도 저술가는 막부 장군(쇼군)이나 넓은 영지를 가진 무사(다이묘)에게 책을 헌정했다. 근친상간을 할 수밖에 없는 좁은 이 세계의 성채와 지하 감옥 안에는 결코 믿어서는 안 되는 라이벌이 우글거렸다. 오늘 왕좌에 앉아 있는 현명한 여왕이 내일은 족쇄를 찬 백치 사촌과 자리를 맞바꿀 수도 있다. 자칫 헌정을 잘못했다가는 목을 맬 수도 있다. 저술가들은 명을 부지하기 위해서라도 현명한 책략을 구사할 필요가 있었다.

전진 배치가 절대적으로 필요할 때까지 주력 부대를 뒤에 숨겨 두는 장군처럼, 볼테르는 『예언자 마호메트의 광신적 행위』를 처음에는 아무에게도 헌정하지 않았다. 그는 신성 모독적인 이 희곡을 무대에 올려서 성공을 거두었다. 그러나 고작 세 차례 공연을 한 후 공연 금지 처분을 받게 되었다. 그러자 그는 서둘러 베네딕투스 14세 교황에게 이것을 헌정했다. 교황은 이 작품에 축복을 내려 주었다. 이제 저자는 로마의 주교가 신앙의 문제만이 아니라 문학적 문제까지 판단 오류를 범했다고 자못 의기양양하게 말할 수 있었다.

두려움이 발효되면 풍성한 즐거움이 된다. 행성들의 중심에는 지구가 아니라 태양이 자리 잡고 있다는 혁신적인 이론을 발표한 니콜라우스 코페르니쿠스는 무지몽매하지만 막강한 권력을 지닌 교회와 충돌하게 되었다. 제정신을 잃을 정도는 아니었지만 많이 놀란 코페르니쿠스는 해당 논문을 파울루스 3세 교황에게 헌정했다. 이것은 시대를 통틀어 가장 현명한 헌정이라고 할 수 있다. 〈저는 이처럼 외진 세상 한구석에 살고 있사오나, 더없이 저명하고 존귀하신 분이 성하임을 아오며, 성하께서는 모든 배움을 사랑하시고, 심지어 수학을 배움까지 사랑하시는 분임을 아옵는 바, 알랑쇠에게 물리면 약도 없다는 속담도 있다시피, 저를 중상 모략하는 자들이 저를 물지 못하도록 성하께서 권능과 정의로써 그들을 손쉽게 진압할 수 있으리라 사료되므로…… 이에 소인의 노작을 성하께 바치옵나이다.〉

입바른 소리로 곧잘 일자리를 잃은 토머스 페인도 코페르니쿠스처럼 『인간의 권리』를 헌정했다. 그는 이 책이 물의를 일으킬지도 모른다고 생각했고, 실제로 그랬다. 이 책은 1791년에 발행되어 10주도 지나지 않아 5만 부가 팔렸다. 당시는 소설이 대개 1,250부, 일반 저작물은 평균 750부가 팔리던 시대였다. 『인간의 권리』는 영국 왕정을 비롯한 모든 독재를 맹렬히 비판한 책이다. 그는 선동죄로 체포되는 것을 피하기 위해 이 책을 기민하게 〈아메리카 합중국 대통령, 조지

위싱턴 각하에게〉 헌정했다. 〈각하께서는 본받을 만한 덕성으로 자유의 원칙을 확립하기 위해 참으로 눈부신 기여를 하셨습니다. 바로 그 원칙을 옹호하는 작은 논문을 이렇게 각하께 바칩니다.〉 페인은 영국 왕 조지 3세의 정부가 영국과 미국과의 관계를 개선하길 바라고 있다는 사실을 염두에 두고 있었다. 마찬가지로 관계 개선을 바란 워싱턴에게는 페인의 책략이 뜨악할 수밖에 없었다. 『인간의 권리』 헌정 소식과 증정본 50권이 도착했을 때 워싱턴의 반응은 냉랭했다.[1]

누구한테 헌정해야 할지 알 수 없는 소심한 저술가들은 흔히 눈에 띄는 모든 사람에게 부케를 던졌다. 세상 물정에 밝은 발타자르 거비어는 1663년에 펴낸 책 『건축가들에게 바치는 조언』에 무려 마흔한 편의 헌정사를 담았다. 이 아첨의 글은 책 두께의 반을 차지했다. 『로마 순교록』을 편저한 알렉산더 폴리티는 순교일마다 헌사를 달았다. 그 밖에도 책을 여러 권으로 쪼개서 발행함으로써 헌정할 기회를 늘린 저술가도 있다.

실속을 챙기기 위해 헌사를 단 저술가들은 같은 이유로 발 빠르게 헌사를 지우기도 했다. 조지 채프먼은 호메로스의 『일리아드』 영역본을 1600년에 다음의 여러 사람에게 헌정했다. 앤 여왕, 레녹스 공작, 대법관, 살리스베리 백작, 서포크 백작, 노샘프턴 백작, 아룬들 백작, 펨브로크 백작, 몽고메리 백작과 백작 부인, 사우샘프턴 백작, 서식스 백작과 백작 부인, 월든 경, 리즐 경, 로트 부인, 베드퍼드 백작 부인, 토머스 하워드 경. 처음에는 애러벨라 스튜어트 부인도 헌사에 포함되어 있었다. 〈우리 영국의 아테나 여신, 미덕과 배움의 순결한 중재

---

1 페인은 반란죄로 기소되어 유죄 판결을 받았는데, 다행히 프랑스로 피할 수 있었다 — 옮긴이주.

인〉이라고 그가 찬사를 바친 애러벨라 부인은 그 후 왕을 축출하기 위한 반란 음모에 연루되었다. 런던탑에 갇힌 그녀는 미쳐서 죽었고, 추가 인쇄된 채프먼의 번역서에서는 그녀의 이름이 슬그머니 삭제되었다.

모든 저술가의 찬사가 극찬으로 치닫자, 흐지부지한 찬사는 안 쓰느니만 못하게 되었다. 로버트 러브데이는 1736년에 프랑스 작품 번역서인 『휘멘 서곡: 사랑의 걸작』을 펴내며, 〈고귀하고 더없이 고결하신 클린턴 부인에게〉 헌정했다. 이 정도의 존대는 당시 일반적인 것이었다. 굽실거리고, 조아리고, 무릎 꿇고, 부복하는 갖은 언사가 이어진 후, 러브데이의 헌사는 이렇게 장황한 말로 끝난다. 〈정점에 이른 태양(부인의 미덕을 기리는 가장 맑은 표상)도 부인을 굽어보며 거들먹거리지 못하듯, 부인께서 한줄기 미소의 빛을 이 졸작 위에 떨어뜨려 생명을 불어넣어 주신다면, 다른 이들이 이것을 아무리 함부로 다루어도 소인은 결코 두려워하지 않을 것입니다. 고귀하신 부인의 더없이 비천한 종이며 영원한 충복인 러브데이 올림.〉

여느 시장처럼 헌사를 대필해 주는 시장도 잘 돌아갔다. 공정성과 합리성을 추구해서 표준 가격을 매기려는 시도까지 있었다. 아이작 디즈레일리의 말에 따르면, 희곡 헌사의 가격은 〈프랑스 혁명 때부터 5기니에서 10기니 사이〉로 고정되어 있었고, 〈조지 1세 때 20기니로 올랐다〉. 유명 저술가는 20~30파운드를 받을 수 있었다.[2] 또한 여느 시장과 마찬가지로, 헌사 시장에도 사기꾼이 있었다. 매사냥꾼과 잡종견이라고 불린 2인조 사기꾼이 한 가지만 빼고 모든 면에서 완벽

---

2 영국의 옛 금화인 1기니의 가치는 오늘날의 1파운드 남짓, 곧 1.8달러쯤 된다.

3. 볼꼴 사나운 감사의 글   163

한 책을 갖고 다니며 사냥감을 물색한다. 그 한 가지는 헌사에 이름이 빠져 있다는 것이다. 2인조가 소도시에 가서 사냥감을 발견하면, 잡종견이 휴대용 인쇄기로 남은 한 가지를 완성한다. 그러면 매사냥꾼이 해당 귀족이나 부호에게 헌사가 쓰인 책을 제시한다. 찬양을 받아 우쭐해진 귀족은 금전으로 보답을 한다. 17세기 초에 『오, 저절로, 오』라는 책에 이런 속임수 이야기가 나오는데, 이 책은 이렇게 충고한다. 〈오로지 당신 한 사람에게만 헌정된 그런 책을 본 신사가 있다면, 그게 당신만이 아닌 다른 수많은 사람을 아비로 둔 후레자식이 헌정한 것인 줄 알라.〉

세월이 흐르면서 차츰 저술가들의 복지는 귀족보다 책방 주인의 손에 좌우되기 시작했다. 그렇게 된 것은 새뮤얼 존슨이 활동하던 때였다. 존슨 박사가 마침내 전통적인 헌사의 마법에서 깨어났다는 것은 귀족 후원자의 힘이 그만큼 약해졌다는 것을 보여 준다. 존슨 박사는 다른 이들을 위해 써준 헌사의 격이 높기로 유명했다. 자기 이름으로 쓴 헌사라고 해서 격이 더 높지는 않았다. 그는 자신의 유명한 사전 편찬 계획을 체스터필드 경에게 헌정했다. 나중에 국무장관을 역임하기도 한 체스터필드는 존슨에게 10파운드를 주었지만, 그후 존슨을 무시해 버렸다. 그러다가 존슨의 『영어 사전』이 마침내 나올 때가 되자, 체스터필드는 곧 나올 그 책을 후원할 거라는 편지 두 통을 써서 『더 월드』지에 발표했다. 존슨은 더 이상 후원이 필요치 않을 때 후원을 받게 된 것이다. 화가 치민 존슨은 책을 헌정하지 않겠다는 편지를 체스터필드에게 보냈다. 〈제가 각하의 집 밖에서 기다린지, 그러니까 각하의 집에서 쫓겨난 지 어언 7년이 흘렀습니다. 이제와서 불평한들 아무 소용이 없는 갖은 어려움을 겪으며 저는 그동안 계속 작업을 해왔습니다. 그리하여 마침내 책을 펴낼 수 있는 단계에 이르렀습니다. 그동안 어떤 도움의 행위도, 따뜻한 말 한마디도, 격려도, 미소도 없이 말입니다.〉 존슨은 후원자가 필요치 않다는 것을 깨달았다. 그는 자신의 『영어 사전』에서 후원자의 뜻을 이렇게 정의했다. 〈게으르게 뒷바라지하며 아첨을 받아먹는 철면피한 자.〉

저술업의 후원자가 귀족에서 시장으로 바뀌는 동안, 상상력이 없는 저술가들은 어쩔 수 없이 책을 헌정할 귀족과 귀부인을 계속 물색했다. 물론 창의적인 저술가들은 전혀 다른 새 후원자들에게 책을 헌정했다. 패니 버니(결혼 후에는 다블레 부인)가 『에블리나』를 헌정한 것은 〈월간지와 평론지 저자들에게〉였다. 그녀는 헌사에 이렇게 썼다. 〈……이름 없고, 추천인도 없고, 성공하거나 망신당한 것으로 알려진 적도 없는 내가 달리 누구에게 후원을 신청해야 마땅하겠습니까? 모든 문학 행위의 감시자라고 공공연히 자처하는 이 분들을 빼고 말입니다.〉 새뮤얼 푸트가 1753년에 펴낸 『파리의 영국인』 헌사는 이렇게 시작한다.

내 서적상이 알려 주었다. 대부분의 독자님들은 이런 유형의 작품에서 질보다 양을 눈여겨보니까, 1페이지를 추가하지 않으면 불만을 갖게 될 거라고. 그래서 그는 짧은 헌사를 다는 게 제격이라고 조언해 주었다. 그런데 나는 이 나라에서 훌륭하다는 어떤 남자나 여자의 신세를 진 적이 없으며, 앞으로도 내가 작품을 쓰면서 그들의 후원을 필요로 할 일은 없을 것이다. 지금 나한테는 서적상만큼 필요한 인물이 없는 듯하다. 따라서 베일런트 씨, 나는 당신에게 감사해야 할 것 같소. 올바른 교정, 아름다운 활자, 훌륭한 지질 등으로 이 작품을 장식해 준 것에 대해서 말이오.

당신의 비천한 종, 샘 푸트.

안타깝게도 이런 창조성은 재빨리 고갈되어 버렸다. 당신이 작가라면, 지금 당신의 운명을 틀어쥐고 있는 주군에게 책을 바친다 해도 명예에 먹칠하는 일은 없을 것이다. 그러나 출판업자에게 책을 헌정할 경우에는 자기 작품의 가치에 대한 의구심이 스멀거리지 않을 수 없다(출판사에서 이 책을 내준 것은 호의에서였을까? 아니면 이 책이 돈이 된다고 보았기 때문일까?). 윌리엄 메이크피스 새커리는 19세기에 이런 현명한 조언을 했다. 〈이 모든 헌정 행위가 해로울 건 없겠지만, 이제는 볼품없는 형식적 행위가 되었으니 아예 때려치우고 잊어버리는 게 나을 것이다.〉

귀족들의 세계에서 현수교와 해자가 무의미해진 것처럼, 글쓰기의 세계에서도 헌사는 무의미한 것이 되었다. 그러나 손톱을 깨무는 사람처럼 버릇을 못 버리는 저술가들이 있어서, 아직도 사랑하는 사람이나 친구들에게 책을 바치고 있다. 또한 산업화 시대의 팀워크 의식을 못 버리고, 지금도 논픽션 책을 내며 사서부터 신발 가게 점원에 이르기까지 온갖 사람에게 감사의 글을 바치고 있다(소설책의 경우에는 감사의 글을 다는 경우가 드물다. 소설은 상상한 것이어야 하고, 혼자 상상하지 못했다고 고백하는 감사의 글을 단다면 저작권을 포기해야 하기 때문일 것이다).

저술가들은 아무 생각 없이 헌사는 으레 써야 하는 것으로 알고 있다. 그래서 헌사를 계속 써야 할 적절한 이유, 또는 어떻게 써야 하는가에 대한 최소한의 수칙을 군이 생각해 보려고 하지도 않는다. 작가를 자극하는 글쓰기 방법서를 보면, 문체를 고르고 멋진 참고 문헌을 선택하는 비법을 길게 늘어놓고 있다. 그리고 감사의 글과 헌사를 다는 행위는 부적절한 것이어서, 고상한 담화에는 포함시키지 않는 게 최선이라는 듯이 말하고 있다. 〈저술가가 헌사를 달고 싶다면, 가능한한 단순하게 써야 한다.〉한 글쓰기 지침서에 나오는 말이다. 『시카고문체 편람』에서는 헌사를 〈저술가가 결정해야 할 문제〉로 간주한다. 그러면서 실망스럽게도 특별한 헌사나 흥미로운 헌사를 쓰는 것을부정적으로 본다. 즉, 〈기발한〉헌사를 쓰는 것은 〈옛날에나 하던 짓〉이다. 또한 익살스러운 헌사는 〈진지한 책에 부적절한 것〉이다. 노먼커즌스가 편저한 『사랑 혹은 돈을 위해 글쓰기』라는 책에서는 헌사에대해 한 마디도 하지 않는다. 헌사에서 가장 많이 들먹이는 주제가 바로 사랑인데도 말이다. 이렇게 갈팡질팡하면서 감사의 글은 이제 책뒤에 실리거나, 머리말 또는 서문에 포함되기도 한다.

수필가 조지프 엡스타인은 감사의 글에 대해 이렇게 말했다. 〈그것은 어떻게 대처해야 하는가를 알아야 할 것들 가운데 하나입니다. 결혼 초야처럼 말이죠.〉그는 『내 수중의 일: 친숙한 에세이』라는 저서에서 짧게 그 문제를 다루었다. 그가 들은 감사의 글 가운데 가장 적절했다는 것은 바로 이것이다. 〈(다른 무엇보다도 특히) 알렉산드르 게르첸을 소개해 준 것에 대해 조지프 엡스타인에게 감사드린다.〉

그 밖에 감사의 글에 대해 뭔가 쓸 만한 말을 한 사람은 기자였던리처드 H. 로비어밖에 없는 것 같다. 그는 약 30년 전 『미국 학자』라는 잡지에 기고한 글에서, 적절한 감사의 글은 풍자를 통해 가장 잘전달된다고 갈파했다. 로비어의 패러디는 이런 식이다. 〈앞서의 여섯권처럼, 내 평생 만난 《존재의 이유Raison d'être》에 대한 일곱 번째의 이책이 나올 수 있었던 것은 저자 외에도 다른 여러 사람들 덕분이다. 저자와 동시대인이었던 위대한 워싱턴 어빙의 말을 살짝 바꾸어 말하면, 《여럿으로 이루어진 하나E pluribus unum》라는 말은 학자들의 저술에도 쉽게 적용될 수 있는 표어다. 필적할 자가 없는 가죽 스타킹 이야기의 창작자와 《존재의 이유》 창작자들이 그 성립에 현저히 기여한 어린 공화국(미국)에만 적용될 수 있는 표어가 아닌 것이다.)[3]

문학 평론가가 헌사와 감사의 글에 좀 더 주목하면 작가들은 그걸 개선하거나 아예 없애 버리는 것까지 고려하게 될 것이다. 작가가 기존 방식을 바꾸지 않는다면 평론가들이 손쉽게 그것을 꼬집어서 독자들에게 풍성한 비평의 열매를 맛보여 줄 수 있을 것이다. 그런 비평의 열매를 선물하는 소수의 문학 평론가 가운데 한 명이 고어 비달이다. 그는 로버트 콜더의 『윌리: W. 서머싯 몸의 생애』에 대한 서평에서 이렇게 말했다. 〈콜더 씨는 탄복스럽게도, 사뭇 무서운 서머싯 몸씨의 온화한 측면 — 친구들에게 알려진 대로 《윌리》라고 콜더 씨가 부르는 인간적 측면 — 을 부각하기 위해 최선을 다하고 있다. 그러면서도 우리의 학교 선생님[콜더의 직업]은 감사의 글의 《역겨움》과는 거리를 두고 있다. 감사의 글에서 그는 《내 부모, 내 자녀들 — 앨리슨, 켈빈, 로린, 대니 — 의 무지막지한 격려》를 받았다고 말한다. (《아빠, 러프 트레이드*rough trade*란 게 뭐예요?》 애들은 그런 걸 물어 대며 《무지막지한》 격려를 했을까?) 그건 문제될 것 없다. 얘들아, 대체로 너희 아빠는 그 괴짜의 면목을 세워 주었단다.)[4]

---

3 위 표어는 미국에서 1955년까지 사용되었다. 현재의 표어는 〈우리는 신을 믿는다*In God we trust*〉. 〈가죽 스타킹 이야기*Leatherstocking Tales*〉는 제임스 페니모어 쿠퍼의 서부 개척 소설 5권을 통칭하는 말로, 이 연작 소설에 〈가죽 스타킹〉이라는 별명의 주인공이 등장한다 — 옮긴이주.

4 〈*rough trade*〉라는 이름의 음반 회사와 밴드도 있었지만, 오늘날 이 말은 폭력 성향의 남성 동성애를 가리킨다. 콜더의 자녀는 아마 아빠의 원고를 훔쳐 보고 그런 질문을 했을 것이다. 서머싯 몸은 극단적으로 여성을 싫어했고 동성애 경향이 강했다 — 옮긴이주.

불문율

감사의 글과 헌사를 어떻게 써야 한다는 수칙은 없지만, 저술가들은 가식과 과장, 진부한 표현에 무작정 끌린다. 그건 각자 저마다 수풀 우거진 산에서 홀로 목적도 없이 헤매다가 마침내 거의 기적적으로 일제히 저승의 황폐한 움막으로 기어드는 격이다. 저술가들은 헌사와 감사의 글을 쓰기 위해 꽤나 방황하기 때문에, 다음과 같이 간단한 여행 지도를 마련해 주는 것도 자비를 베푸는 일일 듯싶다. 이네 가지의 불문율(아직은 성문화되지 않은 수칙)을 알아 두면 적어도 시간 절약을 할 수는 있을 것이다.

제1수칙: 말로 이루 다 표현할 수 없다고 말하라

아예 말머리에서 이루 형언할 수 없이 큰 빚을 졌다고 넌지시 말하라. 〈학자, 사서, 편집자들로부터 받은 온갖 도움에 대해 낱낱이 감사의 말씀을 드리기는 불가능하다.〉 또는 〈이 자리에서 몇 마디 말로 갚을 수 없을 수 없을 만큼 큰 빚을 졌다〉. 또는 〈내가 이런 책을 썼다는 것은 기적이나 다름없다〉. 이 모든 감사의 글은 실제로 저술가들이 써먹은 것이다.

영어권의 감사의 글에서 유난히 즐겨 쓰는 낱말 두 개가 있다. 〈신세를 진indebted〉과 〈무한히 값진invaluable〉이라는 낱말이 그것이다. 〈그동안 우리가 접한 수많은 문서를 복사하고 원고를 사진 복사해 주는 등《무한히 값진》도움을 베풀어 준 아무개에게《신세를 졌다》〉. 〈부단한 격려와 조언〉이라는 문구를 빠뜨리면 곤란하다. 〈충심으로 감사드린다〉는 문구도 필수다. 가장 구질구질한 일을 거들어 준 사람에게는 〈흔쾌한cheerful〉이라는 낱말을 사용하라.

헌사와 감사의 글이 절정에 이르면, 생각이 막혀서 글을 어떻게 써야 할지 막막했음을 과시해야 한다. 그래서 끝까지 혼자 할 수밖에 없었다면 결코 해낼 수 없었을 뭔가에 대해 말하라. 우리는 윌리엄 섀트너가 『테크워』에 쓴 감사의 글에 감사해야 한다. 〈경이적인 작가인 론 굴라트가 내게 출구를 보여 주었고, 소설을 완성하기 위한 입구를 보여 주었다.〉

폴 C. 라이트가 『개혁의 물결: 1945~1995년 정부 개혁 실험』 감사의 글에서 그랬듯이, 감사의 글을 쓰는 것이 아주 참신한 일이라는 듯이 뻔뻔하게 진술하는 것도 효과 만점이다. 〈책을 쓰는 일 가운데 감사의 글을 쓰는 것이야말로 언제나 가장 즐거운 일이다. 막바지에 이른 이때 비로소 내 글을 쓸 수 있기 때문인데, 이제 책의 완성을 가능케 해준 모든 사람과 기관들을 되새길 시간이다.〉 그는 아무 생각 없이 감사의 글을 주절거린 다른 모든 저술가와는 질적으로 다르다는 것을 그렇게 과시했다.

제2수칙: 짐짓 무의미하게, 또는 선심 쓰는 척하며 가족을 언급하라

온갖 헌사와 감사의 글을 장황하게 늘어놓으면 앞으로 두 번 다시 그럴 기회가 없어서 그러는 거라는 인상을 주지 않을까? 그건 걱정할 필요 없다. 감사의 글을 바치는 원래의 취지는 그 책과 관련이 있는 사람에게 감사하는 거라는 따위의 고리타분한 생각일랑 깨끗이 잊어버리고 일가친척을 줄줄이 나열하라. 당신의 집에서 맥주를 들이켜며 축구를 시청한 삼촌, 조카, 매형, 처남 등이 읽고 싶어 하는 게 『TV 가이드』밖에 없다 해도 말이다.

예를 들어, 대니 터의 저서 『많이 볼수록 더 무식해진다』의 감사의 글은 이렇게 시작한다. 〈그토록 협조적이었던 일터, 그토록 우애 넘쳤던 한 인생의 어드메에서 감사의 글을 시작해야 하고, 어드메에서 감사의 글을 끝낼 수가 있단 말인가?〉 그는 부모에게, 형에게, 형의 〈동반자 샌디, 장한 내 딸 세라 뎁스, 내 딸의 엄마 발레리아, 덴즐 매켄지 가족, 대나 고모, 조지 삼촌, 그리고 조카인 마크와 데이비드, 이 가족의 울타리 바깥에 있는 어린 시절 이웃 친구들……〉에게 감사의 글을 바치고, 마지막으로 〈남아프리카의 넬슨 만델라를 비롯한 많은 친구들〉에게도 감사했다.

배우자나 자녀처럼 정말 가까운 사람의 경우, 글쓰기가 그들에게는 시련이었음을 넌지시 언급하라. 미치광이 때문에 무고한 사람들이 시련을 겪었다고. 〈나는 『새처럼 노래하다』에 매달려 있느라고 그들에게(남편과 아이들에게) 바칠 시간이 없었다……. 2년 동안 잭은 《엄빠Mr. Mom》였다. 그들은 가정식이라는 걸 거의 입에 대보지 못했다〉(잭이 엄빠였다는 건 물론 허풍일 것이다). 아니면 〈내가 저녁상을 차릴 짬을 낼 수 없을 정도로 글쓰기에 몰입해 있을 때 당신이 몸소 요리를 해준 것에 감사드린다〉. 또는 〈우리 아이들이…… 이런 내 노력 때문에 상처 입지 않았기를 바란다.〉

당신의 배우자가 도망치지 않고, 미친 당신한테 매달려 있는 이유가 무엇인지 독자는 자못 궁금할 것이다. 따라서 당신의 배우자는 아주 소극적이고, 가족의 화장실 변기 따위를 아주 열심히 닦는 헌신적인 사람인 양 비쳐야 한다. 그러면서도 당신의 책을 교열해 줄 수 있을 정도로 지적이어야 한다. 그러니 〈나긋한 조언을 해주고, 참을성 있고 애정 어린 뒷바라지를 해준〉 배우자에게 감사하라. 또는 〈이 책이 잉태되어 탄생할 때까지의 긴 세월을 너그럽게 감내한 아내에게 찬사를〉 바치라.

이따금 저술가들은 정치적 소신을 과시하게 위해 색다른 어법을 구사한다. 유진 D. 제노비즈는 『굴러라, 조든, 굴러라』를 아내에게 헌정했다. 〈원고를 타이핑해 주지 않았고, 연구를 돕거나 양말을 빨아 주지 않았으며, 《당신이 없었으면 이 책이 쓰일 수 없었다》는 사람들이 바친 감사의 글에 나오는 다른 어떤 놀라운 일도 해주지 않은〉 아내에게 말이다. 이와 비슷하게, 제임스 스콧은 『농민의 도덕 경제』에서 이렇게 말했다.[5] 〈나름의 학식과 나름의 관심사를 지닌 아내와 아이들이 이 책을 위해 한 일이 사실상 아무것도 없음을 밝혀 두고 싶다. 그들은 연구 집필을 할 때 각별히 나를 이해해 준다거나 도우려 하지 않았지만, 가능한 한 자주 나를 서재에서 불러내서 더불어 사는 삶의 많은 즐거움을 누리게 해주었다. 앞으로도 늘 그러기 바란다.〉 앨버

5 도덕 경제*moral economy*는 비공식적이며 문화적 측면을 지닌 비시장 경제를 가리키는 말이다 — 옮긴이주.

트 폴 맬비노는 『전자 도구 사용의 기초』와 같은 에너지 넘치는 주제를 다룬 책들을 펴내면서 버릇처럼 다음과 같은 헌사를 덧붙였다.

조애나,
현명하고 아름다운 내 아내에게 바친다.
그녀가 없으면 난 아무것도 못 한다.
그녀는 언제나 나를 달래고 다독여 준다.
불평한 적도 방해한 적도 없고
캐묻지 않고 모든 것을 감내하며
헌사를 대신 써준다.

나도 이런 식의 헌사가 쓰고 싶다(〈다른 일로 바빴던 내 아내, 레지나 해밀턴에게〉). 그러나 이런 헌사에 혹하지 말라. 이런 헌사 또한 출판업자에게 헌사를 바치는 것만큼이나 진부한 것이 되었다. 게다가 헌사에 꼭 필요한 적절한 가식이 결여되어 있다.

본받을 만한 가식의 예를 들자면, 사이먼 샤마만 한 인물이 없다. 가식적인 글쓰기에 관한 한 그에게 필적할 만한 역사가는 아마 없을 것이다. 그의 책에 나오는 역사적 인물들은 침대에서 굴러 떨어지거나 어딘가에 머리를 찧지도 않고 저절로 뇌진탕을 일으키듯 행동한다. 그는 그런 천재적인 기교를 헌사에서도 구사한다. 『시민: 프랑스 혁명 연대기』가 좋은 예다. 〈책을 쓰는 동안 줄곧 내 자식 클로에와 가브리엘, 아내 지니는 상상도 할 수 없는 내 변덕과 괴벽, 대체로 말도 안 되는 짓들을 견뎌 내야 했다. 그런데도 그들은 나에게 사랑과 관용을 베풀며 과분할 정도로 크나큰 도움을 주었다. 지니는 논리 전

개 방법과 디자인에 이르기까지 책과 관련한 온갖 의문점에 대해 늘 한 치도 어긋남이 없는 올바른 판단을 해주었다. 한 명의 독자에게 내 모든 저술을 바친다면, 그녀가 바로 그 독자이다.〉

이런 헌사를 읽은 가족들은 샤마에게 뇌진탕을 일으키고 싶을지도 모른다는 생각이 문득 든다. 그러나 가족들은 개의치 않는 것 같다. 독자도 마찬가지다. 그런 헌사를 읽으며 샤마가 천재적인 작가라고 생각할 독자들 말이다.

제3수칙: 당신의 인격을 의심케 하라

밀가루 포대처럼 축 늘어져서 혼자서는 아무것도 해낼 수 없었던 것처럼 굴라. 〈아무개의 격려가 없었다면 이런 책을 시작도 하지(또는 결코 끝내지) 못했을 것이다.〉 아니면, 〈내가 다루기 어렵고 아둔한 학생이었다 해도 그건 그분들의 잘못이 아니다〉. 아니면, 〈나를 포기하지 않고 기회를 줌으로써 망상과 절망에서 나를 구해 준〉 저작권 대리인에게 감사하라. 그런 책들은 정신과 의사에게 헌정한 듯한 느낌이 든다.

아니면 은연중 죄책감을 느낀다는 듯이 자기 방어적인 문장을 구사하라. 『히틀러의 라디오 방송』이라는 책을 낸 두 독일인 저자는 이렇게 썼다. 〈이 책의 두 저자는 제2차 세계 대전 때 초등학교 교사였다. 우리는 나치 선전 조작을 직접 경험하지 못했다. 독일의 영어 라디오 방송은 더욱 그렇다.〉 게다가 그들은 명령을 받기만 했을 뿐이다.

그보다 나은 것은, 마땅히 어째야 한다는 것을 알면서도 그리 하지 않았다는 것을 과시하는 것이다. 마셀라 하전은 『전통 이탈리아 요리책』에서 남편을 〈저자로 올려야 한다〉고 감사의 글에 썼다.

제4수칙: 책의 모든 책임을 떠맡은 척하면서 책임을 전가하라

감사의 글 말미에서 당신은 이렇게 말하고 싶어질 것이다. 〈이 책에 오류가 있다면 그건 모두 내 책임이다.〉 하지만 이런 고백을 하기 전에 먼저 당신이 책 내용에 거의 아무런 책임이 없다는 강렬한 인상을 주는 감사의 글을 잔뜩 늘어놓음으로써, 그 고백이 감사의 글에 묻혀 버리게 하라.

예를 들면 이런 식이다. 〈이 책은 내 대가족의 도움이 없었으면 쓰일 수 없었다. 내가 까맣게 잊고 살았던 먼 켄터키의 사촌들, 그리고 태평양 작전 막바지에 혼란스러웠던 몇 년 동안 해병 제5연대에서 함께 복무한 모든 동료들도 나에게 도움을 주었다.〉

케이 제인 홀츠를 귀감으로 삼을 수도 있는데, 그는 『아스팔트 국가』에서 이렇게 썼다. 〈확신을 갖는 데서부터 완성하기까지 이 책을 만드는 데는 한 마을 — 동료, 친구, 가족으로 이뤄진 마을 — 사람 전체가 필요했다.〉 『흑해』에서 닐 애셔슨은 이렇게 썼다. 〈많은 산 자와 죽은 자가 이 책을 쓰는 데 나를 도왔다.〉 실수를 죽은 자의 탓으로 돌리는 것은 언제라도 좋다. 그들은 입이 없으니까. 『이베리아』에 장황한 감사의 글을 단 제임스 미치너는 〈갚을 수 없는 빚〉을 진 열다섯 명에게 사례를 했다. 〈본 주제에 대해 대화하는 동안 주교님께서는 나에게 크나큰 도움을 주었다. 주교님한테 아이디어를 얻었음을 나는 명백히 기억하고 있다. 그런데 거듭 그 사실을 인정치 않으시니, 주교님께서는 나를 도왔다는 사실조차 잊어버리신 듯하다.〉그런데도 리처드 훼이틀리는 1826년에 펴낸 『논리의 요소』에서 랜다프의 주교인 에드워드 코플스톤에게 그런 감사의 글을 바쳤다.

하느님 탓을 해봄 직도 하다. 필립 제임스 베일리는 1839년에 발표한 자신의 시 「향연」을 〈하느님 아버지〉에게 바쳤다. 〈하느님이 영감을 주지 않았다면 쓰일 수 없었다〉면서. 조지 M. 혼 목사는 『20세기의 십자가』 헌사에 이렇게 썼다. 〈성차별은 『신약 성서』와 『구약 성서』 모두에서 인가했을 뿐만 아니라 요구한 것이기도 하다.〉이어서 그는 보신책으로 이 책을 하느님에게 바쳤다. 열렬한 복음 전도자인 짐 베커는 자신의 저서 제목을 『내가 나빴다』로 짓고 죄를 시인하는 듯했지만, 〈나를 저버린 적이 없는 최고의 친구…… (예수!)〉에게 죄를 뒤집어씌웠다.

전문 — 명예의 전당

전문에서 사뭇 책의 가치를 높이는 말을 하는 저술가가 없는 건 아니다. 그러나 그건 움브리아에 흰 송로 버섯 나듯 드문 일이다.

진짜 문학 천재의 일반적인 특성은 관계와 의미를 잘 찾아낸다는 것이다. 그래서 책에 어색한 말을 덧붙이지 않고 책 내용과 맞아떨어지는 헌사를 만들어 낸다. T. S. 엘리엇의『황무지』헌사가 바로 그러하다. 〈한결 더 훌륭한 장인 *il miglior fabbro* 에즈라 파운드에게〉(파운드는 장시『황무지』를 교열해서 길이를 반으로 줄여 놓았고, 엘리엇은 그것을 그대로 수용했다). 스위스의 가톨릭 신학자인 한스 큉은『교회』라는 자기 책이 종파를 떠나 모든 그리스도교에 해당한다는 것을 강조하기 위해, 영국 국교회를 대표하는 캔터베리 대주교에게 책을 헌정했다. 기자인 빈센트 시앤은 〈음악 감상자의 자서전〉인 자기 저서『최초이자 최후의 사랑』을 오페라 가수인 로테 레만에게 바쳤다. 버나드 폴은 〈오래 고통받아 온 남과 북의 용감한 베트남 사람들〉에게 그의『베트남의 두 사람』을 바쳤다. 여론 통계학자 조지 갤럽과 에번 힐은『장수의 비밀』을 〈94세가 넘은 미국인 2만 9천 명과 그러길 바라는 나머지 미국인 1억 7997만 1천 명에게 헌정〉했다.

그레이엄 그린이 레네와 푸옹에게 바친 『조용한 미국인』의 멋진 헌사는 두 가지 기능을 했다. 그는 소설의 무대인 〈호찌민에서 함께 보낸 행복한 저녁 한때〉를 회상하며, 동시에 그 책의 등장인물과의 유사성을 부인해서 친구들을 보호했다.

앙투안 드 생텍쥐페리의 『어린 왕자』는 어린이와 성인 모두를 위한 책으로 독자층이 매우 넓다. 그런데 두 세대가 모두 즐겁게 읽을 수 있도록 다리를 놓아주는 게 바로 그의 매력적인 헌사다.

> 레옹 베르트에게 바칩니다.
> 이 책을 어른에게 바친 것을 독자 어린이들이 너그럽게 이해해 주기 바랍니다. 거기엔 이유가 있어요. 그 어른은 세상에서 가장 친한 내 친구거든요. 다른 이유도 있어요. 그는 모든 걸 이해하거든요. 어린이에 대한 책까지도 말이에요. 이유가 또 있어요. 그는 프랑스에 사는데 추위와 배고픔에 떨고 있어서, 그를 격려해 줄 필요가 있거든요. 그래도 이유가 충분치 않다면, 이 책을 그 어른이 지금처럼 나이가 들기 전의 아이에게 바치겠어요. 어른도 누구나 한때는 아이였으니까요. 그걸 기억하는 사람은 드물지만요. 그럼 헌사를 이렇게 고치겠어요.
> 꼬마였을 적의
> 레옹 베르트에게 바칩니다.

내 친구 조엘 스워들로는 처음 두 권의 책을 무미건조하게 조부모와 부모에게 바쳤다. 그 후 그는 존 스타인벡의 『에덴의 동쪽』에 나오는 한 페이지짜리 헌사를 읽게 되었다. 이 헌사는 대화체로 된 한 편의 아름다운 이야기다.[6] 이걸 본 스위들로는 이제 적절한 헌사를 쓰기로 마음먹었다. 그는 잰 스크러스와 공저한『한 국가를 치유하기: 베트남 참전 용사 기념비』라는 책에서 그렇게 했다. 백혈병으로 죽은 형에게 바치는 긴 헌사는 그 책과 잘 조화를 이루고 있다. 헌사는 이렇게 끝난다. 〈아직도 전쟁의 고통을 감내하고 있는 모든 이들, 미래의 전쟁이라는 짐을 짊어져야 할 이들, 그리고 그런 심각한 질병 같은 상황에 처할 수 있는 모든 이들에게 형의 용기가 전해지길 바란다. 형의 용기는 이런 메시지를 전한다. 《이제 서로 사랑하라. 하루하루를 즐기라. 친절하고 성실한 행동은 아무리 사소하더라도 그것으로 인생의 가장 추한 면을 물리칠 수 있다는 것을 잊지 말라.》〉

관계를 더욱 분명히 못 박아 두기 위해 때로 책 서두에 저자 주석을 다는 경우도 있다. 아서 C. 클라크의 첫 역작『유년기의 끝』은 이렇게 시작한다. 〈이 책에서 밝힌 소신들은 저자의 소신이 아니다.〉 그가 이런 주석을 단 것은 별들이 인간을 위해 존재하는 게 아니라는 책의 전제에 동의하지 않았기 때문이다.

해학적인 책은 해학적인 전문을 달아야 한다. 이것을 잘 알고 있던 아이작 아시모프와 J. O. 제프슨(아시모프의 아내)은『웃는 우주』를 〈유머 감각〉에게 바쳤다. 마크 트웨인은 누구보다도 헌사를 잘 썼다고 할 수 있는데, 그는 예리하게 해학의 날을 세우는 방법을 알고 있었다. 그는『고난을 넘어』를 등장인물 가운데 한 명에게 바치며 자전적인 설명을 한다. 〈정직한 남자이며, 정다운 동료이자 변함없는 친구인 캘리

---

6 이 헌사에서는, 가진 모든 것을 담는 상자 이야기를 한다. 고통과 즐거움, 느낌과 생각, 창작의 기쁨과 절망 등을 상자에 담고, 맨 위에는 당신에 대한 사랑과 감사를 담았는데, 상자는 아직 다 채워지지 않았다 — 옮긴이주.

포니아의 캘빈 H. 힉비에게, 우리 둘이 열흘 동안 백만장자였던 이상한 한때를 기념하여 저자가 바친다.〉

마크 트웨인은 어리석은 투자를 해서 많은 돈을 날렸지만, 풍성한 글을 쓰는 데는 그 경험이 득이 되었다. 그는 매우 궁핍할 때 『적도를 따라서』를 썼다. 그는 스탠더드 석유 회사의 간부이자 친구인 헨리 로저스가 곤경에서 구해 준 것에 답례하기 위해 그 책을 로저스의 아들에게 헌정하며 이렇게 썼다. 〈현재의 그의 사람 됨됨이를 인정하며, 그리고 그가 좀 더 저자를 본받지 않으면 장차 어떤 사람이 될지 우려하며.〉

그런데 우리가 그 뜻을 이해하지 못할 정도로 유머가 모호하면 곤란하다. 유명한 영국 왕실 전기 작가인 헬렌 캐스카트는 〈해럴드 앨버트가 도와준 것〉에 자주 감사드린다. 그런데 헬렌 캐스카트라는 사람은 존재하지 않는다. 알고 보니 해럴드 앨버트가 저자다. 앨버트가 1997년에 사망한 후, 그의 친구들이 사실을 밝힐 때까지 독자들은 전혀 눈치를 채지 못했다. 이렇게 비밀스러운 유머를 구사하는 것은 실례다.

더욱 나쁜 것은 대놓고 자기 자신에게 책을 헌정하는 행위다. 그건 한물 간 트릭인데도 그걸 모르고 재치 있는 줄 안다. 예컨대 샬럿 샤크의 『본인이 쓴 샬럿 샤크 부인의 인생 이야기』(1755)에 나오는 다음 헌사가 그렇다. 〈본인에게 바칩니다. 부인, 아첨은 헌사가 용솟음치는 샘이라고 널리 알려져 있지만, 난 그런 비난을 피할 수 있기를 바랍니다. 당신 스스로 그토록 뚜렷하게 남과 구별되는 놀라운 자질들을 지니고 있음을 이 자리에서 여실히 드러내 보이고, 이 시대에 둘도 없는 책 제목을 당당히 붙일 자격을 당신에게 부여하고자 해요. 그러면서도 나는 시적인 아첨을 하는 이들에게 으레 주어지는 비난을 피해 가고야 말 거예요…….〉이럴 바에는 차라리 개한테 헌정하는 게 더 낫다. E. H. H. 그린은 『1880~1914년 보수주의의 위기』를 개한테 바쳤는데, 그 개는 과거 15년 동안의 어떤 교육부 장관보다도 더 지각 있고, 더 인간에게 도움이 되었다고 그는 꼬집었다.

가장 해학적인 전문을 꼽으라면, 월터 캐러더스 셀라와 로버트 줄리언 이트먼이 공저한 『1066년과 관련된 모든 것』을 들 수 있다. 영국의 역사 교육을 패러디한 이 책에는 이런 서문이 나온다. 〈재판 서문. 초판은 유일본인데, 라이스페이퍼[얇은 고급 종이]에 인쇄해서 사륜마차 안에서 제본한 후, 편집자 가운데 한 명이 서명을 해서 다른 편집자에게 팔았는데, 이걸 산 편집자는 피카딜리 서커스[런던 최초의 환상 교차로]와 보들리 도서관 사이의 어딘가에서 택시 안에 내려놓고 그냥 내렸다.〉

또한 이 책에는 적절한 헌사가 붙어 있다. 〈……두 저자는 당연히 아내에게도 감사해야 한다. 찾아보기를 엉터리로 만들어 주지 않은 것에 대해서. 이 책엔 찾아보기가 없으니까.〉

앞서 말했듯이, 저술가들이 감사의 글과 헌사를 이용해서 배우자를 흐뭇하게 해주려 한다면 큰 위험을 무릅써야 한다. 이렇게 말한 익살꾼도 있음 직하다. 〈결코 아내에게 책을 바치지 말라. 인쇄할 때까지 시간이 너무 많이 걸리니까.〉결혼이 파탄 나지 않을 거라는 확신이 들 때까지 참을성 있게 기다려 볼 수도 있겠지만, 뒤늦은 헌사는 시큰둥하기 쉽다. 〈스물다섯 번째 장편 소설인 이 작품을 아내에게 사랑을 담아 바친다.〉F. 매리언 크로퍼드의 이런 뒤늦은 헌사와 함께 소설 『카사 브라초』를 받아 든 그의 아내는 과연 흐뭇했을까?

헌사에서 잘못 결혼한 것에 대해 궁상떠는 소릴 듣고 싶어 할 사람은 아무도 없을 것이다. 야구 선수인 짐 부턴은 『포볼』을 아내에게 바쳤다(〈바비에게. 고마워, 코치〉). 그 후 그들은 이혼했는데, 바비 부턴은 이혼을 앞둔 다른 야구 선수의 아내인 낸시 마셜이라는 여성과 함께 『홈 게임: 두 야구 선수의 아내가 폭로하다』라는 책을 공저했다. 그들은 남자한테 신물이 나서 그 책을 자기 딸들에게 헌정했다. 마셜에게는 아들이 없었지만, 부턴에게는 두 아들이 있었다. 그녀는 감사의 글에서 두 아들에게 말했다. 〈너희는 커서 제발 좀 머리가 트이길 바란다.〉

헌사에서 저술가가 배우자 아닌 사람과의 사랑 타령을 하는 최고의 방법은 이름을 들먹이지 않고 진정한 애정을 은근히 드러내는 것이다. 잭 히긴스가 『댄스홀 로미오의 회고록』 헌사에서 바로 그렇게 했다. 〈까마득한 옛날의 모든 소녀들, 특히 예스라고 말한 한 소녀를 흐뭇하게 추억하며……〉 스티븐 M. 실버먼은 『달아난 여우: 20세기 폭스사(社) 재녁 왕조 최후의 날들』을 R에게 바치며 이렇게 썼다. 〈유부녀인 R에게. 그녀는 그녀가 누군지 안다.〉

애정 이간[제삼자 때문에 부부 사이가 나빠지는 것을 가리키는 법률 용어] 소송이 임박했다면 암호문을 쓰는 게 현명한 노릇이겠지만, 그렇지 않을 경우 소중한 사람의 두문자만 드러내고 신분을 완전히 숨기는 것은 바람직하지 못하다. 그런 헌사를 받은 사람은 받아 마땅한 영예를 충분히 즐기지 못할 것이다. 이름을 숨기는 게 그렇게 좋은 일이라면 문학상이나 도서상도 비밀리에 받겠다고 해야 할 것이다.

커트 보니것의 경우에는 두문자를 쓸 일이 없었을 것이다. 그는 『원숭이 집에 오신 걸 환영합니다』를 친구이자 전(前) 편집장에게 바쳤

다. 〈녹스 버거에게. 나보다 열 살이 많은 그는 나에게 아주 좋은 아버지와도 같았다.〉(메리 히긴스 클라크는 한발 더 나아가서 자신의 저작권 대리인인 퍼트리샤 마이러의 이름을 따서 딸 이름을 지었다.) 그와 비슷하게, J. D. 샐린저의 『프래니와 주이』 헌사는 특정 동료를 기리는 기교와 달콤함이 절정에 이른 것을 보여 준다. 〈같이 점심을 먹는 사람에게 리마콩 하나를 받아먹으라고 생떼를 쓰는 한 살배기 아들 매튜 샐린저와 같은 심정으로 나는 지금 한껏 생떼를 쓰고자 합니다. 나의 편집자이자 스승이고, 가장 가까운 친구이고(딱하기도 하지), 『뉴요커』지의 《천재적인 두뇌》인 윌리엄 숀, 긴 단편 소설을 좋아하는 사람, 다작하지 못하는 작가의 보호자, 가망 없는 만연체 작가의 변호인, 타고난 위대한 예술가-편집자 가운데 가장 턱없이 겸손한 사람인 윌리엄 숀에게, 꽤나 허름해 보이는 이 책을 받아 달라고 생떼를.〉

헌사와 감사의 글은 복수를 할 수 있는 좋은 공간이기도 하다. 에드워드 섹스비의 1657년 소책자 『세 개의 물음으로 간단히 논한 살인 아닌 죽임』의 헌사가 바로 정치적 보복을 한 가장 유명한 예 가운데 하나다. 그는 이 책을 조롱투로 〈올리버 크롬웰 각하에게〉 바쳤다. 섹스비는 크롬웰을 암살해야 했다고 부르짖은 사람이다. 〈백성을 위해 죽는 영예야말로 각하에게 주어진 것이 아닐 수 없습니다. 그건 선택할 수 있는 게 아니지만, 각하께서 세상을 떠나시는 것이 이 세상에 얼마나 큰 덕을 베푸는 것인가를 생각하신다면, 마지막 숨을 거둘 때 정녕 이루 말할 수 없는 위안을 받으실 겁니다……. 그러면 각하는 진정 이 나라의 구원자가 되시는 겁니다.〉

이처럼 헌사에서 독설을 퍼부은 것은 반역죄가 될 수도 있다. 그러니 불필요하게 반감만 사는 헌사를 굳이 쓸 필요는 없을 것이다. 워싱턴 정가의 여기자에 대한 앨런 드루어리의 소설 『애나 헤이스팅스』의 헌사는 당시 움트기 시작한 페미니즘에 대한 글치고는 너무 천박했다. 〈정열적이고 단호하며 굴복할 줄 모르고 때로 조금은 무자비한 베티, 바버라, 헬렌, 낸시, 케이, 메리, 리즈, 디나, 도리스, 메이, 세라, 에벌린, 메리앤, 클레어, 프랜, 나오미, 미리엄, 맥신, 보니, 그리고 워싱턴 신문 기자단의 남성 동료들보다 앞서 곧잘 특종을 터트리고 그들을 약 오르게 하고 끊임없이 그들을 쓰다듬어 주는 나머지 모든 여성들에게 바친다. 그들은 치열한 경쟁 속에서 그걸 해냈다. 물론 일정한 대가를 치렀지만, 그래도 해낸 것이다.〉

헌사에 가장 당하기 쉬운 사람은 라이벌 작가나 책 거래와 관계가 있는 사람들이다. 바이런은 흔쾌히 펜에 독을 발라서, 『돈 후안』을 문단의 숙적인 로버트 사우디에게 헌정했다. 〈밥 사우디! 당신은 시인이다, 계관 시인⋯⋯.〉 17연에 이르는 이 헌사에서 그는 새뮤얼 테일러 콜리지와 윌리엄 워즈워스도 싸잡아 조롱했다.

『〈베리타스 인콘쿠사veritas inconcussa〉, 곧 〈가장 확실한 진리〉로 단언컨대 찰스 1세는 살인자가 아니라 백성을 위한 순교자였다』(1660)라는 책에서 패비언 필립스는 이 책 해적판을 낸 헨리 벨을 맹렬히 비난한다(이때는 섹스비가 크롬웰의 머리를 요구한 것과 같은 시대다).

당신은 이 책의 저자가 아니며, 라틴어를 모르고, 영어도 제대로 구사하지 못한다는 소리를 듣는다는 것을 나와 인쇄업자 뉴컴 씨에게 인정했으며, 또한 과거 〈인쇄공〉에 지나지 않았으며 식자공 일을 할 능력도 없다고 나중에 인정했으되, 일찍이 당신은 내 책을 인쇄 출판하며 제목을 반으로 줄이고, 〈당신의〉 작은 충성을 바치기 위해 직접 썼는지 베꼈는지 알 수 없는 헌사를 붙여 전하에게 책을 헌정하며, 〈이 책은 그와 우리의 고난 속에서 쓰였다〉고 감히 말하고 있을 뿐만 아니라, 책을 더 비싸게 팔기 위해 이전에 자주 인쇄된 왕들의 가신 명단을 함께 엮은 후, 당신이 짧은 역사라고 일컬은 찰스 2세의 일대기를 거기에 추가했는데, 그 서두에 〈작고한 찰스 1세의 살인죄가 충분히 속죄되었기를 바란다〉는 말을 하고 있으니, 이 모든 것이 얼마나 뻔뻔한 작태란 말인가.

e. e. 커밍스는 1930년대에 시집을 내려고 출판사를 전전했지만 열네 군데의 출판사가 모두 거절했다.[7] 그는 참담한 심정으로 어머니에게 300달러를 빌려서, 골든 이글 프레스라고 불린 소형 인쇄기를 가지고 있던 친구인 S. A. 제이콥스라는 인쇄업자의 힘을 빌려 자가 출판을 했다. 시집 출판을 거절한 출판사에 대한 답례로, 커밍스는 〈감사할 것 없다〉는 책 제목을 달았다. 헌사에서도 이 제목을 되풀이한 후, 열네 군데의 출판사 이름을 그 아래에 나열하면서, 한 줄에 이름 하나씩 배열하고 정렬한 전체 글의 윤곽이 항아리 관 모양이 되도록 했다. 이것은 그에게 슬픔을 안겨 준 이들에게 썩 어울리는 헌사가 아닐 수 없다.

여기 능글맞은 감사의 글이 또 있다. 〈마지막으로, 이 책을 쓰기 위한 대부분의 연구가 하버드 도서관에서 이루어졌음을 밝히고 싶다. 그곳의 장서 규모는 그 학교에서 외부인 접근 금지 조처를 취한 것만큼이나 엄청났다. 나는 고맙게도 그 많은 자료를 이용할 수 있었다. 내가 그런 특권을 누릴 수 있었던 것은 오로지 그 학교에서 나를 다른

---

7 커밍스e. e. cummings는 인습을 타파하기 위해 자신의 이름을 소문자로만 쓰도록 법적 절차까지 밟았다 — 옮긴이주.

NO THANKS

TO
Farrar & Rinehart
Simon & Schuster
Coward-McCann
Limited Editions
Harcourt, Brace
Random House
Equinox Press
Smith & Haas
Viking Press
Knopf
Dutton
Harper's
Scribner's
Covici-Friede

『감사할 것 없다』의 헌사.

커밍스는 자신의 시집을 어머니에게 바치며 〈감사합니다*Thanks*〉라는 제목을 달 수도 있었을 것이다. 그의 어머니는 자비로 시집을 펴낼 수 있도록 그에게 300달러를 주었다. 그러나 그는 〈감사할 것 없다*No Thanks*〉는 제목을 선택하고 이 시집 발행을 거절한 출판사들에게 헌정했다. 헌사에는 출판사들의 이름이 항아리 관 모양으로 배열되어 있다.

사람으로 오인했기 때문이라는 것은 하등 중요한 일이 아니다.〉 이것은 앨피 콘이 『경쟁 반대론: 경쟁 반대 사례』에 덧붙인 감사의 글이다.

마티니에 대한 학구적 연구 결과인 『은 탄환』[8]에서, 저자인 로웰 에드먼즈는 여러 사람 가운데 특히 「뉴욕 타임스」의 서평 편집자가 저자 기고문을 실어 주지 않은 것을 비난하며 이렇게 썼다. 〈그 편집자들이 마신 진이 가솔린이 되기를. 아니면 그들이 마티니를 너무 많이 마시다가 이쑤시개를 삼키기 바란다. 셔우드 앤더슨이 그랬듯이.〉

『조지 워싱턴의 소요 경비 청구서』의 저자인 미국 초대 대통령은 비난과 찬사의 수지를 맞추었다. 그는 원고를 감수해 주기로 해놓고 약속을 어긴 교수 세 명을 비난한 후, 연구 조교(와 앞으로의 연구에 필

---

8 뱀파이어도 죽인다는 〈은 탄환*Silver Bullet*〉은 속어로 〈완전한 해결책〉 또는 〈만병통치약〉이라는 뜻으로 쓰인다. 마티니가 곧 은 탄환이라는 것이다 — 옮긴이주.

요할지도 모를 동료 저술가)에게는 최고의 찬사를 보냈다.

그러나 가장 적절한 글은 전문의 본래 취지에 부합하는 글, 곧 자기에게 도움이 되는 글이다. 물론 그런 글을 쓰는 비결은 진부한 글을 참신한 글인 양 되풀이하지 말아야 한다는 것이다.

데스먼드 배글리는 『산사태』에서 새로운 경지를 보여 주지 못하고 〈모든 훌륭한 서적상에게〉 헌정했지만, 『비베로 서간』에서는 뭔가를 보여 주었다. 그가 자주 들른 듯한 선술집 두 곳에 책을 헌정한 것이다. 찰스 디킨스가 『피크위크 클럽의 기록』을 헌정할 사람으로 선정한 자는, 작가들에게 누구보다 중요한 친구이자 특별한 친구인 토머스 텔퍼드였다. 텔퍼드는 저작권법을 강화하기 위해 애쓴 사람이다. 루이스 라무어는 『철의 보안관』을 밴텀 출판사의 영업부 전 직원에게 바치며 그들 이름을 알파벳순으로 열거했다. 로런스 블록은 미국 추리 소설 작가 협회의 에드거 앨런 포상(賞) 수상자 선정 위원들과 세 명의 평론가, 곧 『퍼블리셔스 위클리』의 바버라 배넌, 「뉴욕 타임스」 추리 소설 평론가 뉴게이트 캘린더(필명), 『엘러리 퀸 미스터리 매거진』에 서평을 싣는 존 딕슨 카에게 자신의 추리 소설 『꼭대기가 안 보이는 튤립 꽃봉오리』를 헌정했다.

동료 경쟁자를 따돌리는 지름길에 관한 여러 저서 가운데 하나인 『성공하는 능력』 헌사에서 스티븐 포터는 헌사 쓰는 방법에 잠깐 주목했다. 〈어느 날 하느님의 은총을 받아 시력을 회복하기 바라며, 필리스에게〉라는 식의 헌사를 그는 좋아했다. 필리스가 저자의 증조할머니이고 연세가 95세인데, 눈이 좀 침침할 뿐이라는 사실은 중요하지 않다. 평론가들의 마음을 움직일 수만 있으면 된다.

헌사를 쓰는 특권을 남을 위해 사용하는 작가도 조금은 있다. 사이먼 디그 경은 『목사의 카운슬러』를 리치필드의 우즈 주교에게 헌정하며, 그가 교회를 복원한 것을 찬양했다. 우즈는 그런 일을 한 적이 없었다. 하지만 분명 이 헌사에 암시를 받아서, 책이 나온 후 그 일이 실제로 이루어졌다.

그러나 저술가들은 항상 이기적인 실용성을 선호해서, 지폐와 동전으로 헌사의 가치를 꼼꼼히 헤아려 봐야 한다. 따라서 대가족에게 책을 헌정하라는 잘못된 충고를 받은 저술가라면 차라리 메리 스톳의 『내가 가기 전』 헌사를 본받을 필요가 있다. 그 헌사는 200명의 친구를 나열한다. 디토 브라이언 리컴버는 자기에게 비행 교습을 받은 게 분명한 399명에게 『무전 유도』를 헌정했다. 이건 헌사의 위험성을 없애고 현명하게 마케팅도 할 수 있는 좋은 사례라고 할 수 있다. 자기 이름이 책에 인쇄된 것을 보면 누구나 좋아하게 마련이다. 게다가 헌정받은 사람치고 책을 광고하는 데 발 벗고 나서지 않는 사람은 별로 없다.

4
책에 대한 예의

책으로 이름을 날리고 싶은 이들을 위해 더욱 세련된
에티켓의 요점을 여기서 낱낱이 짚어 보겠다.

영원을 운운하는 약속을 하지 말라(올곧은 남자에게 연애편지를 쓸 때).

……개인적으로, 또는 법적으로, 곤욕을 치를지도 모를 내용은 쓰지 말라.

……그가 착각할지도 모를 향긋한 언어를 구사하지 말라.

……그는 펜을 싫어할지도 모르니,

편지를 보내라는 부담감을 주지 말라.

앤 올리버, 전형적인 글쓰기 조언을 제공하는 전형적인 에티켓 전문가

에밀리 포스트 같은 근대 저술가들은 시시콜콜한 일상사를 무난히 처리하는 방법을 수십 년 동안 우리에게 가르쳐 주었다.[1] 그들의 책 말미의 찾아보기를 펼쳐 보면 이런 가르침 항목이 열거되어 있다. 〈체리 먹기〉, 〈손님이 그릇을 깼을 때〉, 〈죽을병이 깊어질 때〉, 〈냅킨으로 코 풀기〉, 〈껴안기, 키스하기, 환영의 가벼운 키스하기〉, 그리고 항상 골칫거리인 〈식탁에 올라온 벌레 잡기〉 등등. 그런데 주부 저술가들이 매너에 관한 조언으로 다작을 하면서도, 작가나 독자 에티켓에 대해서는 좀처럼 조언을 하지 않는다. 매너 양으로 더 잘 알려진 주디스 마틴은 자기 저서에서 책에 대해 이따금 몇 마디 흘리지만, 여느 주부 저술가와 마찬가지로 문학을 물건 취급한다. 즉 책의 사회적 효용 가치는 훌륭한 몸매를 가꾸기 위해 머리에 얹고 균형을 잡는 데 있다는 듯이 말한다. 그녀의 저서 『매너 양의 기초 훈련: 커뮤니케이션』은 행운의 편지나 〈통화중 대기〉 따위의 주제를 열심히 다룬다.

1 포스트의 저서 『에티켓』은 1922년에 처음 나와서 그녀가 세상을 뜰 때까지 10판 90쇄를 찍었다 — 옮긴이주.

에티켓 저술가들이 불원간 책에 대한 에티켓에 관심을 돌릴 것 같지는 않다. 자녀의 동거 연인을 처리하는 방법을 부모에게 가르치고, 몸의 어떤 부위에 문신을 해도 좋은가의 수칙을 제정하고, 야구 모자를 어떻게 써야 하는가에 관한 옛 지침을 재고하느라고 그들은 다른 생각을 할 겨를이 없는 듯하다.

누군가는 그걸 해야 한다는 논의가 있기에 내가 선뜻 자원했다. 아직은 분명치 않지만, 21세기에는 어쩌면 책이 가장 큰 사회 문제가 될지도 모르기 때문이다. 자동차 제조업자, 미식축구 수비수, 영화배우 등은 물론이고, 그들의 자녀로 태어나 뭔가 맺힌 게 있는 젊은이들까지도 책을 내려고 한다. 사실상 너나없이 모든 사람이 그렇다. 그런데 그들에게는 최소한의 지침도 없다. 그래서 체리를 먹는 적절한 방법은 사발에 코를 박고 씹는 것이라는 사실을 에밀리 포스트만큼 잘 아는 사람으로서, 내가 예의 바른 작가와 독자를 위한 결정적인 지침을 제시해 보고자 한다.

책 잔치[2]

출판 기념회, 곧 책 잔치는 남부럽지 않은 여느 결혼식처럼 모든 가능성을 지니고 있다. 즉, 행복할 수도 있고, 기분 나쁠 수도 있고, 아수라장이 될 수도 있다. 여러 친구들의 우정이 어느 수준인가를 낱낱이 확인할 수도 있다. 초대받지 못하면 모욕당한 걸로 간주하는 친구가 있을 수 있다. 그런데 초대받으면 은근히 거북살스러워하는 친구도 있을 수 있다. 두어 시간은 족히 허비해야 하고, 어떤 선물을 할 것인가, 이 경우에는 책값을 얼마나 낼 것인가가 고민스럽기 때문이다.

양키 구장에서 결혼식을 하는 것과 세인트패트릭 성당에서 결혼식을 하는 것의 차이처럼, 책 잔치도 어디서 하느냐에 따라 큰 차이가 있다. 책 사인회는 흔히 점심시간에 서점에서 비공식적으로 하는 경우가 많다. 일과가 끝난 후 저녁에 서점에서 하는 책 잔치는 대개 음식이 나오고 초대장도 발부된다. 하지만 그저 책을 구경만 하러 온

---

2 에티켓 저술가 가운데 책 잔치에 대해 말한 사람은 아무도 없다. 다만 앤 올리버가 『술래잡기를 끝내고: 균형 잡히고 세련되고 아름다운 인생을 준비하는 방법』에서 책 잔치를 서재에서 하라고 소녀들에게 충고한 게 있는 정도다.

사람도 환영한다. 출판업자들은 유명인이 많이 참석함으로써 뉴스 가치가 있는 책 잔치를 벌이고 싶어 한다. 1998년에 랜덤하우스는 노벨 문학상 수상자인 토니 모리슨의 『파라다이스』를 펴내고 떠들썩한 책 잔치를 벌였다. 이때 350명이 참석했는데, 그 가운데 상당수가 유명인이었다. 이와 달리 개인적으로 조촐하게 책 잔치를 하는 경우도 있다. 저술가들은 대부분 자기 자신은 물론이고 문학적 소산을 한껏 빛낼 기회를 마다하지 않는다. 하지만 다른 사람들을 위해 잔치를 열어 주는 저술가도 있다. 『경찰청』(1986)의 저자 윌리엄 J. 코니츠는 자기 책 출판사의 직원들을 위해 잔치를 열어 주었다. 출판사에서 책 잔치 비용으로 저자에게 보태 주는 금액은 대체로 1천 달러에서 5천 달러 사이다.

책 잔치에 참석자가 없어서 곤란한 경우도 곧잘 발생한다. 한 서점 매니저의 회고에 따르면, 어느 책 잔치 때 작가의 아내와 출판사 사장만 달랑 참석했다. 작가는 사장을 만나 본 적이 없었다. 사장은 작가에게 미안한 나머지 손님인 척했다.

크리스마스 파티처럼, 책 잔치에도 후회막급한 숙취가 뒤따른다. 맥밀런사의 출판 이사이자 부회장이었던 수전 리치먼은 켄 매콜리프의 책 『위대한 미국 신문: 주간지 「빌리지 보이스」의 흥망』을 위한 거창한 책 잔치에 참석했을 때를 이렇게 회고했다. 그녀는 원하기만 하면 증정본을 모두 가질 수도 있었지만, 그래도 주머닛돈으로 한 권을 샀다. 매콜리프는 이렇게 서명을 해주었다. 〈친애하는 수전, 날이 새면 당신은 후회하겠지만, 오늘 밤 난 당신을 사랑해요.〉

〈어쨌는지 아세요? 그게 정말이더라고요.〉 리치먼이 한 말이다.

후회와 오해를 최소한으로 줄이고 싶다면 다음 얘기를 명심하라.

— 당신이 저자라면, 스스로 자기 책 잔치를 열지 말라. 그건 자기 자신한테 깜짝 파티를 해주는 격이다. 보통 그건 출판사에서 해준다. 그러나 그게 불가능하다면, 낸시 커핸의 말대로 〈당신을 위해 잔치를 열어 줄 다른 사람을 물색하라. 엄마라도 말이다〉. 커핸은 자비 수녀회의 수녀였는데, 한때는 선교 일을 하려고 했던 사람이다. 그녀는 출판계의 펄 메스타[3]라고 불려 왔다. 〈난 수녀를 그만둔 다음 주에 당장 파티를 열었어요.〉 그녀가 한 말이다.

— 팬들로부터 자신을 보호하라. 신부에게는 누구든 입맞춤하도록 되어 있지만, 그 이상을 원하는 찬미자가 항상 몇 명은 있다. 재빨리 정중하게 축하해 주고 집에 가고 싶어 하는 참석자들의 손길이 미치지 않는 으슥한 곳으로 저자를 몰아넣을지도 모르는 위험천만한 찬미자 말이다. 책이 팔리고 있는 동안 저자는 책을 쌓아 놓은 탁자 뒤에 앉아 있게 된다. 이때 출판사나 서점 대표가 옆에 지키고 서 있어야 한다. 필요하다면 범죄 소설 작가 퍼트리샤 콘웰을 본받을 수도 있다. 사람들이 때로 몰려들면, 콘웰은 대여섯 명의 경호원에게 질서를 지키게 했다.

늘 그렇듯이 예외는 항상 있다. 특히 키키[본명 앨리스 프린] 같은 전설적인 인물이 그러하다. 양차 세계 대전 사이의 몇 년 동안 프랑스에서 명성을 떨친 그녀는 영화배우로 활약하면서 그림도 그렸고, 연인이자 사진작가인 만 레이를 위해 누드모델이 되어 주기도 했고 회고록도 펴냈다. 어느 토요일 밤, 파리 라

---

3 펄 메스타는 워싱턴 정계에서 호화로운 파티를 잘 열기로 유명했던 인물 — 옮긴이주.

스펠 대로의 한 서점에서 사인회를 할 때, 키키는 책을 산 모든 사람에게 사인과 더불어 달콤한 입맞춤을 해주었다.

— 책의 주제와 관련된 잔치라면 자유분방하게 해도 좋다. 그게 아무리 끈적끈적하더라도 말이다. 『악취미 전서』 발행을 축하하기 위해, 하퍼콜린스사 홍보 이사는 라스베이거스의 미국 서적상 연합 사무실에서 악취미 파티를 열었다. 라스베이거스야말로 악취미의 축도라고 할 수 있는 도시다. 홍보 이사는 시저스 팰리스 호텔을 빌려서 퍼지 다이스[운전석 앞부분에 매다는 장식용 미니어처 주사위]와, 아치 벙커[1970년대에 유행한 시트콤 배우]를 닮은 사람으로 그곳을 가득 채우고, 각종 스팸 요리만을 잔뜩 늘어놓았다. 한편, 존 크래코어의 『야생의 세계로』 출판을 기념하는 잔치에서는 출판사에서 손님이 기어오를 수 있도록 인공 암벽을 세웠다. 앤 라이스는 괴기 소설 작가로서의 면모를 과시하기 위해 무척이나 애를 쓴 작가인데, 그녀의 뉴올리언스 집은 해골로 장식되어 있다. 그녀는 자신의 두뇌 단층 촬영 사진을 인쇄한 티셔츠를 팔기도 했다. 그녀는 이미지 관리 차원에서, 관에 들어가서 영구차에 실린 채 출판 기념회장에 도착했다.

주제가 있는 책 잔치를 할 때에는 잔치가 통제 불능이 되지 않도록 조심하라. 교훈이 될 만한 얘기로는 잭 해나와 그의 『고속도로 위의 원숭이: 기타 미국 인기 동물원 사육사의 여러 이야기』를 위한 책 잔치를 들 수 있다. 해나는 아기 오랑우탄 두 마리, 아기 왈라비 한 마리, 우람한 두꺼비 한 마리, 그리고 아프리카산 대형 바퀴벌레를 잔뜩 가지고 참석했다. 원숭이 두 마리는 준비해 둔 정글짐보다 서가를 더 좋아했는데, 딱하게도 기저귀가 줄줄 샜다.

또 다른 교훈적인 이야기가 있다. 그건 마이클 무어의 책『줄여!』와 관련된 것이다. 유쾌한 반(反)제너럴 모터스 영화「로저와 나」로 유명한 무어는 미국 전역의 보더스 그룹 대형 상점에서 자신의 주식회사 미국*Corporate America*을 규탄하는 책을 홍보하려고 했다. 사인회가 바뀌어 주제가 있는 책 잔치가 되자 일이 꼬이기 시작했다. 그는 서점 종업원들에게 노조를 결성해야 한다고 설득했다. 보더스 임원들의 말에 따르면, 그는 후원자들에게 자기 책을 다른 서점에서 사라고 충고했다.

— 무엇보다도 어떻게 그런 잔치를 하게 되었는지 잊지 말라. 당연히 당신은 새 책을 기념하고 싶을 것이다. 잔치는 즐겁고, 가슴은 뿌듯할 것이다. 그러나 인생은 항상 잔치판이 아니다. 당신이 전업 작가라면 다시 책상에 앉아 자판을 두드려야 한다. 새책이 없으면 새 잔치도 없다. 당신이 가외로 글을 쓰고 있다면, 본업이 무엇인지 잊지 말라.

— 이런 수칙을 잊어버릴 경우 어떻게 되는가를 여실히 보여 준 사람이 바로 앨버트 던랩이다. 〈전기톱 앨〉이라는 별명이 붙을 정도로 수많은 종업원을 해고해서 잔혹한 경영 관리로 이름을 떨친 던랩은 1998년에 선빔사의 회장 겸 CEO 직을 내놓아야 했다. 이사회는 회사 재정 상태가 불안해서 여간 걱정이 되지 않았다. 그런데도 던랩은 자신의 새 책『천한 사업』을 홍보하는데만 여념이 없어서 이사회는 더욱 던랩을 힐난하게 되었다. 던랩은 책 사인회를 열기 위해 런던으로 날아가기 직전에 해고 통지서를 받았다.

— 당신이 잔치판 손님이라면, 저자와 친밀한 대화를 나눌 수 있을 거라는 기대를 하지 말라. 잔치가 떠들썩할수록 더욱 그렇다. 모든 사람에게 정중히 대하려고 고심할 때 작가는 깊은 생각을 할 수가 없게 된다. 과거 앨곤킨 북스의 발행인이자 저술가인 루이스 D. 루빈 주니어는 책 잔치 때 계속 질문을 해댄 한 여성 이야기를 들려주었다. 〈저 아시죠?〉 이런 질문 말이다. 결국 그 여성은 그들이 초등학교 동창이라는 사실을 밝혔다. 루빈은 그녀가 몰라보게 달라졌다고 생각했지만, 그녀의 생각은 달랐다. 한 서점 주인은 행인이 음식에 이끌려 잔치판에 들어오는 경우가 많다고 말했다. 그는 전혀 개의치 않는다(어차피 돈을 내는 건 출판사니까). 하지만 초대장도 없이 끼어든 손님이 당당히 초대받은 손님인 양 큰소리로 저자와 입씨름을 하는 것은 달가워하지 않는다.

— 마지막으로, 파티장에서 책을 사고파는 것에 대해. 가정집에서 편안한 모임을 가질 때에는 책을 팔지 않는다. 공공장소의 잔치판으로 오라는 정식 초대장에는 〈책을 구입하실 수 있습니다〉라는 문구를 넣을 수 있다. 무지렁이가 아닌 다음에야 책을 거저 주지 않는다고 해서 놀라진 않을 것이다. 사교성 발육이 부진한 저술가들은 친구들이 죄다 책을 사주려니 할 것이다. 전에 내 책 잔치에 온 친구가 한 이런 말은 제발 삼가기 바란다. 〈자네 잔치에 와서 난 다른 사람 책을 샀어.〉

복장 규정, 책 커버의 저자 사진 촬영 수칙

오랫동안 영국이 미국인의 마음속에 각인시켜 온 것들이 있다. 예컨대 진정한 고등교육 기관이라면 옥스퍼드 대학처럼 학교 건물이 담쟁이덩굴로 덮여 있어야 한다는 것이 그것이다. 진정한 저술가라면 발이 빠지는 늪지대에서 막 걸어 나온 듯이 트위드 재킷을 입고, 입에는 파이프를 물고 있어야 제격이다. 오소리를 뒤쫓다가 돌아온 개가 저술가 곁에서 헐떡이고 있으면 금상첨화다.

이런 이미지는 물론 케케묵은 것이다. 예술과 문학 분야에서 영국의 영향력은 최근 아주 시들해졌다. 영국의 국립대학 체제를 파괴한 마거릿 대처는 독서를 즐긴 사람이 아니다. 그녀의 뒤를 이어 총리가 된 존 메이저는 대학을 나오지 않았다. 그 결과, 미국인들은 책에 옷을 입힐 때 영국 흉내를 내지 않고 비로소 스스로 생각할 기회를 얻게 되었다. 그 과정에서 미국인들은 흡연이 건강에 해롭고, 습지가 없는 곳에서는 트위드 재킷이 어울리지 않는다는 결론을 내렸다.

두어 해 전 「시카고 트리뷴」지의 서평 담당 편집자 사무실에 널려 있던 책 커버 사진들을 아주 과학적으로 살펴본 결과, 저자가 있는 그대로의 모습을 보여 주려고 하는 경향이 뚜렷하다는 것을 알 수 있었다. 남성 저자 가운데 적어도 71퍼센트는 스웨터나 티, 또는 와이셔츠 차림이었다. 맨가슴을 드러낸 사람도 1퍼센트는 되었다. 나머지 28퍼센트는 넥타이를 맸는데, 그 가운데 10퍼센트는 넥타이를 조여 매지 않았다. 여성 저자 가운데 3분의 2는 캐주얼 복장이었고, 나머지는 정장을 했다. 가장 정중하게 차려입은 사람은 주디스 마틴이었는데, 과연 매너 양다운 복장을 하고 있었다.

언제나 사진을 활기차 보이게 하는 유일한 요소는 개인 것 같다. 저자의 내면을 들여다보기 위해 책 커버의 사진을 유심히 살펴본 적이 있는 사람이라면 누구나 대다수의 문학작품이 개집 관리를 주제로 삼고 있는 게 아닌가 하는 생각을 하지 않을 수 없을 것이다. 그게 아니라면, 왜 그런 사진을 보여 준단 말인가. 여기서 우리는 광고용 사진을 찍는 제1수칙을 얻을 수 있다. 즉, 당신이 입고 있는 옷, 그리고 광고용 사진 속에서 데리고 있는 사람 또는 동물은 그 책의 내용, 곧 〈본연의 당신〉을 반영해야 한다는 것이 그것이다. 책 내용과 저자의 실체를 동일시하는 사람이 많다. 주디 매과이어는 내 좋은 친구인데 쓰레기 같은 책을 늘 탐독한다. 그녀는 항상 책 커버를 유심히 살펴본다. 〈이것 좀 봐, 이 친구는 추리 소설 작가처럼 보이지 않아?〉 혹시 그 책이 선정적인 소설이라면 이렇게 말한다. 〈아니, 이런 여자가 야한 소설 소재를 어떻게 얻었을까?〉

다니엘 스틸은 그런 관점을 잘 알고 있는 작가다. 그녀는 자기가 고독벽을 지닌 사람이라고 생각하면서도, 광고 사진만큼은 아주 야하게 찍는다. 농구 스타인 데니스 로드먼의 책 『나쁜 녀석』의 사진은

아주 한심한 사례다.[4] 하지만 뉴욕 5번가의 반스 앤드 노블 서점에서 사인회를 할 때의 모습은 그래도 괜찮았다. 레이스 달린 하얀 웨딩드레스 차림에 오렌지 색깔의 머리에 베일을 드리운 그의 모습 말이다. 책을 띄우기 위한 이런 옷차림 덕분에, 이벤트 다음 주의 판매고가 35퍼센트 증가했다고 체인점이 밝혔다.

『낸시 레이건: 허가받지 않은 전기』의 저자 사진 속의 키티 켈리는 산더미 같은 자료 안에 파묻혀 있다. 이것만 보아도 그녀는 〈분명〉 아주 열심히 연구를 해서 믿을 만한 책을 펴낸 듯하다. 갈색 머리의 올리비아 골드스미스는 때로 금발 가발을 쓰고 있는데, 어느 면에서 보면 그건 정직한 모습이다. 『베스트셀러』와 같은 그녀의 책과 문학과의 관계는, 과산화수소로 표백한 금발과 미녀와의 관계와 같다.

섹시한 사진을 내세우는 게 꼭 나쁜 아이디어만은 아니다. 하지만 저술가들은 자신의 언어를 교열할 때처럼 치밀하게 자기 사진을 연출할 필요가 있다. 캐럴 리버스는 자신의 공포 소설 『음란한 짓』의 커버에 등장하기 위해, 목과 어깨를 드러낸 검은 칵테일 드레스에 모조 다이아몬드 목걸이를 걸쳤다. 그 후 이 사진이 잡지 등의 매체에는 어울리지 않는다고 생각한 리버스는 수성 펜으로 사진의 목 주위를 검게 칠했다.

질 크레멘츠는 손꼽히는 작가 사진사이자 작가인데, 사진 속에 배우자와 자녀를 포함시키는 걸 좋아한다. 그러나 내 수칙에 따르면, 자녀는 개와 다를 게 없다. 어떤 동물이라도 책 본문에 등장하지 않는 한 사진에도 등장하지 않는 게 좋다. 로널드 파커가 『양치기: 현대 목동 길잡이』라는 책 사진 속에서 양과 함께 있는 것은 아주 잘 어울린

---

4 저자가 알몸으로, 국부만 농구공으로 가린 채 오토바이 위에 앉아 있는 사진을 표지로 사용했다 — 옮긴이주.

다. 당신의 갓난아이가 아무리 예뻐도, 그게 임신과 육아 책이 아니라면 자랑하지 않는 게 좋다.

크레멘츠가 책 커버 사진에 예술성을 부여하려고 하는 것은 바람직한 일이다. 그녀가 말하듯, 배우자와 자녀, 친구들이 책 커버 사진에 나오는 것은 마지못해서다. 그것은 저자가 가족 구성원들에게 부담을 주려는 그릇된 욕망을 품은 결과일 수 있다. 그보다 더 문제가 되는 것은, 출판사가 아주 인색해서 전문 사진작가를 쓰지 않는다는 것이다. 크레멘츠는 이렇게 말한다. 〈나는 작가들이 좀 더 대우를 받아야 한다고 본다.〉 여기서 제2수칙이 나온다. 작가를 우대할 줄 아는 출판사라면 좋은 사진 촬영에 투자를 한다.

최후의 수칙은 당신이 사진을 찍을 의무가 없다는 것이다. 래리 맥머트리와 카를로스 카스타네다는 결코 사진을 찍지 않으려고 한다. 출판업자 마이클 코다의 말에 따르면 카스타네다는 〈카메라가 영혼을 훔쳐 간다고 생각한다〉. 이게 좀 원시적인 소리로 들리긴 하지만, 그래도 사진을 찍지 않는 것은 얼마간 신비감을 자아낸다.

소설가 토머스 핀천은 워낙 사진 찍길 싫어해서, 그가 마지막에 찍은 것으로 알려진 대학 졸업 앨범 속의 사진이 늘 사용되었다. 수년 전 핀천의 그런 성격을 잘 알고 있던 한 편집자가 멕시코시티에 있는 그의 허름한 집으로 사진사를 보냈다. 그 집에 있던 한 남자가 사진사에게 말했다. 핀천이 외출 중이니 나중에 다시 오라고. 사진사가 다시 찾아갔더니 핀천은 그 사이에 종적을 감춰 버렸다. 그의 편집자들 가운데 한 명이 말했다. 핀천을 섭외하는 것이 〈광고업자들의 꿈〉이라고.[5]

5 하지만, 낯가림이 심한 저술가라도 사진을 찍으려고 하는 사람을 비난하지 말아야 한다. 런던 『타임스 선데이 매거진』이 핀천과 그의 아들 사진을 몰래 찍어서 게재한 것에 대해 핀천은

사인 하기와 받기

토머스 하디는 사인 수집가를 흑사병균에 비유했다. 그는 독자가 사인을 해달라고 책을 보내기만 하면 커다란 방에 던져 넣었다. 마크 트웨인은 어떤 유형의 글쓰기든 글쓰기는 일이라며 사인을 거부했다. 그에게 사인을 요청한다는 것은 〈의사에게 만난 기념으로 시체 가운데 하나를 달라고 요청〉하는 것과 같다. J. D. 샐린저는 뉴햄프셔 주 코니시라는 작은 마을에서 한 소녀가 그의 책에 사인해 달라는 것을 거절했다. 그 마을로 가는 도중 인터뷰를 할 때, 샐린저는 젊은 작가에게 말했다. 사인을 해주는 것은 〈무의미한 제스처〉라고.

에드먼드 윌슨은 지나치게 무례하다는 이미지를 구축하고는 그걸 자랑으로 삼았다. 사인 따위를 요구하는 편지를 보낸 사람에게 그는 한결같이 이런 답장을 보냈다.

에드먼드 윌슨은 다음과 같은 부탁을 들어 드릴 수 없음을 유감으로

몹시 화를 냈다. 그의 출판사는 런던 『타임스 선데이 매거진』에 사진 원판을 요구했다. 하지만 저술가들은 원래 주목받고자 하는 존재다. 주목을 받는다고 불평해선 곤란하다.

생각합니다. 원고 낭송, 원고 청탁, 서문이나 머리말 쓰기, 기사화 목적의 성명 발표, 편집과 관련된 일체의 일, 백일장 등의 문학 경연 심사, 인터뷰, 일체의 강연, 대담이나 연설, 방송이나 텔레비전 출연, 작가 모임 참석, 설문지 응답, 심포지엄이나 모든 종류의 〈패널〉 참여나 기여, 판매용 원고 기고, 도서관에 저서 기증, 낯선 사람에게 사인해 주기, 편지지에 이름 인쇄 허용, 본인에 대한 사적 정보 제공, 사진 제공, 문학을 비롯한 각종 주제에 대한 소신 피력.[6]

하디, 트웨인, 샐린저, 윌슨 등의 생각은 옳지 않다. 샐린저에게는 사인이 무의미할지 몰라도, 그걸 요청한 소녀에게는 결코 무의미하지 않았을 것이다. 저술가에게는 독자가 낯선 사람일 수 있지만, 그래도 저술가가 저술가일 수 있는 것은 독자가 그를 은밀히 자기 집 안으로 받아들였기 때문이다. 저술가가 독자에게 해줄 수 있는 것은 고작 책에 자기 이름을 휘갈겨 써주는 것뿐이다. 『사업용 접대』라는 책을 낸 파티의 여왕 낸시 커핸처럼 생각하는 게 바람직하다. 〈독자들은 책값 40달러를 낸다. 나는 정말 고맙기 그지없어서, 다섯 페이지라도 기꺼이 서명해 주겠다.〉

책을 사면서 투자한다고 생각하는 사람이 많다. 저자의 사인을 받은 책은 가치가 올라간다. 닉슨의 『회고록』은 사인이 없는 경우 19.95달러에 팔린다. 사인을 한 책 두 종 가운데 한 종은 50달러에 팔리고, 증정용으로 2,500부만 인쇄해서 사인한 것은 권당 250달러에 팔린다. 캘빈 쿨리지의 『자서전』이 1929년에 첫선을 보였을 때, 뉴햄

---

6 이와 정반대되는 예로 리언 에덜을 들 수 있다. 윌슨의 평론들을 편집한 에덜은 자기 회고록을 쓰다 말고 시간을 내서 나에게 이 인용문을 보내 주었다.

프셔의 한 서적상이 그걸 잔뜩 사들였는데, 책 수집의 가치를 그 서적
상보다 더 잘 아는 사람은 없었다. 보스턴의 조던 마시 백화점의 도
서 코너에서 사인회를 할 때, 이 서적상은 사인을 받은 후 계속 다시
줄을 섰다. 그는 쿨리지에게 매번 새 책을 내밀며 말했다. 〈사인 좀 해
주시겠습니까? 제 이름은 로버트 프로스트입니다. ……존 스타인벡
입니다. ……존 더스패서스입니다. 등등.〉 그는 1960년대 초까지 이
책들을 소장하고 있다가 이후 슬슬 돈으로 바꾸기 시작했다.

물론 저자가 책에 펜을 대는 걸 원치 않는 독자도 있을 수 있다. 그
러니 저자는 부탁받은 사인을 해줘야 마땅하지만, 자기 책을 산 사람
의 소매를 붙들고 사인을 해주겠다고 나서진 말아야 한다. 그 차이를
모르는 작가가 있다면 「둘만이 할 수 있다」라는 영화 속의 저술가를
귀감으로 삼기 바란다. 그 저술가의 책은 사인을 하지 않은 것이 희
귀본이다.

되판다는 관점에서 볼 때 일반적으로 가장 값이 나가는 사인은 군
말 없이 저자 이름만 써준 것이다. 그러나 서명 이상을 부탁받는 게
일반적이다. 그럴 경우 단순히 〈행복하세요_Best Wishes_〉라고 써주는 게
무난하다. 재치 있는 짧은 문구를 써주는 것도 좋다. 작고한 시카고
시사 평론가 마이크 로이코는 『설마 그럴 리가요』라는 책을 여러 연
구 보조원들에게 한 권씩 주면서 똑같이 이런 말을 써주었다. 〈자네
가 최고였어. 딴 사람에겐 비밀이야.〉 진부하거나 밉상스레 아첨하는
글을 써주는 건 좋지 않다. 혼란스러웠던 1920년대와 1930년대의 여
행기 작가인 리처드 핼리버턴이 바로 그런 사인을 해주기로 유명한
사람이었다. 주로 아줌마들이 참석한 한 사인회에서 그는 이렇게 써
주었다. 〈여긴 모든 게 좋군요. 책도, 묵은 와인도, 소년도…….〉

〈내 꿈속의 여인, 샐리에게〉라는 식의 아주 은밀한 글을 써달라는 뻔뻔한 사람이 있다면 어째야 할까. 작가답게 마음껏 말을 바꾸어 현명하게 써주면 된다. 예컨대 〈꿈도 야무진 여인, 샐리에게〉라고. 혹시 당신이 저자의 얼굴을 잘 모른다면, 진짜 저자에게 사인을 부탁한 것인지 꼭 확인하기 바란다. 스페인 사람들이 어니스트 헤밍웨이를 닮은 사람에게 곧잘 사인을 부탁했다는 얘기가 있다. 부탁을 받은 그 사람은 헤밍웨이 책의 여백에 항상 친절하게 다음과 같은 사인을 해주었다. 〈행복하세요. 나는 아닙니다, 어니스트 헤밍웨이가.〉

기타 책 사인과 관련해서 할 일과 하지 말아야 할 일들

— 사인을 받기 위해 서점 사인회에 간 사람은 다른 곳에서 산 책을 들고 가지 말라. 또한 사진 등 비문학적인 것에 사인을 받으려고 하지 말라. 사람들이 서점에서 길거리까지 줄을 서 있다면, 저자에게 긴 글을 써달라고 부탁하지 말라.

— 매너 양, 주디스 마틴은 헌사 페이지에 사인을 해야 한다고 주장한다. 매너 양이 이런 주제에도 소신을 가졌다니 경의를 표할 일이긴 하지만, 대다수의 저술가는 책의 앞부분 어디에 사인을 해도 무방하다고 생각한다.

— 독자인 당신이 까다롭게 필체를 따지는 사람이라면 아예 사인 받을 생각을 하지 말라. 엘리자베스 크룩이 첫 소설 『갈까마귀의 신부』를 펴냈을 때, 사인을 완벽하게 하려고 꽤나 공을 들였다. 연월일과 지역 이름까지 써주고, 〈경의를 표하며〉라는 말까

지 덧붙였다. 첫 번째 사인회에서 줄을 선 첫 번째 여성이 그 사인을 굽어보며 말했다. 〈필체가 시원치 않군요.〉

— 저자가 당신에게 사인을 해주었다고 해서 메일을 주고받고 싶어 한다거나 〈당신〉의 책 얘기를 듣고 싶어 한다는 뜻은 결코 아니다. 유명 저술가들은 감당할 수 없을 만큼 많은 메일을 받는다. 찰스 디킨스가 명명했듯이, 그런 메일의 대부분은 〈구걸 편지 작가〉[7]가 보낸 것이다. 저술가가 메일에 답하지 않는다면 차라리 다행인 줄 알라. 어린 내 아들은 뉴욕 양키스 팀의 돈 매팅리에게 편지를 보냈다가, 보급판 책값에 해당하는 12.95달러를 내고 자기 팬클럽에 가입하라는 답장을 받았다.

— 가까운 친구인 저자에게 사인을 받아서 헌책방에 팔려고 하지 말라. 작가는 항상 사냥개처럼 자기 냄새를 추적한다. 당신이 푼돈을 벌려고 그의 책을 처분했다가는 당장 들통 나고 말 것이다. 폴 서루는 사인해 준 책을 오랜 친구인 V. S. 네이폴이 팔아 치우고 있다는 것을 알고 가슴이 찢어졌다. 그는 앙갚음하기 위해 네이폴이 얼마나 몰지각한 인간인가를 이야기하는 소설 『비디아 경의 그림자』를 썼다.

---

7 디킨스의 말에 따르면 구걸 편지 작가*Begging-Letter Writer*가 항상 그를 괴롭히며 온갖 것을 요구했다. 그런 사람은 〈밤낮없이 종일 내 집 앞에 진을 쳤다. 하인과 싸움판을 벌였다. 내가 나가거나 들어올 때를 노리고 매복했다……. 그는 병에 걸렸다. 죽었다. 묻혔다. 다시 소생했다. 그리고 또다시 그런 허망한 짓을 되풀이했다. 그는 자기 아들 행세를 했다. 어머니 행세를 했다. 자기 아이, 백치 형, 삼촌, 고모, 연로한 할아버지 행세를 했다. 그는 인도에 입고 갈 두툼한 외투를 요구했다〉. 디킨스에게 당나귀를 요구한 구걸 편지도 있었다.

저자와의 대화

붙임성 있는 거짓말쟁이라면 다르겠지만, 입에서 술술 나오지 않는 말을 천연덕스럽게 하는 것이 실은 에티켓의 핵심이다. 〈죽을병이 깊어질 때〉에 이른 사람을 보고 얼굴이 참 안됐다고 말하지 못하는 것도 에티켓 때문이다. 책에 대해 점잖은 대화를 나눌 때 필수적인 게 바로 거짓말이다. 〈내 책 읽어 봤나?〉 이런 질문이 때로 입에 오르지 않을 때가 있지만, 언제 받을지 모르는 이런 질문을 받으면 거짓말이 필요하다.

친구의 책을 읽는다는 것은 멋진 일이다. 하지만 반드시 읽어야 한다는 법은 없다. 예컨대 암염(巖鹽)의 역사에 관심이 없을 수도 있다. 그렇지만 그 책을 읽지 않았다고 실토하는 것은 대실수다. 저자가 부디 속아 넘어가기만 바라며 말을 둘러대는 게 좋다. 그럴 때 작가는 표현의 미묘한 차이를 감지할 줄 아는 존재라는 것을 잊지 말아야 한다. 마르셀 프루스트는 이렇게 탄식한 적이 있다. 〈사람들은 불과 몇 달 전에 발간된 책에 대해서도 벌써 내용을 까맣게 잊어버렸거나 읽지 않은 게 분명하다는 것을 여지없이 드러내는 실수를 하고 만다.〉

비슷한 이유로, 입에 담지 말아야 할 말이 있다. 〈그 책, 재미있더라.〉 이런 말로 얼버무리려고 하지 말라. 자동차 사고가 재미있다는 얘기가 될 수도 있기 때문이다. 〈일전에 네 책 봤어.〉 이런 말도 바람직하지 않다. 내가 아는 작가 한 명은 묵묵히 다음 말을 기다리는 버릇이 있다. 〈좋더라.〉 이런 말을 들으면 더는 기대하지 않는다. 그저 그는 〈고마워〉 하고 만다.

가장 바람직한 방법은 문학적으로 가볍게 입 맞추는 것이다. 그러니까, 아직 읽지 못했지만 그걸 제일 먼저 읽을 생각이라고 말하면 된다. 또는 여름휴가 때를 위해 아껴 두었다고 말해도 좋다. 아니면 아예 그런 질문 자체를 회피하라. 「시카고 트리뷴」지 서평란 편집자였던 다이앤 도노번은 이런 말을 제안했다. 〈좋은 작품이라고 들었어요.〉

내 친구 한 명은 아주 영악한 비법을 갖고 있다. 그는 책을 산 후 며칠 있다가 전화를 건다. 〈방금 첫 장을 읽었는데, 대단하더군.〉 이렇게 매너를 갖춘 사람을 궁지에 몰아넣으려는 저자는 없다. 자기 책에 대해 계속 얘기하려는 저자는 자식 자랑하는 부모처럼 팔불출이다.

마지막으로, 책이 잘 나가고 있는지 묻지 말라. 저자는 자기 책이 왜 베스트셀러가 아닌가를 설명하고 싶어 할 것이다. 아니면 무지몽매한 평론가나 게으른 영업부 직원을 탓하고 싶을 수도 있다.

진실을 얼버무리지 않아도 좋은 예외가 있다면, 그건 당신이 그 책을 읽는 고통을 감수했을 때다. 그런 경우라면 당신은 당당하게 비평할 자격이 있다. 저자가 그 비평을 존중하지 않는다면 유감천만이지만.

거짓말을 수용해야 할 상황

클레어 부스 루스는 사무실로 자기 자신한테 꽃을 보내고,『허영의 시장』지에 자신의 첫 책『거들먹대는 것들』에 대한 익명의 호의적인 서평을 보냈다. 월트 휘트먼은『풀잎』증정본을 보내면서 익명의 호의적인 서평을 함께 보냈다. 그건 물론 그가 쓴 것이다. 대다수 사람들이 그 정도는 봐주도록 길들어져 있다는 점에서 그건 예의가 없는 거라고 할 수는 없다. 자기 책에 대해서는 거짓말을 해도 무방하다. 하지만 여느 것과 마찬가지로 거기에도 지켜야 할 규칙이 있다.

바람직한 방법은 출판사로 하여금 대신 거짓말을 하게 하는 것이다. 그건 다분히 책을 발행한 출판사의 책임이기도 하다. 출판사에서는 찬사 일색의 책 커버 광고 문안을 만든다.『바람과 함께 사라지다』이래 가장 위대한 책이라는 식으로. 그걸 꼬집는 사람이 있다면 당신은 다음 책을 집필하느라 너무 바빠서 출판사 광고 책임자가 쓴 문구를 읽어 보지 못했다고 둘러대면 그만이다. 이런 식으로 당신은 그럴 듯하게 발뺌을 할 수 있다.

또한 출판사에서는 책 커버의 자화자찬식 찬사를 취사선택해야 한다. 당신이 친구들에게 애걸해서 받아 낸 찬사라고 해도 그렇다. 그 친구들이야 불원간 당신에게 같은 부탁을 해야 할지 모르니 거절하지 못할 것이다.

입장이 바뀌어 지난번의 찬사에 대한 보답을 해야 할 때가 되면 당신은 친구의 책을 구태여 읽어 볼 필요가 없다. 그러나 거짓말을 좀 해줄 필요는 있다. 이 경우 찬사는 지나칠수록 좋다(찬사를 쉽게 쓰려면 책을 읽지 않는 편이 낫다. 책을 읽었다가는 찬사에 그늘이 드리워질지도 모른다). 그게 용인되는 것은 남을 위한 거짓말인 것처럼 보이기 때문이다(물론 그건 자기를 위한 거짓말이기도 하다. 인상적인 찬사는 책 커버에 실릴 가능성이 높다. 당신의 이름이 누군가의 책 뒤표지에 실린다면, 그것은 자기 책 앞표지에 당신의 이름이 실린 것에 버금간다. 그런데 찬사를 쓰는 건 조사 연구를 해서 책 한 권을 써내는 것보다 월등히 쉽다). 찬사는 맵시 있는 구절이 중첩된 한두 문장을 써주고, 어느 구절이든 가장 좋아 보이는 걸 골라서 사용해도 좋다고 허락을 해주는 것이 일반적이다.

거짓말이 들통 나면 곤혹스럽지만, 그렇다고 해서 반드시 책에 피해를 입히는 것은 아니다. 데릭 굿윈은 데릭 밴 아먼이라는 필명으로 『그저 시간 죽이기』(1993)라는 책을 써서, 존 르카레와 조지프 왐보 등의 작가가 쓴 것인 양 찬사를 날조해서 원고와 함께 출판사에 보냈다. 그 결과 여덟 군데의 출판사가 입찰 경쟁에 나서서, 사이먼 앤드 슈스터사가 92만 달러의 선인세를 주는 것으로 낙착되었다. 그런데 찬사를 썼다는 사람들이 그런 적이 없다고 부인했다(왐보는 〈내 책이라 해도 차마 그런 극찬은 못했을 거요〉라고 말했다). 그러자 굿윈은 자기가 지어냈다고 실토했다. 사이먼 앤드 슈스터사는 계약을 취소했다. 하지만 듀턴사가 저작권을 사들여서 곧바로 출판했다. 굿윈은 사이먼 앤드 슈스터사가 제시한 금액과 큰 차이가 없는 60만 달러를 선인세로 받았다. 「워싱턴 포스트」지 평론가는 책의 일부가 다른 저자들의 책에 나오는 장면과 너무 흡사하다고 지적했다(《『그저 시간 죽이기』는 차라리 파생 작품이라고 말하고 싶다》). 그런데도 이 책은 해당 장르의 다른 책들보다 〈훨씬 더 낫고 아주 흥미진진하다〉는 평가를 받았다.

다른 사람을 시켜서 쓴 책을 자기 저서로 내세우는 것은 지극히 위선적인 행위이고, 만연된 행위이며, 전적으로 용인되는 행위이기도 하다. 전문적인 의사 전달자, 예컨대 텔레비전 뉴스 진행자 같은 이들도 대필 작가(유령ghost 또는 유령 작가ghostwriter)를 고용해서 회고록을 낸다. 그런 짓은 워낙 만연되어 있어서, 유명인들은 유령을 부려서 회고록을 낼 뿐만 아니라, 소설도 내고, 역사책을 펴내기도 한다. 심지어는 유령이 또 다른 유령을 고용하기도 하는 것으로 알려져 있다.

그래도 대중은 놀라지 않는다. 찰스 바클리 또는 O. J. 심슨은 자기 〈자서전〉에 나오는 자기 말이 잘못 인용되었다고 태연히 주장하곤 했는데, 그래도 대중은 속았다는 생각을 하지 않는다. 바클리는 이렇게 말했다. 〈나는 좀 더 책임감을 가지고, 그게 출판되기 전에 읽어 봐야 했다.〉 요크의 공작 부인 세라 퍼거슨이 빅토리아 여왕에 대한 자기 책을 떠들어 본 적도 없지만 그래도 알 건 다 안다고 자랑한 것에 대해서도 독자들은 눈 하나 깜짝하지 않는다.

그렇긴 하지만 거기엔 한계가 있다. 밀리 바닐리라는 이름의 듀오 가수로 활동한 로브 필래터스와 파브리스 모르방은 립싱크를 한다고 해서 문제가 된 적이 없었다. 그들이 거짓말을 한 것도 문제 될 게 없다고 주장할 수 있을 것이다. 그들이 몰락한 것은 거짓말이 항상 통할 줄 알았기 때문이다. 그들은 「아가씨, 그게 사실인 걸 알잖아」라는 노래로 그래미상을 수상할 때 누구에게도 감사의 글을 바치지 않았다. 그들은 직접 노래한 것처럼 새 앨범을 내고, 108개 도시로 립싱크 공연 여행을 떠났다. 공연 도중 오디오 장비가 먹통이 되는 바람에 그들은 졸지에 몰락하기 시작했다.

워터게이트 사건의 인물 존 딘의 아내인 모린 딘도 비슷한 교훈을 얻었다. 그녀는 가정부가 열심히 연필을 깎아 주었다는 이야기와 『워싱턴 정가의 아내들』을 집필하며 탈진하도록 일한 이야기 등 갖은 이야기를 「워싱턴 포스트」지 기자에게 늘어놓았다. 그러자 신경질이 난 유령이 그 모습을 드러내고 말았다. 대필 작가 루시앤 골드버그는 공개적으로 이렇게 말했다. 〈그 기사를 읽어 봤어요. 돌이켜 생각해 보니, 아이들이 소리를 질러 대고 바셋하운드가 짖어 대는 어퍼 웨스트사이드의 한 아파트에서 나는 큼직한 플란넬 잠옷 세 개를 엉덩이에 깔고서 안경을 쓰고 컴퓨터 앞에 앉아 있었는데, 그녀는 기자에게 누가 연필을 깎아 주었다는 둥 어쨌다는 둥 하는군요. 불쾌하다는 건 바로 그런 걸 두고 하는 소리죠.〉 딘 부인은 남편이 워터게이트 사건 국회 청문회에 붙잡혀 갔을 때 했던 것처럼 처신해야 했다. 매력적으로 입을 꾹 다물고 있는 것 말이다.

대필 작가들에게 어렴풋한 감사의 글을 바쳐서는 좋을 게 없다. 리아이아코카는 1984년에 자서전을 펴내며 윌리엄 노박이라는 이름을 감사의 글 말미에 끼워 넣고 〈무한히 소중한 협력자〉라고 일컬었다. 아이아코카는 30년 이상 그를 위해 일한 비서들에게도 유감없는 감사의 글을 바쳤다. 빌 코스비는 『아빠의 조건』으로 시작하는 처음 두 권의 책을 낼 때에는 실제 그 책의 아버지인 대필 작가 랠프 쇼엔스타인에게 한 마디도 감사의 글을 하지 않았다. 세 번째 책이 나왔을 때

비로소 그는 〈따뜻한 감사〉만을 표했다.

도와준 사람에게 감사를 표하는 최악의 방법은 도널드 트럼프를 본받는 것이다. 트럼프는 16만 달러를 들여 책 잔치를 벌이면서 대필 작가가 비용을 보태길 원했다.[8] 대필 작가가 책 표지의 공간을 비롯해서 모든 것의 반을 받지 않으면 그 책이 자기 것인 양 야료를 부릴 거라고 생각하진 말라.

·

8 그나마 공저로 책을 냈기 때문에 그랬을 것이다. 트럼프는 수많은 책을 냈고, 공저가 많다 — 옮긴이주.

서점에서

에릭 바넘은 나의 비공식 서점 전담 고문관이다. 그는 전에 워싱턴에서 시드니 크래머 북스 서점을 관리했는데, 지금은 공기 맑고 이기심은 적은 버몬트에서 살고 있다. 서점에서 무례하게 구는 고객에 대한 그의 이야기는 호메로스의 『오디세이』를 뺨친다. 어느 책 잔치에서 한 고객이 손가락으로 딱 소리를 내며 〈어이, 웨이터!〉 하고 외치던 것을 그는 지금도 잊지 못한다. 또 어떤 고객은 현금 등록기가 놓인 카운터 뒤로 가서, 와인을 잔뜩 꺼내서 손님들에게 돌리기 시작했다.

박봉을 받더라도 작가들과 곧잘 어깨를 스치길 바라며 취직한 서점 직원들은 옷깃이 스치긴 고사하고, 책도 읽지 않는 파티 애호가들에게 싸구려 와인이나 따라 주는 신세가 된다. 저술가들이 간혹 들르긴 해도, 그건 단테 이야기를 나누기 위해서가 아니다. 그들은 자기 책이 얼마나 잘 보이게 진열되어 있는가에만 관심이 있다. 뉴욕 53번가에 있는 더블데이 서점에서 릴리언 헬먼을 목격한 내 친구가 있는데, 그녀는 창가에 자기 책을 진열하지 않았다고 종업원에게 폭언을 퍼붓고 있었다. 바넘의 서점에 들른 워싱턴의 어느 정책 입안자는 자기 책이 왜 더 높은 서가에 꽂히지 않았느냐고 물었다. 〈이 머저리야, 그건 당신 이름이 Q자로 시작하기 때문이지〉 하고 바넘은 속으로 중얼거렸다.

일화를 늘어놓다 보니 이런 생각이 든다.

— 서점 직원을 들볶지 말라. 책 판촉 여행을 할 때 일을 거들어 주는 사람들에게 기왕이면 친절하게 대하라. 그건 좋은 게 좋아서만이 아니다. 우리 양어머니가 나에게 해준 말에 따르면, 친절한 게 영리한 것이기 때문이다.[9] 미국 서적상 연합의 정기 대표자 모임에 따라온 직원들은 가외로 최악의 고객 저술가에게 황금 과녁판상을 수여했다. 역대 수상자로는 셜리 매클레인, 제프리 아처, 마사 스튜어트, 페이 더너웨이 등이 있다. 물론 이 소모임은 언론의 호의적인 주목을 받진 못했다.

— 당신이 일류 저술가인데, 당신의 저서가 서가에 등만 보이게 꽂혀 있다고 해도 그냥 수모를 꾹 눌러 참도록 하라. 내 영국 친구는 뉴욕의 한 서점에서 제임스 클래벨이 자기 책을 다른 자리로 슬쩍 옮겨 놓는 것을 목격했다. 그걸 염치없는 짓이라고 생각한 내 친구는 이후 클래벨을 다시 보게 되었다. 하지만 당신이 무명작가라면, 서점에 가서 자기 책을 더 좋은 자리에 슬그머니 옮겨 놓아도 무방하다. 차마 그럴 수 없다면 이름을 A. A. 아론 Aaron으로 바꾸든지.[10]

9 혹시 관심이 있는 독자를 위해 양어머니의 말 전문을 들려 드리겠다. 〈영리한 게 좋지만, 좋은(친절한) 게 영리한 거다It is nice to be smart, but smart to be nice.〉

10 미국이나 유럽의 대형 서점은 일반적으로 책을 장르별로 나눈 후 저자명 알파벳순으로 위에서부터 아래로 내려가며 서가에 꽂는다. 예컨대 범죄 소설을 찾는다고 할 때 아무래도 그

책 선물

미국인이 독서를 즐기지 않는 이유가 궁금하다면, 이것저것 따질 필요 없이 그저 선물 주기에 관한 에티켓 지침서를 들춰 보라.

레티샤 볼드리지가 개정해서 펴낸 『에이미 밴더빌트의 에티켓 전서』는 글을 읽을 줄 모르는 유아에게만 책을 선물하라는 이야기를 하고 있다. 그건 유아가 책을 찢을 거라는 발상에서 비롯한 것이다. 〈재떨이나 장식물처럼〉 비싼 걸 깨뜨리라고 하면 아깝다. 그나마 값이 싼 책을 찢게 하는 게 좋다. 그래서 재산 파손에 대한 따끔한 금지 명령을 발부할 수 있는 명분을 부모에게 제공해 준다.

아장아장 걷는 단계를 넘어선 아이들에게 줄 적절한 선물로 책을 꼽은 에티켓 책은 흔치 않다. 에이미 밴더빌트의 에티켓 책을 최근에 더욱 개정해서 펴낸 낸시 터커먼과 낸시 더넌은 〈화려한 색깔의 양말〉과 발목 모래주머니를 권했다. 책에 대해서는 한마디 언급도 없다. 에밀리 포스트는 10대 소년의 생일 선물로 비디오 게임과 포스터

코너에서 맨 앞에 있는 책, 곧 저자 이름이 A로 시작하는 책이 먼저 눈에 띈다. 그래서 성이 A로 시작하는 사람이 출세도 잘한다는 얄궂은 통계도 있다 — 옮긴이주.

를 선호했다. 자녀의 졸업 선물로 책을 주는 것도 좋다고 말하는데, 역사나 문학과는 동떨어진 책들을 권한다. 선호되는 책은『블랙의 법률 용어 사전』따위의 전문 서적이다. 자녀들이 장차 구차하게 살지 않도록 돈을 버는 데 도움이 될 듯싶은 책을 선호하는 것이다.

터커먼과 더넌이 병원에 입원한 사람에게 줄 선물로 권한 것은 심심풀이 염주와 〈최근의 베스트셀러〉다. 볼드리지와 밴더빌트의 에티켓 전서는 좋아하는 스포츠에 관한 책을 주는 것도 괜찮다고 말하지만, 골프 책보다는 〈골프용 만능 솔〉을 더 좋아하는 것 같다. 에밀리 포스트는 기품 있는 성인에게는 책을 선물해도 좋다고 말한다. 하지만 책에 대해 그 이상 말한 게 없다. 수녀에게는 어떤 선물이 좋을까? 가벼운 소설도 좋다. 하지만 정작 포스트가 선호한 선물은 〈수표, 현금, 그 지역 백화점 상품권〉이다.

나는 반대한다. 그 점에 대해 나는 우리 가족들을 비난한다. 골프채를 휘둘러 본 적도 없으면서 오늘날의 골프티[골프공 받침대]를 발명한 괴짜 영국인인 우리 할아버지를 비롯해서 말이다. 할아버지는 크리스마스 선물을 포장해서 준 적이 없다. 책이 잔뜩 쌓인 지하실로 나를 데려가서 한 아름 책을 뽑아 주었을 뿐이다. 아버지는 책을 선물하는 전통을 따랐다. 아버지는 내가 태어난 날 나에게 책을 안겨 준 사람이다. 그 책은 가죽 장정을 한『삼총사』였다. 내가 재떨이를 깨던 시절에 서가에 꽂혀 있던 그 책은, 어서 글 읽기를 배우라고 추파를 던졌다.

그러니, 기회만 있으면 책을 선물하라. 보통의 경우에는 다른 사람이 쓴 책을 선물하는 게 좋지만, 언제나 예외는 있다. 유익한 비평을 해줄 사람 또는 책 커버의 찬사를 써준 사람에게는 꼭 저서를 선물하

라. 요구하는 사람에게는 저서를 선물해도 좋지만, 거기엔 또 다른 규칙이 있다. 독자가 저자에게 책을 거저 달라고 하는 법은 없다. 기꺼이 돈을 내고 사야 한다. 그게 기껍지 않다면, 골프용 만능 클리너나 사는 게 제격이다.

친구나 친척이 해주는 책 광고

친구나 친척의 저서가 당신에게 필요한 책이 아니라도 주머니를 털어서 사주는 게 좋다. 판촉을 거들어 주면 더욱 좋다. 물론 에티켓이라는 게 다 그렇듯이, 이것도 생각만큼 간단한 건 아니다. 고모가 당신의 책을 두 권 사서, 한 권은 보관하고 한 권은 친구들에게 빌려 주었다고 하자. 이건 판매에 지장을 주는 행위다. 고모는 친구들에게 면박을 주어서라도 책을 사게 해야 했다.

로버트 컬런은 직접 경험을 토대로 해서 모스크바 주재 외국 통신원을 주인공으로 한 스릴러 소설 『소련 정보원』을 쓴 사람이다. 그는 누이가 자기 책을 어떻게 판촉해 주었는가에 대해 사람들에게 자랑을 늘어놓곤 했다. 출판사에서 일한 누이는 노스캐롤라이나, 필라델피아, 워싱턴에 있는 모든 일가친척들에게 편지를 보냈다. 소설을 여섯 부씩 사서 친구들에게 선물하거나 도서관에 기증하게 했는데, 한 서점에서 책을 한 권씩만 사도록 했다. 그리고 서점에 가서, 책이 등만 보이게 꽂혀 있다면 슬그머니 표지 전면이 보이도록 진열해 놓도록 했다. 혹시 책이 서점에 없으면, 책을 어서 구해 오라고 종업원을 다그치게 했다. 그런데 혹시 이런 계획이 들통 날지 모르니까 신용 카드는 사용하지 말라고 경고했다. 마지막으로 일가친척들은 항상 대중교통을 이용하면서 표지가 잘 보이게끔 책을 들고 다녀야 했다.

도움을 청하는 작가 지망생

유명 작가에게 원고를 보내는 경우가 있다. 시간을 내서 그걸 읽어 보고 무료로 조언해 주길 바라면서 말이다. 그런데 오늘날 당신이 남을 위해 무료로 해주고 있는 게 뭐가 있는가? 에드먼드 윌슨은 이렇게 말했다. 〈유명 작가가 부탁받은 모든 원고를 읽어야 한다면 다른 일은 아무것도 할 수 없을 것이다. 조언을 바란다면 출판사나 편집자에게 원고를 보내야 한다. 원고 검토를 하면서 밥벌이하는 사람들이 거기 있으니까.〉 윌슨이 무례하다는 말은 듣지만, 이것만큼은 윌슨의 말이 옳다.

평론가에게 사례한다는 것

　평론가가 당신에게 호의를 보여서 감사할 일이 생기면 이 이야기를 떠올리도록 하라.

　20세기 초에 아서 헝거퍼드 폴린이 영국 해군을 위해 좀 더 우수한 대포 조종 체계를 고안했다. 그러나 그 체계는 해군에서 가장 존경받는 포병 장교 가운데 하나인 프레드릭 C. 오글비의 찬사를 받은 후에야 채용되었다. 사례를 하고 싶었던 폴린은 오글비에게 굴을 한 바구니 보냈다. 불행히도 이 굴은 상한 것이었다. 오글비는 몇 주 후 사망했다.

　이 책 어디선가 언급했지만, 평론가는 너그러운 서평을 써주는 경향이 있다. 그러면서도 그들은 독자적인 글을 쓴다고 생각한다. 그들은 남들이 무골호인이라고 생각하는 걸 싫어한다. 누가 혹시 감사 표시로 샤토뇌프 뒤 파프 와인 한 상자를 보내 주기라도 하면 전전긍긍한다. 그러니 당신의 친절로 타인의 친절에 먹칠을 하지 말라.

죽을병이 깊어질 때

해야 할 것과 하지 말아야 할 것들의 목록에 모든 걸 담을 수는 없다. 그러나 자기만의 생각에 잠겨 인생 대부분을 보내는 저술가들을 위한 핵심 수칙이 있다면 바로 이것이다. 즉, 당신의 독자가 지켜보고 있음을 잊지 말라. 그래야만 소설가 케이 기번스처럼 낭패를 당하는 일이 없을 것이다.

노스캐롤라이나 주 앤슨 카운티에서 낭송회를 할 때, 케이 기번스는 속이 울렁거리기 시작했다. 그녀는 애정 어린 청중들에게 정중하게 사과하고 화장실에 갔다. 그녀가 구토하기 전에 무선 마이크를 꺼야 했다는 데 동의하지 않을 사람은 별로 없을 것이다.

5
평론, 그 면목 없는 노릇

서평하는 일이 아주 고약한 것은 그토록 적은 평론가에게
그토록 많은 압력을 가해서 그토록 지나친 친절을 베풀라고
강요하기 때문임을 여기서 보여 드리겠다.

문학 평론가가 때로 단순한 촌평자의 구실을 하는 것이 〈용인〉되고 있다지만,
다시 말해서 그저 독자들이 〈구미〉가 당기게끔 작가의 장점을 더욱 찬란히 조명해
주는 것이 〈허용〉되어 있다지만, 그래도 문학 평론가의 〈본업〉은 작가의 결점을
지적하고 분석하는 데 있으며, 문인 개인의 신경을 과도하게 건드리지 않고,
어떻게 하면 작품의 완성도를 높일 수 있는가를 보여 줌으로써
총체적인 문학의 목적 달성을 거드는 데 있다고까지 우리는 말할 수 있다.
에드거 앨런 포

이 신세대는 진짜 문학 평론가들이 아니다. 그들은 문학 리포터일 뿐이다.
로버트 스트로스

사실 최근 서평을 보면 〈위대한〉 작가가 워낙 흔해서,
이제 뭔가 남다른 작가가 될 수 있는 길은 나쁜 작가가 되는 것뿐이다.
제임스 T. 패럴

19세기 아일랜드의 시인이자 음악가인 토머스 무어는 비판적 서평을 쓴 스코틀랜드의 평론가 프랜시스 제프리에게 새벽 피스톨 결투를 신청했다. 하지만 경찰이 적시에 도착해서 그들을 체포하지 않았다 해도 아마 별일이 없었을 것이다. 두 저술가는 전혀 피스톨을 쓸 줄 몰랐기 때문이다. 게다가 소문에 의하면, 두 결투자는 지각이 있는 사람들이라서 장전을 하지 않은 피스톨로 허세만 부렸다. 물론 마땅히 그랬어야 할 일이다. 작가와 평론가의 진정한 무기는 펜이기 때문이다. 이 무기에 다치면 피를 철철 흘리지만 아무도 죽지 않는다. 교대로 일격을 가하며, 문학을 풍성케 하는 치열한 싸움이 수년에 걸쳐 계속될 수도 있다.

　바이런 경보다 더 뛰어난 공박과 모독의 달인은 일찍이 없었다. 그는 「잉글랜드 시인」이라는 풍자시로 당대 시인들을 꼬집었는데, 늘 도발적인 비평을 해온 제프리가 『에든버러 리뷰』지에서 그의 초기 시를 신랄하게 비판했다. 어느 날 우연히 그것을 보게 된 바이런은 앙갚음을 할 기회를 노리다가, 앞서의 풍자시를 증보해서 『잉글랜드 시인과 스코틀랜드 평론가』를 출판했다. 그는 평론가에게 분풀이하기 위해 데린저식(式) 권총[소형 근거리 저격용] 같은 언어를 구사하지 않고, 암흑가의 총격전에서 기관총을 난사하듯 분노의 언어를 무차별 난사했다. 그가 부상을 입힌 〈글쟁이들*scribbling crew*〉에는 새뮤얼 콜리지(〈허풍의 송시와 부황 든 시행들〉), 윌리엄 워즈워스(〈저급한 무리들 가운데 가장 천박한 작자〉) 등이 포함되어 있다. 그는 무어와 제프리의 결투를 풍자하기도 했다. 〈파란 많은 그날의 일을 누가 다 기억하랴 / 참으로 찬란하고 거의 치명적인 결투의 그날 / 리틀[1]이 장전하지 않은 피스톨로 조준을 하고 / 경찰청의 종자들이 웃으며 곁에 서 있던 그날을.〉 이 시의 한 대목에서 바이런은 작가 열 명쯤을 야유하고 있는데, 그 가운데 그의 후견인이었고 그가 『게으른 나날』을 헌정하기까지 한 칼리슬 백작도 포함되어 있다. 그건 바이런이 상원 의원이 될 때가 되었을 무렵에 백작이 선물을 주지 않았기 때문이다.

> 무어는 계속 한숨지으라. 스트랭퍼드는 무어의 것을 훔치고
> 카모엔스는 흘러간 옛 노래나 부를 수 있음을 맹세하라.
> 헤일리는 계속 더듬거리고, 몽고메리는 헛소리를 하고,
> 신앙심 깊은 그레이엄은 아둔한 시를 읊조리고,
> 이류 시인 볼스는 시구를 갈고 닦아서
> 14행 소네트로 칭얼거리며 흐느껴 울어라.
> 스톳, 칼리슬, 마틸다, 그리고 그러브 스트리트의
> 다른 모든 것들, 그로브너 거리에 있는 잘난 것들도

---

1 리틀Little은 무어가 필명으로 사용한 이름이다.

잡문이나 계속 써라. 죽음이 우리를 시에서 해방시켜 줄 때까지,

아니면 상식이 다시 제 권리를 주장할 때까지.[2]

바이런은 이 시집 서문에 이렇게 썼다. 〈작가의 작품은 공공의 재산이다. 이걸 구입한 사람은 심판을 할 수도 있고, 원한다면 소신을 발표할 수도 있다. 그리고 내가 찬미하고자 애썼던 작가들은 내가 그들을 대접한 것처럼 나를 대접해도 좋으리라.〉 달리 말하면, 그는 싸움이 이제 시작되었음을 알고 있었다. 『잉글랜드 시인과 스코틀랜드 평론가』에 대한 가혹한 평론이 쏟아져 나오기 전에, 바이런은 홀쩍 콘스탄티노플로 떠났다.

저술가이자 영국 총리였던 윈스턴 처칠은 이렇게 말한 적이 있다. 〈난사를 당하고도 죽지 않는 것처럼 즐거운 일도 없다.〉 문학적 총격전을 벌이게 되면 저술가가 글을 쓰는 일상의 고독에서 벗어나 실컷 기분 전환을 할 수 있을 뿐만 아니라, 독자도 즐거움을 만끽할 수 있다. 간혹 기분은 좀 상할지 모른다. 하지만 레이디 스니어웰이 『스캔들 학교』에서 말했듯이, 〈약간 심술궂지 않으면 재치가 있을 수 없다〉. 게다가 이런 싸움은 단순한 이전투구가 아니다. 거기엔 고상한 목적이 있다.

평론가가 홀로 문명의 진로를 바꿀 수는 없다. 카를 하인리히 마르크스의 『자본론』에 대한 부정적인 평론이 러시아 혁명과 냉전을 막지는 못했다. 프리드리히 엥겔스는 마르크스 사후 『자본론』 2권과 3권

2 평론가에 대해서는 이렇게 썼다. 〈그런데 우린 그런 판단을 못한다고? 천만에, / 12월에는 장미를, 6월에는 얼음을 찾고, / 바람이 변함없길 바라거나, 왕겨 안에서 / 옥수수를 찾고, 여성 또는 비석의 글을 믿거나, / 아니면 그릇된 다른 모든 것이 옳다고 믿는다면, / 그때 비로소 평론가들을 믿도록 하라……〉

을 편집하고 긍정적인 평론을 썼다. 하지만 그랬다고 해서 공산주의의 발흥이 보장된 것은 아니었다.[3] 물론 평론가에게 그런 것을 기대한다는 것은 무리일 테고, 사실 그건 우리의 진짜 관심사가 아니다. 이상적으로 말해서, 우리는 평론가들이 명령하길 원치 않는다. 다만 강력한 제안을 해주길 바란다. 모든 훌륭한 논픽션 작품은 쟁점을 제시한다. 그것에 대해 평론가들이 어디가 미흡한지를 지적하고, 다른 어떤 주장이 존재하는지를 들려줄 때 우리는 그 쟁점을 가장 잘 이해할 수 있다. 그와 비슷하게, 모든 픽션 작품도 평론에 몸을 맡긴다. H. L. 멩켄의 말에 따르면, 평론가는 〈구경꾼들을 위해 예술 작품이 살아 움직이게 한다〉. 좋은 책이 주는 재미의 반은 읽은 후 그것에 대해 얘기를 한다는 것이다. 마르크스의 말을 빌리면, 열정적인 비평의 변증법 덕분에 우수성의 기준이 확립되고 진보가 가능해진다.

안타깝게도 오늘날 우리는 거의 진보하지 못하고 있다. 이제는 정열적인 책 분석과 평가가 거의 이뤄지고 있지 않기 때문이다. 1986년에 빌 헨더슨은 『악평』을 펴냈다. 이 책은 고전 명작을 부정적으로 바라본 평론들을 엮은 것이다. 이 책이 잘 팔리자, 그는 『악평 2』를 냈다. 이 책은 좀 더 최근의 작품들에 대한 냉혹한 평론을 모은 것이다. 그러나 속편은 얇다. 활자도 크고, 인용문 사이에 여백도 많은데, 먼젓번 책에 실린 것보다 더 옛날에 쓰인 글을 인용한 게 많다. 오늘날 문학 평론의 기준과 글의 수준은 바이런의 시대를 따라가지 못한다.

3 엥겔스는 1668년 3월 21일 자 라이프치히 『민주주의 주보』에 이런 서평을 발표했다. 〈지상에 자본가와 노동자가 존재한 것이 그토록 오래되었는데도 이 책만큼 노동자에게 중요한 책이 일찍이 우리 앞에 나타난 적은 없다. 현재의 모든 사회 체제가 매달려 돌아가는 경첩이라고 할 수 있는 노동과 자본의 관계가 이 책에서 최초로 과학적으로 다뤄지고 있다. 이토록 완벽하고 예리한 글을 쓸 수 있는 독일인은 한 명밖에 없다.〉

수필가이자 소설가인 엘리자베스 하드윅이 1959년 『하퍼스 매거진』에 기고한 유명한 글에 이런 말이 나온다. 〈따뜻하고 달콤한 칭찬이 사방에서 쏟아진다. 마치 전두엽 절제 수술이라도 한 것 같다. 평단에는 두루 화해의 분위기가 넘쳐 난다. 단순한 《취재 범위》라는 게 다양한 의견을 말살해 버린 것 같다. 산문으로서 좋은 문체, 명료한 문체에 대한 지난날의 요구는 묵살되고, 그와는 질이 다른 《가독성》만을 운운한다.〉

그 후 평론을 평하는 사람들이 정기적으로 비슷한 감상을 토로했다. 문학에 관심이 많은 『네이션』지의 편집장이자 발행자인 빅터 내바스키의 말에 따르면, 서평은 우리에게 〈책에 대해 생각하는 방법〉을 거의 말해 주지 않는다. 오늘날의 서평은 책에 관한 보고인데, 실은 출판사를 위한 광고 서비스다. 한 출판업자가 소수 평론가를 호명한 후 말했듯이, 〈문화 진화의 자연 선택을 비판적으로 중개하는 자〉가 되고 싶어 하는 평론가도 있기는 있는 것 같다. 그러나 그들은 그럴 수 없다. 오늘날 우리의 매스미디어 체제는 그것을 용납하지 않는다.

19세기에 윌리엄 워즈워스는 평론한다는 것이 〈면목 없는 노릇〉이라고 말했는데, 지금도 그러하다.

뉴스로서의 책, 균형 잡힌 글이 왜 안 좋은가

흔히 미국 최초의 전업 평론가로 여겨지는 마거릿 풀러는 19세기 중반에 「뉴욕 트리뷴」지 문학 편집자가 되었다. 그녀의 말에 따르면 책은 〈모든 인간다움을 보여 주는 매체〉이며, 〈모든 지식, 모든 경험, 모든 과학, 모든 이상적인 것은 물론이고, 우리 자연계의 실용적인 모든 것을 주위로 끌어당기는 핵〉이다. 문학작품을 공정하게 평가해야 한다는 관점에서, 풀러는 당시 만연되어 있던 부패한 관행을 비판했다. 출판업자는 좋은 평론을 샀고, 광고용 평론 문장을 매매했다. 평론가들은 친구를 돕고 적에게 타격을 가하기 위해 평론을 이용했다. 〈평론 매체 가운데 전혀 부패하지 않은 것은 아무것도 없었다.〉 당시 책의 역사를 연구한 존 테벨이 한 말이다. 이와는 사뭇 다르게 풀러의 이상은 〈모든 진실을, 오로지 진실만을〉 말한다는 것이었다.

풀러는 대대적으로 진실을 말하는 것이 처음으로 가능해 보인 시대에 등장한 사람이다. 전통적으로 특별한 이해관계에 따라 움직여 온 미국 신문은 이 무렵 대중을 위한 미디어로 탈바꿈하고 있었다. 기자들은 협소한 이해관계를 대변하고 싶어 하지 않았다. 말하자면 그들은 자율적이고자 했다. 그러나 결과는 실망스러웠다. 신문은 풀러의 이상을 실현하려고 하지 않았다. 구조적으로, 오늘날의 신문 잡지는 비판하지 않는 평론을 중시한다. 출판업자는 더 이상 돈을 내고 우호적인 평론을 살 필요가 없게 되었다. 얼마든지 무료로 얻을 수 있으니까.

신문에 새로운 유행을 정착시키는 것으로 유명했던 애돌프 옥스는 1896년 7만 5천 달러에 「뉴욕 타임스」를 사들였다. 그 직후 그는 토요 특별 서평란을 처음으로 만들었다(1911년부터는 서평이 일요일로 옮겨 갔다). 신문은 문학작품에 관심을 보임으로써 권위가 높아졌고, 광고 소득도 더 많이 올릴 수 있었다. 그런데 옥스는 공격적인 평론을 달가워하지 않았다. 늘 너그럽고, 뭐든지 돈으로 귀결되는 그의 철학에 걸맞게, 그는 책을 뉴스로 다루고 싶어 했다. 그것은 책에 대해 공정하고 객관적이며 비공격적인 보도를 한다는 뜻이다. 당시 급증하고 있던 추문 폭로 잡지나 지식인 대상의 문학 잡지에서도 그런 보도는 하지 않았다. 견해나 소신은 사설란에만 나타나야 한다는 게 옥스의 생각이었다. 신문 역사가인 게이 테일리즈는 이렇게 말했다. 〈전시회가 혹평을 받거나 작가가 비난을 당하기만 하면 그는 언제나 괴로워했다.〉

옥스의 사위이자 후계자인 아서 헤이스 설즈버거는 이 전통을 계승했다. 누군가 부정적인 평론에 대해 불평한 것에 대해 그는 이렇게 고백했다. 〈문제의 평론을 쓴 사람이 평을 하며 명백히 짜증이 났다면, 자기가 그 책을 평할 적절한 사람이 아니라는 말과 함께 책을 돌려주어야 한다고 본다.〉

「뉴욕 타임스」의 경쟁지인 「뉴욕 헤럴드 트리뷴」은 1920년대에 일요 특별 서평란을 만들었다. 이 서평란을 37년 동안 이끌어 온 아이리타 밴 도런은 좋은 연줄을 가지고 있었다. 그녀의 남편은 역사가인 칼 밴 도런이었다. 이혼한 후 그녀의 애인은 대권 야망을 불태운 웬들 윌키였다. 아이리타는 재치가 있었다. 그녀가 컬럼비아 대학에서 취득한 박사 학위 논문은 「셰익스피어가 무대에서 시체를 치운 방법」이었다. 그녀는 옥스처럼 무조건 너그러운 서평을 원했다. 그 신문의 전기를 쓴 한 작가는 이렇게 말했다. 〈그녀의 서평란에 약점이 있었다면, 그것은 그녀가 워낙 정중해서 부정적인 판단을 달가워하지 않았다는 것이다. 그래서 결국 비평의 엄격함이 결여되고 말았다.〉

1930년대 중반에 서른다섯 명의 서평 편집자에게 설문 조사를 한 게 있다. 당신의 임무는 무엇이라고 생각하는가? 75퍼센트 이상이 어느 책을 읽어야 할지 안내해 주는 게 자기 임무라고 답했다. 13퍼센트는 독서 취향 형성을 목표로 삼는다고 답했다. 지금은 폐간된 『새터데이 리뷰 오브 리터리처(토요 문학 평론)』에 실린 1931년의 에세이에서 역사가 제임스 트러슬로 애덤스는 이렇게 말했다. 〈대량 생산된 신문 잡지는 평론의 위상을 크게 떨어뜨렸다. 미국의 일간지 관점에서 볼 때 책은 그저 《뉴스》일 뿐이다.〉

보도의 규범과 관례는 평론의 규범과 관례와 어긋난다. 보도는 객관적이며, 뉴스를 전한다. 평론은 주관적이며, 책에 대한 뉴스를 만든다. 기자는 날마다 엄격한 데드라인에 맞추어 뉴스 분량을 채우는 공식을 사용한다. 평론가는 몇 가지 단순한 틀에 맞추어 말을 끼워 넣는 것을 혐오한다. 기자에게는 지구력이 필수인데, 평론가에게는 그게 있으면 덤으로 좋을 뿐이다. 평론가에게 중요한 것은 폭넓은 안목으로 깊은 사고를 한다는 것이다. 풀러는 호러스 그릴리가 집에서 일

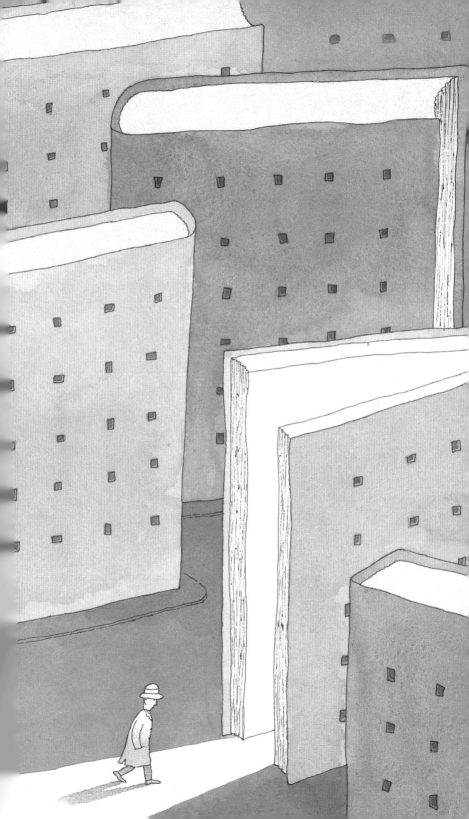

하길 선호하는 걸 그리 좋게 보지 않았다. 그러나 그릴리는 풀러가 나소 스트리트에 있는 「트리뷴」지 본사 3층 편집실을 내준 게 전혀 고맙지 않았다. 주위가 너무 소란스러웠기 때문이다.

항상 지면이 일정한 신문은 수필을 살해한 원흉이다. 19세기의 문학 정기 간행물에서 찬란하게 꽃핀 수필은 고도로 창조적인 표현 양식인데, 우리 시대에 수필은 거의 사라지고 말았다. 『뉴요커』지는 광범위한 주제의 긴 산문을 환영하는 몇 남지 않은 인기 잡지 가운데 하나였는데, 1990년대에 결국 손을 들고 말았다. 신문의 관점에서 이상적인 평론가는 루이스 개닛처럼 글을 쓰는 평론가다. 아이리타 밴 도런은 기자인 개닛을 특채해서 「헤럴드 트리뷴」지의 일일 서평을 맡겼다. 이후 약 27년 동안 개닛은 줄잡아 8천 편의 서평을 썼다. 그는 세 시간 안에 책을 한 권 읽고, 데드라인에 맞추어 자신의 〈책 등등〉이라는 기고란에 실을 기사를 작성했다. 제럴드 존슨은 「뉴욕 타임스」지 사사(社史)에 이렇게 썼다. 〈일간 신문은 제대로 된 비평적 평가를 기다릴 틈이 없다. 비교하고 거듭 반추하며 판단을 서둘지 않는 평론 말이다. 그러나 뉴스가 될 수 있는 책 발행의 요소, 곧 저자와 출판사, 그 책의 주제, 그리고 문학적 수준에 대한 최소한의 어림짐작 따위는 다른 뉴스 사건만큼 신속하게 다룰 수 있다.〉

『뉴욕 타임스 북 리뷰』는 미국에서 가장 영향력 있는 서평을 싣고 있다는 명성을 유지하고 있다. 「뉴욕 타임스」지는 일요판에 서평을 싣는 것 외에 별도로 만든 7만 7천 부의 문예 부록을 팔고, 통신사를 통해서 서평도 판다. 엘리자베스 하드윅이 신랄하게 언론을 공격한 이후 「뉴욕 타임스」 서평은 좀 더 비판적인 자세를 취하려고 했다. 그 결과 지금은 서평이 너무 가혹하고 엘리트 중심이라는 불평을 곧잘 듣게 되었다. 그러나 진보에는 한계가 있다. 나는 1997년 이후 「뉴욕 타임스」 문예 부록 3개 호를 무작위로 뽑아 들었다. 그 안에는 성인 소설과 비소설에 대한 실질적인 서평 마흔세 개가 실려 있었다. 그 가운데 서른네 개는 긍정적이었고, 네 개만 부정적이었다. 두 개는 독과 약이 반반씩 섞여 있었다. 세 개는 평이 없이 묘사에 치중했는데, 실은 다른 대부분의 서평도 뚜렷한 평을 했다고 할 수 없다.

긍정적인 서평도 상당수는 결점을 지적했지만, 친구에게 입 냄새가 좀 난다고 귀띔해 주는 식으로 은근히 지적했을 뿐이다. 우리가 〈끝에서 두 번째 단락의 오류〉라고 부르는 이 기교는 다음과 같이 비판을 슬쩍 묻어 버리고 즉각 모순되는 발언을 하는 걸 말한다.

— 〈이 소설에는 구김살이 져 있다. 강력한 적이 없다……. 하지만 그런 단점은 대수로워 보이지 않는다. ……하기 때문이다.〉

— 〈학자들이라면 일부 주제가 누락되었거나 부적절하게 다뤄졌다고 꼬집을 수 있을 것이다. 그러나 이만한 업적에 필적할 만한 저술은 거의 없다.〉

— 〈풍자를 비롯해서 사회에 대한 열렬한 외침에 이르기까지 저자가 구사하는 과장 어법은 허풍에 근접하기 시작한다……. 하지만 그렇다고 해서 여기서 저자가 성취한 것이 훼손되는 것은 아니다.〉

— 〈이 소설에 약점이 하나 있다면……. 하지만 건전한 탐구의 섬뜩한 뉘앙스와 치환 솜씨는 사고력을 북돋우는 자양분을 듬뿍 안겨 주어 어떤 의심도…….〉

— 〈이것은 흥미진진하고 중요한 이야기다. 그런데 이것이 좀 더

경제적으로 속도감 있게 얘기되었으면 좋았을 것이다……. 그러나 전체적으로 볼 때에는《모든 것》이 갈채를 받을 만하다.〉

「뉴욕 타임스」지만 이런 것이 아니다. 「워싱턴 포스트」지의 〈끝에서 두 번째 단락의 오류〉도 만만치 않다. 〈이 책에는 빈틈이 있고 뜨악하게 얼버무린 곳도 있다……. 그 점은 모호하다. 그러나 모든 것을 고려해 볼 때 ……은 참으로 대단하다.〉

오늘날의 평론가는 이 책 출판부의 편집자가 나에게 말해 준 자존심 세우기 캠프의 실비아 프랭크와 같은 카운슬러라고 할 수 있다. 비판을 꺼린다는 것은 우리 사회가 모든 것을 포용하고, 중립적이고, 정치적으로 올바르다는 것을 나타내는 것은 아니다. 옥스가 잘 알고 있었듯이, 균형이 잡힌 냉정한 글은 자기 소신을 적극적으로 피력한 보도보다 더 많은 독자를 끈다. 독자가 많다는 것은 더 많은 대상을 찾는 광고업자가 더 많이 몰린다는 뜻이다. 그리고 광고업자가 더 몰린다는 것은 그만큼 신문사의 수입이 늘어난다는 뜻이다. 그 모든 것이 출판업자들에게도 좋은 일이다. 신문사에서 책을 뉴스로 다루는 것은 출판업자들을 위한 것이기도 하다.

비평에 전념해 온 소수의 유명 서평지가 많은 독자를 바라지 않고 그저 개인적 견해에 치중하는 것도 그리 놀랄 일이 아니다. 그 가운데 최고의 서평지는 『뉴욕 리뷰 오브 북스』다. 이것은 여러 사람이 말해 온 유명한 진술, 곧 〈나는 평해야 하는 책을 결코 읽지 않으니, 서평은 당신에게 해가 된다〉는 말을 현실에 구현한 것이라고 생각하는 사람이 있을 만큼 다양한 견해로 가득한 열정적인 서평지로 자리 잡았다. 그런데 이 서평지의 발행 부수는 고작 12만 5천 부다. 계간 『헝그리

마인드 리뷰」지와 『빌리지 보이스 문예 부록』은 구독자가 훨씬 더 적다. 정기 구독자가 전자는 4만 명, 후자는 3만 6천 명 정도다.

활발하게 서평을 제공하는 다른 정기 간행물이 두어 종 더 있지만, 서평은 곁다리일 뿐이다. 『뉴요커』지는 매호 몇 편의 서평을 주간지 후미에 싣고, 이따금 특별 문예란을 덧붙인다. 미국에서 가장 영예로운 서평 기록물 가운데 하나인 『네이션』지도 마찬가지다. 초기에 이 주간지는 문학작품에 집중했는데, 소설가 헨리 제임스가 이 주간지에 정기적으로 서평을 실었다. 얼마 동안 『네이션』지는 「뉴욕 이브닝 포스트」지의 주간 문예 부록 구실을 하기도 했다. 지금은 이 주간지가 좌익 성향의 정치 논평지가 되었지만, 책에 대해서는 여전히 관심을 두고, 출판업에 대해 공격적인 평을 하고 있다. 안타깝게도 정기 구독자가 점점 줄어들어서 지금은 그 수가 약 10만 명에 불과하다.

학술지는 앞서 언급한 소수의 특별 서평지와 비슷한 장점을 제공해 줄 거라고 기대함 직하다. 학술지는 균형을 잡기 위해 금지해야 할 것이 없다는 게 난감한 점이다. 그 결과 가장 특색 있는 학술지도 소수 서평지처럼 독자 수가 적다는 공통점을 지니고 있다. H. L. 멩켄은 개한테 벼룩이 있듯이 교수들에게는 이론이 있어야 한다고 따끔하게 지적했다. 한발 더 나아가면, 교수들은 벼룩을 남들에게 퍼뜨리려고 늘 애써야 한다.

교수들이 뭔가를 퍼뜨리려고 하지 않을 때에는 공정하려고 노력해야 한다. 사반세기 전 「미국사 저널」 한 호에 서로 잘못된 점을 예시하는 두 개의 서평이 나란히 실렸다. 올브라이트 대학의 데이비드 켄틴 보이트는 해럴드 시모어의 『야구: 황금시대』가 과장되었으며, 저자가 자처한 대로 야구사의 결정판이라고 할 수는 없다고 비판했다.

매사추세츠 주 웨스트뉴베리 대학의 시모어는 보이트의 『미국 야구』가 〈하찮은 작품〉이라고 단언했다. 두 편의 서평이 서로 얽혀서 조금은 재미를 더한다는 것을 인정하더라도, 그건 그리 도움이 되지 않는다. 학술적 서평을 하는 사람이라면 누구나 금세 알아차리는 게 있는데, 그게 중요한 책인가 아닌가를 구별할 때 학자들은 공정성을 잃음으로써 매스미디어보다 더 빗나간 판단을 내린다는 점이다.

책의 전도사, 텔레비전

대중화의 거대 기계 장치인 텔레비전은 어떨까? 촬영용의 아크 조명등은 더러 문학도 밝혀 주었다. C-SPAN의 「책 이야기」는 사려 깊은 문학 토론 프로그램이다. 사회자인 브라이언 램은 저술가에게 자기 작품에 대해 얘기할 시간을 넉넉하게 준다. 그 밖에도 오프라 윈프리가 있다. 사실 텔레비전 명사치고 램처럼 과묵한 사람도 드물다. 램이 질식을 겨우 면하고 있는 것처럼 보인다면, 윈프리는 지나치게 환기가 된 것처럼 보인다. 게다가 그녀는 더 막강한 힘을 가지고 있다. 광우병 보도 때문에 겁이 나서 햄버거를 멀리한다고 그녀가 한마디 하자, 겁에 질린 텍사스 축산업자들은 그녀가 해당 주의 〈상하기 쉬운 식품 무단 비방 방지법〉을 위반했다고 그녀를 고소했다. 1996년에 윈프리는 자기 토크 쇼에서 매달 주로 소설책을 한 권씩 소개함으로써 지구상에서 가장 비중 있는 인기 문학작품 제조기가 되었다. 오프라가 처음 추천한 책은 재클린 미처드의 처녀작 『바다의 심연』이었다. 덕분에 미처드는 인세로 매사추세츠 주 케이프코드에 호젓한 별장을 사고, 개인 트레이너를 고용할 수 있는 돈을 벌었다. 『퍼블리셔스 위클리』는

1996년의 책 판매 결과 보고서에서 이렇게 지적했다. 〈단 1주일의 도표만 보아도 책에 대한 윈프리의 영향력이 얼마나 큰가를 알 수 있다. 11월 11일을 돌아보면, 『퍼블리셔스 위클리』의 4종의 목록 가운데 1위를 차지한 책이 모두 오프라 때문이다.〉오프라는 어떤 책을 선정했는가를 사전에 저자에게 알려 주었다. 그래서 출판사는 밀려들 게 분명한 주문에 대비해서 재빨리 수십만 부의 책을 미리 인쇄해서 배포했다.

램과 오프라는 둘 다 책의 전도사다. 램이 글쓰기에 대해 저자와 나눈 대화는 두 권의 책으로 편집되었다. 오프라는 시청자들에게 하소연해서 황량한 도서관에 다시 책을 채워 넣고, 교도소에도 책을 기증하게 했다. 그들이 선정한 책은 대부분 좋은 책이지만, 그 책의 결점은 무엇인가에 대해서는 전혀 언급하지 않는다. 램은 대화 도중 뭔가 규명하려고 하지만, 그는 주로 인터뷰를 할 뿐이다. 오프라는 도서 치어리더다. 저자와 대화를 나누며 가슴 벅찬 여성처럼 감탄사를 연발하고, 청중에게 책에 대한 소감을 묻는다. 저자보다는 오프라와 함께 있는 것을 더 짜릿해하는 듯한 청중은 잇달아 박수를 쳐댄다. 클로즈업한 청중은 데이비드 코리슈의 사교 집단인 다윗 왕의 후예들에게서나 발견됨 직한 광분한 얼굴을 하고 있다. 축산업자들은 쇠고기를 비방한 것에 대해 오프라를 고소했지만, 그들의 아내는 자기네 북클럽에 참여해 달라고 그녀를 초대했다.

오프라가 물구나무를 선들 누가 탓할 수 있으랴. 당신이 텔레비전 명사가 될 수 있다면야 초연한 평론가로 남아 있을 이유가 뭐가 있겠는가? 오프라는 자신의 북클럽과 영화 제작사인 하포 프러덕션스를 소유하고 있다. 그녀는 토니 모리슨의 『파라다이스』를 선전해 주고 영화 판권을 사들였다.

라디오 방송에도 진지하고 영향력 있는 평론가가 있다. 돈 아이머스가 바로 그 사람이다. 말이 거침없는 그는 MSNBC 텔레비전 외에도 100개의 라디오 방송국을 통해 1천만 명 이상의 청취자와 만난다. 사이먼 앤드 슈스터사의 발행인 잭 로마노스는 아이머스가 하워드 커츠의 저서 『세탁』 판매고를 2만 5천 부에서 20만 부로 끌어올렸다고 믿는다. 또 아이머스는 제인 멘델슨의 『나는 어멜리아 에어하트였다』를 베스트셀러로 만들었다. 그는 자신의 영향력을 높이기 위해 1998년에 아이머스 미국 도서상을 만들었다. 그는 해마다 한 명에게 10만 달러, 세 명에게 각각 5만 달러의 상금을 준다. 이와는 대조적으로 전미 도서상은 고작 1만 달러를 준다. 아이머스에 대해 중립적으로 말하기는 어렵다. 신랄했던 바이런에 가장 가까운 현대인이 바로 아이머스다. 그는 사이먼 앤드 슈스터사의 잭 로마노스를 〈눈이 구슬 같은 작은 족제비〉라고 부른다.[4] 오프라는 토크 쇼에서 커츠의 책을 결코 다루지 않을 거라면서, 아이머스가 말했다. 〈혹시 『세탁*Spin Cycle*』을 읽어 보았느냐고 물으면 그녀는 그게 무슨 세탁기 매뉴얼인 줄 알 걸요?〉[5]

미디어 비평가 닐 포스트먼이 강력히 주장했듯이, 공중파에서 진지한 담론을 하기는 거의 불가능하다는 생각을 떨쳐 버리기 힘들다. 설령 그런 담론이 있다 해도 그건 바람직하지 않다. 방송이 기계적으로 더 잘할 수 있다고 사람들이 착각할 수도 있기 때문이다. 나는 공영 라디오 방송 프로그램인 「장터」의 평론가로서, 처음에는 인쇄된 평론처럼 조리 있게 책을 다루려고 했다. 그런 평론은 초등학교 3학년생

---

4 *weasel*은 영어로 족제비라는 뜻 외에 교활한 사람이라는 뜻도 가지고 있다 — 옮긴이주.
5 『세탁』의 원제를 직역하면 『탈수: 클린턴 선전 기계의 속 모습』이다. *spin cycle*은 통 돌이 (즉 탈수), 세탁기, 실내 자전거 등을 뜻하는데, 이 책에서는 클린턴의 스캔들 사건을 세탁하기 위해 언론을 조종한 백악관의 행태를 다루고 있다 — 옮긴이주.

들이 교실에서 독후감을 낭독하는 소리처럼 들린다(〈얘기가 어떻게 끝날지 알고 싶으면 직접 읽어 보렴, 애들아!〉). 해결책은 프로그램 진행자와 대화하는 것이다. 좀 더 오락적이라는 면에서는 그것이 성공적이었지만 진지한 문학 평론이기는 어려웠다. 우여곡절 끝에 그런 방식을 버리고 예전처럼 독후감 방식을 채택하게 되었다. 연출자들이 그것을 선호한 것은 방송 시간을 줄일 수 있었기 때문이다.

미국 전자 서평의 중추 구실을 하는 곳은 QVC 쇼핑 채널이다. 미국 최대의 홈쇼핑 채널인 QVC는 밸런타인데이에 로맨스 소설가인 제이넬 테일러를 출연시켜서 그녀의 책『무모한 내 마음』을 홍보하게 했다. 어느 재테크 실용서의 저자는 이 채널을 통해 16만 부를 팔았다. 연출자들은 글의 수준을 보고 책을 선정하지 않는다. 또한 구매 의욕을 떨어뜨릴 수 있는 뜨악한 제목의 책은 정중하게 거절한다.

윈프리, 램, 아이머스는 공중파에서 책을 이야기하는 사람들 가운데 최고다. 그들은 그래도 자기 쇼에서 다룬 책을 읽기는 했다. 1980년대 후반의 미국 서평 협회 조사에 따르면, 모든 평론가의 3분의 1 이상은 끝까지 읽지도 않은 책을 평하면서 가책을 느끼지 않는다. 가장 무례한 것은 전자 미디어다. 라디오나 텔레비전 방송에 출연한 저자는 스튜디오의 청중 앞에서 〈이게 무엇에 대한 책인지 우리에게 말해 달라〉는 강요를 당하기 일쑤다.

1998년에 「보스턴 글로브」지의 시사 평론가 마이크 바니클은 코미디언 조지 칼린의 『골 때리기』를 읽다가 자기 직업을 풍자한 대목을 발견했다.[6] 바니클은 시사 평론을 쓰면서 그 책 일부를 분명 표절

---

6 골 때리기의 예를 하나 들면 다음과 같다. 〈당신이 이 세상의 문제에 대한 해결책을 갖고 있다고 생각한다면, 그렇게 생각하는 당신이 문제다.〉 조지 칼린은 이런 블랙유머를 주로 구사

한 것으로 보인다. 그런데 그는 『골 때리기』를 읽어 본 적이 없다고 잡아뗐다. 하지만 그가 WCVB 지방 텔레비전 방송에 출연해서 그 책을 여름 독서용으로 추천했다는 것을 훗날 누군가 알아냈다. 표절했다고 시인할 것인가? 아니면 공중파에서 그 책을 읽었다고 말한 것이 거짓말이었다고 잡아뗄 것인가? 그는 주저 없이 거짓말을 했다는 쪽을 택했다. 그는 신문사에서 해고되었다. 그러나 몇 달 후 그는 여전히 MSNBC뿐만 아니라 WCVB 텔레비전 방송에도 출연했고, 돈 아이머스의 프로그램에도 고정 출연했다.

이제 인터넷을 둘러보자. 아마존 닷컴과 반스앤드노블 닷컴은 자체적으로 또는 외부에 위탁해서 서평을 제공한다. 반스앤드노블 닷컴의 커뮤니케이션 담당 이사는 이렇게 말한다. 〈판촉팀은 특정 책을 광고하라는 압력을 받지 않습니다. 하지만 내가 한 페이지의 광고 문안을 만들어야 한다면, 좋아하지도 않는 책을 광고할 이유가 뭐가 있겠습니까?〉 1999년에 「뉴욕 타임스」 기자 도린 카버젤은 폭로 기사를 썼다. 출판업자들이 뒷거래를 해서 아마존 닷컴의 「주목할 만한 신간」 또는 「명작을 향하여」 따위의 코너에 자기 출판사 책을 끼워 넣을 수 있다는 것이다. 카버젤은 이렇게 썼다. 〈급성장한 이 회사는 지난해(1998년) 여름에 제한적인 실험을 하며 출판업자들에게 약소한 요금을 물리기 시작했다. 그러나 금년 들어 아마존은 출판업자들의 헌납액을 늘려서, 새로 출간된 컴퓨터 책을 프리미엄 패키지로 광고해 주는 대가로 1만 달러를 요구한다.〉 아마존 닷컴 측에서는 기준에 미달하는 책은 광고해 주지 않는다고 해명했다. 그러면서 이 온라

한다 — 옮긴이주.

인 서점 측은 출판업자가 자사의 책에 대한 멋진 평을 사들이는 행위를 할 경우 신분을 밝히겠다고 즉각 선언했다.

아마존 닷컴에서 〈서평〉을 해달라고 독자에게 부탁하는 것에 대해서도 마찬가지로 좋게만 보기 어렵다. 저자가 신분을 숨기고 자기 책에 대해 근사한 평을 늘어놓으면, 그게 자화자찬이라는 것을 아무도 알 길이 없다. 거기엔 어떤 기준도 없다. 마찬가지로 바람직하지 않은 것은, 독자들이 쓴 정직한 서평을 몇 시간씩 읽는다 해도 그게 영양가가 없을 수도 있다는 것이다. 루이스와 클라크의 미국 탐험에 대한 스티븐 앰브로즈의 책 『불굴의 용기』를 읽었다는 신시내티의 한 독자가 이렇게 서평했다면 어쩔 것인가. 〈전체적으로 조금은 재미있다. 섹스도 없고 폭력도 없어서 조금은 인간미가 없다.〉 또는 A. S. 바이어트의 『홀림: 어떤 로맨스』에 대해 어떤 커플이 이렇게 평한다면? 〈아주 놀랍다……. 영어 실력이 뛰어나다!〉 또는 포르투갈에 산다는 어떤 사람이 『매디슨 카운티의 다리』가 평생 읽은 책 가운데 최고라고 말한다면? 그 사람은 대체 평생 책을 몇 권이나 읽었을까? 그거야 알 수 없다. 당장 구입 버튼을 클릭하라.

절대 권력은 절대 부패한다

누가 서평을 해야 할까? 하드윅이 제안했듯이 〈발랄하고 독창적이고 흥미로운 매너로, 참신한 아이디어를 제시할 수 있는 비상한 정신력을 지닌 사람〉이? 또는 그 책의 주제에 정통해서, 그것의 독창성과 중요성을 평가할 수 있는 최적의 자격을 갖춘 사람? 조지 오웰은 이런 수칙을 제시했다. 〈특별한 주제에 관한 책은 전문가가 평하도록 하고, 그와 달리 특히 소설에 대해서는 문외한들이 최대한 많은 서평을 하는 게 좋다.〉

누가 서평을 하더라도 결함이 있게 마련이다. 일반인은 특정 주제에 대해 너무 모른다. 전문가는 너무 많이 아는 게 탈이어서, 다양한 접근을 하기보다는 굳게 다져진 자기 소신을 따르기 쉽다. 서평 편집자들은 소설평에 대해 어떤 수칙도 적용할 수가 없다. 예컨대 역사책이라면 편집자가 배경지식을 얼마간 검색해 봄으로써, 특정 역사가가 이런저런 견해에 대해 어떻게 반응할 것인가를 꽤 정확하게 예측할 수 있다. 그러나 어느 소설 평론가가 어떤 플롯, 어떤 문체를 선호하는지를 알아내긴 어렵다. 『책: 출판문화와 상업』의 저자가 한 말에 따르면 서평 편집자가 〈어느 책에 대해 긍정적으로 볼 것인가 부정적으로 볼 것인가를 판단해야 할 경우, 최종 분석 후 정치적인 선택을 하게 된다〉.

그러나 서평이 불완전하다는 것을 큰 문제라고 할 수는 없을 것이다. 큰 문제가 되는 것은 따로 있다. 서평의 부족이라는 문제가 그것이다. 흔히 인용되는 액턴 경의 경구, 곧 〈권력은 부패하는 경향이 있으며, 절대 권력은 절대적으로 부패한다〉는 이 말은 평론가들에게도 그대로 적용된다. 평론이 줄어들어 소수 평론가가 훨씬 더 큰 힘을 갖게 되면, 공정성을 결여하고 사정을 봐주게 된다.

발행된 책은 많은데 서평은 매우 적다. 그 불균형은 정말 놀라울 정도다. 「뉴욕 타임스」, 「시카고 트리뷴」, 「워싱턴 포스트」, 「로스앤젤레스 타임스」, 「샌프란시스코 크로니클」지는 사실상 독자적인 일요 북섹션을 갖고 있다. 그 밖에 볼품없는 서평란을 가진 일간지가 몇 개 더 있긴 하다. 「로키 마운틴 뉴스」와 「샌디에이고 유니언 트리뷴」지는 1997년에 타블로이드판을 내기 시작했다. 이 두 일간지는 매호마다 약 여섯 편의 장문 서평을 싣고, 덤으로 단문의 평도 싣는다. 「보스턴 글로브」지는 북섹션이라고 불리는 것을 갖고는 있지만, 실제로는 서너 페이지에서만 책을 다루고 북섹션의 나머지 지면에서는 다른 뉴스를 다룬다.

서평을 예술-오락 섹션에서 다룬다는 일부 신문의 방침도 확고하진 않다. 1987년의 한 연구를 보면, 모든 일요 신문의 52퍼센트가 약간의 서평을 실었는데, 20년 전에는 그 비율이 61퍼센트였다. 게다가 서평은 점점 짧아지고 있다. 해당 지역 출신의 저자나 지역 관련 주제의 책을 선호하는 경향을 보이기도 한다. 또 이 연구에 따르면, 주말에 서평을 싣는 일간지는 전체의 3퍼센트밖에 되지 않았는데, 텔레비전 방송사는 29퍼센트가 매주 서평을 다루었다.

잡지라고 해서 더 나을 것도 없다. 미디어 분석가 리오 보가트의 말에 따르면, 〈미국 100대 잡지 가운데(100번째 잡지의 1993년도 발행 부수는 약 80만 부인데) 정기적으로 서평을 싣는 잡지는 여섯 개에 지나지 않으며, 그나마도 대부분 매호 한 권의 책만을 평한다〉.

책을 평하는 사람이 워낙 적기 때문에, 각각의 서평은 더욱 무게가 나간다. 그래서 평론가들은 막중한 책임을 느끼게 마련이다. 그러지 않다면 그래야 한다. 1930년대에는 「뉴욕 타임스」 평론가들이 아주 자유로울 수 있었다. 「뉴욕 타임스」(약 70만 부 발행)에서 비판을 해도 「뉴욕 헤럴드 트리뷴」(약 50만 부 발행)의 우호적인 서평으로 비판이 상쇄될 수 있다는 것을 알고 있었기 때문이다. 그런데 지금은 「뉴욕 헤럴드 트리뷴」지가 사라지고 없다. 미국 전역의 소도시에는 지역 신문이 한 종만 있는 게 보통이다. 책임 있는 평론가들은 서평이 막강한 힘을 가진 데 비해 불완전하다는 것을 알고 있어서, 비판적이기보다는 차라리 지나칠 정도로 자제하며 공정해야 한다는 의무감을 느끼게 된다. 그들은 포로를 어떻게 할 거냐는 질문에 대해 〈조만간 총살할 것〉이라고 말한 판초 비야[멕시코의 혁명가]처럼 되고 싶어 하지는 않는다.

평론가의 힘을 인정하지 않으려는 사람도 물론 있다. 엘리자베스 하드윅은 「뉴욕 타임스」 서평이 〈어떤 식으로든 책 판매에 영향을 미치지 않는다〉고 주장했다. 하드윅을 비롯한 『뉴욕 리뷰 오브 북스』의 편집자들은 그들이 가차 없이 평하는 출판물에 대해 같은 주장을 편다. 하지만 정말 그렇게 믿는지는 의심스럽다. 오히려 그것은 그들이 얼마나 막강한 힘을 갖고 있는지를 의식한 나머지 죄의식을 털어 버리기 위해 그렇게 둘러대는 것처럼 보인다.

특정 서평이 정작 얼마나 큰 힘을 가졌는가를 정확히 계산한다는 것은 물론 불가능한 노릇이다. 하지만 「뉴욕 타임스」의 가혹한 서평이 간단히 책을 죽일 수도 있다는 것쯤은 누구나 알고 있다. 해당 저자가 많은 애독자를 거느리고 있지 않을 경우 더욱 그렇다. 「뉴욕 타임스」지에서 혹평을 당한 책에 대해서는 출판업자가 광고 계획을 취소해 버린다는 것은 이제 비밀도 아니다. 「뉴욕 타임스」나 다른 주요 일간지에 나온 우호적인 서평이 상당한 광고 가치를 가졌다는 사실을 누가 부정할 수 있겠는가? 그래서 출판업자와 서적상들은 평론가들에게 무료 증정본을 보낼 가치가 있다고 생각한다. 그렇다면 평론가들 역시 책을 우호적으로 평하는 것이 더 낫다고 생각하는 것도 당연한 일이 아닐까?

물론 유명 작가라면 나쁜 평을 들어도 견뎌 낼 수 있다. 서평이 논란을 불러일으키기라도 하면 훨씬 더 많은 책을 팔 수 있다. 독자들은 왜 그런 법석을 떠는지 알고 싶어 하니까. 게다가 「뉴욕 타임스」 서평에서 존 사이먼이 『할롯의 유령』을 혹평했을 때 저자인 노먼 메일러가 그랬듯이, 유명 작가라면 해당 신문사에 평등한 발언 기회를 달라고 요구할 수도 있다. 「뉴욕 타임스」는 한 면 전체를 내주었고, 메일러는 인간 존 사이먼을 혹평했다. 〈존은 진부했다……. 본인도 알다시피 땅에서라면 존은 평론 재주가 누구 못지않았지만, 바다에 갖다 놓으면 그는 옴짝달싹하지 못했다.〉

댄 몰디아 같은 작가에게는 그런 운이 따르지 않았다. 「뉴욕 타임스」는 그의 책 『방해: 조직 범죄가 프로 축구에 미친 영향』에 대해 다소 긍정적인 얘기를 한 후 이렇게 말했다. 〈512페이지에 달하는 이 책의 대부분을 신뢰할 수가 없을 정도로 엉성한 문장이 너무 많다.〉 이런 건 취소할 수도 없다. 몰디아는 「뉴욕 타임스」를 상대로 1천만 달러의 명예 훼손 소송을 걸었다. 그는 서평 때문에 명예에 금이 갔고 책을 팔지 못했다고 주장했다. 미국에 장애인 법이 있다는 명분하에 「워싱턴 포스트」지를 기소한 장애인 작가처럼 그도 승소할 가능성이 없지 않았다(장애인 작가는 「워싱턴 포스트」지가 비장애인 작가의 비슷한 책에 대한 서평을 실었으니, 장애인에게도 〈공공의 편익〉을 제공해야 할 의무가 있다고 주장해서 승소했다). 소송 덕분에 몰디아는 유명 인물이 되었지만, 본인은 물론이고 출판사나 평론가에게도 소송이 득이 된 것 같지는 않다. 신문사에서는 그의 다음 책을 혹평하지도 않고, 아예 서평을 하지 않는 게 최선이라고 생각한 것 같다.

「뉴욕 타임스」의 서평 편집자인 레베카 싱클러는 존 사이먼의 서평에 대한 공개 해명─준사과의 글에서, 문학 권력에서 빚어져 나오는 부패상을 폭로하며 이렇게 말했다. 〈정상적인 경우 본 서평지는 저술 작품을 자주 비방하는 평론가에게 서평을 맡기지 않으려고 한다.〉 또 싱클러는 이런 고백을 했다. 서평을 맡기려고 하는 평론가에게 다음과 같이 물어보라고 부하 편집자들에게 지시한다고. 〈그 저자가 당신의 서평에 이의를 제기할 무슨 이유라도 있습니까?〉 달리 말하면, 「뉴욕 타임스」지는 해당 저자의 작품을 좋아하거나, 아니면 차라리 관심을 보인 적이 없는 평론가에게 서평을 맡긴다.

서평이 누굴 죽이지 않고 부상만 입힌다면 그건 더욱 좋은 일이다. 누구든 가끔은 오판을 하게 마련인데, 그게 어떻단 말인가? 그럴 경우 다른 평론가가 잘못을 바로잡아 줄 것이다. 잉글랜드 왕 헨리 8세와 한때 연극 평론계의 왕이었던 월터 커는 올바른 생각을 갖고 있었다. 헨리 8세는 새 책을 읽을 시간이 없을 때면 견해가 다른 두 사람에게 같은 책을 주고, 나중에 그들의 서평을 들은 후 자기 나름대로 결론을 내렸다. 마찬가지로 커는 한 연극을 일간지에 한 번, 일요 신문에 또 한 번, 이렇게 두 번씩 평하고 싶지 않았다. 그래서 일간지의 평은 다른 사람에게 맡기고 자신은 일요 신문에만 평을 했다. 그는 이렇게 말했다. 〈나는 표가 갈라지길 바란다.〉 좋은 평론은 미국 사법 체계 원칙과도 같은 원칙을 따른다. 즉 양측 변호인이 최선을 다해 변론하고, 판단은 독자가 한다. 어느 한쪽만 선택해서 보여 주는 것보다는 불완전한 게 낫다.

평론가의 진수성찬

　문학 법정의 구성원들이 자기 검열을 하는 이유는 공정하기 위해서 만이 아니다. 평론의 양이 적은 것을 보면, 문학 평론가가 되어 봐야 미래가 없다는 생각이 들 수밖에 없다. 그런 상황에서는 평론가의 자기 보존 본능이 더욱 날카로워질 수밖에 없다.

　전업 평론가가 되겠다는 열망을 품을 수 있는 작가는 거의 없다. 진정한 문학 평론가라는 말을 들을 자격이 있는 소수의 책 평론가 가운데 한 명인 조너선 야들리는 「워싱턴 포스트」지의 직원이다. 「뉴욕 타임스」에서는 소규모의 사내 편집부 직원들이 직접 거의 모든 일일 서평을 쓴다. 그러나 두 신문은 예외적인 경우에 속한다. 「워싱턴 포스트」나 「뉴욕 타임스」의 경우에도 일요 서평만은 다른 직업을 가진 외부인들이 사실상 전담하고 있다. 「월 스트리트 저널」은 월요일부터 목요일까지 일일 서평 한 편을 싣고, 와인 구매 조언과 가옥 소개의 글이 담긴 금요일 주말 섹션에서는 여러 편의 서평을 싣는다. 그러나 전업 평론가를 고용하진 않는다. 서평 편집자를 두고 서평에만 전념하게 하는 신문은 소수밖에 없다. 「아이다호 스테이츠먼」지의 마이클 디즈가 아주 전형적인 예인데, 그는 책만이 아니라, 요리-가정, 여행, 연예-오락, 과학-기술, 여성, 패션-볼거리를 모두 맡고 있다. 「샌디에이고 유니온 트리뷴」지의 도서 담당 편집자 아서 샐름은 서평 편집을 도맡으면서 동시에 책 관련 시사 평론을 한 편 쓰고, 영화 평론가를 뒷바라지하고, 이따금 특집 기사도 쓴다.

프리랜서 작가가 열심히 서평을 써도 고료만으로는 생계를 꾸려 갈 수 없다. 일요 서평을 외부인에게 맡기는 「시카고 트리뷴」지는 서평 편당 250~450달러를 준다. 「로키 마운틴 뉴스」지는 20달러를 준다. 〈30달러로 올릴 생각입니다.〉 편집자 패티 손이 멋쩍게 웃으며 말했다. 서적상과 도서관을 위한 주요 업계지 『커커스』와 『퍼블리셔스 위클리』는 서평 편당 40달러를 준다. 가외로 약간의 돈을 벌고자 하는 굶주린 작가부터 교사에 이르기까지 서평을 쓸 사람은 많다. 서평 편집자들은 출판업자가 제공한 무료 증정본을 평론가에게 양보한다.[7] 이런 상황에서는 편집자들이 좋은 작가들을 묶어 놓을 수 있는 외양간을 유지하기가 어렵다. 제대로 대접받지 못하는 평론가들에 대해 패티 손이 말했다. 〈그들은 다른 일이 생기기만 하면, 한동안 종적을 감춰 버립니다.〉

빈약한 원고료를 받고서는 평론가가 책을 파헤쳐서 약점을 찾아내겠다는 의지를 불태울 수 없다. 평론가는 스스로 평론이라는 직업을 가진 사람이라고 생각하지 않는다. 언젠가는 평론가의 처분만 기다리게 될 작가라고 생각한다. 존 업다이크의 표현을 빌리면 〈해안선을

7 제프리 그릭슨은 이렇게 썼다. 〈젊어서 서평을 쓰기 시작하는 이유는 서평을 써달라는 청탁을 받거나, 서평란에 자기 이름이 오르는 것을 보고 싶은 허영심 때문이다. 나이 들어서도 서평을 계속 쓰는 이유는 돈 때문이다. 돈을 주고 사기엔 부담스럽지만 꼭 갖고 싶은 책을 얻기 위한 방법으로 서평을 계속 쓰기도 한다.〉

끼고 항해하라*hug the shore*⟩[8]는 게 서평 고료라는 것을 알게 된 평론가들은 서평에 일생을 걸고자 하지 않는다.

출판업자 입장에서는 당연히 우호적인 서평을 기대한다. 그래서 서평이 멋지다면 다음 판 표지에 몇 문장을 인용하면서 평론가들에게 애정 어린 보상을 해준다(평이 그리 좋지 않다면 불쾌한 대목을 과감히 생략해서 인용하기도 한다). 이것은 대학의 학위 인플레와 맞먹는 찬사 인플레로 이어진다. 널리 알려진 영국 평론가 프랭크 스위너턴은 1939년의 한 강연에서 이렇게 말했다. ⟨평론가에게는 나쁜 특성이 하나 있습니다. 자기 문장이 인용된 것을 보고 싶어 한다는 것 말입니다. 그런데 그의 말이 다른 평론가들의 말보다 더 휘황찬란하지 않으면 인용되지 않습니다.⟩ 노회한 평론가는 이런 낱말들을 곳곳에 늘어놓는다. ⟨오랫동안 고대해 온⟩, ⟨통찰력 있는⟩, ⟨눈부신⟩, ⟨심금을 울리는⟩. 스위너턴은 이렇게 덧붙여 말했다. ⟨누구나 알다시피 평론가들은 고무도장으로 《걸작》이라는 낱말을 마구 찍어 댑니다. 속삭이는 칭찬의 말은 독자의 귀에 들리지 않습니다. 《완벽한》, 《찬란한》, 《경탄할 만한》 등등의 함성에 묻혀 버려서요.⟩

에드먼드 윌슨은 긴 서평을 쓰면서 ⟨영화 시나리오처럼 기본적으로 냉정하고, 종합적이고, 규칙에 얽매이지 않는⟩ 서평을 쓴다는 확신을 지니고 있었다. 그러나 「뉴욕 타임스」 서평의 필자란에 눈독을 들이는 대다수 작가들은, 마거릿 풀러가 ⟨상호 아첨과 조직적인 과찬⟩이라고 일컬은 것을 편집자들이 전혀 문제 삼지 않는다는 것을 잘 알고 있다. 편집자들로서는 저급한 책에 대한 서평으로 귀중한 지면을

---

8 업다이크의 말을 뒤집으면 ⟨먼바다 탐험은 남들에게 맡기라*let others try the deep*⟩는 뜻이다. ⟨먼바다 탐험⟩은 물론 ⟨본격 평론⟩을 뜻한다 — 옮긴이주.

낭비하고 싶어 하지 않는다. 아무튼 남들이 별로 언급하려고 하지 않는 책에 대해 가혹한 평을 한들 그게 무슨 묘미가 있겠는가? 물론 편집자들은 평론가들에게 굳이 그런 말을 솔직히 털어놓지 않는다. 자기 신문사의 기자가 쓴 책의 서평을 맡길 때처럼 특히 좋은 평을 받고 싶을 때에도 굳이 말하지 않는다. 〈그걸 이해할 만한 사람을 찾죠.〉 레베카 싱클러가 함께 즐겁게 점심 식사를 하고 나서 나에게 고백한 말이다.[9]

바이런이 말했듯, 평론가는 〈식탁에 진수성찬이 놓이면 그저 고마울 따름〉이다.

---

9 비슷한 얘기인데, 하코트 브레이스 조바노비치 출판사는 데보라 데이비스가 냉정하게 기술한 캐서린 그레이엄(『워싱턴 포스트』지 소유주이자 발행인)의 전기 『위인 캐서린』의 발행을 취소했다. 이 책은 미국 도서상 후보로 추천될 예정이었는데도 그랬다. 그건 『워싱턴 포스트』지의 편집자 벤 브래들리가 그에게 보낸 편지 때문이라는 얘기가 있다. 얼마 후 캐서린 그레이엄이 회고록인 『개인사』를 내자, 이 책은 『워싱턴 포스트』지 일요 매거진 1면을 장식했다. 당연히 긍정적인 서평이 실렸고, 해당 신문의 스타일 섹션에 인용문이 실렸고, 『워싱턴 포스트』지 계열의 주간지 『뉴스위크』에서도 크게 다뤘다.

갤리선(船)의 노예들: 출판업자를 위한 노 젓기

일간지는 대개 목요일마다 요리 섹션을 발행한다. 그리고 일요일마다 몇 권의 책에 대한 서평을 싣는다. 두 가지 다 속셈은 똑같다. 요리 섹션에서 편집자들은 완성된 요리 사진과 맛있는 조리법을 실은 후, 그 옆에 분말 쇠고기 광고를 싣는다. 서평란에서는 저자 사진과 서평을 싣고 그 옆에 베스트셀러 광고를 싣는다. 지방 신문에 서평보다 식료품에 대한 얘기가 더 많다면 그 이유는 그 지방의 반스 앤드 노블 서점보다 피글리 위글리 식료품점이 더 많은 광고를 하기 때문이다. 「헤럴드 트리뷴」지가 1920년대에 서평 섹션을 발행한 이유는 단순히 고급문화를 널리 알리기 위한 게 아니었다. 「뉴욕 타임스」 일요 서평 섹션이 독차지하고 있던 광고 수익을 가로채기 위해서였다.

누이 좋고 매부 좋은 그런 관계의 함축 의미를 탐구하려면 책 발행의 타이밍도 아울러 따져 보아야 한다. 출판업자는 서평이 나온 날 곧바로 서점에서 책이 판매될 수 있기를 바란다. 출판업자가 책을 창고에 쌓아 두는 데는 비용이 든다. 서점의 서가에 가만히 꽂아 두는 것도 출판업자와 서점 측으로서는 비용이 드는 일이다. 그래서 출판업자는 새 책의 발행일, 곧 그 책을 공식적으로 구입할 수 있는 날을 조작한다.

이야기보따리를 풀어놓을 수 있는 뚜렷한 사건을 늘 고대하는 편집자들은 그런 날짜 맞추기 놀이에 흔쾌히 동참한다. 그들은 책이 완성되길 기다리지 않고 철한 교정쇄든, 낱장 교정쇄든 가리지 않고 출판업자들에게 받는다. 교정쇄galley 표지로는 대개 일반 종이나 값싼 용지를 사용한다. 여기에는 완성된 책에 포함될 여러 항목이 빠져 있는 게 보통이다. 각종 사진 자료, 찾아보기, 페이지 숫자 등이 없다. 평론가가 교정쇄를 읽고 서평을 쓰는 동안, 출판업자는 책을 완성해서 배포할 준비를 한다.

그 결과 책 평론가들은 책을 평하는 게 아니라, 책의 골격만을 평한다. 예컨대 인쇄의 질에 대해서는 언급할 수가 없다. 그걸 사소한 문제로 여기는 독자가 많다면, 그건 그런 문제의 의미에 대해 생각해 보라고 촉구한 평론가가 없었기 때문일 것이다. 책의 디자인이 훌륭하면 독서하기가 더 수월하고 즐겁다. 잘 만들어진 책은 소장 가치가 있다(한 번 읽으면 낱장이 떨어져 나가는 꼴을 보지 않고, 책 가치가 고스란히 유지되길 누구나 바랄 것이다). 또한 찾아보기가 유용한지, 사진이 훌륭한지에 대해서도 미리 알 수 있으면 도움이 될 것이다. 예술 서적 서평을 쓸 경우에는 실물을 보고 평할 수 있을 듯싶지만, 그것도 장담할 수 없다. 나는 화가의 전기를 평한 적이 있는데, 내가 받은 교정쇄에는 그 화가의 작품이 실릴 자리가 휑하니 비어 있었다. 평론가가 그런 문제에 대해 언급을 하지 않을수록, 출판업자가 인쇄의 질에 정성을 들이지 않을 가능성이 더 높아진다. 이따금 책에 포함되어 나오는 CD도 마찬가지다. 평론가는 그걸 구경도 못 한다.

앨프리드 노프가 말했다. 〈나는 책이라는 물건을 사랑한다. 그래서 그걸 아름답게 만들고 싶다.〉 도서 출판업의 찬미자들은 출판의 수준을 한 단계 높인 사람으로 노프를 꼽는다. 멩켄은 이런 찬사를 바쳤다. 〈그가 만든 책의 내용 못지않게 형식에 주목한 서평이 많다.〉

내가 아는 사람 가운데, 서평의 이런 측면을 진지하게 따지는 유일한 사람은 폴 루카스다. 『비어 프레임: 눈에 띄지 않는 소비 저널』[10]이라는 잡지를 자가 출판한 괴짜 루카스는 제품과 포장을 평한다. 루카스는 서평도 했는데, 〈오로지 책의 물질적 속성에 바탕을 둔〉 평을 썼다고 자랑한다. 앨프리드 노프와 달리, 그의 문학적 관심은 〈전 세계의 색정적인 성교 체위〉 같은 글을 자기 잡지에 싣는 쪽으로 이어졌다. 그의 친구 가운데 한 명은 캘리포니아 주 로데오 거리의 여성 휴게실 자판기에서 이 잡지를 우연히 발견했다고 한다 — 〈나는 이런 책을 환대하는 콘돔 기계를 한 대라도 더 놓을 수 있다면, 진기한 소형 고무장화와 야한 장식의 프렌치 티클러French tickler(여성 자위 기구) 더미를 헤치고 신나게 나아가겠다〉. 그들 세계에서 동인지zine라고 불리는 그런 잡지를 출판하는 사람들 대부분이 그렇지만, 루카스도 일이 안정적이지 않다. 루카스는 신문사 편집자가 바뀌자 「눈에 띄지 않는 소비」라는 고정란을 잃고 말았다. 그는 이제 인터넷의 한 웹 사이트에서 「마음속의 그곳」이라는 고정란을 맡아 여행담을 쓰고 있다. 매주 한 번 올리는 이 여행기는 그가 가보지 않은 곳에 대해 쓴 것이다. 이런 루카스가 책을 만드는 기술의 쇠퇴를 중단시킬 수는 없을 것이다.[11]

10 볼링 용어인 비어 프레임beer frame은 대개 7프레임을 가리키는데, 이 프레임이 끝난 후 점수가 가장 낮은 사람이 맥주를 돌린다 — 옮긴이주.

11 루카스는 자기 책 서평에 대해 다음과 같이 씁쓸한 반응을 보였다. 〈사람들은 대부분 내가 하는 일을 전적으로 사랑하거나, 아니면 도통 이해를 하지 못한다.〉

교정이 다 끝나지 않은 교정쇄를 가지고 서평을 하는 데에는 또 다른 문제가 따른다. 최종 교정을 본 후 문장이 달라질 수가 있는 것이다. 교정쇄에는 대체로 표지에 이런 경고문이 쓰여 있다. 〈비매품. 광고 전용. 이것은 교정을 마치지 않은 교정쇄입니다. 문장 인용 시 완성본과 대조하십시오. 이것은 법적 권익 보호를 위해서만이 아니라 편집상의 정확성을 기하기 위해서입니다.〉

전에 내가 서평용으로 받은 책에는 이렇게 쓰여 있었다. 〈교정을 보지 않은 미발행 교정쇄. 기밀.〉 기밀? 서평용 책이 어떻게 기밀일 수 있다는 것인지 나는 어리둥절했다.

서평 편집자들은 평론가가 인용한 문장이 완성본과 일치하는지 확인한다. 완성본은 일반적으로 서평이 실리기 며칠 전에 신문사에 도착한다. 완성본과 다른 문장을 인용하지 않기 위해서는 이런 과정이 꼭 필요하다. 사실 서평용 교정쇄는 대체로 거의 완성본에 가깝다. 그런데도 평론가는 사실에 대한 오류와 오문으로 가득하다고 판단한 책이 완성본에서도 그럴 거라고는 확신할 수 없다. 일반적으로 평론가는 서평이 실린 후 편집자가 책을 보내 줄 때까지 완성본을 보지 못한다.[12] 부록 3에서 다시 살펴보겠지만, 평론이 발표될 때까지 완성본을 손에 쥐어 보지 못함으로써, 평론가는 도무지 조잡한 편집에 대해 일갈할 기회를 잡을 수가 없다.

서평할 책의 선정 과정에도 문제가 있다. 서평 편집자 사무실에 들러 본 사람이라면 그걸 한눈에 알아볼 수 있다. 어떤 책을 수문으로

---

12 얄궂게도 출판업자들은 라디오와 텔레비전 방송사에는 완성본만 보낸다. 저자를 인터뷰하기 전에는 좀처럼 책을 읽지 않는 듯한 방송사에 말이다. 『퍼블리셔스 위클리』는 짧은 서평에서도, 해당 책에 나오는 사진들을 보았는가 안 보았는가를 꼭 언급해야 한다고 본다.

흘려보내고, 어떤 책을 우리 문화 경작지로 보낼 것인지 고민하며 느긋하게 시간을 보내는 편집자를 찾아볼 수가 없다. 그들은 인정사정 없이 들이닥치는 책의 홍수 속에서 남의 생각에 휘둘리며 살아간다.

서점과 도서관에 늘 최신 호가 비치되는 업계지인 『커커스』와 『퍼블리셔스 위클리』는 각각 연간 약 5천 종의 책을 평한다. 주요 신문사와 방송사가 어느 책을 평할 것인가를 결정하는 데 필수적인 이 업계지의 서평은 대형 출판사에서 발행하는 책의 약 10퍼센트를 다룬다. 그런데 그해에 발행된 전체 도서에 대한 서평 비율은 그것에 훨씬 미치지 못한다. 「뉴욕 타임스」는 연간 약 2천 종의 책에 대한 서평을 싣는데, 이 수치에는 단문 서평도 포함되어 있다. 가치 있는 모든 책을 다룰 만한 공간이 없다. 그런데 정작 어떤 책이 가치 있는 것일까? 사람들이 읽고 싶어 하는 책? 아니면 사람들이 읽어야 하는 책? 수많은 저술가와 광고 책임자들에게 시달리는 서평 편집자들은 아예 손발을 다 들고, 아무것도 하지 않으려고 한다.

어느 책을 서평할 것인지 결정하기 위해 새 책을 다 읽어 볼 수는 없다. 그래서 편집자들은 조악한 의사 결정 규범을 정해 둔다. 이 규범은 전쟁터에서 사망하도록 내버려 둘 병사와 치료할 병사를 가려내야 하는 위생병의 규범과 대차가 없다. 「뉴욕 타임스」가 선호하는 책은 먼저 양장본으로 출판된 책, 공저가 아닌 책, 기왕이면 더 큰 출판사에서 발행한 책 등이다. 「뉴욕 타임스」는 슈퍼마켓에서 파는 로맨스 소설을 다루지 않는다. 〈뭔가 선을 긋지 않을 수 없습니다.〉 현재의 편집자 찰스 맥그래스가 한 말이다. 업계지인 『라이브러리 저널』처럼 「USA 투데이」는 로맨스 소설도 다룬다. 『뉴욕 리뷰 오브 북스』는 앞서의 신문이 다루지 않는 정부 보고서를 이따금 평한다. 티머시 풋은 「뉴욕 타임스」 서평 편집자였을 때, 어떤 책의 서평을 실을 것인가를 신속하게 결정하는 방법을 개발했다. 먼저 마지막 장을 읽는다. 그게 흥미로우면 첫 장을 읽는다. 여전히 흥미로우면 중간의 장들을 훑어본다. 전에 내가 서평 편집실에 들렀을 때, 자기 책상에 수북이 쌓인 신간 서적을 가리키며 다음과 같은 자신의 서평 전략을 무심코 드러낸 편집자도 있었다. 〈나는 이것들을 내일 평론가들에게 나눠 줄 거예요. 아니면 그냥 내다 버리고 다른 새 책을 나눠 줄 수도 있고요.〉

가장 안전한 도서 선정 전략은 익숙한 것에 의지하는 것이다. 1980년대에 『뉴 리퍼블릭』지의 한 서평 편집자가 말했다. 〈우리는 기자입니다. 우리는 잡지 일을 하고 있고, 사람들이 우리 잡지를 사길 바랍니다.〉 그래서 그는 〈눈에 잘 띄는 유명한〉 작가의 책을 선택한다. 〈재능만이 아니라, 널리 알려진 사람을 선호하는 것도 우리의 편견〉이라고 그는 말했다.

서평 과정을 가장 잘 요약하는 것은 〈연출된 사건_{pseudo event}〉이라는 말이다. 이 말은 대니얼 부어스틴이 실재 사건을 날조하는 현대의 경향을 묘사하기 위해 처음 사용한 말이다. 책과 관련된 연출된 사건으로는 베스트셀러라는 게 있다. 베스트셀러 목록을 만드는 데는 정해진 기준이 없다. 『워싱턴 포스트 북 월드』는 지방 서점을 조사해서 두 범주 — 양장본(소설과 비소설 각 10종)과 보급판(상동) — 의 베스트셀러를 파악한다. 「뉴욕 타임스」는 전미 순위를 파악하는데, 마찬가지로 두 범주에 대해 각각 15종의 베스트셀러 목록을 만든다. 그리고 조언과 실용서 등의 범주에서도 4종의 베스트셀러를 선정한다. 「USA 투데이」는 실용서부터 본격 문학작품까지 범주를 가리지 않고

한데 묶어서 50종의 베스트셀러를 발표한다.

1주일 이내에 수집한 자료를 사용하는 곳도 있지만, 그보다 더 오래된 자료를 사용하는 곳도 있다. 오프라인 서점의 자료만 사용하는 곳도 있고, 온라인 서점의 자료를 포함하는 곳도 있다. 「월 스트리트 저널」은 북 클럽, 편의점, 공항 판매 자료는 수집하지 않는다. 『퍼블리셔스 위클리』는 북 클럽을 포함하지 않지만, 편의점과 공항은 포함한다. 『빌리지 보이스』는 전국 스물다섯 개 서점 자료만 사용한다. 「USA 투데이」는 약 3천 개의 독립 서점, 체인점, 할인점, 온라인 서점 자료를 사용한다. 「뉴욕 타임스」는 판매 순위가 실제 판매 수치를 그대로 반영한다고 주장한다. 〈거의 4천 개의 서점 외에도, 6만 개의 다른 소매 서점에 책을 대는 도매상을 포함하고 있어서, 통계적으로 미국 전역의 책 판매를 대변한다〉는 것이다. 그러나 사실상 모든 책을 조사하는 게 아니다. 그들은 베스트셀러일 듯한 책들을 지목해서, 그것만 판매량을 추적하도록 서점에 귀띔해 준다. 지목한 게 어느 책이냐에 따라 베스트셀러 목록이 뒤집힌다고 해서 놀랄 것도 없다. 예컨대 「뉴욕 타임스」 목록에서 9위인 책이 「USA 투데이」에서는 150위이고, 『퍼블리셔스 위클리』 목록에는 아예 존재하지 않는 일이 드물지 않다.

「뉴욕 타임스」는 조사 대상 서점을 비밀로 한다고 주장한다. 그러나 출판업자들은 그걸 다 꿰고 있다. 1995년에 『비즈니스 위크』지는 두 명의 마케팅 컨설턴트가 공저한 책을 미국 전역의 조사 대상 서점에서 대량 구입해서 「뉴욕 타임스」 베스트셀러로 만들었을 가능성이 있다고 폭로했다. 15주 동안 「뉴욕 타임스」 목록에 올라 있던 그 책의 제목이 〈마케팅 리더들의 사도〉인 걸 보면 과연 그럴 만하다는 생각이 든다. 「뉴욕 타임스」 서평 편집자 찰스 맥그래스는 목록 순위를 조작하는 게 가능하다는 것을 일단 부인했다. 그러나 나중에 그는 몇 주 정도는 조작되었을 가능성이 있다고 시인했다.

책을 사재기해서 베스트셀러에 오르게 하는 것은 곧 광산에 금을 묻어 놓고 광산 구매자를 속이는 짓과 같은 것이다. 앞서의 컨설턴트의 경우, 그런 속임수를 쓰면 책을 추가로 더 팔 수 있을 뿐만 아니라, 연사로 더 많은 초대를 받게 된다.『마케팅 리더들의 사도』저자 가운데 한 명이 그랬던 것처럼, 컨설턴트 저술가가 연간 80회 강연을 하고 매번 3만 달러를 받는다면, 큰돈을 들여 자기 책을 사재기한다고 해도 손해 보는 일은 아닐 것이다.

판매량이 같아도 단기간에 팔리면 장기간에 걸쳐 팔리는 것보다 베스트셀러가 될 확률이 높아진다. 어느 계절인가에 따라서도 차이가 크다. 「월 스트리트 저널」의 기자 조앤 리프먼이 말했다. 〈소설의 경우 한여름에 1주일 동안 1,500부만 팔리면 베스트셀러 목록에 오를 가능성이 있는데, 크리스마스 전의 대목에는 1주일에 5천 부가 팔려도 치열한 각축을 벌여야 한다.〉

베스트셀러 목록이 흔해 빠졌고, 출처에 따라 큰 편차를 보이기 때문에, 소위 〈베스트셀러〉라는 것은 의미를 잃은 지 오래다. 그런데 20세기에 접어든 후에야 쓰이기 시작한 이 용어는 오늘날 너무 방만하게 사용된다. 베스트셀러라는 개념이 존재하지 않았던 16세기의 책에도 그게 당시 베스트셀러였다고 태연히 말하는 식이다. 광고 책임자들은 팀 잭슨의 저서『인사이드 인텔』이 〈전미 베스트셀러〉라고 주장했다. 이 책이 「샌프란시스코 크로니클」지와『비즈니스 위크』지 베스트셀러 목록에 오른 적이 있긴 하다. 그런데 전자의 목록은 50군데의 지방 서점 자료를 토대로 한 것이고, 이들 지방은 인텔 등 하이테크 회사에 관심이 아주 많은 지역이다. 후자는 독자층이 매우 좁다. 자전적인 저서『샘 월턴: 미국 제품』광고 문안은 이러하다. 〈미국 최고의 상인이 미국 최고의 베스트셀러 작가가 되다.〉월마트 창업자인 저자 샘 월턴의 할인점 내에 있는 샘의 클럽에서 이 책이 잠시 1위를 하긴 했다. 하퍼콜린스 출판사는 폴 존슨의『현대의 탄생』을 전미 베스트셀러라고 광고했는데, 이것은「워싱턴 포스트」지가 특정 지역에서 뽑은 베스트셀러 목록에만 오른 책이었다.

「뉴욕 타임스」가 베스트셀러 목록을 발표하기 시작한 것은 1942년이었다. 〈서평 섹션이 회사 재정에 기여한 초라한 성과〉때문에 베스트셀러 목록으로 수익성을 높여 볼 요량이었다. 결국 그 목록이「뉴욕 타임스」지에 어떤 기여를 했는가는 둘째치고, 베스트셀러를 광고해 준 것만은 분명하다. 베스트셀러 목록은 자기 성취의 예언이다. 스스로 1등임을 예언하면 1등이 되는 식이다. 칵테일파티 대화에서 꾸다 놓은 보릿자루가 되지 않으려면 베스트셀러를 사야 한다(하지만 평론가와 마찬가지로, 그걸 꼭 읽을 필요는 없다). 대형 체인 서점은 어느 책이 베스트셀러가 되자마자 책값을 할인해서 판매를 부추긴다. 아마존 닷컴은 1999년 중반에 베스트셀러에 대한 책값 전쟁을 개시하며, 정가의 50퍼센트를 할인해 주었다. 아마존 닷컴은 오프라가 선정한 책도 대폭 할인해 준다. 그런 인터넷 서비스 때문에 사람들은 최근 베스트셀러 열풍에 더욱 쉽게 뛰어들게 되고, 서점에서는 베스트셀러 재고가 달린다고 아우성을 한다.「뉴욕 타임스」와 반스 앤드 노블 서점은 웹 사이트가 연결되어 있다.「뉴욕 타임스」서평이나 베스트셀러를 누군가 클릭하면, 해당 책 한 권이 신속하게 반스 앤드 노블 서점으로 우송된다. 한 서점 주인이 『퍼블리셔스 위클리』 인터뷰에서 이렇게 말했다. 〈반스 앤드 노블 서점은 뉴욕 타임스 웹 사이트와 연결되어 있기 때문에, 긍정적인 서평이 실린 책은 곧바로 재고가 동이 납니다.〉 저술가는 자기 저서가 「뉴욕 타임스」 베스트셀러가 되면 보너스를 받는다는 조항을 계약서에 명시한다.

베스트셀러가 계속 베스트셀러인 이유가 바로 그것이다. 1998년 1월 중순의 「뉴욕 타임스」 베스트셀러 논픽션 15종 가운데 두 달이 가기 전에 목록에서 탈락한 것은 2종뿐이다. 5종은 1년 이상 버텼다. 부어스틴의 말에 따르면 〈한 번 베스트셀러는 영원한 베스트셀러다〉.

바코드를 스캔해서 책을 판매함으로써 전국의 기록 관리가 한결 수월해졌으니, 이 현상은 더욱 뚜렷해질 것이다. 아마존 닷컴에 들어가면 그 순간 당신의 저서가 경쟁에서 얼마나 잘 버티고 있는가를 즉각 알아볼 수 있다. 아마존은 1만 등까지 한 시간마다 순위를 새로 매긴다. 10만 등까지는 매일 순위를 새로 매긴다. 아마존 닷컴 창업자인 제프 베조스는 이것을 〈문학 증권 시장〉이라고 부른다. 『뉴요커』지의 도전적인 작가 제이미 맬라노스키는 토머스 칼라일이 1837년에 펴낸 역사책 『프랑스 혁명』을 한두 권만 사도 아마존 닷컴의 순위가 몇천 등은 올라간다는 것을 알게 되었다. 누군가 자기 책에 힘을 실어 주겠다고 작정할 경우, 그것이 어떤 의미를 갖는지 한번 생각해 보라. 이런 실시간 시스템 덕분에 출판업자들은 NBC의 「투데이」 쇼프로그램 시간에 책을 광고하면 판매량이 얼마나 증가하는가를 꽤 신속하게 알 수 있다. 그래서 광고 후 그 책이 잘 나가면 광고에 더 많은 돈을 들일 명분이 생긴다. 한편 서적상들의 관심을 끌고 있는 어떤 소프트웨어는 각 소비자들의 신상(어떤 책을 좋아하는가, 책값으로 얼마를 쓰는가 등)을 수집하고 분석해서 추천 도서를 선정해 준다.

베스트셀러가 실재, 곧 책의 질과 관계가 있을까? 그렇다고 생각한다면, 「뉴욕 타임스」가 베스트셀러를 죄다 서평하지 않는다는 것을 자랑으로 여긴다는 사실을 되새겨 보라.[13] 이 신문의 편집자들은 먼로 셸던 목사의『주님을 따라: 예수님은 어떻게 행동하실까?』와 같은 책의 운명에 신경을 쓴다. 이 책은 20세기 초에 아마 최고의 베스트셀러였을 것이다. 전 세계에 3300만 부가 팔렸다는 셸던 목사의 말을 에누리해서 듣더라도 말이다. 베스트셀러 역사를 연구한 프랭크 루서 모트의 추리에 의하면 줄잡아 600만 부쯤 나갔을 거라고 한다. 당시로서는 그만한 양도 놀랍게 많이 팔린 것이다. 하지만 그보다 더 의미 있는 사실은, 책에 관심이 많은 호사가를 제외하고는 아무도 그 책을 기억하지 못한다는 것이다.

---

13 우연히 집어 든 「뉴욕 타임스」 한 호에, 베스트셀러 목록에 오른 소설 15종 가운데 7종, 비소설 15종 가운데 5종은 이제까지 일요 서평에서 전혀 다루지 않았고, 3종은 간단히 출간 소식만 전했다는 이야기가 나와 있다.

굿바이 바이런

    평론을 한다는 것은 창조성을 발휘할 한없는 기회를 갖는다는 뜻이다. 존 에드거 후버 국장 시절의 미국 연방 수사국FBI에는 출판과가 있었다. 나중에는 서평과로 이름을 바꾸었는데, 국가 전복을 도모하는 글을 추적하는 게 임무였다.

    호르헤 루이스 보르헤스는 세상에 존재하지 않고 자기 마음속에만 있는 책을 평하곤 했다. 움베르토 에코는 간결한 작품 두 편을 평했는데, 그건 5만 리라 지폐와 10만 리라 지폐였다.

    비판적인 평론가들과 맞서 싸우는 저술가들도 마찬가지로 창조적이면서도 유쾌한 평론을 쓸 수 있다. 미국 시인이자 평론가 제임스 러셀 로웰은 이런 시를 썼다. 〈자연은 모든 자녀들에게 뭐든 할 일을 하나는 주었지 / 글을 쓰는 사람이든 못 쓰는 사람이든 비평은 누구나 할 수 있으니까.〉 찰스 디킨스는 말년에 자기 작품에 대한 평을 읽지 않았다. 해럴드 브로드키는 또 다른 대책으로 자기를 보호했다. 배우자에게 대신 평을 읽게 한 것이다. 베스트셀러 소설가 마샤 대븐포트가 들려준 꽤 흥미로운 얘기가 있다. 그녀는 알렉산더 울컷과 함께 라디오 토론에 패널로 참가했는데, 울컷은 그녀의 작품을 늘 혹평해 온 사람이었다. 울컷은 방송이 시작되기 전부터 그녀의 작품을 조롱해 댔다. 이윽고 마이크가 켜진 순간 그는 푹 쓰러지더니 죽어 버렸다. 그녀는 훗날 이렇게 말했다. 〈몇 번을 얘기해도 뜨악한 일이지만, 내가 울컷을 죽인 셈이지 뭐예요.〉

험악한 서평 때문에 생긴 흥미로운 일화가 많다. 하지만 그런 서평의 부활을 우리가 즐길 수 있을 것 같지는 않다. 서평 방침이나 평론가들의 노선이 바뀔 것 같지 않기 때문이다. 물론 이따금 조금은 험상궂은 서평이 없진 않을 것이다. 그러나 그건 지난날보다 훨씬 더 건전할 것이다. 신뢰와 충성과 도움, 우정, 예의 바름, 친절, 복종, 명랑함, 검소함, 용기, 청결, 공손 따위를 맹세하는 보이스카웃처럼 말이다.

험악한 평론이 부활하기 위한 제1의 조건은 서평이 급증해야 한다는 것이다. 비판적인 서평이 부활하기 위해서는 우선 책 광고가 증가해야 하는데, 그럴 가능성이 높다는 것은 의미 있는 일이다. 책 광고는 현재 모든 미국 신문 광고의 1.16퍼센트밖에 차지하지 않는다. 평론가 칼린 로마노가 말했듯이, 미국 최대 신문사 그룹인 개닛사와 나이트리더사는 새로운 책 광고로 달러를 긁어모을 수 있는 최적의 위상을 지니고 있다. 그들은 뛰어난 서평 섹션을 만들어서 그들 그룹 신문 일요판에 선보일 수 있다(개닛사는 1997년 현재 74종의 일간지를 소유하고 있고, 나이트리더사는 31종을 소유하고 있다). 게다가 대규모 신문사가 해외 통신사를 지원하듯이, 설령 광고를 유치하지 못한다 해도 더 많은 서평을 실을 만한 이유가 있다. 그래야만 우수한 신문이라는 소리를 들을 수 있기 때문이다.

안타깝게도 도서 출판업자들은 책 광고를 하는 데 그리 열의가 없다. 1980년대 후반에 「뉴욕 포스트」지는 16면의 서평 섹션을 만들었다. 경제적으로 생존이 가능하기 위해서는 광고 지면이 8면은 되어야 한다. 〈그런데《그 어떤》책 광고도 들어오지 않았다.〉 오랫동안 편집자로 일한 스티븐 쿠오조가 한 말이다. 「샌디에이고 유니언」이 「트리뷴」과 합병되었을 때, 「유니언」 측은 격월간으로 펴낸 뛰어난 서평 섹션을 없애 버렸다. 집요하게 압력을 넣던 출판업자들이 〈네, 네, 광고 한다니까요〉 하고 다짐한 후 비로소 「샌디에이고 유니언 트리뷴」지는 1997년 2월부터 매주 일요 서평 섹션을 발행했다. 첫해에 출판업자들이 한 광고는 〈모두〉 여섯 건이었다. 그해에 크라운 서점에서는 서평 섹션의 뒷면에 매주 전면 광고를 내보냈다. 이듬해에는 14주 동안만 뒷면 광고를 했다. 「샌프란시스코 크로니클」지 서평 편집자 팻 홀트의 말에 따르면 샌프란시스코 만 지역이 미국에서 가장 서점이 많은 지역이다. 이 지역은 〈독립 출판사와 독립 서점들의 중심지〉이기도 하다. 하지만 서평 섹션은 손익 분기점에도 이르지 못했다. 내가 우연히 집어 든 서평 섹션에는 광고가 딱 하나 실려 있는데, 높이 1인치 너비 1단짜리 광고였다. 해외 뉴스를 취재하는 것은 언론의 권위를 높이기 위한 공익 서비스라고 할 수 있는데, 그런 차원에서 서평을 늘릴 가능성이 있다는 생각도 그리 낙관적이지 못하다. 해외 뉴스가 점점 줄어들고 있기 때문이다.

한편 신문은 날이 갈수록 온화해지고 있다. 일간지 숫자가 줄어들자, 물의를 일으켜서 눈길을 끌려는 생각도 줄어든 것이다. 평론가들이 권력 남용을 두려워하며 자기 검열을 하듯 신문도 그러고 있다. 이제는 경제적 기반이 워낙 탄탄해져서, 신문사 간 경쟁이 있다 해도 갈등을 피하는 경향을 보이고 있다. 미시시피 강을 사이에 두고 「미네

아폴리스 스타트리뷴」지와 경쟁하고 있는 「세인트폴 파이어니어 프
레스」지는 사설란을 아예 없애 버렸다.

그 밖의 많은 점에서도 그렇지만 특히 저널리즘의 변화 추세를 보
여 준다는 점에서 「USA 투데이」만 한 신문도 없다. 이 신문 사설에서
는 말할 가치도 없는 하찮은 얘기만 늘어놓는다. 반대에 부딪힐 만한
견해를 밝힐 때에는 사설 맞은편 지면(필자 서명이 들어간 특집 기사가 실
리는 지면)을 이용한다. 그 견해가 문제되지 않도록 하기 위한 이중 안
전장치로, 편집자들은 그 글에서도 건전한 소리만 해댄다. 서평도 마
찬가지다. 「USA 투데이」지는 목요일에 가장 많은 서평을 싣는데, 전
형적인 기사로 채워진 어느 목요일에 이 신문은 시인 테드 휴스를 다
루었다. 그런데 과대 선전된 그의 저서 『생일 편지』에 대한 이야기를
실은 후, 휴스에 대한 다른 작가들의 다양한 견해를 보고하고 있다.
그 밖에 어느 책에서 다룬 최악의 미국 대통령 열 명의 이름과 순위,
정기적으로 싣는 50대 베스트셀러 목록, 베스트셀러와는 좀 거리가
있지만 임의로 선정한 도서 목록(한 권은 순위가 213위) 등 세 가지 목
록을 싣고 있는데, 목록이란 언제나 논란을 일으킬 염려가 별로 없는
보고 방법이다.

저술가와 출판업자 가운데 이것을 좋게 생각할 사람들도 있을 것
이다. 그러나 그건 좋은 게 아니다. 멋진 싸움은 사람들을 끌어 모은
다. 곧잘 분란을 일으키는 영국의 『타임스 리터러리 서플러먼트』가
〈상처 입은 저술가가 보낸 분노의 외침〉을 독자 기고란에 싣는다고
광고하는 이유도 그래서다. 온건한 서평은 독자를 따분하게 하고, 독
서와 문학의 수준을 떨어뜨린다. 또한 문학계를 더욱 황폐하게 하고,
역설적으로 문학계를 더 썰렁한 곳으로 만든다. 토머스 무어는 악의

적인 서평을 쓴 평론가 프랜시스 제프리에게 또다시 목숨을 건 결투를 신청하지 않았다. 두 사람은 친구가 되었다.

6
문학과 운

작가에게 가장 도움이 되는 것은 운이며 때로는 돌연사와 같은
최악의 액운이 최고의 행운이 될 수도 있음을 여기서 증명해 드리겠다.

베스트셀러는 주로 우연의 산물이다. 누군가 그 책을 뉴스에서
다루는 이유가 무엇인가에 대해 뉴스에서 다룬 게 아니라면.
로버트 그레이브스

죽음을 기리는 말들이 많다.
에드먼드 클레리휴 벤틀리

작가들은 땀을 흘린다. 작품을 쓰는 것도 중노동이지만, 책 커버에 실을 뜨거운 찬사의 글을 얻기 위해 굽실거리는 것도 꽤 땀나는 일이다. 기나긴 판촉 여행을 떠나고, 미국 전역의 1,200개 토크 쇼에 나가서 매번 똑같은 멍청한 질문에 답하는 것도 그렇다. 그러나 저술가들이 아무리 땀을 흘려도 어떻게 해볼 도리가 없는 가장 중요한 요인이 하나 있다. 출판업자가 광고를 하지 않기로 결정하는 요인, 또는 더 나쁘게는, 인쇄기를 떠나자마자 분쇄기로 향할 수도 있는 요인, 그 요인은 바로 운이라는 것이다. 모든 종류의 운. 그것은 이루 말할 수 없는 행운일 수도 있고 악운일 수도 있다. 바나나 껍질을 밟고 미끄러져 죽은 덕분에 저서가 베스트셀러 목록에 오를 수도 있다.

출생의 행운

명문가에서 태어난다는 것은 영국 상원 의원이 되고자 하는 사람에게만 행운인 게 아니라, 작가가 되고자 하는 사람에게도 큰 행운이다. 그렇다고 해서 〈좋은〉 부모, 곧 자녀를 먹여 살리는 일 이상을 할 줄 아는 괜찮은 부모를 만나야 한다는 이야기가 아니다. 지금 이야기하려고 하는 것은 유명한 부모에 대해서다. 그 부모는 자식을 사랑할 줄 모를수록 더 좋다. 물론 세상에는 『열두 명의 웬수들』[1]과 같이 행복한 가정을 다룬 책이 즐비하다. 존 크로퍼드의 양녀가 쓴 회고록 『누구보다 사랑하는 엄마』와 같은 장르의 책도 흐뭇하게 읽을 수 있는 책이다.

로널드 레이건은 대통령의 직무에 대해 나 몰라라 했던 것처럼 자녀들에게도 나 몰라라 함으로써, 자녀들에게 글감을 풍성하게 베풀어 주었다. 그들의 책 가운데 일부는 베스트셀러가 되었다. 의붓아들인 마이클 레이건은 『밖에서 들여다보기』에서 외로웠던 어린 시절 이

---

1 원제 〈더 싸게 한 다스로Cheaper by the Dozen〉는 애들이 기왕이면 아주 많은 게 낫다는 것을 해학적으로 표현한 말로, 같은 제목의 영화도 나왔다 — 옮긴이주.

야기를 한다. 패티 데이비스는 『나는 이렇게 본다: 자서전』에서 열 살이었을 때 생일 선물로 정신과 의사를 얼마나 원했는가를 얘기한다. 『첫 번째 아버지, 첫 번째 딸: 회고록』에서 모린 레이건은 그녀가 열아홉 살쯤 되었을 때, 일곱 살의 패티 데이비스가 자기를 배 다른 언니인 줄도 모르더라는 사실을 알게 되었다. 그것에 대해 아버지는 이렇게 해명했다. 〈어, 그건 나도 미처 몰랐는걸.〉

마이클 레이건이 『언덕 위의 도시』에서 그랬듯이, 집안의 노인네가 좀 신경에 거슬리더라도, 그 노인네가 가정 밖에서 성취한 것을 찬양함으로써 약간의 반사 이익을 얻을 수도 있다. 아버지가 알츠하이머 진단을 받았을 때 패티 데이비스가 그랬던 것처럼, 일단 울분을 잠시 접어 두고 멋진 찬양의 책을 쓸 수도 있다. 언제나 임시 미봉책을 즐겼던 로널드와 낸시 레이건은 『천사는 죽지 않는다』는 그 책에 대해 각자 서문을 써주었다.

레이건 집안사람들은 명성을 이용하기 위해 꼭 부모에 대한 글만 쓸 필요는 없다는 것도 알고 있었다. 자신의 글이 허구인 척해도 된다. 붓을 꺾을 수가 없었던 패티 데이비스는 자식을 나 몰라라 하는 권력자 아버지들과 사악한 어머니들이 등장하는 세 편의 소설을 썼다. 『비밀의 집』, 『후방』, 『함정』이 그것이다. 여기서 끝내지 않고 저술업에 깊이 발을 들여놓은 후에는 가족 얘기를 접고 정말 관심을 끄는 주제를 다루었다. 데이비스의 네 번째 책은 『굴레』였다. 『퍼블리셔스 위클리』지는 이 책이 〈막무가내의 무책임한 섹스 범벅〉이라고 지적했다.

언젠가는 영리한 기업가가 레이건의 자녀들이 쓴 책들을 모아 『가정의 가치』라는 가죽 장정의 한정판 전집을 펴낼 법하다. 레이건의 자녀 가운데 이 전집에 넣을 저서를 갖지 않을 유일한 사람은 론 레이건일 것이다. 그는 1991년에 책을 써서 덕을 보지 않겠다는 맹랑한 선언을 했다. 그건 뭔가 자제하려는 것이기보다는 또 다른 영역인 텔레비전에서 가문을 이용하려는 것이다. 「새터데이 나이트 라이브」에서 그는 속옷 바람으로 춤을 추었고, 「론 레이건은 대통령의 아들」이라는 시네맥스의 코미디 특별 코너에서 연기를 했다. 자신이 아버지와는 붕어빵이라는 것을 깨달은 젊은 론은 스스로 〈사이비 연예인〉이라고 자처한다.

유명 가문의 자녀가 부모에 대해 글을 쓰려고 할 때 모든 게 순조롭기만 한 것은 아니다. 유명한 마피아 두목 존 고티의 딸인 빅토리아 고티는 소설을 썼다. 그런데 첫 소설이 계속 출판사로부터 퇴짜를 맞았다. 소설 문장이 뜨악해서 그랬을까? (〈그녀에 대한 욕정이 그의 내면에서 종양처럼 자랐다.〉 예컨대 이런 문장이?) 아니면 책이 잘 팔리지 않을 경우 출판업자가 시멘트 신발을 신게 될까 봐 겁을 먹은 건 아닐까? 그러나 가장 큰 문제가 된 것은 아마도 그녀의 아버지가 암흑가를 주름잡고 있다는 게 그리 분명치가 않았다는 사실일 것이다. 그녀는 첫 소설인『상원 의원의 딸』이 실화가 아닌 데다가, 아버지가 배관 자재 사업을 한다고 주장했다. 그런데 세 자녀의 어머니인 그녀는 〈범죄〉 소설을 썼고, 그녀의 가족에 대해서는 부인할 수 없는 사실이 있었다. 즉, 그녀의 아버지가 일리노이 주 매리언의 교도소에 수감되어 있다는 사실 말이다. 마침내 작은 출판사인 포지 출판사에서 이 책을 선뜻 받아들였다. 책 표지에는 고티라는 처녀 때 성이 제목보다 더 크게 인쇄되었다. 그건 유명 작가에게나 걸맞은 표지다. 빅토리아는 이름을 날렸다. 그녀는 텔레비전 아침 토크 쇼에 나가서 아버지에 대한 설명을 할 수 있었다. 그녀의 아버지가 배관 자재 사업을 한 건 맞는 말인데, 아무튼 감옥에 있는 아버지가 원고를 읽었다고. 가문의 역사를 이용하는 것의 가치를 깨달은 그녀는 다음 책 제목을 〈어디 두고 보자〉라고 지었다. 지각이 있는 평론가라면 이 제목의 요지를 놓치지 않을 것이다.[2]

부모가 유명하지 않다면 형제자매를 끌어들일 수도 있다. 버디 포스터는 누이인 조디 포스터에 대한 책을 냈다. 쓸 만한 누이동생도 없다면 먼 조상 가운데 유명한 사람을 팔아도 좋다. 티보 드 사드는 그 유명 인물의 증손의 증손인데, 불현듯 조상의 전기를 써야겠다는 생각을 했다. 그는 그 책이 언제 나올 것인지는 말도 하지 못하면서 일찌감치 인터뷰부터 하기 시작했다. 레이건의 자녀와는 달리, 그는 유명한 조상의 이미지가 더욱 개선되기를 바랐다.

당신이 작가이고 가문에 유명 작가가 있다면, 유전자를 물려받은 척하는 것도 좋은 방법이다. 소설가 조애나 트롤럽은 여러 인터뷰에서 유명한 조상인 앤서니 트롤럽처럼 그녀도 〈동정심과 아량, 우리 모두가 함께 공존한다는 느낌〉을 지니고 있다고 주장했다. 그녀는 그 조상의 5대손이니까, 그 점에서 그녀가 트롤럽 일가 수백 명과 공존하고 있는 것은 사실이다. 아무튼 그녀는 다음과 같은 신문 제목을 당당히 요구해서 받아 낼 만큼 영리한 사람이다. 〈작가 조애나 트롤럽은 앤서니의 피붙이라는 것을 자랑스러워한다.〉

---

2 「뉴욕 타임스」 보도에 따르면 1980년에 고티의 어린 아들이 〈세발자전거를 타고 찻길로 잘못 들어갔다가, 이웃 사람 존 패버라가 몰고 가던 차에 치여 죽었다. 그건 사고였다. 넉 달 후, 세 명의 남자가 패버라 씨의 머리를 곤봉으로 후려쳐서 롱아일랜드의 주차장에 있는 밴에 쑤셔 넣는 것이 목격되었다. 그 후 그는 실종되었다〉.

보도 가치가 있는 사건

특정 주제의 책에 대한 대중의 갈증은 식을 줄 모른다. 미국에서 초창기에 베스트셀러가 되는 최고의 방법 — 실은 거의 유일한 방법 — 은 종교에 대해 쓰는 것이었다.『황금 군중: 미국의 연출된 사건 지침』에서 프랭크 루서 모트는 이렇게 말했다.〈최초의 베스트셀러 20종 가운데 13종이 명백한 종교 교육 서적이었고, 4종은 종교색이 강했다.〉오늘날에는 출판업자 마이클 베시가 말했듯이,〈히틀러, 링컨, 나폴레옹, 남북 전쟁에 대해서는 너무 많은 책이 나왔다는 말을 결코 할 수 없다〉. 메릴린 먼로와 개에 대한 책도 마찬가지다. 예컨대 앤드루스 맥밀 출판사가 1998년 한 해에 발행한 개에 대한 책만 해도 여러 종이 있다.『좋은 양치기: 특별한 개의 치유 재능』,『개는 무슨 꿈을 꿀까?』,『모래 언덕의 개』,『우리가 개를 사랑하는 이유: 짖으며 미소 짓는 책』,『개 세 마리 빵집 요리책』. 아마존 닷컴을 찾아보면 메릴린 먼로에 대한 책이『메릴린, 나의 메릴린: 메릴린 먼로에 대한 시 편 모음』,『월트 휘트먼과 메릴린 먼로의 결혼과 아프리카』를 비롯해서 150여 종이 있다. 그 밖에도 아마존 닷컴에서는 수십 종의 메릴린 비디오와 달력을 판다.

그러나 작가 지망생이라면 그런 시류에 편승하기 전에 먼저 뜻밖의 큰 사건을 포착하는 것이 얼마나 값진가를 먼저 짚어 볼 필요가 있다.[3] 횡재를 바라는 것에도 나름대로 이점이 있다. 책을 더 잘 쓰려고 해도 그건 여간 어려운 일이 아니다. 하지만 보도 가치가 있는 책을 쓰고자 하면 그건 상대적으로 쉬운 편이다. 또한 중요 뉴스는 대개 나쁜 뉴스이기 때문에, 전쟁과 같은 최악의 사건도 당신의 책을 위해서는 신나는 사건이 될 수 있다.

전쟁은 장군을 띄우는 것 못지않게 작가를 띄운다. 대니얼 여진은 『전리품: 석유, 돈, 권력의 서사적 추구』를 7년에 걸쳐 썼다. 그런데 공교롭게도 이 작품을 완성한 것은 1990년 8월 이라크가 쿠웨이트를 침략하기 며칠 전이었다. 중동에서 전투가 격화되는 동안, 미국인들은 한 손에 텔레비전 리모컨을 쥐고, 다른 손에는 『전리품』을 들고 있었다. 물론 이 책은 베스트셀러가 되었다.

앨버트 후라니, 토니 호위츠, 사미르 알카릴에게도 걸프전은 행운을 안겨 주었다. 후라니가 오래 계획해 온 『아랍인의 역사』는 우연히 적시에 완성되었다. 출판사에서는 당초 계획했던 부수의 3배를 인쇄했다. 「월 스트리트 저널」의 기자 토니 호위츠도 적시에 책을 탈고했다. 원래의 제목은 이러했다. 〈나는 사막에서 뚱보를 본 적이 없다.〉 이 책의 17장 가운데 하나의 장에만 이라크 얘기가 나온다. 그런데도

---

3 저술가들은 앞을 내다봄으로써 행운을 스스로 만들 수 있다. 뉴스가 되는 많은 사건은 오래전에 계획된 기념제나 사건과 관계가 있다. 제임스 미치너는 그런 사건을 문학 시장으로 끌어들이는 방법을 누구보다도 잘 알고 있었다. 그는 하와이 주 승격에 맞추어 소설 『하와이』를 탈고했고, 미국 탄생 200주년인 1976년에 맞추어 소설 『센테니얼』을 썼다[소설 속 가상의 도시 이름인 센테니얼Centennial은 100년제를 뜻한다].

이 책 제목은 〈지도 없이 바그다드를〉로 바뀌었다. 랜덤하우스는 사미르 알카릴이 캘리포니아 대학 출판부에서 1989년에 펴낸 『공포의 공화국: 사담의 이라크 뒷이야기』를 복간했다.

전쟁 덕을 보려고 인스턴트 책을 펴내는 저술가와 출판업자가 많다. 『쿠웨이트 유린』(〈이 책을 읽으면 왜 우리가 거기 있는지 알게 됩니다.〉텔레비전 광고에 나온 말이다), 『사담 후세인과 걸프 위기』(2주일 반 만에 써서 서점에 40만 부 이상 배포), 『사막의 방패 실화 책』(워 게임을 만드는 회사가 업무 일지처럼 만들어 낸 책으로, 당시의 부통령 댄 퀘일은 이 책을 구하려고 출판사에 두 번이나 전화를 했다), 『걸프에서의 승리』(「US 뉴스 앤드 월드 리포트」지의 직원이 쓴 책), 『걸프전 독본: 역사, 기록, 여러 견해』, 『CNN 보고: 걸프에서의 전쟁』(CNN은 비디오도 제작했다), 『사담 후세인을 격퇴하는 방법』, 『사막의 방패 작전: 첫 90일』(사진첩) 등. 이런 책들은 약간의 금전적인 성공을 거두었지만, 오랫동안 준비해 온 사려 깊은 책을 남보다 앞서서 전선에 내보낸 저자들은 더없이 큰 보상을 받았다.

미국 국회는 특히 두둑한 보상을 해준다. 업턴 싱클레어가 『정글』을 쓴 것은 도시 빈민가 거주민들의 비참한 삶을 폭로하기 위해서였다. 사람들은 이 책에 나온 주인공보다 시카고의 비위생적인 도살장에 더 관심을 보였고, 의원들은 기존에 추진 중인 식품 검사법 통과를 더 서둘러야 했다. 싱클레어는 훗날 이렇게 말했다. 〈내가 겨냥한 것은 대중의 가슴인데, 뜻하지 않게도 배를 강타했다.〉 이 책은 문체나 플롯이 그리 우아하지 않지만, 1906년에 발행된 지 6주 만에 2만 5천 부가 팔렸다. 이와 비슷하게, 미국 국회가 파나마와의 운하 조약을 재고하고 있을 때, 데이비드 매컬로의 『바다 사이의 길: 파나마 운하

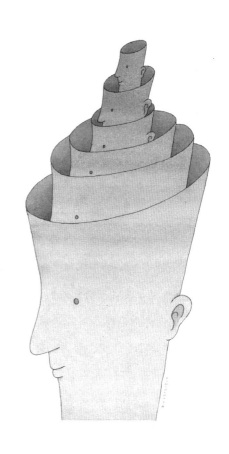

건설』이 발행되었다. 당시 나는 국회를 취재하고 있었는데, 당시를 돌이켜 보니 모든 의원들이 이 책을 한 권씩 받았다.

그러나 보도 가치가 있는 사건은 언제 어디서든 일어날 수 있다. 체게바라 전기 3종이 발행된 것은 1997년이었다. 이 혁명가의 시신이 당시 볼리비아에서 발견되어, 게릴라 군 중심지였던 마에스트라 산맥에 이장하기 위해 쿠바로 옮겨질 줄은 아무도 예상치 못했다. 타이타닉호에 대해 오래 집필해 온 책『침몰할 수 없는』이 발행되었을 때, 뜻밖에도 돌연 영화가 만들어졌다. 영화만 나오지 않았다면 이 책은 분명 베스트셀러가 되지 않았을 것이다. 1958년에 월터 로드가 타이타닉호에 대해 쓴『잊지 못할 밤』도 마찬가지다. 영화가 나오지 않았다면 이 책이 270만 부가 넘게 70쇄 이상을 찍어 내는 일은 없었을 것이다. 머잖아 영화화될 것 같다는 소문조차도 행운을 몰고 올 수 있다. 버드 슐버그의『새미가 달리는 이유』는 1941년에 나왔을 때에도 잘 팔렸는데, 1990년대 초까지도 한 해에 약 1천 부씩은 팔렸다. 그런데 1998년에 영화화할 가능성이 있다는 소문이 돌자,「로스앤젤레스 타임스」보급판 베스트셀러 목록에 올랐다.

오늘날 이러한 유형의 출판 행운은 날이 갈수록 더욱 막강해질 것이다. CNN은 반스 앤드 노블 서점에 날마다 중요 뉴스 보도 일정을 보내 주고 있다. 이 일정을 보고 서점 측에서는 가장 보도 가치가 있는 책을 온라인상에서 광고한다. 하지만 보도 가치가 있는 사건이 역으로 작용할 수도 있다는 것을 염두에 두어야 한다. 현대 러시아를 연구하며 수년을 보낸 저자가 있었다. 이윽고 지치도록 연구해 온 결과가 서점에 깔릴 즈음, 모스크바에서 쿠데타가 일어났다. 그러자 모든 지도층이 몰락하기 시작했다. 이런 일을 당한 사람이 바로 전 상

원 의원 게리 하트다. 그가 쓴 책은 『러시아가 세계를 흔든다: 제2의
러시아 혁명과 서구에 대한 충격』이다. 그는 제2의 혁명에 대해 썼다.
그런데 그건 한물가고 대중은 이제 제3의 혁명이 궁금했다.

호평을 받는 것과 운이 좋은 것

전미 도서상은 1만 달러와 크리스털 조각상을 수여한다. 잉글랜드의 부커상은 상금이 좀 더 많아서 2만 파운드를 준다. 그러나 중요한 것은 상금이 아니다. 프랑스의 공쿠르상 수상자는 고작 50프랑을 받는다. 이 돈으로는 샹젤리제 거리의 식당에서 그럴듯한 한 끼 식사를 할 수도 없다. 그러나 진짜 보상은 나중에 주어진다. 상을 받은 책은 거의 확실하게 베스트셀러가 되고, 출판업자들은 수상 작가의 다음 책에 대한 출판권을 따내려고 각축을 벌이게 된다. 살만 루슈디와 애니타 브루크너는 각각 『한밤의 아이들』과 『호텔 뒤락』으로 부커상을 받은 후 느닷없이 인기가 치솟았다.

그러한 상이 엄격하게 책의 질을 근거로 해서 수여된 것이라고 생각하기 쉽다. 실은 그렇지 않다. 가치 있는 책은 많다. 소위 양서라는 것은 사실 취향의 문제일 뿐이다. 수상작 심사 기간이 점점 짧아짐에 따라, 다음 수상자를 알아내는 일은 룰렛 게임을 하는 것이나 마찬가지가 되었는데, 승산은 더욱 희박하다. 부커상을 노리며 출판업자가 고용하는 문학 전문가들과 달리, 심사 위원들은 모든 후보작을 끝까지 읽지 않는다는 소문이 늘 떠돌고 있다.

　누가 수상할 것인가는 운에 달려 있다는 것을 일단 알게 되면, 작가들은 마음을 놓을 수 있다. 그래서 형식적인 심사 위원들뿐만 아니라, 우연히 자기 작품을 좋아하게 된 문학의 대가들이 한바탕 번갯불로 조명을 해주길 침착하게 기다리면 된다. 사실 후자가 더 바람직하다. 운이 좋은 것이라고 할 수 있는 도서상을 받는 것과 달리, 〈호평〉을 받는 것은 있는 그대로 작품을 인정받은 것이기 때문이다.

　문학계의 대가에게 호평을 받으면 제대로 호평을 받은 셈이다. 유명한 예로 제임스 힐튼의 『잃어버린 지평선』을 들 수 있다. 이 작품이 1933년에 처음 발행되었을 때에는 독자의 주목을 받지 못했다. 그러다 알렉산더 울컷이 이것을 『뉴요커』지에 추천하는 한편, 자신의 라디오 프로그램에서 그가 이 책에 〈은근히 반했다〉고 말한 후 사정이 돌변했다. 이 책은 1주일 만에 6천 부가 팔렸다. 이 책에 나오는 티베트의 가상의 라마교 사원 이름인 샹그리라가 지금은 머나먼 낙원을 뜻하는 말로 사전에까지 오르게 되었다.

　그러나 반드시 문학의 대가한테 호평을 받을 필요는 없다. 사사로운 조언 고정란을 쓰는 앤 랜더스만 해도 인쇄기를 전속력으로 돌리게 할 수 있는 힘이 있다. 『오줌싸개 고치기: 방광을 다스리는 실천 지침』이라는 책은 거의 50군데의 출판사로부터 퇴짜를 맞은 후 존스홉킨스 대학 출판부에서 빛을 본 책이다. 이 책이 발행된 후에도 주요 서점에서는 이 책을 받으려고 하지 않았다. 이때 랜더스가 등장했다. 앤 랜더스가 자기 고정란에서 이 책에 대해 한마디 호평을 하자, 공동 저자인 캐스린 버지오, 리넷 피어스, 앤젤로 루코의 운명은 졸지에 역전되었다. 존스홉킨스 대학의 출판 마케팅 이사는 쇄도하는 편지에 확인필 메모 용지를 끼울 클립이 부족하다는 고충을 털어놓을 정도였다. 이 책은 1년 동안 10만 부 이상이 팔렸다. 그리고 1991년에 이 책은 미국 대학 출판 연합이 수여하는 황금 요행상을 받았다.

대통령의 덕담 한마디는 현찰과 같다. 에이브러햄 링컨은 신문에서 우연히 읽은 게 분명한 「인류」라는 시를 좋아했다. 전해 오는 말에 의하면 그는 그걸 쓴 시인이 누군지도 몰랐다. 하지만 그 시편을 외워서 여러 차례 낭송하기까지 했다. 그가 그러지 않았다면 오늘날 윌리엄 녹스라는 스코틀랜드의 시인을 기억하는 사람은 아마 없을 것이다. 시어도어 루스벨트는 『버지니아 사람』을 좋아한다고 말함으로써 오언 위스터를 도왔다. 드와이트 아이젠하워는 제인 그레이를 띄워 주었다(아이젠하워가 백악관에 들어갔을 무렵에 그레이는 이미 문학사에 편입되어 있었지만). 맬컴 머거리지는 이언 플레밍의 007 연작 소설 열두 편을 〈궁상맞은 열망〉이라고 폄하했다. 그의 말에 따르면 제임스 본드는 〈가속 페달에 올려놓은 발로는 속도를, 손으로는 섹스를 탐하는 칙칙한 욕구〉를 지닌 대중에게 호소한다. 그런 독자 가운데 한 명이었던 존 F. 케네디는 제임스 본드 스릴러를 좋아한다고 밝힘으로써 플레밍을 도와주었다(또한 그는 에벌린 우드를 꽤나 좋아해서, 그녀의 속독법을 배우라고 백악관 직원들 10여 명을 보내기도 했다. 그러자 에벌린 우드의 독서 역학 연구소에 일반인들이 몰려들었다). 레이건은 톰 클랜시를 띄워 주었는데, 그의 소설을 읽기보다는 영화가 나오길 기다렸다는 말이 있다. 빌 클린턴이 추리 소설 작가 월터 모슬리의 책들을 읽고 백악관으로 초대했다고 말하자, 모슬리의 책이 불티나게 팔렸다.

총리, 또는 전 총리의 영향력도 물론 대통령 못지않다. 허버트 애스퀴스 경은 옥스퍼드 대학 강연 때 리턴 스트레이치의 『빅토리아 시대

명사들』을 높이 평가했다. 그것에 대해 스트레이치는 자기 어머니에게 이렇게 말했다고 한다. 〈그 강연은 무진장 지겨웠을 거예요. 하지만 그렇게 고상한 광고를 했다니 혹평은 못하겠군요.〉

〈혹평〉이 〈호평〉만큼 좋을 수도 있다. 체코 대통령 바츨라프 하벨과 젊은 여배우 아내가 『성을 뒤흔든 7일』에서 쑥덕공론의 대상이 되자, 이들 부부는 저자를 고소했다. 저자는 흥미진진한 부분을 검은 잉크로 삭제해야 했다. 책 표지에 〈검열 필〉이라고 찍은 그의 책은 판매량이 급증했다. 이란의 전 대통령 아볼하산 바니사드르는 『내가 말할 차례: 이란, 혁명, 그리고 미국과의 밀거래』를 판촉하기 위해 미국에 가려고 했다. 미국 정부는 입국을 거부했다. 미국 관료들이 마음을 바꾸어 그가 미국 땅을 밟았을 때, 20여 명의 기자들이 공항에서 그를 맞이했다. 그의 미국 출판사는 재빨리 더 많은 책을 인쇄했다. 메츠 팀의 야구 선수 한 명은 『돈으로 살 수 있는 최악의 팀: 뉴욕 메츠의 몰락』 공저자 가운데 한 명에게 주먹질을 하려고 함으로써 그 책을 주목받게 했다. 그 책 편집자는 이렇게 말했다. 〈그런 광고는 돈으로 살 수 없죠.〉

정크 본드 업계의 리더인 마이클 밀컨이 변호사를 통해 「뉴욕 타임스」에 4만 달러짜리 전면 광고를 낸 것도 앞서의 주먹질과 같았다. 이 광고에서 그는 제임스 스튜어트의 책 『도둑 소굴: 아이번 보이스키, 마이클 밀컨, 마틴 시겔, 데니스 레빈이 월 스트리트를 약탈하고 파괴한 방법』을 맹렬히 비난했다. 밀컨의 처지에서는 그럴 만했다. 그는 연방 정부와 그의 옛 회사 드렉셀 버넘 램버트사가 100만 달러 이상의 소송을 제기하는 한편, 10년 형을 선고해야 한다고 호소했다. 그러나 밀컨은 스튜어트에게 보복하지 못하고, 스튜어트의 책을 「뉴욕 타임스」베스트셀러 목록에 올려놓았을 뿐이다.

극적으로 도서상 수상을 하지 못하고 〈게다가〉 혹평까지 듣는다면 그보다 더 좋을 수 없다. 아르헨티나의 작가 페데리코 안다하시는 클리토리스를 임상 연구한 한 과학자에 대한 소설 『해부학자』를 썼다. 이 소설은 아르헨티나 사람이 쓴 최고의 처녀작에 상을 주는 포르타바트 재단상을 받기 전까지 전혀 주목받지 못했다. 아말리아 라크로스 데 포르타바트는 이 책이 상을 받은 것을 알고, 시상식을 취소하고 그 책을 공격하는 신문 광고를 냈다. 그 결과 안다하시의 고국에서 책이 불티나게 팔렸다. 또 그런 광고 덕분에 영어로 번역하고 싶어진 미국 출판사와 아주 유리한 계약을 했다. 안다하시에게 상을 주지 않았던 라크로스 데 프로타바트 부인은 주위 압력에 마음이 누그러져서, 결국 상금 1만 5천 달러를 주었다.

더럽게 좋은 운

한 작가가 독일 출판사에 이렇게 말한 적이 있다. 나폴레옹이 위대했다는 증거 가운데 하나는 출판업자를 총살시킨 적이 있다는 거라고. 19세기의 작가 라프카디오 헌은 자기 출판사의 견해가 〈방귀 통조림보다 못하다〉고 꼬집었다. 어느 날 괴테는 자기 책을 낸 출판업자와의 관계가 〈더 아름다워질 수밖에 없다〉고 말했다. 그 후 출판업자의 답신이 늦은 것에 화가 난 괴테는 출판업자들이 〈죄다 악마이며, 그들을 처넣을 특별한 지옥이 분명 있을 것〉이라고 비난했다.

처녀작 계약서가 우편으로 도착했을 때 저술가에게 출판업자는 거의 성자로 보인다. 그 후 차츰 불만이 흰개미처럼 그들의 관계를 갉아먹는다. 관계가 붕괴 직전에 이르면, 저술가는 부당한 처사에만 신경을 쓴 나머지, 정말 못된 출판업자를 만나는 게 최대의 축복일 수 있다는 사실을 잊어버린다.

오랫동안 영국 식민지로 있던 홍콩을 중국에 넘겨준 후, 마지막 영국인 총독 크리스토퍼 패튼은 하퍼콜린스사와 출판 계약을 맺었다. 식민지 양도가 세계적인 언론의 주목을 받자, 패튼은 세계적인 명사가 되었다. 〈이토록 명석하고 이토록 독자를 사로잡는 현대 정치가의 책을 본 적이 없습니다.〉하퍼콜린스사의 임원이 『동양과 서양: 중국, 권력, 아시아의 미래』 앞부분 원고 일부를 읽고 평한 말이다. 이 출판사는 책에 대한 관심을 높이기 위해 사보이 호텔에서 특별 만찬 파티를 열었다.

저자를 위해 그 밖에도 온갖 일을 한 하퍼콜린스사는 마지막으로 가장 멋진 일을 해주었다. 하퍼콜린스사를 소유한 루퍼트 머독이 출판을 취소해 버린 것이다. 이 언론계의 거물이 합작을 하고 있는 중국인들의 심기를 건드리고 싶어 하지 않았다는 게 그 이유라고 생각하는 사람이 많다(하퍼콜린스사는 덩샤오핑의 딸이 펴낸 덩샤오핑 전기 영어판을 발행했다. 그뿐만 아니라 머독은 스타 TV의 중국 위성 사업 진출을 노리고 있었다). 패튼은 즉각 런던의 맥밀런 출판사와 새 계약을 맺었다. 그는 하퍼콜린스사로부터 받은 선인세 20만 달러를 고스란히 챙겼을 뿐만 아니라 1개 대대의 광고업자들이 만들어 낼 수 있는 것보다 더 대대적인 언론의 주목을 받았다. 미국판 책 표지에는 다음과 같이 쓰인 커다란 빨간 스티커를 붙였다. 〈루퍼트 머독이 출판하지 못한 책.〉또한 머독의 다음과 같은 인심 좋은 발언을 최대한 활용한 보도 자료를 뿌렸다. 〈『동양과 서양……』은 하퍼콜린스사가 출판하기엔 너무나 문제가 많습니다.〉감미로운 복수가 이걸로 충분치 않을 경우를 대비해서, 대부분의 서평이 출판 약속을 어긴 머독 이야기부터 들먹였다.

『아메리칸 사이코』를 쓴 브렛 이스턴 엘리스도 마찬가지로 운이 좋았지만, 그런 운을 거머쥘 만한 자격은 좀 떨어진다. 이 책은 잔혹하게 여성들을 살해한 월 스트리트의 한 중개인에 대한 소설이다.

1990년에 사이먼 앤드 슈스터사는 이 추악한 이야기책을 펴내기로
한 약속을 어겼다. 이것 역시 돈으로 살 수 없는 언론의 주목을 받았
다. 빈티지라는 다른 출판사가 이 책을 넙죽 채갔고, 역시 베스트셀러
가 되었다.

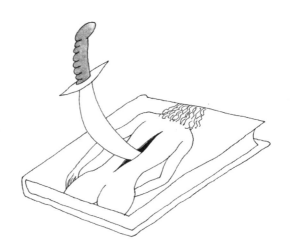

죽음과 운

〈전직을 잘했군.〉 소설가 트루먼 커포티가 죽었다는 말을 듣고 문학 평론가 고어 비달이 한 말이다.

책이 배포되기 직전에 저자가 죽을 경우 문제가 될 수 있다. 어떤 저자는 죽으면 책을 팔지 못한다. 물론 사인회도 할 수 없다. 저자 돌연사 증후군이라고 부름 직한 이 현상이 다음과 같은 저자들에게 특히 문제가 되었다. 『달리기 전서』를 썼는데 조깅을 하다가 죽은 짐 픽스. 『수영 다이어트: 일생의 운동 계획』을 발행하기 직전에 심장 마비로 사망한 조지프 E. 매키보이. 〈저혈당 발작을 일으킨 운전기사의 차에 치이지 않는 한 나는 100세까지 살 것〉이라고 큰소리를 친 유기농 먹을거리 책을 냈다가, 「딕 캐빗 쇼」에 출연하러 가서 51세의 나이에 쓰러져 죽은 제롬 로데일 등.

하지만 J. 앤서니 루카스가 『큰 문제』를 탈고한 직후 자살을 했을 때 일어난 일처럼, 사랑하는 작가가 죽었을 때에는 문학계의 친구들이 책 판촉 여행을 대신해 주는 경우도 있다. 그런 작가의 죽음은 뉴스가 된다. 사망 기사는 새 책을 파는 데 도움이 되고, 모든 사람이 잊어버린 옛 책이 부활하기도 한다. 죽지 않고서는 재발견될 수가 없다.

몇 년 전 나는 엘리너 클라크의 사망 기사를 읽었다. 그녀는 내가 알지 못했던 작가다. 사망 기사에 그녀의 『고대 로마와 장원』(1951)이 준고전이라는 말이 쓰여 있었다. 흥미를 느낀 나는 그 책을 찾아 달라고 헌책방에 전화를 했다. 사망 기사 때문에 그 책 주문이 빗발치고 있다고 종업원이 말했다.

세스 모건은 『불량소년』을 낸 직후 오토바이 사고로 죽었다. 모건이 살았던 뉴올리언스의 한 책방 주인이 말했다. 〈그가 살았을 때에는 1주일에 두 권쯤 팔았죠. 하지만 그가 죽은 날, 사인을 받아 두고 팔지 못했던 스무 권을 모두 팔아 치웠습니다. 아주 광적이었어요. 지금도 80달러를 내고 사인한 책을 사겠다는 사람들이 줄을 섰는데, 그런 책은 진작 품절되었죠.〉

루이지애나 주립대학 출판부의 임원 레스 필라봄은 이렇게 말한다. 〈독자는 이제 막 사망한 작가의 책을 구하고 싶어 합니다.〉 그러나 출판업자들은 방금 세상을 뜬 무명작가의 책을 떠맡고 싶어 하지 않는다. 책은 예측 불가능한 시장의 변화에 민감할 뿐만 아니라, 장기적인 판매에도 한계가 있다. 출판업자들은 재능 있는 작가들과의 관계를 유지하고 싶어 한다. 그래서 다음에 낼 책에 대한 우선권을 보장하는 조항을 계약서에 넣으려고 한다. 그들이 잘 알고 있다시피, 첫 책을 잘 광고하면 후속 책 판매에도 도움이 된다.

그런데 작가의 비극적인 죽음은 책에 대한 신비감을 자아낸다. 그 책에 비극적인 요소가 있다면 더욱 그렇다. 필라봄은 그것을 직접 경험했다. 뉴올리언스의 또 다른 젊은 작가 존 케네디 툴은 『바보들의 결탁』을 쓴 직후 자살했다. 그의 어머니는 워커 퍼시를 설득해서 원고를 읽어 보게 했다. 퍼시는 이것을 필라봄에게 넘겼고, 필라봄은 위험을 감수하고 출판하기로 했다. 이 책은 퓰리처상을 받았고, 20년이 지난 뒤에도 해마다 10만 부 이상 팔리고 있다. 이것은 해학적이면서도 슬픈 소설이다. 훗날 퍼시는 이렇게 말하곤 했다. 〈그 책에 나오는 비극은 그대로 저자의 비극입니다.〉

죽은 작가들 다수는 내가 어렸을 때 고향의 허름한 박물관에서 보곤 했던 미라와도 같다. 우리 고향의 전설에 따르면, 시체가 죽은 후에도 몇 년 동안 머리칼이 자란다고 한다. 다작을 한 빅토르 위고는 1885년에 사망했는데, 그의 전기 작가가 말했듯이 〈중요한 유작이 잇달아 출판되자…… 19세기의 프랑스 문학의 지평이 소급해서 달라졌고, 위고 전집의 부피가 30퍼센트 이상 증가했다……. 이후에도 알려지지 않았던 단편들이 꾸준히 발견되고 있다. 그의 편지가 《전부》 수록된 책이 나오려면 앞으로도 오랜 시간이 걸릴 것이다.〉아이작 아시모프가 말했듯이 〈사소한 죽음 따위가 글쓰기를 중단시킬 수는 없다〉.

어니스트 헤밍웨이는 1961년에 자살을 한 후에도 편히 쉬지 않았다. 다음의 약력에 나와 있듯이, 지난날 발표하지 않은 장편 소설 유작들만이 아니라, 서간집과 신문 기사, 단편 소설들이 속속 모습을 드러냈다. 그것들 가운데 상당수는 출판 가치가 없다고 헤밍웨이 본인이 판단한 것들이다. 그가 출판하지 말라고 명확히 지시한 것들도 있다. 그러나 그를 사랑하는 사람들은 그게 더 이상 헤밍웨이가 참견할 일이 아니라고 생각한다. 그건 그들의 문제라는 것이다. 헤밍웨이는 스크리브너 출판사의 작가들 가운데 지금도 최고에 속한다. 헤밍웨이는 1999년에 『동틀 녘에 참된』이라는 장편 소설을 펴냈다. 이것은 자전적인 미완성 소설인데, 그의 자녀 가운데 한 명이 일부 살을 깎아

죽어서 책을 내다 | 어니스트 헤밍웨이의 유작

* Write in Peace(고이 잠들어 글을 쓰다)

보니 보먼 작성

내고 편집했다. 찰스 스크리브너 3세는 이렇게 말했다. 〈이제 끝났어요. 더 이상의 책은 없습니다.〉 그러나 이 말은 믿을 게 못 된다. 그 소설을 편집한 아들도 나이가 고희를 넘겼으니 더 이상 그에게는 아버지의 책이 없을 수도 있다. 그러나 헤밍웨이의 자녀들도 자녀들을 낳았다. 그들은 또다시 살을 깎아 내고 편집할 뭔가를 찾아낼 것이다. 늙은 헤밍웨이의 세탁물 목록이라도 말이다.

돈이 되는 작가들이 죽은 후 미발표 작품을 남긴 게 없다면, 출판업자들은 유령이라도 부린다. 버지니아 C. 앤드루스는 10대 독자층을 노린 공포물 작가인데 생전에 일곱 권의 책을 냈다. 그런데 1998년 말까지 그녀의 이름으로 스물네 권의 새 책이 출판되었다. 대필 작가 앤드루 나이더만이 새 주인공들을 만들어 냈고, 이 책들은 과거 앤드루스의 책보다 더 잘 팔렸다. 이것은 불가피하게 앤드루스의 상속자들과 분쟁을 낳았다. 나이더만은 다섯 번째 책으로 앤드루스의 유산을 450만 달러나 불려 놓았는데, 그 가운데 175만 달러만 받는 것은 너무 적다고 생각했다. 하지만 그는 책을 쓰면서 스스로 〈부가적 존재〉라는 느낌이 들었다는 것을 인정했다. 결국 양측은 마케팅을 위해 앤드루스의 이름을 그대로 사용할 필요가 있다는 데 동의했다. 출판업자는 이렇게 말했다. 〈상속자들은 버지니아의 넋이 깃든 책들을 계속 출판할 생각입니다.〉

그 밖에도 무덤에 들어가서도 책을 계속 펴내는 작가들이 많다. 리처드 라이트가 사망한 지 38년이 지난 1998년에 그의 마지막 책 『하이쿠: 다른 이 세상』이 처음으로 나타났다. 출간을 거부당한 쥘 베른의 미래 소설 『20세기의 파리』는 20세기가 거의 끝나 갈 무렵에야 세상에 나왔다. 아무튼 이 책은 베스트셀러가 되었다. 루이스 라무어는 죽은 지 20년이 되어 가는데, 그의 모든 책 판권을 지닌 밴텀사가 지금도 해마다 라무어의 새 책을 펴내고 있다. 새로운 책 커버에 실리는 이 불멸의 작가 사진은 과거에 한 번도 사용하지 않은 것이다. 〈애독자들에게 루이스는 아직도 살아 있습니다. 우리는 그의 작품에 대해 말할 때 현재형 시제를 사용합니다.〉 밴텀사의 임원이 한 말이다.

존 가드너는 이언 플레밍의 제임스 본드 시리즈를 이어서 썼고, 로버트 골즈버러는 렉스 스타우트의 네로 울프 시리즈를 이어서 썼다. 알렉산드라 리플리는 마거릿 미첼의 『바람과 함께 사라지다』 속편을 썼고, 세인트마틴스 프레스 출판사는 또 다른 속편을 쓰는 것에 대한 저작권료 450만 달러를 지급했다. 속편의 속편이 아직 발행되지 않은 것은 처음 계획했던 작가 팻 콘로이와의 협상이 지연되고 있기 때문인데, 머잖아 해결될 것이다.

안네 프랑크는 일기에 이렇게 썼다. 유명한 작가가 되고 싶고, 그래서 〈죽은 후에도 계속 살 것!〉이라고. 그녀의 이름은 이제 등록 상표가 되었다. 안네 프랑크 비영리 기구가 저작권료를 받고 있는 것은 『안네 프랑크의 일기』뿐만 아니라, 「나는 안네 프랑크예요」라는 음악 CD도 있다. 안네 프랑크 청바지를 만들자는 제안도 꾸준히 제기되고 있다.

논픽션 책에 흔히 등장하는 중요 인물들은 죽어도 죽지 않는 삶이 있을 수 있음을 보여 준다. 다이애나 영국 왕세자비가 자동차 사고로 죽었을 때, 해묵은 전기가 새 제목을 달고 다시 등장했다. 『다이애나: 사진으로 본 생애』는 『다이애나, 영국 왕세자비: 사진으로 기림』으로 바뀌었다. 『다이애나: 실화』는 『다이애나, 본인이 들려준 실화』로 바뀌어 발행되었다. 후자를 쓴 앤드루 모턴은 왕세자비 곁에서 일하며 이 첫 책을 썼다고 처음으로 고백했다. 랜덤하우스는 『다이애나: 기림』을 펴냈다. 이것은 일찍이 영국에서 발행한 책을 증보한 것이다.

트루먼 커포티의 죽음은 자기 책의 가치를 높였을 뿐만 아니라, 〈커포티의 친구들에게도 큰 축복이었다. 그가 죽은 지 13년이 되었을 무렵 친구들은 그에 대한 책을 세 권이나 냈다〉. 조지 플림턴의 1997년 책『트루먼 커포티』의 서평을 쓴 줄리아 리드가 한 말이다.

반죽음 — 중병이 들거나 몹시 늙은 경우 — 도 때로는 죽음 못지않게 좋다. 벤저민 스폭 박사가 죽기 얼마 전, 그의 아내는 그를 살리기 위해 금전적인 도움이 필요하다고 하소연했다. 그녀는 모금 행사를 열면서 그의 육아 책 7판을 펴냈다.

죽음을 미루고 있는 사람들은 우리를 매료시킨다. 우리는 그들에게 특별 주차 공간도 마련해 주고, 그들이 낸 책을 읽을 때에는 판단력이 절로 마비된다. 비어즈타운 레이디즈라는 투자 클럽의 할머니들은 그들이 대단하다고 믿고 있는 투자 클럽을 기리기 위해 첫 책을 내서 80만 부나 팔았다. 이 성공은 또 다른 책의 발행으로 이어졌다. 실은 그들의 투자 실적이 좋지 못했고, 계산도 틀렸다고 시카고의 한 기자가 밝혀냈어도 사정은 달라지지 않았다. 이 기자는 할머니들에게 경박한 애송이 취급을 받았지만, 할머니들이 연간 소득 산출법도 몰랐던 것은 사실이다. 제대로 계산해 보자 그들의 소득은 시장 평균 소득보다 훨씬 낮았다. 그들은 유감을 표했다. 〈우리를 죄인 취급하면서, 우리가 돈에 쪼들리고 있다는 듯이 말하는 사람들 때문에 가슴이 아파요.〉 유구무언이어야 할 설립 위원 베티 시녹이 한 말이다. 그녀는 내친 김에 한마디 더했다. 〈그 기자는 비어즈타운 레이디즈가 해낸 것에 대해 제대로 말하지 못한 것 같아요.〉 이것을 사과로 받아들인 사람들은 책을 계속 사들였다. 출판업자가 수많은 오탈자에 대한 정정표도 만들어 넣지 않은 책을 말이다. 시녹은 뉴욕 증권거래소의 개인 투자자들 재산 관리인 자리를 유지했다. 애송이 취급을 받은 기자는 시녹의 강연에 참석해 보았는데, 시녹은 기립 박수를 받았다. 청중 가운데 한 명이 그에게 말했다. 〈저 노인들은 비난을 받기는커녕 기세만 더 등등해졌어요. 책을 무진장 팔아먹은 것 좀 봐요.〉

헬렌 후번 샌트마이어의 『그리고 그 클럽의 숙녀들』은 언론의 큰 주목을 받았다. 발간 당시 이 소설가의 나이가 80대(정확하게는 88세)가 아니었다면 그렇게 큰 주목을 받진 못했을 것이다. 오하이오 주립대학 출판부는 오하이오 소도시의 일상생활을 장황하게 기술한 1,344페이지의 이 책을 과감히 출판해서 존스홉킨스 대학 출반부의 『오줌싸개 고치기』에 이어 두 번째로 황금 요행상을 거머쥐었다. 이 책은 베스트셀러 반열에 올랐다.[4] 존경을 받은 샌트마이어 여사는 타계한 후에도 책을 냈다. 『약속은 먼저, 보상은 나중에』라는 이 책은 가족에게 보낸 500통의 편지를 발췌한 것이다.

제시 리 브라운 포보도 비슷한 행운을 잡았다. 그녀가 노인 글쓰기 강의를 들으며 회고록을 썼다는 기사가 「월 스트리트 저널」에 실린 후였다. 이때 그녀는 98세에 접어들고 있었다. 그녀의 회고록이 당시 대단한 인기를 끌고 있던 『매디슨 카운티의 다리』를 연상케 한다는 사람도 있었다. 「월 스트리트 저널」 기사가 나가자마자, 그녀의 맨해튼 집으로는 출판업자들과 저작권 대리인들, 할리우드 제작자들의 전화가 빗발쳤다. 하지만 막상 글을 읽어 본 후 출판업자 대다수는 흥미를 잃었다. 글이 지루한데 저작권료가 비싸다고 생각했기 때문이다. 워너사(社)는 포보의 『어느 날: 제시 리 브라운 포보의 삶과 시

---

4 행운의 패턴을 찾고자 하는 분이 계시다면, 방광 다스리기에 관한 책에 이어 노인이 쓴 책이 황금 요행상을 받았다는 사실을 주목해 봄 직하다.

간』(1997)에 일곱 자리 숫자의 선인세를 제시했다. 지루하긴 했지만, 그래도 샌트마이어의 방대한 책에 비하면 짧다는 게 매력적이었다 (287페이지). 열렬한 입찰자 한 명은 이렇게 말했다. 〈이 여성의 생애는 거의 1세기에 걸쳐 있을 뿐만 아니라, 삶의 모든 국면, 그러니까 결혼, 이혼, 알코올 의존증, 자녀 문제 등의 분야를 총망라하고 있습니다. 또 대단한 상업적 매력도 지니고 있지요.〉

더블린의 자기 서점에서 헌책의 바다를 탐사하고 있던 프레드 해나는 한 손님에게 이렇게 말했다. 〈이 사람들은 일단 사망하면 인기를 끌게 됩니다. 그건 서글픈 일이죠.〉 하지만 월트 휘트먼은 죽음이 작가에게 참된 보상을 안겨 줄 수 있다는 것을 알고 있었다. 그는 『나 자신의 노래』에서 이렇게 노래했다. 〈누가 탄생을 행운이라고 생각하는가? / 그에게 또는 그녀에게 어서 알려 주리라, 다만 죽음이 행운임을 내 아노라고.〉

그런데 휘트먼이 오래 살았다면, 한 국가의 퍼스트 리더*First Reader*(책 읽는, 대통령의 여자)가 호평을 하는 게 행운이라는 것을 알 수도 있었을 것이다. 케네스 스타는 클린턴 대통령을 집요하게 조사하다가, 클린턴이 모니카 르윈스키에게 휘트먼의 『풀잎』을 주었다는 사실을 밝혀냈다. 서점 주인들의 말에 따르면 이때 『풀잎』 판매고가 살짝 올랐다.

물론 그게 시집만 아니었다면 휘트먼은 훨씬 더 큰 행운을 거머쥐었을 것이다. 르윈스키가 클린턴에게 주었다고 스타가 보고한 책 『오이 베이! 그들이 하는 말! 유대인의 재담 책』의 판매고는 2.5배나 껑충 뛰어올랐다.[5]

5 〈오이 베이OY VEY〉는 독일과 폴란드 지방의 유대인이 놀람을 표현할 때 사용하는 이디시어 — 옮긴이주.

7
가장 잘 도둑맞는 책

우리는 뜻깊은 책을 훔치고 싶은 본능적인 충동을 지녔음을
여기서 입증해 보이겠다.

책을 빌려 주지 말라. 아무도 돌려주지 않을 테니까.
내 서재에 있는 책은 죄다 남들이 나한테 빌려 준 것이다.
아나톨 프랑스

뉴욕 공공 도서관에서는 지식 보급 기관의 취지에 걸맞게 도서관에 대한 온갖 사실을 하염없이 제공해 준다. 5번가와 42번가의 중앙 연구 도서관에 대해 말하자면, 그곳 직원들은 최대 서가의 길이(212킬로미터), 1997 회계 연도의 도서관 전화 조회 서비스 건수(11만 8,236건) 등의 통계를 줄줄 읊어 준다. 그들은 사람들이 늘 묻는 질문이 무엇인가에 대해서도 얘기해 준다. 13공포증을 영어로 뭐라고 하나? (*triskaidekaphobia*) 르완다라는 나라를 살 수 있는가? (못 산다) 그러나 어떤 질문을 하면 도서관에서 위대한 전통으로 전해 내려오는 이런 소릴 듣게 된다. 쉬이이이잇!

그 질문은 바로 이것이다. 가장 자주 분실하는 책은 무엇인가? 그러니까, 서가에서 사라졌는데 결코 돌아오지 않을 듯한 책은 어떤 책인가? 터놓고 말해서, 가장 잘 도둑맞는 책은 무엇인가?

이런 문제에 골머리를 앓는 것은 도서관 사서들만이 아니다. 책을 지키는 모든 사람, 곧 서점 주인, 크리스천 사이언스 독서실의 친절한 도우미, 그리고 당신과 나, 모두가 그렇다. 우리는 가장 소중한 친구들에게 가장 소중한 책을 빌려 주면 그 책이 영원히 사라진다는 것을 익히 알고 있지만 인정하려고 하진 않는다.[1]

질문이 좀 뜨악하긴 하지만, 그래도 이건 답할 가치가 있는 질문이다. 그 대답은 앨프리드 킨제이의 연구가 인간의 성적 삶에 대해 밝혀낸 것에 못지않게, 우리의 지적 삶에 대해 많은 것을 말해 줄 것이다.

---

1 얻거나 잃은 것에 대해 마음속으로 대차 대조표를 작성하는 사람이 꽤 있다. 한 친구는 자기 서가에서 사라진 책들에 대해 나에게 한마디 한 편지에 이런 말을 덧붙였다. 〈내 서재의 책 가운데 도서관에서 훔쳐 온 것으로 보이는 책이 딱 한 권 있다네. 로스앤젤레스 공공 도서관 고무도장이 찍혔고, 분류 번호가 331.01M392인데, 바로 『자본론』 제1권이지. 그런데 이건 내가 대학원 룸메이트한테 물려받은 거야. 실은 훔쳤지……. 하지만 괜찮아. 그는 사회주의 연맹 청년 당원이었거든.〉

서적 도난의 역사

가장 잘 팔리는 책 목록은 우리 취향의 잣대라고 할 수 있다. 미국의 경우 그 목록은 실천할 의지력도 없는 다이어트에 관한 얄팍한 책, 또는 한번 읽어 볼 시간적 여유가 없더라도 남들이 다들 읽었다는 방대하고 두꺼운 책 등을 사기 위해 부유한 미국인들이 25~35달러를 흔쾌히 쓸 수 있다는 것을 보여 주기도 한다. 이와 달리 가장 잘 도둑맞는 책은 사람들이 정말 원하는 책이 무엇인가를 말해 준다. 너무나 소망한 나머지 1주일이나 2주일 동안 빌리는 것으로는 성에 차지 않는 탐스러운 책 말이다. 사람들은 그런 책을 얻기 위해서라면 굴욕이나 체포의 위험도 무릅쓴다.

너나없이 책을 훔친다. 1992년에 미국 국회 도서관에서는 억척스러운 세 명의 도둑을 체포했다. 의사 한 명, 검사 한 명, 서적상 한 명이었다. 서적상은 남북 전쟁 때 남군 사령관이었던 로버트 E. 리의 증손자의 조카였다. 비슷한 시기에 영국에서는 책을 훔친 경관이 18개월 실형을 선고받았다. 그는 살인 사건을 조사하던 도중에, 피살자의 런던 아파트에서 월터 스콧의 역사 소설 『웨이벌리』 세 권, 백과사전

한 질, 종교서적 한 질을 훔쳤다. 버지니아 주 알렉산드리아의 도서관에서 퇴직한 앨런 로빈스는 이렇게 말했다. 〈세상에서 더없이 훌륭한 사람이라고 할 수 있는 사람 가운데에도 책을 훔치는 사람이 있다.〉 그들은 분명 무엇보다도 책을 사랑하고, 책을 가장 잘 활용할 줄 아는 사람들일 것이다. 도서관에 가서 찾던 책이 분실되었다는 것을 알면 가장 크게 분통을 터트릴 사람도 바로 그들이다.

어떤 계층의 사람들이 책을 훔칠까? 가장 수상쩍은 계층으로는 1931년에 하버드 도서관에서 2,500권 이상을 훔쳤다가 꼬리가 잡힌 그로턴 예비 학교의 강사와 같은 부류를 꼽을 수 있다. 그는 훔친 책으로 대학교수가 될 준비를 하고 있었다고 한다. 가장 유명한 학술서 도둑은 이탈리아의 구글리엘모 리브리 카루치 백작이다. 악명 높은 이 백작은 19세기 중반에 파리 대학 과학 교수로 시작해서, 『주르날 데 사방』이라는 학술지를 편집하다가, 이윽고 프랑스 도서관들의 중요 사료 목록을 만드는 책임을 맡게 되었다. 그는 도서관을 순례하며 최고의 책을 식별할 줄 아는 전문 지식을 유감없이 발휘했다. 그는 그 책들 가운데 상당수를 외투 속에 찔러 넣고 유유히 그 도시를 떠났다. 이 장물들을 팔다가 들통 난 그는 잉글랜드로 달아났다. 이때 그가 가져간 책 상자는 열여덟 개에 달했다.

가장 뻔뻔한 책 도둑질 애호가에는 절대 도둑질하지 않을 것으로 보이는 계층도 포함되어 있다. 잠바티스타 팜필리는 가톨릭 2품의 고위 성직자였는데, 바르베리니 추기경이 수집한 방대한 양의 책을 살펴보기 위해 한 무리의 사람들과 함께 파리에 갔다. 거기서 그는 트렌트 공의회에 관한 역사서 한 권을 예복 속에 슬쩍 쑤셔 넣었다. 책 한 권이 사라진 것을 알게 된 서재 주인 바르베리니가 문을 닫아걸고,

몸수색을 해야 한다고 우겼다. 팜필리가 항의하자 몸싸움이 벌어졌다. 이때 그의 옷 속에 있던 책이 바닥에 떨어졌다. 그 후 인노켄티우스 10세 교황이 된 팜필리는 즉각 바르베르니 가문을 로마에서 추방했다. 그리고 전 재산을 몰수했고, 프랑스와는 대체로 살벌한 관계를 유지했다. 팜필리 역시 죗값을 치렀다. 사람들이 바로 그의 서재에서 책을 훔쳐 간 것이다.

도메니코 파시오네이 추기경은 바티칸 도서관 사서로 일한 사람이다. 그는 안전하게 책을 지켜야 할 사람이었는데 오히려 책을 훔쳤다. 도서관에 있지 않을 때에도 책 도둑질을 쉬는 법이 없었다. 한 수도원에 들른 그는 짐짓 뭔가 연구하는 척하며 도서관에 들어가서 문을 잠근 후, 희귀본을 창밖으로 내던졌다. 물론 그는 이 책을 싸들고 유유히 수도원을 떠났다.

책 도둑질이 물론 가톨릭 성직자들만의 전문 영역은 아니다. 다른 종단의 리더들도 이들 못지않게 열정적이었다. 20세기에 접어들었을 때, 보스턴의 서적상들은 청교도 목사들이 걸핏하면 설교용 소책자를 훔쳐 간다고 하소연했다.

영국 여왕 엘리자베스 1세가 프랜시스 드레이크의 해적질을 애국적인 행위로 간주한 것처럼, 국가에서 책 도둑을 애국자로 본 시대가 있었다. 고대에 가장 규모가 컸던 알렉산드리아 도서관에는 〈하선(下船) 도서〉라는 부서가 있었다. 이 부서 사람들은 입항한 사람들의 책을 몰수해서 베낀 후, 원본이든 사본이든 한 권은 다시 돌려주고, 나머지는 도서관에 보관했다. 로마의 장군들은 책이 합법적인 전리품이라고 생각했다. 예컨대 에밀리우스 파울루스는 마케도니아 도서관의 모든 책을 전리품으로 생각했다. 술라 장군은 테오스의 아펠리콘

이 수집한 책을 전리품으로 챙겼다. 그런데 그 책은 원래 아리스토텔레스의 것이었다. 키케로는 술라가 훔쳐 온 책들을 애독했는데, 믿었던 노예 디오니시우스가 남도 아닌 〈자기〉 서재에서 소중한 문헌을 훔친 것이 화가 나서 참을 수가 없었다. 바이킹 족들은 잉글랜드를 침략해서 책을 잔뜩 훔쳐 갔다. 30년 전쟁 중에 스웨덴인들은 독일과 덴마크, 폴란드, 보헤미아, 모라비아 각지로부터 책을 훔쳐다가 스톡홀름 왕립 도서관을 채웠다. 1789년 프랑스 혁명 때 혁명가들은 루이 16세를 몰아낸 후 제1신분(귀족)과 제2신분(성직자)의 책을 훔쳤고, 훗날 이 책들은 제3신분(평민)을 위한 공공 도서관에 보관되었다. 리브리 카루치 백작이 제 주머니를 채운 게 바로 이 책들이다.

제2차 세계 대전 후, 소련의 붉은 군대는 독일 도서관의 모든 책을 수레에 싣고 모스크바로 돌아갔다. 일부는 모스크바에 보관되었고 (레닌 도서관이 76만 권을 챙겼다), 다른 수백만 권의 책은 여러 지방 도서관에 분산되었다. 독일인들은 지금도 도서 반환을 촉구하고 있지만, 그 촉구는 그리 열렬하지 않고 왠지 시들하다. 그 모든 책이 궁극적으로 어디에 있어야 마땅한가, 그러니까 맨 처음 분실된 곳이 어디인가에 관한 사료가 존재하지 않기 때문이다. 권위 있는 독일 사서 한 명이 말했다. 〈우리는 18세기와 19세기의 책에는 관심도 없습니다. 우리가 원하는 것은 16세기와 17세기의 주요 도서관 장서입니다.〉

미국은 19세기 후반에 베른에서 작성된 국제 저작권 협약에 서명하지 않았다. 그것 역시 도둑질의 한 형태였다. 미국 출판업자들은 외국 책을 대가 없이 재발행하는 능력을 썩히고 싶지 않았다. 동아시아인들은 그런 전통을 계승하는 데 더욱 적극적이었다. 중국 속담에 이런 게 있다. 〈책을 훔치는 것은 아름다운 범죄다.〉 나는 여러 해 전에 타이베이에서 영어 작품에 관한 다수의 해적판을 본 적이 있다. 타이완의 출판업자들은 뻔뻔하게 저작권 안내문까지 버젓이 인쇄해 놓았다. 그보다 더 최근에는 한 중국 출판업자가 클린턴 전 대통령의 경제 자문 위원이었던 조지프 스티글리츠에게 편지를 보내서, 중국에서 해적판으로 발행한 그의 저서인 경제학 교재에 특별 서문을 써달라고 요청했다.

오늘날 부자나 유명인 가운데 책 도둑질을 못하면 인생이 허전한 사람도 있다. 「풀 메탈 자켓」이라는 영화 시나리오로 아카데미상 후보에 오른 구스타프 해스퍼드는 여러 해외 도서관에서 수천 권의 책을 훔친 것으로 유죄 판결을 받았다. 1960년대의 한 연구에 따르면, 고등교육을 받고 있는 부유층 학생들이 빈민층 학생들보다 도서관에서 두 배나 더 많은 책을 훔치는 것으로 나타났다. 귀빈실에서 하루 묵는 데 수천 달러를 받는 월도프 아스토리아 호텔에서는 해마다 헌책을 200권 정도 구입한다. 그건 몇 년 전에 매니저가 나에게 해준 말인데, 부유한 손님들에게 그걸 훔치라고 객실이나 복도의 서가에 꽂아 두기 위한 것이다.

등급이 좀 낮은 호텔에서도 비누나 타월, 또는 베개에 사용하는 박하처럼 책을 소모품 취급한다. 바티칸에서 잠깐 걸어서 갈 수 있는 로마의 아늑한 호텔 올림픽에 묵는 것을 나는 좋아한다. 이 호텔 객실에는 표지에 호텔 이름이 찍힌 보급판 책이 한 권 놓여 있었는데, 파울 폰 하이제와 레프 톨스토이, D. H. 로런스 등의 단편 소설을 모은 책이었다. 표지 안쪽의 면지에는 키케로의 이런 말이 인용되어 있었다. 〈책이 없는 방은 영혼이 없는 육체와 같다.〉 이건 투숙객들이 객실의 영혼을 서슴없이 자기 집에 가져가라고 비치해 둔 거라고 매니저가 밝혔다.

힐튼 호텔은 그보다 훨씬 더 규모가 작다. 콘래드 힐튼이 1957년에 자서전을 펴냈을 때, 『라이브러리 저널』에서는 그것이 〈추천할 만하지만, 그리 인기를 끌지 못할 것〉이라고 평했다. 그건 전혀 잘못 짚은 서평이었다. 호텔 매니저는 세계 각지의 10만 2,232개 객실에 이 책을 한 권씩 놓아둔다. 그리고 각 호텔에서는 해마다 이 책이 몇 부나 필요한지 본부에 보고한다. 홍보 담당 수석 매니저인 켄라 워커의 말에 따르면, 이 책의 연간 회전율은 거의 100퍼센트에 이른다. 이 책 발행사인 사이먼 앤드 슈스터사가 해마다 이 책을 약 10만 부는 무조건 팔고 있다는 뜻이다. 혹시 당신의 서재에 있는 힐튼의 자서전이 헌책이라면, 힐튼 호텔에서 하룻밤 주무시도록 하라. 사이먼 앤드 슈스터사는 1994년에 개정판을 냈는데, 당신도 기회가 닿으면 새 책으로 바꾸고 싶을 것이다.

사람들이 어떤 책을 훔치지 않는 이유가 딱 하나 있다면, 차마 그럴 생각을 하지 못했기 때문인 게 분명하다. 한 사서가 전형적인 어법으로 이렇게 말했다. 〈이런 주제에 대해 얘기하는 것은 탐탁치 않다는 말씀을 드리지 않을 수 없군요. 나는 사람들이 그런 생각을 하길 원치 않아요.〉

책 범죄 마인드

1992년 선셋 대로의 상가 약탈자들은 전자 제품을 파는 서킷시티와 자동차 부품을 파는 트랙오토를 휘저어 놓았다. 그러나 책을 파는 크라운 북스는 말짱했다. 이 사건은 책을 훔치는 원초적 본능이 텔레비전을 훔치는 것과는 다른 뇌의 영역에서 유래한다는 것을 여실히 보여 준다. 사서들도 그 점을 인정한다. 그래서 〈도난〉이라는 말을 쓰길 삼가고, 반납 기일이 아주 오래 지난 책에 대해서도 아직 반납하지 않은 책이라고 말한다. 그런 사서들도 만일 누군가 그들의 자동차에 손을 댔다면 그렇게 너그럽게 굴긴 어려울 것이다.

책과 자동차의 차이는 책이 생각을 다룬다는 데 있다. 생각은 공짜인 것으로 간주된다. 뉴욕의 법도 그런 차이를 인정한다. 시의원들은 장물을 팔기 십상인 노점상들이 면허를 받아야 한다는 법을 만들었다. 그런데 책 행상인은 예외다. 책 행상인과 책 도둑은 뉴욕의 언론 자유의 법에 따라 전혀 면허를 받을 필요가 없다. 무수한 책을 훔쳤다고 자수한 스티븐 블럼버그는 나중에 한 기자에게 이렇게 말했다. 〈나는 진짜 나쁜 놈입니다.〉

조금이라도 지각이 있는 사람치고 이발소에 가서 공짜로 머리를 깎아 달라고 할 사람은 없을 것이다. 그런데 일면식도 없는 사람이 작가나 출판사에 공짜로 책을 달라고 하는 일이 늘 있다. 더러 글을 쓰기도 하는 내 동료 가운데 한 여성은 평론가인 척하며 출판사에 메일을 보내서 내 책 가운데 한 종을 공짜로 두 권이나 얻었다고 자랑했다. 평론가인 척하는 메일을 보내는 것은 상투적인 책 도둑질 방법 가운데 하나다. 이미 감옥에 갇혀 있어서 몇 권 훔치기 위해 서점에 들를 수 없다면 이 방법을 꼭 알아 두어야 한다. 가짜 학술지를 만들어서 출판사에 서평할 책을 요구하는 방법을 구사해 온 학자들이 있는데, 그들 가운데 감옥에 간 사람은 없는 것으로 알고 있다.

프랑스 작가 탈망 데 레오는 책을 팔지 않고 단순히 소장하고자 하는 것이라면 책 도둑질이 범죄가 아니라고 말했다. 서점 종업원들은 〈고객들〉 가운데 그런 태도를 지닌 사람들을 날마다 보게 된다. 한 종업원에게 들은 얘기에 의하면, 말쑥한 정장 차림의 신사가 책값을 내지 않은 책 두 권을 가지고 서점을 나가려고 했다. 종업원이 붙들자, 이 도둑은 사과하기는커녕 흥정하려고 했다. 한 권을 덤으로 준다면 한 권은 책값을 내겠다는 것이었다. 서점을 순회 도서관인 양 여기는 사람도 있다. 그들은 책을 사서 읽은 후 돌려준다. 이거라면 서점 측에서는 영원히 계속되어도 좋아할 것이다.

얼마나 많은 책이 사라졌을까? 1978년에 프린스턴에서는 도서관 본관 장서의 4퍼센트 이상, 분관 장서의 약 10퍼센트를 분실했다는 것을 알아냈다. 10년 전, 시카고 공공 도서관의 장서 개발 부장은 해마다 사는 책만큼의 양을 도둑맞는다고 추산했다. 1990년대에 뉴욕 공공 도서관은 212킬로미터에 달하는 서가의 장서 재고 조사를 했다. 이것은 모두 관외 대출을 하지 않는 장서였는데도 약 1.5퍼센트가 사라지고 없었다.

그러나 누가 확실히 알겠는가? 건초 더미에서 바늘 찾기처럼, 어느 책을 잃어버렸는가를 알아내는 것은 여간 어려운 일이 아니다. 도둑은 애오라지 발각당하지 않으려고 한다. 게다가 사서가 수천 권의 책을 꽂다 보면 몇 권쯤은 무심코 잘못 꽂을 수도 있다. 그리고 반납 기일이 지난 것, 관내에서 어디론가 사라진 것, 도둑맞은 것, 그 사이의 차이를 구별하는 것도 쉽지 않다. 게다가 이제는 책과 정기 간행물 구입 비용이 증가해서, 재고 조사를 할 여력이 줄어들고 있다. 아무튼 사서들은 책을 잃어버렸다는 생각을 하고 싶어 하지 않는다.

〈모두가 숫자를 조작하고 있다.〉 캐서린 리브가 한 말이다. 그녀는 『미국 책값 현황』의 편집자인데, 이 잡지는 희귀본 서적상이나, 최고의 책만을 훔치고 싶어 하는 헌신적인 범죄자들에게 매우 쓰임새가 많다.

미국의 10대 도난 서적

어떤 책이든 도난당할 수 있다. 얼마 전, 뉴욕 시티의 라 코트 바스크라는 우아한 식당의 예약 기록부를 누군가 훔쳐 갔다. 이런 일이 또다시 일어날 것 같지는 않다. 그러나 어떤 책은 날마다 도둑맞는다. 책 도난 통계는 불완전한데, 알 만한 사람은 입을 다문다. 그래도 경찰 미술가들이 기억의 편린을 짜 맞추어 범인의 얼굴을 그려 내듯이, 가장 잘 도둑맞는 책의 목록을 만드는 것은 얼마든지 가능하다.

1위: 『성서』

마케팅 관점에서 그리스도교의 『성서』는 진짜 좋은 책이다. 미국인 80퍼센트 정도가 역사상 가장 영향력 있는 책으로 『성서』를 꼽았다 (『스폭 박사의 유아와 아동 돌보기』를 꼽은 것은 응답자의 4.7퍼센트밖에 되지 않는데 2위를 차지했다). 미국의 서점 쇼핑객들이 『성서』를 사는 데 쓰는 금액은 한 해에 4억 달러에 이르는 것으로 추산된다. 그런데 그걸 사는 사람은 독실한 신자들이다. 보통 사람들은 독실한 신자가 사주지 않으면 훔치려고 한다.

『성서』를 사는 것은 무엇보다도 구원을 받기 위해서일 것이다. 『성서』를 훔친다는 것은 그 목적을 무색케 한다. 하지만 『성서』가 시대를 통틀어 가장 잘 도둑맞는 책이라는 것은 의심의 여지가 거의 없다. 대부분의 사람들에게 여호와 하느님은 10계명을 지키지 않는 이들에게 벼락을 내리치는 존재가 아니다. 하느님은 그지없이 자비로운 존재이므로, 성서 도둑질은 문제가 될 게 없다.

서점에서 『성서』를 훔치는 방법 가운데 하나는, 케이스 안의 비싼 『성서』를 꺼내서 값싼 『성서』 케이스에 넣는 것이다. 그런 식으로 값을 좀 깎아서, 하늘의 명부에 죽을죄 대신 경미한 죄가 기록되게 한다. 하지만 공짜로 『성서』를 구하는 가장 손쉬운 방법은 호텔에 투숙하는 것이다. 미국 호텔과 모텔 연합의 대변인 말에 따르면, 『성서』는 비누와 타월처럼 일용품으로 간주된다. 『성서』는 미국 호텔만이 아니라 외국의 호텔에서도 회전율이 아주 높다. 싱가포르의 메리디언 호텔 청소부는 객실에서 불경보다 성서를 더 많이 분실한다고 나에게 일러 주었다. 『붓다의 가르침』이라는 불경은 영어판과 일본어판이 있는데, 훔쳐 가라고 권하는 명백한 문장이 면지에 인쇄되어 있는데도 성서가 더 인기가 높다는 것이었다.

내시빌에 본부를 둔 기드온 협회는 기업가와 전문직 종사자로 이루어진 그리스도교 평신도 모임이다. 그들은 호텔과 병원, 교도소 등에 성서를 나누어 주는 일을 한다. 그렇다고 해서 성서를 훔쳐 가라고 호텔로 사람들을 초대하진 않는다. 다만 침대에서 쉽게 손이 닿는 서랍에 유혹적으로 『성서』를 찔러 둘 뿐이다. 기드온 회원들은 그런 사실을 적극 부인한다. 그들이 남들을 개종시키려고 하긴 하지만, 개종 자들처럼 죄의식에 시달리고 싶지는 않기 때문이다. 그리스도교에 발을 갓 들여놓은 이들이 한 해에 훔쳐 가는 『성서』의 양은 얼마나 될까? 기드온 회장 제리 버튼에게 물어보면 이렇게 답한다. 〈그건 우리가 입에 담지 않는 것 가운데 하나입니다.〉이어서 다른 회원이 변명하듯 말했다. 기드온 협회에서는 책이 낡은 것과 파손된 것, 도난당한 것의 차이를 구별하지 않는다고. 기드온 협회는 그저 빈자리에 다시 『성서』를 찔러 둘 뿐이다. 그런데 그 규모가 엄청나다. 1997년에 이 협회에서는 172개국에 77개 국어의 『성서』를 4500만 권 배포했다. 이 수치는 지난 10년 동안 급증했다. 구원의 문을 열기 시작한 과거 공산권 국가에 포교하기 위한 계획을 확대한 것이 주된 이유다.[2]

---

2 『성서』는 신의 말씀이고, 신은 그것을 공짜로 주었다. 그러니 『성서』를 훔쳐도 무방한 것일까? 유란시아 재단 대 마헤라 사건에서는 이 문제를 이렇게 풀었다.

이 사건에서 유란시아 재단은 『유란시아 서』에 대한 배포 금지를 주장하며, 그것을 책으로 인쇄해서 친구들에게 무료로 배포한 크리스틴 마헤라를 고소했다. 마헤라는 이 재단이 『유란시아 서』를 소유할 수 없다고 주장했다. 그 문서에도 쓰여 있듯이, 그것은 〈지구 천체의 감독관들〉에게서 비롯한 것이기 때문이다. 그 감독관들이란 신성한 조언자, 초우주 인격신 군단장, 네바돈의 대천사장 등인데, 그들 모두가 시카고의 한 정신과 의사의 환자를 통해 말씀을 전했다. 재단은 당연히 저작권을 가지고 있다고 주장했다. 그 이유는 재단 회원들이 그 가르침을 수집했고, 그 과정이 창조적이었기 때문이다.

법원은 초우주 인격신 군단장의 존재 여부를 결정하기에는 소양이 부족했다. 그래서 재단의 손을 들어 주었다. 판결은 이러하다. 『유란시아 서』는 〈창조의 불꽃이 전혀 없거나 지극히 미미해서 사실상 없는 것과 마찬가지인 그런 협소한 범주의 작품에 속하지 않는다〉.

하느님께 드리는 말씀: 정녕 모든 이들이 〈하느님의 말씀〉을 공짜로 챙기기를 바란다면, 미국 제9연방 순회 항소 법원에서 최종 심판을 받지 않도록 미리 저작권 신청을 했어야 합니다.

2위: 『섹스의 즐거움』

성에 관한 책이 유난히 도둑질을 부추기는 이유는 많다. 첫째, 성적 무용담, 성적 매력 발산 테크닉 등에 대해 누구나 궁금해한다. 어떻게 그러지 않을 수 있겠는가? 광고업자들은 자동차나 욕실 세제 구매 욕구를 부채질할 때에도 섹스라는 주제를 활용한다. 둘째, 대다수 미국인들은 섹스에 대해 생각하는 것을 그릇된 일이라고 생각한다. 그래서 섹스를 통해 뭔가를 더 얻어 내는 방법을 가르쳐 주는 책을 찾는 것 역시 그릇된 일이라고 생각한다. 캘리포니아 산마리노의 헌팅턴 도서관장이자 책 도난에 관한 권위자인 윌리엄 A. 모펫 박사는 이렇게 말했다. 〈사람은 콘돔을 살 때처럼 다소 부끄러워하며 이렇게 말한다. 《이 책은 내가 볼 게 아니고요, 친구한테 줄 거예요.》이런 말은 편의점 주인도 믿지 않는다.〉 속 편한 해결책은 그 책을 훔치는 것밖에 없다.

섹스에 관한 책은 어떤 책이든 호소력이 있는데, 『섹스의 즐거움』이 그중 으뜸이다. 『라이브러리 저널』에 의하면, 74개 공공 도서관에서 이 책과 속편을 가장 잘 도둑맞는다고 한다. 호텔에서 이 책도 객실에 놓아둔다면 그 인기가 성서를 뺨칠 것이다.

인기가 좋은 또 다른 책으로는 부부간의 성생활이 시들해졌을 때 의지하는 책이 있다. 변호사 없이 손수 이혼하는 방법서가 그것이다. 독자가 특별한 법 조항을 이해하고 성생활의 자유를 얻을 수 있도록 상황에 따른 처방전이 자상하게 마련되어 있다. 메인 주의 어느 도서관 사서가 말했다. 〈우리는 그것을 거의 일용품으로 취급합니다. 허다하게 구입해서 허다한 지역에 배포한 그 책은 고스란히 소비됩니다.〉

3위: 『군 입대 시험 실습』

미국 동부 메릴랜드 주의 타우슨에서, 중서부 유타 주의 오그던 시까지 모든 도서관의 사서에게 물어보라. 실용서 가운데 가장 인기가 높은 책은 무엇인가? 그들은 결코 베스트셀러 목록에 오른 적이 없는 책을 즉각 떠올릴 것이다. 『군 입대 시험 실습』이라는 책이 그것이다.

다음으로 인기가 높은 실용서는 『공무원 관리직과 행정직 승진 실습』과 대학 입시 지침서다. 몇 년 전 「워싱턴 포스트」지 보도에 따르면, 미국 국회 도서관에서 자동차 수리 교본 여러 권 가운데 반을 분실했다. 국회 도서관 도서 목록에는 여러 차례 개정판이 나온 『요리의 즐거움』을 스물여섯 권 소장하고 있는 것으로 되어 있는데, 실제로는 다섯 권밖에 없었다. 1984년에 처음 발행된 후 1990년에도 『퍼블리셔스 위클리』지의 〈집 수리 베스트셀러〉 목록에 올라 있던 책 『우물과 정화 설비 설치 유지』도 도서관에 없는데, 내가 보기엔 도난당한 것 같다.

도난 서적 3위의 범주에서는 미묘한 지역적 취향이 드러난다. 언론 보도를 참고하면, 로스앤젤레스 시민들은 인테리어 디자인 책을 선호하는 게 분명하다. 뉴욕 공공 도서관 직원의 말에 따르면, 스태튼아일랜드 사람들은 정원 가꾸기와 자동차 수리 교본을 선호한다. 맨해튼 사람들은 병 진단, 스트레스 관리, 부동산 재테크에 관심이 많다. 뉴욕 사람들은 대체로 『친구에게 최면술 거는 방법』과 『비둘기 사육 훈련 방법』 따위를 즐겨 훔친다.

상황이 달라지면 실용서의 가치도 달라진다. 어느 임신부 생각이 난다. 그녀는 임신했을 때 작명 책을 대출받아서, 자녀가 자라서 책을 대신 반납해 줄 수 있는 나이가 될 때까지 꿋꿋이 간직하고 있었다.

4위: 『저주, 주술, 마법』

영화 「고스트버스터스」의 첫 장면에 도서관이 나오는 데는 그만한 이유가 있다. 비학, 악마 숭배, 심령술, 마법, 흑마법 등 어둠과 빛의 힘에 관한 책들은 정기적으로 도서관과 서점 밖으로 유괴된다. 영국의 한 조사에 따르면, 영국에서는 비학에 관한 책이 섹스에 관한 책보다 인기가 더 높다. 서점에서는 점술에 사용되는 타로 카드가 분실되기 일쑤다.

5위: 『이 책을 훔치시오』

애비 호프먼의 『이 책을 훔치시오』는 반체제의 책 가운데 가장 잘 도둑맞는 책일 것이다. 이 책은 제목부터가 도둑을 부른다. 비트 작가인 잭 케루악, 찰스 부코스키, 앨런 긴즈버그, 윌리엄 버로스 등은 돈을 내지 않는 서점 고객들에게 인기가 높다. 도둑맞는 상당수의 흑인 문학도 반체제 범주에 넣어야 할 것 같다. 맬컴 엑스와 앤젤라 데이비스의 자서전은 여간해서는 도서관 서가에서 찾아보기 어렵다.

호프먼은 자가 출판을 해야 했다. 그의 책이 전하는 메시지를 출판업자들이 감당할 수 없었기 때문이다. 그가 만든 출판사인 파이럿 프레스[해적 출판사]는 랜덤하우스의 로고 오두막을 날려 버리는 장발의 젊은이를 로고로 삼았다. 그의 책은 잘 팔렸다. 「뉴욕 타임스」의 한 평론가 말에 따르면, 1971년 4월에 나온 이 책은 7월까지의 판매 부수가 10만 부에 이르렀다. 애비 호프먼이 말했다. 〈그것 참 곤혹스럽습니다. 정부를 전복하려고 쓴 책이 베스트셀러로 낙착되다니요.〉 이 책은 도둑맞기도 잘 한 것 같다. 신문 기고문용으로 도둑맞은 책이라는 주제를 연구하고 있을 때, 뉴욕 공공 도서관과 미국 국회 도서관을 비롯한 여러 도서관을 뒤졌지만 호프먼의 책을 찾을 수 없었다.

『이 책을 훔치시오』 보급판 헌책은 줄잡아 125달러는 나간다. 호프먼의 책은 이제 새 판이 나왔는데, 그건 돈을 주고 살 필요가 없다. 호프먼은 죽기 전에 한 친구에게 저작권을 넘겼고, 그 친구는 인터넷에 그 책을 올렸다. 지금은 다음 사이트에서 누구든 그 책을 볼 수 있다. 〈http://tenant.net/Community/steal/index.html.〉

6위: 『미국 연방 표준 세액 신고자』

낱장으로 된 이 루스리프 책은 다른 법률 참고서와 마찬가지로 법대 도서관에서 안전하게 살아남기가 힘들다. 마피아 재판에서 정부 측 목격자가 살아남기 힘든 것처럼 말이다. 〈먼저 본 사람이 임자입니다.〉 어느 법률 사서가 한 말이다.

도서관과 정보 자원 위원회CLIR 회장인 디애나 B. 마컴은 이렇게 말했다. 〈법대 도서관은 쓰라린 시절을 맞이했습니다. 그건 법대 학생들의 경쟁이 너무 치열하기 때문인 것 같습니다.〉 장래의 변호사들은 책을 훔침으로써 원하는 만큼 오래 그 책을 읽을 수 있다. 또 좋은 점은 다른 경쟁자가 그걸 읽지 못하게 할 수 있다는 것이다. 법률상의 미묘한 차이를 잘 알고 있는 법학도들은 책을 훔치는 것만큼은 기술적으로 피한다. 도서관의 다른 서가에 감춰 두고 혼자서만 찾아 읽는 방법을 구사하는 것이다.

〈훔침과 감춤〉은 의과와 경영 대학원 도서관에서도 문제되고 있다. 이 문제는 전문가들이 학교를 졸업한 후에도 계속된다. 버지니아 주 정부의 자금 지원을 받는 조지 메이슨 대학 법률 도서관은 일반인에게도 개방되어 있다. 〈변호사들이 집어 가는 게 아주 많아요.〉 도서관장이었던 필 버윅이 또 다른 범죄의 온상인 워싱턴 법대 도서관으로 옮기기 전에 나에게 한 말이다.

화이트칼라의 범죄가 여타 계층의 범죄에 못지않게 만연되어 있다는 증거가 필요하다면 바로 이것을 제시할 수 있다. 모범생이 문제 학생들보다 책을 더 많이 훔쳐 가는 경향이 있다는 각종 연구 보고서 말이다.

7위:『브리태니커 백과사전』

집요한 외판원과 맞닥뜨려 본 사람이라면 누구나 알겠지만, 이 책은 워낙 고가라서 돈을 주고 사기가 언짢다. 다수의 보통 사람들 — 그리고 그들과 뒷거래하는 장물아비들 — 은 다른 값비싼 참고 도서와 마찬가지로 언짢은 꼴을 보지 않고 그냥 훔친다.『열대어 백과사전』(정가 75파운드)은 영국 웨일스의 수도 카디프의 한 도서관 서가에 꽂아 두면 30분 이내에 실종된다. 전집으로 된 참고 도서를 구하는 대표적인 전술은 여러 도서관을 순례하는 것이다. 즉, 한 권씩 집어와서 전집 한 질을 채운다.

책이나 전집이 부피가 너무 크다고 해서 훔치지 못하는 일은 없다. 뉴욕 공공 도서관 경비 앞에서 겁을 먹고 걸음을 멈춘 여성이 있었다. 그리 결백하지 않은 결백한 교황처럼, 그녀는 들통 나고 말았다. 두께가 15센티미터가 넘고 무게가 5킬로그램이 나가는 『웹스터 대사전』이 그녀의 치마 아래로 뚝 떨어졌던 것이다. 그녀는 두 다리 사이에 이 사전을 끼우고 종종걸음으로 도서관을 빠져나가려고 했다.

8위: 『붉은 조랑말』

교사가 학생들에게 숙제로 어떤 명작을 읽으라고 말하면, 도서관은 곧바로 경비를 배로 늘려야 한다. 뉴욕 공공 도서관의 전신인 레녹스 도서관에서 체포된 최초의 도둑은 16세의 학생이었다. 필리스 데인이 쓴 도서관의 역사를 보면, 이 학생이 〈학교 공부에 도움이 될 몇 권의 책〉을 훔친 것은 1897년이었다. 도서관은 이 학생에게 벌금 25달러를 물렸다. 당시 학생의 용돈으로는 감당하기 어려운 금액이다. 오늘날의 청소년들이 주로 집어 가는 책으로는 헤밍웨이의 『누구를 위하여 종은 울리나』, 셰익스피어의 여러 작품, 그리고 10대들의 애독서인 J. D. 샐린저의 『호밀 밭의 파수꾼』을 꼽을 수 있다. 그런데 내가 보기엔 존 스타인벡의 『붉은 조랑말』(1949)이 그중 으뜸이 아닌가 싶다. 이 책은 부피가 100페이지 남짓인데 활자가 크다. 내가 마미언 밀리터리 아카데미 고등학교를 다닐 때, 우리가 알고 있는 문학작품 가운데 이 책이 가장 얇았다.

9위: 『아메리카의 새』

제임스 오듀본의 이 컬러 도판 책은 도둑을 용납하지 않는다. 펜실베이니아 대학 연구 서비스 책임자인 대니얼 트레이스터가 말했다. 〈아마 댁의 몸무게보다 더 나갈 겁니다. 세우면 높이가 1.2~1.3미터나 되죠.〉 그런데도 이 책은 가장 자주 도둑맞는 희귀본에 속한다. 어느 책 강도는 『아메리카의 새』를 가지고 창밖으로 뛰어내렸다가 심하게 다쳐서, 책에 잔뜩 피를 묻혀 놓았다.

오귀스트 르누아르의 「물랭」과 빈센트 반 고흐의 「가셰 박사의 초상」 경매에서 수집가들은 가격을 각각 7500만 달러 이상으로 올려놓았다. 병적인 이 수집가들은 옛 지도와 희귀본의 가격도 대폭 올려놓았다. 전문적인 도둑들은 책 한 권 전체를 훔치지 않고, 귀중한 작품을 찢어 가기도 한다. 1996년에 스페인 북부의 소도시인 세우데우르겔에 있는 교회 박물관에 날강도가 들이닥쳤다. 그들은 직원들을 제압하고 커다란 유리 케이스를 박살 낸 뒤, 가장 중요한 작품인 10세기의 종교서 한 권을 훔쳐 갔다. 박물관을 운영하는 성직자가 말했다. 〈더욱 나쁜 것은 그들이 페이지를 찢어 팔아서 책을 망가뜨린다는 겁니다.〉 오듀본의 책은 〈수백만 달러가 나갑니다. 떼어서 파는 컬러 도판이 차례대로 이어져 있으면 값이 더 나갑니다〉. 대니얼 트레이스터가 한 말이다.

미국 국회 도서관의 부관장인 윈스턴 탭은 이렇게 말했다. 가격이

치솟는 것은 〈정말 무서울 정도입니다…….. 당신의 수집품이 하룻밤 사이에 세 배로 뛸 수 있습니다〉.

하지만 트레이스터의 말에 따르면 책 도둑질이 항상 돈 때문만은 아니다. 전혀 값이 나가지 않아도 〈사랑하고 싶은〉 책을 훔치는 사람들도 있다. 책을 잘 보관하는 게 곧 사랑인데, 〈그들은 남들보다 책을 더 잘 보관할 수 있다고 생각한다〉. 스페인의 수도사 돈 비센테는 1830년대에 희귀본을 도둑질하다가 여덟 명을 살해했다. 그는 체포된 후에도 전혀 반성하지 않고 이렇게 말했다. 〈사람이야 누구나 조만간 죽게 마련이지만, 좋은 책은 보존되어야 하잖소.〉[3]

10위: 『중국인의 미국 정계 로비』

어떤 책은 공공 봉사 차원에서 도둑맞는다. 장제스의 우익 지지자들은 중국인의 미국 정계 로비에 대한 로스 코언의 1960년대 책이 국민의 사고를 오염시키지 못하게 하겠다는 일념으로 최선을 다했다. 도서관에서 이 책을 훔치기만 한 게 아니라, 좀 더 바람직한 책을 대신 꽂아 두었다.[4] 검열관 같은 일부 시민들은 자주 도서관에 가서 〈가족의 가치〉를 흔드는 책을 없애고 그 자리에 종교 책자를 꽂아 둔다.

---

3 이와 같이 공익을 위한다는 명분에는 다른 변종도 있다. 페어뱅크스에 있는 미국 기상국 국장의 경우가 그것이다. 그는 앵커리지의 한 창고에 보관 중인 19세기 후반과 20세기의 기상 통계 서적들을 수집했다고 시인했다. 책 세상의 로빈 후드라고 할 수 있는 이 사람은 수집품을 〈숙려 기간〉 동안 집에 보관했다가, 그 후 자료들이 더 잘 이용될 수 있도록 페어뱅크스의 대학 기록 보관소에 보관할 계획이었다고 한다[〈숙려 기간〉은 〈공소 시효〉를 에둘러 말한 것이다].

4 『중국인의 미국 정계 로비』를 파기할 때, 출판업자는 일부러 한 상자를 남겨 둔 게 분명하다. 출판계에서 은퇴한 내 친구 한 명이 우연히 그것을 발견하고 한 권을 훔쳤다.

누군가 그 책을 원한다는 이유에서, 그리고 남들이 그 책을 읽기를 원하지 않는다는 이유에서 훔친 책들이 10위 아래의 순위를 차지할 것이다. 아무도 읽고 싶어 하지 않지만 숙제를 하기 위해 훔쳐야만 하는 고전 명작도 높은 순위를 차지한다. 책 세상의 청교도들은 항상 슬그머니 도서관에 들어가서 사람들이 훔치려고 하는 책을 제거한다. 예컨대 섹스와 비학에 관한 책이 그것이다. 미국 도서관 협회의 지적 자유 사무소장인 주디스 크러그는 이렇게 말한다. 〈해마다 나는 이것(금서 목록)을 살펴보면서 생각합니다. 아하, 이거야말로 20세기의 『누군 누구Who's Who』, 『뭐가 뭐What's What』에 넣어야 할 항목들이로군.〉

아무도 훔쳐 가려고 하지 않는 책 목록을 자신 있게 제시하긴 불가능하다. 하지만 미국인이 갖고 싶어 하지 않을 게 분명한 책 유형이 한 가지 있다. 시집이 바로 그것이다. 1987년에 노벨 문학상을 받은 러시아 태생의 미국 시인 조지프 브로드스키는 시민 사회를 개선하기 위한 대책을 제시했다. 모텔 방마다 시집을 놓아두자는 것이었다. 『성서』나 힐튼의 자서전과 더불어 훔쳐 갈 수 있도록 말이다. 브로드스키의 사도 가운데 한 명인 앤드루 캐럴은 이 아이디어를 실행에 옮기려고 했다. 미국 시와 문해(文解) 모임 대표인 캐럴은 얼마간 성공을 거두었다고 주장한다. 하지만 호텔 임원들은 캐럴에게 이런 질문을 하는 게 예사다. 〈당신이 이번에 밀어 주고 있는 로버트 프로스트란 작자가 누구요?〉 캐럴은 로마 황제 네로에게 배워야 할 게 있다. 시민을 상대로 네로가 가장 하기 싫어한 것 가운데 하나가 바로 시를 써내는 백일장이었다는 것을.

책 범죄와 처벌

수년 동안 뉴욕 공공 도서관의 보안을 맡은 폴 워싱턴은 책 도둑을 추적하는 조사원들에 대한 얘기를 들려주었다. 어느 조사원이 한 여성의 집에 들렀는데, 알몸으로 그림을 그리고 있었다. 그녀는 그를 집으로 초대해서 반납 기한이 지난 책을 건네주었다. 도둑질을 막으려는 노력이 이렇게 늘 즐겁기는 어렵다. 사실 성과도 별로 없다. 사서들은 해도 씁쓸, 안 해도 씁쓸한 불쾌한 선택을 해야 한다.

양심적인 사서가 궁극적으로 두려워하는 것이 무엇인가는 숀 오파올레인의 이야기에 잘 드러나 있다. 이 아일랜드 작가는 소도시에서 훌륭한 장서를 지닌 도서관을 본 적이 있었다. 훗날 그가 다시 돌아가 보니 폐관된 상태였다. 그가 영문을 묻자 지역민이 답했다. 〈이게 어찌 된 영문이냐 하면, 사람들이 와서 책을 빌려 가고, 빌려 가고, 또 빌려 가서, 마침내 도서관이 문을 닫지 않을 수 없게 된 거라우.〉

책을 지키는 최고의 방법은 아예 빌려 주지 않는 것이다. 안타깝게도 이런 해결책은 도서관 설립 취지에 어긋난다. 사람들이 책을 쉽게 읽을 수 있도록 해주는 게 설립 취지이기 때문이다. 마찬가지로,

여러 가지 보안 대책도 적절치 않다. 그건 도서관이 적대적이라는 느낌을 안겨 주기 십상이다. 사서가 독서를 촉진하고자 한다면 위험을 안고 살아가는 법을 터득해야 한다. 무슨 일이든 애로 사항이 있게 마련이다.

책 몇 권 훔친 것, 말하자면 귀찮아서 반납하지 않은 것에 대해 일일이 고발을 한다면 사람들의 발길만 끊길 것이다. 게다가 변호사를 사서 재판을 하는 데는 많은 돈이 든다. 차라리 도둑맞은 책을 새로 사는 편이 훨씬 더 싸게 먹힌다.

서너 주 이상 반납일을 넘기는 것에 대해 벌금을 매기는 것도 마찬가지로 문제가 있다. 아차 하는 순간 벌금이 책값을 넘어서기 때문이다. 1764년에 누군가 하버드 도서관에서『모든 왕과 여왕의 생애를 포함한 잉글랜드의 완전한 역사』제3권을 빌려 갔다. 이 책은 1997년에 나타났다. 1주일 연체료가 2달러여서, 총 연체료는 2만 4,232달러에 이르렀다. 도서 대출자들은 벌금으로 24달러도 내고 싶어 하지 않는다. 그걸 내느니 차라리 책을 안 읽고 말 것이다.

장기 연체 대출자에게 전리품을 돌려받으면서 벌금을 받지 않으면 반납을 받는 데 도움이 된다. 아무리 오래 연체했어도 전혀 문제가 되지 않는다는 메시지를 보내는 것도 도움이 된다.

사서들은 책 도둑에 대한 문제점을 제기해서 강도 높게 범죄와의 전쟁으로 몰아갈 수도 있다. 안타깝게도, 적극적인 범죄와의 전쟁 소식은 책이 허다하게 도난당하고 있다는 사실을 광고하는 셈이 된다. 그런 광고는 바람직하지 않다. 세금 납부자들은 공공 도서관의 관리 부실에 대해 분개할 것이다. 대학과 사립 도서관 기부자들은 큰손을 거둬들일지도 모른다(같은 이유로, 사서들은 해마다 사람들이 훔치고 싶어 하는 책을 비치할 공간을 마련하기 위해 더 이상 수요가 없는 수많은 책을 폐기하고 있다는 사실에 대해서도 함구한다).

희귀본 가격이 시장에서 더욱 강세를 보이자, 사서들은 좀 더 솔직하게 말하기 시작했다. 윌리엄 A. 모펫 박사는 오벌린 도서관의 사서 시절에 대도를 붙잡은 적이 있었다. 그는 그것을 계기로 책 도둑에 관한 선구적인 권위자가 되었다. 희귀본 거래상이었던 범인은 대통령 보좌관을 사칭하며 미국 전역의 도서관을 약탈했다. 대규모 책 도둑의 문제에 경각심을 느낀 모펫은 그 주제에 관한 범국가적 회의를 열기도 했다.

감금형 선고는 이제 더욱 흔한 일이 되었다. 아칸소 주의 어느 책 도둑은 특히 상습범에 대한 책을 주로 훔쳤는데, 얼마 전에 15년 형을 선고받았다. 매사추세츠 주에서는 도서관에서 책을 훔친 사람에게 최고 2만 5천 달러의 벌금이나 5년 이하의 징역형에 처할 수 있는 법률을 통과시켰다.

사실상 모든 도서관에서 책 보안 개선책을 찾고 있는 것 같다. 국회 도서관에서는 미 항공우주국NASA의 우주 왕복선 발사 보안을 맡았던 육군 정보 장교를 보안 책임자로 고용했다. 그리고 아주 값비싼 책에 도난 방지용 전자 추적 장치를 달고, 보안 카메라를 설치하고, 통행증으로 여는 전자식 문을 달았다. 또한 늘 순찰을 돌고, 서가를 자유롭게 돌아다닐 수 있는 연구자의 수를 제한했다. 뉴욕 공공 도서관의 경비들은 범인에게서 책을 회수하기 위한 설득 기술을 배운다. 편의점에 보안 장비를 설치하는 회사인 체크포인트사는 미국 전역의 약 3만 개 도서관을 맡아서 호황을 누리고 있다. 〈도서관에서는 이제 사용자 편의보다는 보안 중심으로 운영되어야 할 것입니다.〉 과거에

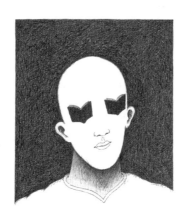

대학 경찰이었다가 도서관 도둑을 잡은 후 도서관 보안 컨설턴트가
되기로 마음먹은 사람의 말이다.

러시아의 유머 배우 일리야 일프와 예브게니 페트로프는 러시아
의 책 보안에 대해 이렇게 꼬집었다. 〈당신이 무슨 책을 읽었는지 말
해 봐요. 그럼 그걸 어디서 훔쳤는지 내가 알아맞힐게요.〉 이제는 테
크놀로지가 바로 그런 일을 한다. 도서관은 인터넷상에 도난 서적을
신고한다. 희귀본 거래상은 그것을 통해 장물 도서를 사는 게 아닌지
확인할 수 있다.

책을 지키려고 지나치게 애를 쓴다고 사서를 비난할 수는 없다. 하
지만 그게 제법 성과가 있을 거라고는 기대하지 않는 게 좋다. 역사
를 돌아보면 책 도둑을 막으려다가 실패한 이야기만 즐비하다. 예컨
대 책을 서가나 책상에 쇠사슬로 묶어 둔 때가 있었다. 로마 교황의
교서에 나오듯, 책 도둑을 파문하겠다고 으름장을 놓은 시대도 있었
다. 르네상스 시기의 폴란드 시민들에게 그랬듯이, 책을 반납하지 않
는 사람을 고소하기도 했다. 1891년에 상트페테르부르크의 러시아
제국 공공 도서관에서 4천 권의 책을 훔친 알로이스 피츨러의 경우처
럼, 책 도둑들을 시베리아로 추방하기도 했다. 책 안에 다음과 같은
저주의 말을 끼워 놓기도 했다. 〈이 기도서를 훔치는 자는 그 누구든
/ 돼지에게 사지를 찢기리라. / 내 맹세컨대, 심장은 기필코 갈가리
찢기고 / 남은 몸뚱이는 라인 강변을 따라 질질 끌려가리라.〉

문해 능력이 떨어지고 있는 것도 도움이 되지 않는다. 책을 근사한
장식품으로 쓸 수 있다는 것은 무지렁이도 안다. 교양이 있는 것 다
음으로 좋은 것은 교양이 있는 것처럼 보이는 것이다. 뉴욕 공공 도
서관의 폴 워싱턴은 아파트 두 채를 가진 사람 이야기를 들려주었다.

한곳에서는 살림을 했고, 다른 곳에는 훔친 책을 보관했는데, 바닥에서 천장까지, 욕실까지 책으로 가득 채웠다. 그는 선호하는 전문 서적이 없었다. 〈그건 읽기 위한 게 아니었습니다. 그는 다만 책에 둘러싸여 있는 걸 좋아했지요.〉

국회 도서관의 온갖 새로운 보안책에도 불구하고, 최근 직원 가운데 한 명이 22회 책 절도 혐의로 기소되었다(미국 상원과 하원 의원들과 비서들이 이 도서관에서 책을 관외 대출해 갈 수 있다는 것도 염두에 두라). 『미국 책값 현황』의 편집자 캐서린 리브의 말에 따르면, 책 도둑질의 교묘함은 도서관 보안책의 교묘함보다 늘 한 수 앞선다.

법원에서는 책 도둑질이 합법적인 건 아니지만 그래도 자연스러운 행동이라는 것을 인정하기에 이르렀다. 1991년에 아이오와 주 디모인의 연방 법원에서 스티븐 C. 블럼버그 재판이 열렸다. 그는 미국 45개 주와 컬럼비아 특별구, 캐나다 2개 도의 268개 도서관과 여러 박물관에서 2천만 달러어치의 희귀본 2만 권 이상을 훔쳤다. 아마 유럽에서도 훔쳤을 텐데, 〈아마〉라고 말한 것은 이 책들의 소유자를 밝혀내는 게 워낙 어려운 작업이었기 때문이다. 자원자 마흔 명의 도움을 받아, 온라인 컴퓨터 도서관 센터에서 5주 동안 작업을 했는데, 그래도 본래의 집을 찾지 못한 책이 많다. 블럼버그의 부유한 아버지가 말했다. 〈내 아들놈은 보시다시피 괴짜입니다.〉 그는 1년 내내 항상 긴 속옷을 입고, 울 코트를 걸치고 산다. 그런 차림새로 책만이 아니라 놋쇠 문손잡이도 수집하러 다닌다. 그가 고등학교 시절에 말썽을 일으켰을 때, 전문가들은 그를 정신 분열증 환자로 진단했고, 정신병동에 입원하기까지 했다. 그의 변호사는 재삼 생각할 필요도 없이 즉각 정신 이상으로 변론하기로 결정했다. 배심원들은 그걸 인정하지 않았다. 그 결과, 책을 훔치는 충동을 가진 사람은 제정신임에 틀림없다는 법적 논리가 확립되었다. 자기 것이 아닌 책을 갖고 싶어 하지 않는 사람만이 정신병자일 수 있다.

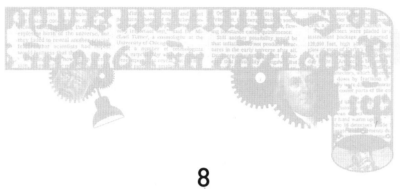

8
책 내지 마세요, 정치가 선생

여기서는 대권을 꿈꾸는 젊은이들에게 충고한다.
〈정치가들이 문자로 손쉽게 국민을 우롱할 수 있다거나,
좋은 책을 내면 러시모어 산에 두상을 새기게 될 거라는 식의 착각에 빠져서
정치가의 길을 걷진 말라〉고.

나는 책 덕분에 당선된 사람이 있다고는 생각하지 않는다.
켄 매코믹, 출판업자이자 대통령들의 저서 산파

우리나라가 앞으로도 세계의 희망의 등대[1]가 되기를.
1989년 댄 퀘일이 보낸 크리스마스카드

우리는 글을 쓰는 솜씨가 좋다고 대통령을 고용하진 않습니다.
레이 프라이스, 〈저술가〉 리처드 닉슨의 연설문 작가

---

1 *beacon*(등대)를 *beakon*으로 잘못 썼다 ― 옮긴이 주.

친애하는 정치가 친구에게,

〈세계적인 문제를 다룬 사려 깊은 대선용 책〉을 자네가 집필할 생각이라니 유감일세. 그게 백악관으로 가는 지름길이라고 자네가 생각하는 이유를 나는 잘 알고 있지. 그러나 개인적으로만이 아니라 정치적으로도 친구인 나로서는 자네가 그런 식으로 에너지를 분산하지 말라고 단호하게 충고하는 바일세. 그건 지름길이 아니라 기껏해야 우회로일 뿐이고, 역사를 돌아보면 우회로보다도 못한 것이어서 자네에게 결코 도움이 안 될 걸세.

자네는 책을 내야 하는 수많은 이유를 제시했지. 그러나 그 이유가 부당하므로, 하나하나 지적할 테니 부디 새겨듣게나.

대권을 꿈꾸는 사람으로서 〈명쾌하고 설득력 있는 책을 쓰는 것은 애국 행위이며, 애국 행위는 우리가 가장 열망하는 것〉이라는 말에 대하여

미국 역사를 돌아보면, 언어를 진주처럼 꿰는 것이 모든 미국인의 염원이라는 견해를 어느 정도 인정하지 않을 수 없다는 데 나는 동의한다. 역사가 시어도어 드레이퍼가 말했듯이, 미국 건국의 아버지들, 즉 1787년 헌법 제정자들은 〈선례와 영웅과 영감을 찾기 위해 과거와 근대의 모든 역사와 문헌을 샅샅이 뒤졌다〉. 그리하여 그들은 글을 썼다. 처음에는 왕과 식민지 13개 주 연락 위원회에 반대하는 선동적인 소책자를 먼저 내서, 불만이 널리 유포되도록 했다. 독립 선언서, 헌법, 권리 장전이 뒤이어 쓰였고, 이것들은 표현의 자유가 신성함을 천명했다. 헌법이 최초로 인쇄되었고, 일반 책처럼 널리 배포되었다. 그래서 우리 미국인은 말과 글쓰기를 하지 않고는 살 수 없는 존재로서 미국을 생각하기에 이르렀다. 우리는 거리에서 주먹으로 표결을 하지 않고, 〈글이 쓰인〉 용지로 투표를 한다. 우리는 닥치는 대로 사는 게 아니라, 성문화된 법률에 따라 살아간다. 불만이 있으면 의회에 글로 민원을 제기한다. 그래서 〈책을 생각하지 않고 미합중국을 생각하는 것은 상상도 할 수 없다〉고까지 말할 수 있다 — 이것은 역사가 헨리 스틸 코매저가 한 말이다.

그러나 우리는 이러한 역사에 현혹되어 자기 최면에 빠지지 말아야 한다. 그러한 역사와는 다른 사실들을 조망해 보면 쓰인 말과 우리의 관계를 좀 더 잘 알 수 있다.

미국에만 글을 쓰는 혁명가가 있었던 건 아니다. 기성 체제에 대한

거의 모든 공격의 선봉에 서 있는 게 바로 작가들이다.[2]

부두 노동자였던 철학자 에릭 호퍼는 이런 말을 한 적이 있다. 〈기존 제도를 무너뜨리는 예비 작업을 하는 것이 문인들이다.〉 블라디미르 레닌은 1897년에 시베리아로 유배되었을 때 여러 궤짝의 책을 가져가서 『무엇을 할 것인가?』를 썼다. 이것은 그가 처음 도입한 정치 시스템의 초석이 된 책이다. 이오시프 스탈린, 마오쩌둥, 호찌민, 피델 카스트로는 취미로 시를 썼다(어느 재담가는 그들의 시집을 내자고 제안했다. 삽화로는 취미로 그림을 그린 히틀러의 그림을 곁들이자고).

반공산주의 혁명가들은 앞서의 공산주의 혁명가들이 썼던 것들을 이어서 다시 썼다. 동유럽과 중부 유럽에서 망치와 원형 낫을 지워 버린 정치 지도자들에게는 주목할 만한 점이 있는데, 너나없이 집필을 했다는 게 그것이다. 반체제 극작가였다가 체코 공화국의 대통령이 된 바츨라프 하벨은 1992년 연설에서 이 현상을 이렇게 묘사했다. 〈시인, 철학자, 가수가 국회의원이 되었고, 정부 장관이 되었고, 심지어 대통령까지 되었습니다. 불가리아의 대통령은 철학자고, 부통령은 시인입니다. 헝가리의 대통령은 작가이고 수상은 역사가입니다.〉

최근의 이들 정치가-작가 가운데 일부는 거의 스탈린만큼 탄복할 만한 역량이 있는 작가다. 두 건의 집단 학살 사건으로 지명 수배된 보스니아의 세르비아계 장군 라트코 믈라디치는 베오그라드에서 회고록을 쓰고 있다는 언론 보도가 나온 적도 있었다. 또 전범으로 수

---

2 나는 철학적 주장으로 야욕을 숨기려고 하는 일이 없는 폭탄 투척자들을 언급하고 있는 게 아니다. 나는 볼리비아의 작은 혁명가들을 좋아하는데, 그들은 사람들이 속옷을 갈아입듯이 정부를 갈아치운다. 어느 동란 때에는 가난한 농촌 출신의 장군이 잠깐 대통령이 되었다. 그의 어머니에게 한마디 촌평을 부탁하자, 그녀는 한숨을 내쉬고 말했다. 〈그 아이가 대통령이 될 줄 미리 알았더라면, 읽고 쓰는 법이나 좀 가르쳐 주었을 텐데.〉

배된 보스니아의 세르비아계 정치 지도자 라도반 카라지치는 아마추어 시인이다. 캄보디아의 훈 센은 「크랑 요에프 개발 센터의 야자수 나무 그늘 아래」와 같은 제목의 노래들을 작곡하고 있다. 〈책을 생각하지 않고 미합중국을 생각하는 것은 상상도 할 수 없다〉고 헨리 스틸 코매저가 말했듯이, 오늘날 훈 센의 노래를 생각하지 않고 캄보디아를 생각하는 것은 상상도 할 수 없다. 이 나라의 FM 라디오 방송국에서 그의 노래가 늘 흘러나오기 때문인데, 방송국은 거의 모두 훈 센의 정당이 장악하고 있다.

미국에서는 혁명이 성공한 〈후〉, 기존 문서를 가차 없이 해부한다는 점에서 남다른 데가 있다고 주장할지 모르겠다. 그것 역시 오해를 살 수 있다. 쓰인 글을 정부의 초석으로 삼는다는 것은, 글쓰기를 정부의 초석으로 삼는다는 것과 다르다. 신성한 문서에 담긴 언어는 정적이다. 그런데 새로운 언어는 역동적이다. 새로운 언어는 현재 상태를 타파한다. 존 애덤스(2대)는 이렇게 말했다. 〈용기 있게 읽고, 생각하고, 말하고, 글을 씁시다.〉 그러나 이것은 공화국이 확고히 자리 잡기 전의 일이었다. 미국인들이 건국의 아버지들의 말을 믿는다고 말할 때, 그건 새 헌법을 만들지 말고 기존 헌법을 〈준수〉해야 한다는 의미다. 미국인들은 성냥을 가지고 놀고 싶어 하지 않는다. 미국 국립 기록 보관소에는 독립 선언서와 헌법과 권리 장전이 무산소 용기에 담겨 보관되어 있다. 그것은 사람들이 편집하도록 밖으로 꺼내 놓지 않는다.

프랑스 정치학자 알렉시스 드 토크빌은 19세기 초의 미국 정치 사회 제도에 대해 예리하게 분석한 보고서를 낸 사람이다. 그는 그런 통찰력을 프랑스 혁명에 대한 연구에 다시 적용했다. 다른 어느 나라보다도 프랑스에서 특히 혁명과 문학의 결합이 더욱 강하다고 그는 생각했다. 〈방대한 논문부터 대중가요에 이르기까지, 정치가 끼어들지 않은 곳이 없었다.〉 이어서 그가 말했다. 미국 혁명가들은 〈우리 작가들이 이미 생각한 것을 단순 적용하는 것처럼 보였다〉. 프랑스에서 그랬다가는 못난 것으로 비친다. 〈저술가에게 장점인 것은 정치가에게 단점이기 쉽다. 책을 더 좋게 만드는 특성들이 혁명에는 치명적이 될 수 있다.〉

미국 건국의 아버지들은 일단 정권을 잡고 실제로 나라를 좌지우지하게 되자, 부르짖었던 언론의 자유를 유보했다. 헌법 사학자 레너드 레비는 이렇게 말했다. 〈누구보다 주목해야 할 사람은 토머스 제퍼슨(3대)을 비롯한 다수의 제퍼슨 추종자들이다. 그들은 정권을 잡은 후 자신들의 섬세한 자유주의적 정서에 어긋나는 행동을 했다.〉 미국 건국의 아버지 가운데 한 명인 제임스 매디슨(4대)만이 수정 헌법 제1조(종교와 언론 출판의 자유)를 계속 지지했을 뿐이다. 1887년 필라델피아에서 열린 헌법 제정 회의(대륙 회의)에 참석한 각 주 대표들은 인쇄공을 써서 다양한 초안을 책으로 만들었다. 이 책은 대표들만을 위한 것이었다. 인쇄공들은 비밀을 지키겠다고 서약했다. 정부는 5년 동안 제작비 지급을 미루는 방식으로 그들에게 사의를 표했다.

오늘날 미국인들은 표현의 자유를 소중히 여긴다는 것을 전 세계에 자랑한다. 이따금 큼직한 재판 사건이 벌어져서 수정 헌법 제1조를 재확인할 기회를 얻기도 한다. 그러나 『채털리 부인의 연인』이나 『허클베리 핀』이 학교 도서관이 있다는 것을 학부모 한 명에게만 알려 보라. 실제로 상당수의 학생이 그 책을 읽지 못하게 된다. 학교 도서관이 쑥대밭이 될 수도 있다. 아니면 급진적인 외국인 작가 한 명을 미국으로 초대해 보라. 정부 관리들은 비자 발급을 거부할 것이다. 미국인들은 헌법에 기초한 미국 정부 체제의 미덕을 자녀들에게 자랑한다. 그러나 「뉴욕 타임스」지 보도에 따르면, 미국 10대들은 연방 정부의 3개 부서 이름을 대진 못해도 〈세 명의 어릿광대 Three Stooges〉 이름은 술술 말한다.

대중은 추상적인 언론의 자유라면 절대적으로 떠받든다. 그런데 구체적인 사안에 부닥치면 폭력적으로 반대한다. 왠지 걱정되는 현안과 관계된 일이라면 더욱 그렇다. 1980년대의 한 연구에 응답한 사람 가운데 89퍼센트가 이렇게 믿었다. 〈견해가 아무리 달라도 누구에게나 언론의 자유가 있다〉고. 〈우리의 생활 방식을 혐오하는 사람이라도 말하고 들을 기회는 있다〉는 데 80퍼센트가 동의했다. 그러나 미국 나치당이 집회를 열도록 지방 청사를 빌려 주어야 하는가를 묻자, 다섯 명 가운데 한 명도 찬성하지 않았다. 무신론자들이 집회를 열기 위해 강당을 빌리는 것에 대해서도 마찬가지였다. 〈특정 소신을 공개 표명하는 것을 금지하는 것을 국민 투표에 붙여 과반수가 찬성하면 그것에 따라야 한다〉는 데 50퍼센트가 찬성했다.

사회 운동을 뒷바라지해 주는 가장 큰 돈줄인 기업 리더들은 문해 능력을 가진 노동 인구를 늘리는 게 중요하다고 말한다. 또한 자유로운 사고의 흐름이 경제 민주화에 필수적이라고 말한다. 그것은 우리도 당연히 공감한다. 그러나 그들이 실제로 원하는 교육 수준에는 한계가 있다는 것을 유념해야 한다. 고용주에게 개인의 표현의 자유가 그리 달가울 리 없다. 적극적으로 그 자유를 제한하는 고용주도 많다. 몇 년 전 「워싱턴 포스트」지에 실린 풍자문이 떠오른다. 그 글에 따르면, 캘리포니아 주 라구나힐스의 리서치 회사인 스파르타사에서 기자와 얘기를 나누다가 들킨 종업원에게 5천 달러의 벌금을 물렸다는 것이다.[3] 믿기 어렵겠지만 아이디어와 언어 발달에 헌신하는 집단에서도 표현의 자유를 제한하려고 한다. 미디어 회사들은 기자들에게 말한다. 책 아이디어가 있으면 회사 소유의 출판사 승인을 받아 책을 내라고. 몇 년 전에 나는 포드 재단의 해외 보조금 집행 일을 맡기 위해 면담을 한 적이 있었다.

「어떤 프로젝트를 지원할 작정입니까?」 내가 물었다.

「우리는 시민의 자유를 증진하고자 합니다. 우리가 주로 추진하는 건 인권 문제죠.」

직원들이 그런 주제에 대해 글을 좀 쓰는 게 어떨까? 「그것을 장려하십니까?」 내가 물었다.

「아니오. 나는 직원들이 글을 쓰며 시간을 보내길 원치 않습니다. 자기 시간에라도 말입니다. 조직과 하나가 된 직원, 그들이 집행하는 보조금으로 말을 하는 직원이 최고의 직원입니다.」

종업원의 태도에 대한 1990년의 다음 조사 결과는 그리 놀랄 것도 없는 사실이다. 〈작업장은 우리 사회에서 대다수 미국인들이 가장 큰 제약을 느끼는 지역이며, 헌법의 보호를 가장 적게 받는 곳이다.〉

현대 정치가 이야기로 다시 돌아가자. 우리는 그들이 언론의 자유를 보장해 주길 원한다. 1989년에 직업 윤리법을 통과시킴으로써, 미국 국회는 연방 공무원이 기고문을 쓰거나 연설을 해서 돈을 버는 일

---

3 앨리샤 스웨시는 프록터 앤드 갬블사P&G에 대한 연구서에서 이렇게 보고했다. 이 회사는 종업원들이 다니는 카페에 감시 카메라를 설치한 적이 있었다. 그런데 아무도 그것을 문제삼지 않았다. 늘 그런 관찰을 당해 왔기 때문이다. 이 회사의 종업원용 사보에서는 작업장의 유머를 북돋우는 다양한 방법을 제시하고 있는데, 그 가운데 하나는 다음과 같다. 〈전혀 웃기지 않더라도 우스운 척하라.〉

체의 행위를 금지시켰다. 이 법안은 국세청 직원이 최신 조세법의 허를 찌르는 방법에 관한 책을 내는 것과 FBI 요원이 정원 가꾸기 책을 내는 것의 차이를 가리지 않았다. 연방 대법원이 이 법안을 기각했지만, 국회는 포기하지 않았다. 하원 윤리 위원회는 국회의원이 국회 밖에서 벌어들이는 저작권료를 연간 2만 400달러 이하로 제한하고, 선인세 수수 행위를 금지하는 법안을 만장일치로 통과시켰다. 이러한 안건에 대해 토론을 벌인 후, 하원에서는 소득액을 제한하지는 않고 선인세 수수만 금지시켰다. 그러나 하원 윤리 위원회가 모든 책 계약을 사전 승인해야 한다는 조건을 달았다.

의원들이 이런 금지 조치를 따르지 않으면 어쩔 것인가? 제럴드 솔로몬 의원은 이 조치에 반대하며 다음과 같이 정연한 논리를 폈다. 〈의원들은 곧잘 책을 터트렸습니다. 그런데 동전 한 닢 벌어들이지 못했습니다. 오늘날 의회에 대한 대중의 지지율을 돌아볼 때, 그것은 놀랄 일이 아닙니다. 안 그렇습니까? 우리는 사회를 이끌어 가는 지적 등불로 간주되지 않습니다. 자만심을 좀 버립시다. 문학 천재들을 내버려 둡시다. 이 자리에는 문학 천재가 한 명도 보이지 않지만 말입니다.〉

한편 정부에서는 워싱턴, 애덤스, 제퍼슨, 매디슨 등이 쓴 모든 글을 수집하기 위한 장기 학술 프로젝트 자금을 지원했는데, 성과는 미미했다. 1997년에는 예산액이 대폭 삭감될 뻔했다. 사실을 직시하자. 미국 건국의 아버지들의 말을 보존하기보다는 그들을 그냥 찬양하는 게 더 쉽다.

마크 트웨인은 현명하게 이런 말을 했다. 〈하느님이 보우하사 이 나라에서 우리는 이루 말할 수 없이 소중한 세 가지 것을 갖고 있다.

언론의 자유, 양심의 자유, 그리고 이 두 가지를 실천에 옮기지 않는 신중함이 그것이다.〉

『대통령들에 관한 사실: 전기와 역사 자료 모음』에 나오는 말, 〈실제로 모든 미국 대통령이 저술가로도 이름을 날렸다〉는 것에 대하여

그런 말도 안 되는 책을 쓴 사람은 분명 다음 얘기를 철석같이 믿었을 것이다. 로널드 레이건이 각료 회의 때 잠을 잔 척했을 뿐이라고. 그가 임명한 어떤 각료가 무슨 뒷공론을 하는지 알아보기 위해 실은 실눈을 뜨고 있었다고.

사실은 이러하다. 대통령들의 글솜씨는 편차가 컸고, 점점 나빠지고 있다. 그 역사는 다음 네 단계로 나눌 수 있다.

건국의 작가 시대(1789~1829)

문학의 대가뭄 시대(1829~1869)

문예 부흥기(1869~1933)

진실 은폐의 시대(1933~현재)

앞서 내가 인정했듯이, 말과 책을 통해 건국의 아버지들은 건국의 작가가 되었고 결국 초기 대통령이 되었다. 〈책 없이는 살 수 없다〉고 말한 제퍼슨은 〈당시 최고의 수사학자〉로 일컬어져 왔다. 그가 묘비명에 넣고자 한 세 가지 업적 가운데 두 가지는 글쓰기와 관계가 있다. 독립 선언서와 버지니아 종교의 자유법을 기초했다는 것이 그것이다.[4] 제임스 매디슨도 문인으로 존경을 받고 있다. 헌법이 재가되도록 여론을 움직이기 위해, 매디슨은 알렉산더 해밀턴과 존 제이와 함께 퍼블리어스라는 필명으로 신문에 일련의 에세이를 기고했다. 매디슨은 대통령 시절에 국무장관인 로버트 스미스의 글을 대필해 주었다. 그 반대가 아니다. 존 애덤스는 꽤 젊은 나이에 돈에 쪼들리게 된 것이 〈책을 사느라고 가산을 탕진한 탓〉이라고 말했다. 그는 어려서부터 일기를 썼는데, 짧은 글을 쓰는 데 대한 그의 사랑은 아들이자 6대 대통령인 존 퀸시 애덤스를 거쳐, 증손자인 작가 헨리 애덤스로 이어지며 20세기까지 계속되었다.

사실 이들 대통령이 책을 사랑했지만 많은 글을 쓴 것은 아니었다. 그들이 쓴 글은 기억할 만한 가치가 있지도 않다.

조지 워싱턴(초대)만큼은 책을 내지 않았는데, 그건 다행한 일이었다. 그의 글은 끔찍했다. 미국 도서관 수집품 가운데 워싱턴이 글을 쓴 것으로는 로빈이라는 사람에게 보낸 200단어 남짓한 편지가 딱 한 통 있는데, 마침표가 딱 한 번만 쓰였다. 존 애덤스는 이렇게 말했다. 〈워싱턴이 학자가 아니었다는 건 두말할 나위가 없다. 그의 지위나 명성에 비해 그가 너무 글을 못 쓰고, 배운 것도 없고, 책도 읽은 게 없다는 것 역시 논란의 여지가 없다.〉[5]

---

4 나머지 하나는 버지니아 대학을 세웠다는 것이다 — 옮긴이주.
5 부유한 지주의 아들이었던 워싱턴이 독립 혁명군 총사령관이었을 때 작성한 소요 경비 청구서가 그의 편지보다 훨씬 더 창의적이었다고 말하고 싶다. 그는 봉급을 받지 않았다. 다만 자기 주머니에서 나간 경비를 변제해 줄 것만을 요구했다. 마빈 키트먼이 편집한 『조지 워싱턴의 소요 경비 청구서』를 보면, 이 건국의 아버지는 다음과 같은 경비 변제를 요청했다. 〈내 막사로 제공된 주택과 마블헤드 연대가 사용한 주택의 청소비 현금 지출…… 65달러.〉 그리고 워싱턴 부인이 그의 겨울 막사로 찾아왔는데, 납세자들은 이 여행 경비 2만 7,665달러를 변제해 주었다.

쓰기도 읽기도 고통스러운
조지 워싱턴의 편지 | 1749~1750년경 작성[6]

친애하는 친구 로빈에게

우정과 존경의 가장 위대한 표시로써 부재하는 친구들은 글을 써서 서로 보여 줄 수 있고 동료 친구들과 생각을 자주 주고받음으로써 내 이름을 휘날리려고 노력하게 되어 이따금 그리고 언제나 내 인생의 처지와 하는 일이 어찌 되었든 자네에게 기별을 하는 바인데 자네도 수고의 반을 감수하여 나에게 어떻게든 틈틈이 편지 한 통 보내기를 바라 마지않거니와 열렬한 환영이 뒤따를 그 만남을 확신해도 좋으리니 현재 내 처소는 그의 영지 안에 있으니 여기서 내 마음 빗장 풀고 내가 아주 즐겁게 시간을 보낼 수 있는 것은 같은 집에 쾌활한 젊은 아가씨(조지 페어팩스의 처제 콜로)가 살고 있기 때문이지만 그건 불에 기름을 붓는 것이기도 해서 곧잘 내 마음을 불안케 하니 불가피하게 그녀와 함께 있는 것은 자네의 스코틀랜드 남동부 미녀에 대한 지난날의 내 열정을 떠올리게 해서 나는 젊은 여성들에게서 좀 더 멀리 떨어져 살아야 하겠건만 젊은 여성들이 순결하고 고통스러운 그 열정을 영원한 건망증 또는 망각의 무덤에 묻어 주어 얼마간은 내 슬픔을 다독여 줄 수 있기도 해서 그것이 내가 구원받을 수 있는 유일한 해독제 또는 처방인가도 싶고 아니면 어떤 치료를 행하거나 나에게 도움을 줄 수 있는 것이 휴식뿐이라는 확신도 드는데 내가 확신하는 대로 뭔가를 해야 한다면 나는 애오라지 자제해야 할 뿐이어서 그것은 다만 슬픔에 불안감을 가중시킬 뿐이라네.

G. Washington

---

6 오문이나 비문으로 점철된 글을 우리말로 옮기면서 불가피하게 문장이 꽤 정돈되었음을 감안하기 바란다 — 옮긴이주.

애덤스는 일기와 사사로운 편지를 쓰는 데에는 열심이었다(어느 저술가는 애덤스가 서재의 책 여백에 메모해 놓은 생기 있고 통찰력 있는 글들을 모아서 한 권의 책으로 만들었다). 하지만 대중을 상대로 한 글들은 솔직히 수면제나 다름없는데, 좀 좋게 말하면 모방작이다. 그의 세 권짜리 저서 『아메리카 합중국의 정부 헌법 옹호』는 한때 〈100개의 사멸한 공화국에 대한 병적 해부〉로 평가되었다. 애덤스의 『다빌라에 관한 강연』이 오늘날 출판되었다면, 언론은 대통령을 꿈꾼 상원 의원 조 바이든에게 그랬듯이 애덤스에게도 파멸을 안겨 주었을 것이다(조 바이든은 영국 노동당 당수인 닐 키넉의 연설문을 대대적으로 표절한 사람이다). 〈그 『강연』의 32개 장 가운데 18개 장은 E. C. 다빌라의 『프랑스 내란의 역사』 프랑스어판을 그대로 번역한 것이고, 나머지 14개 장은 탐욕과 경쟁, 야망, 명성에 관한 〈유용한 생각〉인데, 그마저도 애덤 스미스의 『도덕적 감정론』을 토대로 한 것이다.〉 훗날 애덤스의 손자 가운데 한 명이 할아버지의 여러 글에서 빠져 있었던 인용 부호들을 복구시켰다.

제퍼슨의 편지는 약 2만 8천 통이나 남아 있다. 그는 일기를 쓰지 않았고, 이 자리에서 제목을 말할 가치가 없는 얇은 자서전을 한 편 썼다. 책 한 권 분량의 『버지니아 주에 관한 기록』도 썼는데, 이 책은 그가 파리에서 자비로 출판했다(200부 발행). 이 책은 당시 의미 있는 과학적 관심사를 담고 있어서 오늘날에도 기억할 만한 책으로 남아 있다. 그러나 그는 출판을 염두에 두고 글을 쓰지 않는 게 나았다. 그는 독립 선언서를 기초한 것으로 알려진 사람이다. 그러나 사실은 다르다. 그는 조지 메이슨이 초안을 쓴 버지니아 인권 선언문을 마음대로 빌려 썼다. 〈모든 인간은 평등하게 창조되었다〉는 불후의 문장도 빌려 쓴 것이다. 게다가 필라델피아에 모인 다른 사람들이 그가 쓴 것을 고쳐 쓰고 다듬어 주었다. 대륙 회의가 끝날 무렵 그가 쓴 선언문의 내용은 4분의 1로 줄어들었다. 그는 수고를 아끼지 않고 좋은 문장을 만들어 준 데 대해 감사를 표하기는커녕 〈훼손〉시켰다고 남은 평생 투덜거렸다.

매디슨은 글솜씨가 뛰어났는데도 책을 내겠다는 생각이 없었다. 은퇴 후에는 주로 농사를 짓거나 편지를 쓰며 시간을 보냈다. 그러다가 신경통으로 손을 쓸 수가 없게 된 말년에 다급하게 자서전의 〈최소 골격〉만을 구술했다. 퍼블리어스라는 이름으로 신문에 기고한 글은 훗날 『연방주의자의 논설』이라는 책으로 발간되었다.

건국의 아들로 불림 직도 한 존 퀸시 애덤스는 이러한 문학사의 전통을 이어받은 인물이다. 그는 대통령이 되기 오래전부터 〈남은 평생 문학에 몸을 바침으로써 국가에 봉사〉하겠다고 맹세했다. 그는 전기와 시, 독일 시집 번역물, 여행기, 종교적 가르침이 담긴 서간집 등 수많은 책을 아들에게 물려주었고, 자신의 연설문과 강의록도 물려주었다. 그의 아들은 이렇게 말했다. 〈그분은 이른 나이에(13세에) 일기 쓰기에 전념했습니다. 그악스럽게 말이에요.〉 이 말은 글쓰기가 존 퀸시 애덤스를 사로잡았다는 뜻일 것이다. 하지만 그는 아버지를 따분한 작가라고 생각한 게 아닐까? 글쓰기에 대한 애덤스의 열정과 관심의 폭은 탄복할 만하다. 그러나 그가 어떤 글을 썼는지 기억하는 학자는 거의 없고, 알고 싶어 하지도 않는다. 그 이유를 헤아려 보기 위해, 국회의 요청에 따라 그가 제임스 매디슨에게 써보낸 재치 있는 다음 산문을 한번 음미해 보자. 〈페르시아의 폭군 황제가 그리스를 침략해서 정복하기 위해 소집한 수많은 부하들을 둘러볼 때, 신성

모독적인 역사의 아버지(헤로도토스)가 들려준 말에 따르면, 이 황제는 일단 마음이 자부심으로 부풀었다가 이내 위축되어 가라앉으면서, 이날부터 100년도 되지 않아 수많은 부하들 가운데 그 누구도 살아남은 자가 없을 거라는 생각에 사로잡힌 그는 고뇌의 눈물을 떨어뜨렸다.〉

건국의 작가들 시대 이후, 앤드루 잭슨(7대)과 같은 산골짜기 출신의 대통령이 등장하면서 문학의 대가뭄 시대가 시작되었다. 잭슨을 비판하는 사람들은 그가 〈잭슨 민주주의〉를 그대로 반영하는 글을 썼다고 꼬집는다. 즉 그는 부사와 동사를 구분하지 않았다. 존 퀸시 애덤스는 모교인 하버드 대학에서 앤드루 잭슨에게 명예박사 학위를 수여하는 기념식에 참석하길 거부했다. 잭슨이 〈문법에 맞는 문장도 쓰지 못하고 자기 이름 철자로 잘 모르는 미개인〉이라고 보았기 때문이다. 잭슨이 후예들에게 남긴 글이라고는 몇 장의 낙서가 전부다. 존 타일러(10대), 재커리 테일러(12대), 프랭클린 피어스(14대), 앤드루 존슨(17대)도 마찬가지였다. 마틴 밴 뷰런(8대), 윌리엄 헨리 해리슨(9대), 제임스 포크(11대), 밀러드 필모어(13대), 제임스 뷰캐넌(15대)은 조금 나은 편이었다. 뷰캐넌은 말년에 『반란 전야의 뷰캐넌 씨의 내각』이라는 자기 옹호적인 책을 썼다. 이 책은 그가 〈다가오는 위험(남북 전쟁)을 국민들에게 적절히 수시로 경고했으며, 그것을 피할 수 있는 적절한 방법을 조언했다〉는 것을 보여 주겠다는 취지에서 쓴 것이다. 밴 뷰런은 은퇴하고 12년이 지난 후 장황한 글을 쓰기 시작했다. 다른 일 때문에 글쓰기가 방해를 받지는 않았는데도 글은 요령부득이었다. 그는 이 회고록을 완성하지 못했다. 정당에 대한 그의 과장된 연구서는 다른 사람들이 편집해서 그의 사후에 출판되었다. 밀러드 필모어의 유일한 〈책〉은 15페이지짜리인데, 제목은 『고결한 밀러드 필모어의 초기 생애: 본인의 회고』다.

이 시기에 예외적이었던 인물은 에이브러햄 링컨(16대)이다. 그는 어떤 책도 쓰지 않았다. 그가 손수 쓴 가장 긴 글은 1991년에 옛 일리노이 주 법원 기록 속에서 발견한 글이다. 이것은 철도 협상과 관련한 43페이지의 법률 문서다. 그가 피살되지 않고 은퇴했다면, 아마 최고의 대통령 회고록을 쓸 수도 있었을 것이다. 고어 비달은 〈링컨이 영어 산문의 달인이었다는 것은 거의 논란의 여지가 없다〉고 말했다. 문학 평론가 앨프리드 케이진의 말에 따르면 그의 두 번째 취임사는 역대 취임사 가운데 〈문학적 천재성을 드러내 보인 유일한 취임사〉다. 그가 소년 시절에 쓴 시 가운데 한 편은 남부 인디애나 주의 한 지방을 조롱한 시인데, 그곳 주민의 말에 따르면 그 시가 『성서』보다 더 유명하다. 그는 어떤 책이라도 쓸 수 있었겠지만 그러지 않았다. 그의 참된 문학적 천재성은 자제되었고, 익명으로 신문에 투고해서 반대자들을 공격하는 데나 쓰였을 뿐이다.

미국 대통령들의 문예 부흥기는 링컨의 장군이었던 율리시스 S. 그랜트(18대)와 더불어 시작되었다. 그랜트는 서서히 고통스럽게 암으로 죽어 가며 남북 전쟁에 관한 두 권의 회고록을 썼다(그는 1885년 7월 14일 서평용 원고를 탈고한 후 아흐레 만에 사망했다). 평론가 에드먼드 윌슨의 말에 따르면 이 책은 〈율리우스 카이사르의 『논평』 이후 동종의 책으로서는 가장 주목할 만한 작품〉이다. 이 책의 발행인 마크 트웨인은 저작권료 45만 달러를 그랜트 부인에게 지급했다.

〈나는 목장에서 오래 지낼 때면 곧잘 스윈번의 책을 가져갔다. 그의 책은 알칼리성 먼지와 미지근한 흙탕물, 프라이팬에 구운 빵, 암퇘지

뱃살, 흠뻑 땀에 젖어서 자주 빨아야 했던 옷 등에 대한 일종의 방부제였다.〉 시어도어 루스벨트(26대)가 『야외에서 보낸 애서가의 휴일』에 쓴 글이다. 이 책은 역사와 전기, 여행, 자연에 대한 그의 서른여덟 권의 저서 가운데 하나다. 그는 백악관에서 꾸준히 문학작품을 쓰면서 대중 잡지에 발표할 기고문을 수십 편 쓰기도 했다. 그의 『1812년의 해전』은 지금도 해당 주제에 대한 결정판으로 여겨진다. 1880년대에는 자기 책 일부를 출판한 퍼트넘 출판사에 투자를 하기도 했다. 미국 대통령 가운데 그보다 글을 더 많이 썼거나, 더 잘 썼거나, 더 의미 있는 책을 낸 사람은 없다.

우드로 윌슨(28대)은 대통령이 되기 전에 정치적 야심을 지닌 대학 교수가 냄 직한 책, 즉 미국 정치학에 대한 책을 냈다. 그는 역사가로서 특별히 재능이 있는 사람은 아니었고, 그의 글은 미사여구투성이였다. 그러나 그는 신동이었다. 프린스턴 대학 총장이었던 1893년부터 1902년까지, 그는 다섯 권짜리 『미국인의 역사』를 비롯해서 아홉 종의 책을 냈고, 서른다섯 편의 기고문을 썼다.

허버트 후버(31대)는 작심하고 글을 쓴 작가였다. 그는 탄복할 만한 『우드로 윌슨의 시련』 등의 전기와 역사에 대한 책을 냈고, 『재미로 낚시하며 영혼을 씻다』와 같은 책도 냈다. 그의 『광업 원리』는 이 분야의 모범 도서가 되었다. 말년에 뉴욕에 있던 그의 집에는 책상이 네 개 있었는데, 전기 작가 리처드 노턴 스미스의 말에 따르면, 〈한 책상에서 한 권씩 동시에 네 권을 써서 그의 이름으로 낸 기존의 책 스물네 권에 이 책들을 더했다〉.

그로버 클리블랜드(22대, 24대), 벤저민 해리슨(23대), 윌리엄 하워드 태프트(27대), 캘빈 쿨리지(30대)도 문예 부흥기의 대통령들인데, 이들의 저서는 다른 동시대인 작가보다 많지 않았고, 걸작도 아니었다. 그렇지만 꽤 괜찮은 작가들이긴 했다. 해리슨의 『우리의 이 나라』는 『레이디스 홈 저널』에 연재된 것인데, 읽을 만하고 재미도 있다. 클리블랜드가 『새터데이 이브닝 포스트』지에 실은 글은 사냥과 낚시에 대한 한 권의 책으로 묶였다. 쿨리지는 은퇴한 후 저술이 주요 소득원이었다. 이 〈과묵한 대통령〉이 펴낸 책으로는 신문 시사 평론과 잡지 기고문을 모은 것과 자서전 한 권이 있다.

이 시기에는 미국 대통령들만 문예 부흥기를 맞은 게 아니었다. 다우닝 가 10번지의 영국 총리들도 이 무렵 많은 작품을 내놓았다. 네 차례 영국 총리를 지낸 윌리엄 글래드스턴은 근대 정치학 주제만이 아니라 그리스도교의 기초에 대한 책까지 펴냈다.[7] 글래드스턴의 정적이었고 두 차례 총리를 지낸 벤저민 디즈레일리는 23세 때 첫 소설을 썼다. 마지막 소설을 펴낸 것은 사망하기 4개월 전인 67세 때였다. 그는 이렇게 말했다. 〈나는 소설을 읽고 싶을 때면 직접 쓴다.〉 세 차례 총리를 지낸 솔즈베리 후작(로버트 세실 경) 외에도 아서 밸푸어, 허버트 애스퀴스, 램지 맥도널드도 저마다 각종 기고문을 쓰고 책을 펴냈다. 어느 평론가의 말에 따르면 스탠리 볼드윈은 〈언어를 사랑했다. 볼드윈만큼 연설문에 많은 시간과 공을 들인 영국 총리는 없다. 비정치적인 연설문을 쓸 때 더욱 그러했다. 이 연설문 덕분에 그는 대단한 명성을 얻었고, 연설문 모음은 수천 부씩 팔렸다〉.

당시에는 대통령의 나쁜 글에도 모종의 위대함이 깃들어 있었다.

7 글래드스턴의 왕성한 독서 얘기는 존 F. 케네디를 둘러싼 이야기만큼이나 과장이 심하다. 그는 귀신같은 속독가여서 2만 권의 책을 읽었다고 한다. 만 1세 때부터 죽을 때까지 책을 읽었다면 연평균 230권을 읽은 셈인데, 그러자면 주말 이틀과 휴가 때를 빼고 하루에 한 권씩 독파해야 한다.

H. L. 멩켄은 이렇게 평했다. 워런 하딩(29대)의 글은 〈내가 접해 본 영어 문장 가운데 최악이었다. 그건 한 줄로 꿰어 놓은 해면을 연상시켰다. 빨랫줄에 걸린 넝마, 퀴퀴한 콩 수프, 대학에서 빽빽거리는 소리, 밤이면 밤마다 바보처럼 짖어 대는 개들을 연상시켰다. 그것은 어찌나 열악하던지 어떤 웅장함이 깃들 정도였다〉. 멩켄이 말한 웅장함은 하딩이 말실수한 것을 지적한 말일 것이다. 하딩이 얼떨결에 만들어 낸 말 가운데 〈*normalcy*〉라는 게 있다.[8] 〈미국이 현재 필요로 하는 것은 영웅들이 아니라 치료며, 비상 대책*nostrums*이 아니라 정상 상태 *normalcy*다.〉

그리하여 우리는 이윽고 〈진실 은폐의 시대〉, 곧 우리 시대로 접어들었다. 이 시대는 어느 시대보다 더 생산적인 글쓰기의 시대로 보일지 모른다. 최근의 대통령 아홉 명 — 드와이트 아이젠하워(34대)부터 빌 클린턴(42대)까지 — 의 저서는 마흔 권에 육박한다. 그러나 책 커버에 적힌 이름만 보고 책을 판단해서는 곤란하다. 책 안의 언어의 질, 그리고 그것을 실제로 쓴 사람이 누구인가가 문제다. 후자에 대한 역사적 기록은 거의 존재하지 않는다. 현대의 미국 대통령들과 글쓰기의 관계는 러시아 지도자들과 애국가의 관계와 같다(러시아의 새로운 국가는 가사가 없다).

진실 은폐 시대의 첫 대통령인 프랭클린 루스벨트(32대)와 해리 트루먼(33대)은 문학계의 루이스와 클라크라고 할 수 있다.[9] 루스벨트

8 *normalcy*는 오늘날 사전에까지 올라 있는데, *normality*(정상, 정상적인 상태)와 동의어로 쓰인다 — 옮긴이주.

9 루이스 대위와 클라크 중위는 미국 최초로 1804~1806년에 미주리 주 세인트루이스에서 탐험대를 이끌고 미주리 강을 거슬러 올라가서 로키 산맥을 넘어 태평양 연안까지 갔다가 돌아온 것으로 유명하다 — 옮긴이주.

는 39세에 척수성 소아마비를 앓을 때 몇 가지 책 아이디어를 내기 시작했다. 그는 몇 쪽을 쓴 후 흥미를 잃어버렸다. 글쓰기는 유령에게 맡기는 게 그의 성미에 맞았다. 그러고는 가능한 한 그 사실을 숨기고 거짓말을 했다. 루스벨트는 첫 취임사 원고에, 그것을 자기가 직접 썼다는 메모를 핀으로 꽂아 놓았다. 나중에 진실이 밝혀지긴 했지만, 그가 바란 대로 그 연설문과 메모는 하이드파크에 있는 루스벨트 도서관에 보관되었다. 그가 직접 썼다는 것은, 보좌관인 레이먼드 몰리가 쓴 것을 보고 그가 베껴 썼다는 뜻이다.

트루먼은 대통령직에서 물러난 후 19년을 더 살았으니 즐거운 마음으로 회고록을 썼음 직하다. 그는 탐욕스러운 독서를 했고, 그것 때문에 찬사도 많이 받았다. 그는 두 권짜리 회고록 서두에서 이렇게 말했다. 〈미국의 대통령직은 비할 바 없이 막중한 개인적 책임이 뒤따른다.〉 그래서였는지 그는 자기 책에서도 남들이 그를 대변하게 했다. 그는 감사의 글에서 이렇게 시인했다. 〈나는 많은 사람에게서 값진 도움과 제안을 받았다.〉 이 회고록을 발행한 더블데이 출판사의 편집자 팀 셀데스는 트루먼이 아닌 유령들에게 편집 제안을 했다. 유령들은 어떻게 처리해야 좋을지 모를 경우에만 트루먼에게 제안을 전달했다.

드와이트 아이젠하워, 존 F. 케네디(35대), 리처드 닉슨(37대)은 진실 은폐의 시대에 그래도 좀 나은 책을 냈다. 그러나 그들은 우리가 일반적으로 생각하는 그런 저자가 아니다. 정보의 밭을 갈아서 주제를 연구 조사하고, 백지 또는 컴퓨터 모니터 앞에 홀로 앉아, 생각을 어떻게 엮어 나갈 것인지 고민하는 그런 저술가가 아니었다. 그들은 현대 미국 대통령에게 대통령 전용기에 못지않게 대필 작가가 없어서는 안 된다는 것을 유감없이 보여 주었다.

〈평생 나는 쓰인 이야기의 교정자였다. 그것도 교정할 수 없는 교정자 말이다.〉아이젠하워는 『편안히: 내가 친구들에게 들려준 이야기』에서 그렇게 고백했다. 다시 말하면 누군가 다른 사람이 쓴 것을 자기 글로 고쳐 썼다는 것이다. 그가 전략을 세우고 노르망디 상륙을 단행할 때 무수한 참모들의 도움을 받았듯이, 대통령 회고록을 구상하고 연구하고 집필할 때 대규모 팀원들의 도움을 받았다. 자기 생각과 회상을 구술할 때, 그는 게티즈버그의 서재에서 혼자 왔다 갔다 하며 녹음기에 대고 말을 한다는 것이 싫었다. 그는 기계가 아니라 실제 사람한테 구술을 해야 했다. 아이젠하워와 함께 일한 랜덤하우스의 편집자 샘 보건은 나에게 이런 말을 한 적이 있다. 〈나 같은 사람들이 하는 일 가운데 하나는 (아이젠하워가 구술하는 것을 들어 주고) 독회 단계로 넘기는 것이었습니다.〉

케네디가 정말 『용기 있는 사람들』을 썼는가는 논란의 여지가 많다. 역사가 허버트 파멧은 단적으로 이렇게 주장했다. 최고의 역사가들이 수많은 자문을 해주었고, 국회 도서관 직원을 비롯한 여러 사람들이 실질적인 연구 조사를 대신해 주었고, 여러 사람이 각 장의 초안을 써주었다고. 그런데도 케네디는 그 책이 자기 작품이라고 말하는 데 전혀 주저하지 않았다. 1957년에는 전기 분야의 퓰리처상까지 받았다. 작가다운 작가가 받아야 할 상을 말이다. 사실상의 저자 가운데 한 명인 조지타운 대학의 교수 줄스 데이비즈는 700달러를 받았는데, 저작권료는 한 푼도 받지 못했다.

닉슨은 케네디가 대필 작가를 쓴다고 공개적으로 경멸을 드러냈다. 〈대선에 출마하려는 공인은 연설문 대필자의 글을 낭독하는 꼭 두각시여서는 안 된다. 아이디어는《자기 것》이어야 하고, 소신도 말도《자기 것》이어야 한다.〉그런데 닉슨도 케네디와 그리 다를 게 없었다. 그는 노란 서판에 자기 생각을 메모했고, 속기사들에게 아이디어를 구술했다. 그 후 언어의 도공들이 그의 산문을 빚어서 구워 주었다. 그래서 책이 나오면 그는 기자들에게 다음과 같이 얼버무렸다. 〈책을 쓴다는 것은 아주, 아주 어려운 작업입니다……. 그래서 나는 좋은 사람들과 함께 일을 하지요.〉

닉슨이 참된 작가로서의 자질을 갖지 못했다는 것은 아니다. 더블데이의 훌륭한 편집자였던 켄 매코믹은 집단적으로 충격을 받은 사건 하나를 회고하길 좋아했다. 닉슨의『여섯 번의 위기』가 집필 중일 때, 닉슨이 그 가운데 한 장을 직접 쓰고 싶다고 말한 사건이 그것이다. 아이젠하워가 1952년에 대선 후보가 되었을 때 닉슨은 러닝메이트로 낙점을 받았다. 그건 그 유명한 체커스 연설 덕분인데, 그 연설에 대한 대목을 닉슨은 손수 쓰고 싶어 했다. 매코믹과 그의 동료들은 닉슨이 그 책의 전체 문체와 너무나 잘 어울리는 글을 쓴 것에 자못 놀라지 않을 수 없었다.

닉슨 곁에는 항상 유령들이 있었다. 사임을 강요당한 후에는 그가 자기 책 집필에 좀 더 많이 개입한 것은 분명하다. 그는 이렇게 말했다. 〈후반에 원고를 편집할 때, 나는 생각을 정확하게 전달하거나 기억에 남을 만한 문장을 빚어내기 위해 때로 하루 종일 문장을 다듬곤 했다(그런데 우리 기억에 남을 만한 문장이 하나라도 있을까? 나는 회의적이다).〉

대통령 문학이라는 것을 일구고 있는 유령들은 좋은 책이 나올 거라고 장담하지 못한다. 도리스 컨스 등의 작가들은 린던 존슨(36대)의『관점: 대통령직을 조망하다』집필을 돕기 위해 열심히 작업을 했다. 그러나 존슨은 그 책에 집중할 수가 없었다. 당연히 유령들에게 열정을 불어넣지도 못했다. 포드의 회고록 『치유의 시간』은 다음과 같은 포드의 뜻밖의 고백 때문에 유령들이 그 책을 살릴 수가 없었다. 〈나는 정치 인생 내내 내가 들은 말(누군가 대필해 준 것)을 항상 믿었다.〉 이 책의 보급판 판권을 사려는 출판사는 한군데도 없었다.

기자-작가인 로버트 린지를 팀장으로 해서 줄잡아 스물네 명으로 이루어진 〈전문가 팀〉이 로널드 레이건의 회고록 『한 미국인의 삶』을 썼다. 레이건은 애 딸린 과부였던 제인 와이먼과 첫 결혼을 한 것에 대한 얘기를 어떻게 쓸 것인가에는 통 관심이 없었다. 이 책은 곧바로 추락했다. 레이건은 서평을 읽지도 않았고, 물론 자기 책을 읽어 보지도 않았다. 책이 나온 직후 그는 이렇게 말했다. 〈그게 아주 끔찍한 책이라더군! 며칠 내로 한번 읽어 봐야겠어!〉[10] 바버라 부시와 그녀의 개가 쓴 것으로 되어 있는 『밀리의 책』이 레이건의 책보다 훨씬 더 잘 팔렸음은 물론이다.

부시 행정부는 우리 시대를 어느 시대보다 더 저급하게 몰아갔다. 그의 대통령직과 글쓰기의 관계는 누구 귀를 물어뜯은 마이크 타이슨과 스포츠맨십과의 관계와 같다. 백악관에 입성하는 도중에 부시는 발랄한 〈감사〉의 글들을 써서 입방아에 오르내렸다. 한번은 백악관 집무실에 있는 것이 〈꿈같은 일〉이라고 말한 적이 있다. 그는 이따금 재치 있는 말을 도용함으로써 대통령사의 음지에 발을 들여놓았다. 어쨌든 세금을 올리게 될 거라는 말을 하기가 어려운 나머지 그

---

10 레이건은 독서를 즐기지 않았다. 그는 경제 정상 회담을 하기 전에 보좌관 제임스 베이커가 만들어 준 요약 보고서를 읽기도 싫어서 「사운드 오브 뮤직」 재방송을 시청했다. 국가 안보 보좌관 윌리엄 클라크는 천재가 아니었는데, 레이건을 교육시키기 위해 대외 정책의 핵심 사안들을 영화로 만들어서 보여 주는 천재성을 발휘했다.

는 〈내 입술을 읽으시오*read my lips*〉라고 말해야 할 순간, 앞으로 〈내 히프를 읽으시오*read my hips*〉라고 말했다. 그건 다른 사람이 먼저 한 말을 도용한 것이다. 추문 폭로자 링컨 스테펀스는 의용 기병 대장 출신 대통령인 시어도어 루스벨트가 〈히프로 생각했다〉고 말했다. 부시의 대통령 선거 운동용 자서전 제목 『장래를 생각함』은 빅 골드가 쓴 것인데, 이 제목 또한 도용한 것이다. 프랭클린 루스벨트가 유령을 시켜 쓴 잡지 기고문을 모아 만든 책 제목이 바로 〈장래를 생각함〉이다.

부시가 꺼벙이*Mutt*였다면 부통령 댄 퀘일은 팔푼이*Jeff*였다.[11] 퀘일의 회고록 『물러서지 않다』에 나오는 감사의 글로 미루어 보건대, 워싱턴 정가와 인디애나의 모든 사람이 그의 회고록에 관여했다. 정작 본인은 관여하지 않은 것 같다. 퀘일은 〈감자*potato*〉의 철자를 쓰지 못한 것으로 유명하다. 그는 주방위군 커뮤니케이션 능력 시험에서 평균 점수 이하를 받기도 했다. 그는 『니콜라이와 알렉산드라』라는 책이 〈정말 아주 이상한 사람들이 민감한 자리에 취임해서 역사에 얼마나 엄청난 충격을 줄 수 있는가를 보여 준다〉고 자기를 가리키는 듯한 통찰력 있는 말을 했다.

지미 카터(39대)는 본격적인 저술가로서 자격이 있다고 할 수 있는 유일한 근대 미국 대통령이다. 그는 〈집에서 믿음직한 워드프로세서로〉 열두 권의 책을 써서 출판했다고 자랑한다. 그러나 그의 대통령 선거 운동용 전기는 고등학교 학기말 과제물 제출용 같다. 그의 시는 시적이지 않다. 『믿음을 지키다』와 『믿음의 삶을 살다』와 같은 그의 회고록은 진저리 칠 만큼 독선적이다. 어느 평론가의 말에 따르면 카

---

11 머트Mutt와 제프Jeff는 해리 C. 피셔가 연재한 4컷 만화의 주인공이다. 만화 속의 키다리 머트와 꼬마 제프가 단짝 머저리여서, 두 낱말이 바보 머저리라는 뜻으로 쓰인다 — 옮긴이주.

터는 〈극도로 진부한 생각을 하는 사람이다. 이런 시대에 종교와 정치에 대한 그의 생각이 베스트셀러가 될 정도로 말이다〉. 그가 낚시에 대해 쓴 책만은 예외다. 카터의 대통령 시절을 연구하는 역사가 리오 리버포는 그것을 거의 서정시라고 평한다.

독자들은 내가 클린턴에 대해서는 입을 다물고 있다는 것을 눈치챘을 것이다. 그의 글쓰기에 대해서는 나중을 위해 잠시 아껴 두겠다. 지금 한마디만 한다면, 그가 가장 좋아한 저술가가 존 F. 케네디였다는 것만 말해 두겠다.

그러니 보다시피 모든 대통령이 뛰어난 작가였던 것이 결코 아니다. 오히려 전혀 작가가 아니었다. 그러나 정작 궁금한 것은 대통령들이 직접 글을 썼느냐 안 썼느냐가 아니다. 다음과 같은 정치가들의 생각이 의미가 있느냐 없느냐가 중요하다…….

〈글을 쓰는 능력을 선보이는 것이 당선에 도움이 될 것〉이라는 말에 대하여

실은 정반대일 수 있다.

내가 처음 워싱턴 정가에 발을 들여놓고 국회에서 일하기 시작했을 때, 나는 〈정치적 판단〉이라는 말을 곧잘 듣게 되었다. 그 친구는 그게 있다, 없다는 식의 말을 늘 입에 달고들 사는 것이었다. 정치적 판단이라는 것이 다른 판단과 뭐가 다르다는 것인지 나는 궁금했다. 시간이 지나자 나는 알게 되었다. 정치적 판단은 뭔가 달랐다. 그건 정치적 변화와 민심을 포착하는 육감 같은 것이었다. 나는 또한 정권을 잡고자 할 경우, 또는 정권을 유지하고자 할 경우 책을 쓰는 것은 주로 나쁜 정치적 판단 능력을 기르는 연습이라는 것을 알게 되었다.

책을 쓰는 것에 대해 정치가들이 숙지해야 할 교훈은 다음과 같다.

교훈 1: 정치가는 책을 쓸 시간이 없다.

마크 그린이 지적했듯이 〈글을 쓰려면 기금 모금과 대중 앞에 얼굴 내밀기를 몇 년은 포기해야 한다〉. 그린은 이 방면의 권위자다. 그는 열두 권 이상의 책을 내고 미국 상원 의원 선거에서 낙선한 사람이다.

당선되기 위해서는 돈이 필요하다. 돈은 외바퀴 수레와도 같다. 그런데 큰돈을 모으고자 할 때, 진지한 책을 쓰는 것보다 더 비효율적인 것은 없다. 차라리 몇 시간이고 전화를 붙들고 정치 자금을 기부해 달라고 애걸하는 편이 더 낫다. 아니면 이 도시 저 도시로 날아다니며 한 끼에 1천 달러를 받는 만찬 파티를 여는 게 낫다.

지지자들이 자기 책을 즐겨 읽을 거라고 착각하는 정치가도 있을 수 있다. 그런 지지자가 있으면 기부금만 밝히는 돈벌레 취급은 면할 줄 안다. 그건 그렇지 않다. 글을 쓰는 정치가는 일을 안 하고 줄기차게 담배를 피우며 노닥거리는 종업원, 또는 회사의 연필을 집에 가져가서 쓰는 그런 종업원쯤으로 간주되기 십상이다. 게리 하트가 대선 가도를 달리기 시작했을 때, 그는 공포물인 『이중 인간』의 저자이자 동료 상원 의원인 윌리엄 코언과 함께 책을 썼다. 화가 난 지지자들은 어서 전국을 돌아다니며 선거 기부금을 걷으라고 게리 하트에게 성화를 부렸다.

마크 그린이 훈계한 또 하나의 국면, 곧 대중 앞에 얼굴 내밀기를 포기해야 한다는 것은, 작가가 오랫동안 홀로 칩거하며 글을 쓸 수밖에 없다는 사실을 지적한 것이다. 대통령 후보들은 날마다 대중 앞에 나설 필요가 있다. 카메라 앞에 나서면 더욱 좋다. 저술가의 경우에도 물론 운이 좋으면 「굿모닝 아메리카」에 잠깐 얼굴을 비칠 수 있다. 그러나 길고 사려 깊은 책을 썼다고 해서 방송에서 더 많은 발언 시간을 주는 건 아니다. 그저 접착식 메모지에 쓴 문장을 말하는 데 필요한 만큼의 시간을 줄 뿐이다. 앨 고어가 환경 관련 서적을 써서 「데이비드 레터맨 심야 쇼」에 초대받았다고 해서 그것이 득이 된 것은 아니었다. 그 쇼에서 그는 나무망치로 정부 재떨이를 후려쳐서 잠깐 주목을 끌었을 뿐이다.

페루 작가 마리오 바르가스 요사는 1990년에 이렇게 말했다. 〈정치에 입문했을 때 나는 가치와 신념을 위해 싸울 거라고 생각했다. 그러나 사실 날마다의 정치는 순전히 음모였고, 맹목적이고 냉소적인 권모술수에 지나지 않았다……. 상상력이 뛰어난 사람이 권력을 잡으면 위험했다. 보통 사람이 정치를 하는 게 훨씬 더 나았다.〉 이 말은 에누리해서 듣는 게 좋다. 바르가스 요사가 페루의 대통령 후보 지명에서 탈락한 직후에 한 말이기 때문이다. 그를 도왔던 영국인 광고 전문가 마크 맬럭 브라운이 말했듯이, 〈언어와 종이로 일을 하는 마리오는 전자 영상 이미지의 위력을 제대로 이해하지 못했다〉.

교훈 2: 책을 쓰는 것은 비생산적이고, 심지어는 무능함을 드러내는 증거일 수도 있다고 대중은 막연히 생각한다.

교사들은 유치원 시절부터 아이들에게 주입한다. 글을 쓴다는 것은 아는 게 많다는 증거라고. 그래서 투표를 하는 성인이 지상의 최고 권력을 휘어잡은 대통령이라면 글쓰기의 정점인 책을 한 권쯤은 당연히 냈어야 한다고 믿는 것도 놀랄 일이 아니다. 그러나 이러한 믿음은 책을 낸 작가가 손에 굳은살이 없다는 생각과 공존한다. 아니면 물이 새는 수도꼭지를 고쳐야 할 때, 다시 말하면 정부를 운영해야 할 때, 말로만 이래라저래라 하는 것은 뿌리 깊은 무능을 드러내는 거라는 생각과도 공존한다.

이러한 정신 분열적인 사고는 미국이 생기기 전부터 있었다. 아이작 디즈레일리의 말에 따르면, 제임스 1세가 펜을 들자 기사들이 맹렬히 말렸다. 기사들은 왕이 책을 쓴다는 것을 달가워하지 않았다. 〈창 대신 펜으로, 화약 대신 종이에 열정을 쏟으면서〉 전쟁을 한다는 것이 미덥지 않았던 것이다.

〈자유가 아니면 죽음을 달라〉는 연설로 유명한 패트릭 헨리는 이렇게 말했다. 〈책을 읽지 말고 인간을 읽으라.〉 민주당 당수였던 조지 워싱턴 플렁킷은 20세기 초에 통찰력 있는 (유령이 써준) 촌평을 통해, 태머니 홀[뉴욕시 민주당 회관]에 모인 중앙 위원들을 〈평범한 미국 시민〉이라고 추켜세웠다. 〈이름 중간의 세례명을 버리는 도시인들을 채찍질해서 시 정부를 운영하는 데 필요한 모든 것을 교육받은 사람들 가운데서도 평범한 미국 시민〉이라고. 그리고 그는 이렇게 덧붙였다. 〈우리 조직에는 책벌레도 있습니다. 그러나 우리는 그들을 지구당 위원장으로 삼지 않습니다. 우리는 다만 시가행진을 할 때 그들을 장식품으로 사용합니다.〉

허심탄회하게 글을 쓰는 것은 너무 감상적으로 보인다는 문제를 안고 있다. 〈빗속에서 운 것 같다는 이유 때문에 에드 머스키 같은 훌륭한 대통령 후보가 탈락을 한다면…… 감정을 드러내고 시적으로

보이는 것은 후보에게 어떤 악영향을 미칠지 자명하다.〉 랜덤하우스
의 편집자 샘 본이 한 말이다.[12]

교훈 3: 글을 쓰는 것은 적에게 더욱 잘 보이도록 자기 가슴에 커다란 과녁
을 그려 놓는 것과 같다.

〈보라, 내가 바라건대…… 내 적들이 책을 썼도다.〉『구약 성서』에
서 욥이 한 말이다. 건전한 책도 정적의 손에 들어가면 치명적인 무기
가 된다. 개인을 상대로 하는 정치 문화를 지닌 미국에서 특히 그렇
다. 미국에서 정치가들은 뭐든 손에 잡히기만 하면 그걸 정적에게 휘
두를 곤봉으로 사용한다. 그것이 진지한 토론을 피하는 데 도움이 되
면 더욱 그렇다.

지상의 직종 가운데 글쓰기 능력을 강력하게 요구하는 직종이 있
다면, 그건 아마 연방 대법원의 판사직일 것이다. 그러나 로버트 보크
처럼 많은 글을 쓴 자에게는 화 있을진저. 대통령은 그를 대법원 판
사로 지명했는데, 그의 글 가운데에는 복잡한 법적 쟁점에 대한 시안
도 포함되어 있었다. 그런데 그가 대법원 판사가 되면 안 된다는 증거
물 1호가 바로 그런 폭넓은 저작물이었다. 보크는 훗날 집필한 책에
서도 경고했지만, 많은 글을 쓴 사람을 대법원 판사 후보로 지명하지
말라고 대통령을 설득했다. 보크가 탈락하고 클래런스 토머스가 대
법원 판사로 상원의 인준을 받을 수 있었던 것은 그가 글을 거의 쓰
지 않았기 때문이다. 그리고 그가 주장했듯이, 법적 쟁점에 대해 그리

---

12 에드먼드 머스키는 1972년 연설을 할 때 눈에 어린 것은 눈물이 아니라 눈이 녹은 것이
었다고 주장했지만, 유약하다는 이미지를 떨치지 못하고 민주당 대선 후보 지명전에서 고배를
마셨다 — 옮긴이주.

많은 생각을 하지 않았기 때문이기도 하다. 그는 낙태법에 대한 질문을 피하기 위해, 〈로 대 웨이드〉[13] 재판에 대해 이야기를 나눠 본 적도 없다는 황당한 진술을 했다.

영국의 자작이자 미국 유학생이었던 제임스 브라이스는 뛰어난 인물이 대통령으로 뽑히지 않는 이유를 이렇게 설명했다. 권력을 잡기 전에 많은 것을 성취함으로써, 말하자면 여러 권의 훌륭한 책을 씀으로써, 명사들은 〈무명 인사들에 비해 더욱 많은 적을 사게 되고, 적들에게 더 많은 급소를 노출한다〉. 클린턴 대선 전략가였던 제임스 카빌은 어떤 글도 쓰지 말라고 충고했다. 편지 한 통도 쓰면 안 되는데, 절대 이 충고를 저버리면 안 된다고 그는 말했다.

앨 고어의 『지구의 균형: 생태학과 인간 정신』에 대해 이렇게 말하는 사람이 많다. 〈미국 정치가가 쓴 책 가운데 세계 환경 조건에 대한 가장 생생한 분석이자 가장 진보한 경제적 해결책〉이라고. 아마 그럴 것이다. 그러나 부시-퀘일 진영에서는 부시가 그것에 맞먹는 책을 쓰길 바라지 않았다. 오히려 교활하게 이런 평으로 맞섰다. 〈고어는 자기 책을 쓰기 위해 납세자들의 시간과 돈을 낭비하지 말고, 입법 활동에 좀 더 많은 시간을 바쳐야 했다.〉 다음 선거에서 밥 돌은 클린턴의 아내 힐러리가 쓴 『(아이 하나를 기르려면) 한 마을 사람이 필요하다』를 〈한 가족이 필요하다〉는 말로 비꼬며 값싸게 점수를 따려고 했다. 업턴 싱클레어가 캘리포니아 주지사 선거에 계속 고배를 마시고 세 번째로 출마했을 때, 정적들은 그의 책에 나오는 인물 가운데 한 명이 결혼 반대 발언을 한 것을 문제 삼았다. 그 책이 소설이었고, 그 말은

---

13 1973년의 유명한 대법원 재판인 〈로 대 웨이드〉 재판은 낙태를 지나치게 제한하는 법이 비합법적이라는 판결을 내린 것인데, 구체적인 지침은 마련하지 못했다 — 옮긴이주.

허구의 등장인물이 한 말이었는데도 그랬다. 싱클레어 본인은 결혼한 지 20년이 넘은 사람이었다.

정적이 혹시 모르고 넘어가더라도 언론은 놓치지 않는다. 유령이 써준 얇은 책 『뭉치면 산다: 우리는 어떻게 우리나라를 회복시킬 수 있을까』에서, 로스 페로는 연방 공무원들이 상업 항공기를 타고 다녀야 한다고 주장했다. 정확히는 이렇게 말했다. 〈그들은 공항에 나가서 비행기를 타보고, 화물을 잃어 보고, 열악한 식사를 해보면서, 보통 사람들이 어떻게 살아가는지 몸으로 부딪쳐 봐야 한다.〉 이런 말에 대해 언론은 페로가 항상 자가용 제트기를 타고 다닌다고 신나게 떠들어 댔다.

말을 말로 막으려고 하지 말라. 댄 퀘일은 부통령 회고록 『물러서지 않다』의 모든 장에서, 사진 촬영 강의를 하는 동안 〈감자〉 철자를 제대로 말하지 못한 이유를 변명하기 급급했지만 전혀 도움이 되지 않았다(그는 이렇게 주장했다. 〈사실상 그날 오후 나에게 《감자》 철자를 말해 보라고 한 사람은 아무도 없었다. 혹시 누군가 그랬다면, 내가 흘려듣고 까맣게 잊어버린 게 아닌가 싶다. 그걸 맹세까지 하고 싶지는 않다. 어차피 나는 세상에서 가장 위대한 철자법 대가는 아니다.〉). 이 사건은 웨스트버지니아 주의 상원 의원 윌리엄 스콧이 〈하원 의원 가운데 가장 멍청한 사람〉이라는 말을 반박하기 위해 기자 회견을 한 것을 상기시킨다. 스콧은 자신의 보수적인 지역구에서 인기도 없는 자유주의 잡지인 『뉴 타임스』지가 제안한 대로 그런 기자 회견을 했지만 도움이 되었을 리가 없다.

돌이켜 보면 스파이로 애그뉴도 같은 함정에 빠졌다. 그는 볼티모어 군 행정관, 메릴랜드 주지사, 부통령 시절을 거치며 메릴랜드 주

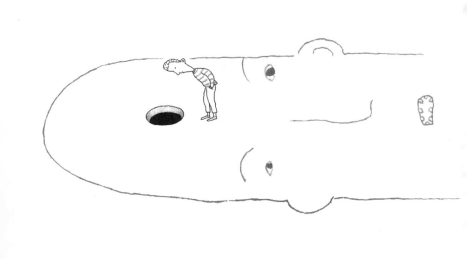

청부업자들로부터 뇌물 14만 7,500달러를 받은 혐의로 기소되었다. 부통령직 사임을 강요당한 후 1980년에 펴낸 회고록 『조용히 떠나라…… 그렇지 않으면: 그의 사임으로 이어진 사건들에 대한 본인의 이야기』(프랭크 시내트러에게 증정)에서 그는 아무것도 잘못한 것이 없다고 주장했다. 계약자들이 준 돈은 대선용 기부금이었다는 것이다. 애그뉴는 변호사와의 대화를 인용했기 때문에, 판사는 변호사의 특권이 더 이상 적용되지 않는다고 규정했다. 증언대에 선 변호사는 애그뉴가 뇌물을 받았다는 것을 자기에게 인정했다고 증언했다. 애그뉴는 결국 메릴랜드 주에 24만 8,735달러를 배상하라는 선고를 받았다. 그가 서두에 쓴 다음과 같은 감사의 글을 삭제하고 싶었으리라는 것은 의심의 여지가 없다. 〈또한 기억을 되살리며 집필을 도와준…… 변호사들에게 감사드리고 싶다.〉

혹시 내 말이 무슨 말인지 이해하지 못한 정치가를 위해 요지를 말하면, 책을 쓸 경우 선거 운동을 할 때 당신이 커다란 과녁이 된다는 뜻이다. 책 자체도 공격의 대상이 된다. 내용이 무엇인가는 중요하지 않다. 상원 의원 데이비드 더렌버거는 자신의 저서 광고와 관련해서 금전상의 직권 남용을 했다고 상원의 견책을 받았다. 가장 주목할 만한 희생자는 하원 의장들이다. 대선 가도를 달리는 2인자라고 할 수 있는 사람들 말이다.

하원 의장 짐 라이트는 『공인의 소견』이라는 저서에 발부리가 걸려 넘어졌다. 비난이 빗발친 것이다. 국회가 주는 월급을 받는 전 비서관이 그 책을 편집했고, 선거 자금을 책 발행에 사용했고, 비료 협회에서 사례금에 관한 하원 규정을 피해 그 책을 무더기로 사주었고, 라이트의 인세가 거의 천문학적이라고 할 수 있는 55퍼센트나 된다는 것이

비난의 이유였다. 그는 기술적으로 하원 윤리 규정 위배를 피해 갔다. 그러나 뉴트 깅리치가 비난 여론을 부채질해서 1989년에 라이트를 무난히 사임시켰다.

사냥개를 풀어놓았던 깅리치는 〈자기〉 책 때문에 제 발뒤꿈치를 물리고 말았다. 그가 라이트를 공격하고 있을 때, 부유한 지지자들이 깅리치에게 소설을 쓰라고 1만 3천 달러를 주었지만 소설을 내지 못한 것으로 드러났다. 1984년에는 파트너십 계약을 맺고 그의 저서인 『기회의 창』후원금을 받았다. 책 판촉비로 10만 5천 달러, 그의 아내가 파트너십을 관리하는 비용 1만 1,500달러를 받은 것이다. 하지만 깅리치는 논란을 잠재우고 1994년 말에 하원 의장이 되었다. 문학적 자신감에 넘친 그는 하퍼콜린스사와 책 계약을 맺고 선인세 450만 달러를 받았다. 이것은 국회에서 선인세를 불법화하기 전이었다. 그러나 계약서에 사인을 하면서 그는 하원 윤리 위원회의 충고를 무시했다. 과다한 선인세를 받으면 하퍼콜린스사를 소유한 미디어 거물 루퍼트 머독이 하원 의장과 각별한 관계를 맺게 될 수 있다는 것을 우려한 충고를 무시한 것이다. 언론이 주목하는 가운데 깅리치는 선인세를 모두 돌려주고 자비로 판촉 여행을 해야 했다.

고위 정치가가 쓴 것 가운데 가장 미숙한 책으로 간주되는 깅리치의 저서 『미국의 부활을 위하여』를 읽어 본 사람은 많지 않을 것이다. 그러나 책 발행과 관련된 그의 윤리적 문제를 아는 사람은 많다. 그리고 텔레비전으로 방송된 케네소 주립대학 강의에서 세금이 면제되는 기부금 얘기를 운운함으로써 더 많은 비난이 빗발쳤다. 깅리치는 자기 책에서 한 허튼소리 때문에 1999년에 하원 의장직에서 물러나진 않았지만, 동료 의원들의 지지를 잃고 말았다. 그는 하원의 작가가 아니라 선출된 의장이라는 사실을 잊지 말아야 했다.

〈지금은 책을 쓰기 전에 깊이 생각해야 할 그런 시대다.〉 스페인 종교재판 때(15세기 후반) 예수회 수도사가 한 말이다. 우리가 바로 그런 시대에 살고 있다. 정치가가 혹시 대권을 잡는 한 방편으로 글쓰기에 마음이 끌린다면, 아브달라 부카람 오르티스의 사례를 돌이켜 보는 게 좋을 것이다. 1996년에 에콰도르 대통령이 된 그는 대중 앞에서 자작시 낭송을 일삼았다. 그는 의회 쿠데타로 취임 6개월 만에 탄핵되었다. 에콰도르 의회는 그가 또다시 공직에 취임하는 것을 금지하는 특별법까지 통과시켰다. 그건 부카람 오르티스처럼 〈정신적 무능〉을 이유로 쫓겨난 리더들의 공직 취임을 금지하는 법이었다.

〈모든 대선 후보는 선거 운동용 책을 냈다〉는 것에 대하여

그것은 사실이다. 그러나 그러기 위해서는 몇 가지 규칙을 지켜야 한다. 누군가 대통령 선거 운동용 책을 내겠다면, 그 책이 물리적으로는 무게가 나가야 하겠지만, 내용은 전혀 무게가 나가지 말아야 한다. 사람들이 물리적 무게 외에 책에서 기대함 직한 다른 어떤 속성도 지녀서는 곤란하다는 이야기다. 모범이 될 만한 책으로, 빌 클린턴의 『희망과 역사 사이: 21세기를 향한 미국의 도전』을 추천하고 싶다. 이 책은 재선 선거 기간 중에 발행되었다.

추천 이유로는 첫째, 클린턴이 이 책에 대한 선인세를 받지 않았고, 아예 인세를 사양했다는 것이다. 덕분에 출판사에서는 16.95달러로 가격을 낮출 수 있었고, 클린턴은 서민을 위하는 대통령이라는 이미지를 강화했다.

둘째, 이 책은 요즘의 정당 강령과 비슷한 책이었다. 말하는 게 아무것도 없다는 뜻이다. 『희망과 역사 사이』는 다른 사람들이 쓴 서른여섯 편의 옛 연설문을 뒤섞어서 모방한 후, 정치 보좌관인 윌리엄 노더프트와 두 명의 백악관 보좌관으로 이뤄진 한 팀이 그것을 책으로 엮어 낸 것이다.

「뉴욕 타임스」 서평은 이렇게 결론지었다. 〈철학적 진술 또는 전하고자 하는 진술을 진지하고 아주 명료하게 전할 수 있는 것이 책이다. ……그런데 클린턴 씨가 전하는 말은 요지가 없는 장황한 말들일 뿐이다. 장운동도 필요 없이 소화되는 죽처럼 술술 읽히는, 진술 이전의 넋두리를 하고, 여기서는 훈훈한 덕담을 하고 저기서는 새롭게 해야 할 일에 대한 빤한 이야기를 늘어놓는 등 온통 상투적인 이야기로 점철되어 있다.〉 그러나 대통령에게는 그것이 하등 문제가 되지 않았다. 정적도 그보다 더 잘 쓰진 않았다. 게다가 누가 그런 서평 섹션을 읽는단 말인가? 대다수 국민은 텔레비전을 볼 뿐이다. 이것이 바로 내가 주장하고자 하는 세 번째 요지다.

클린턴은 책 쓰기에 대한 미국인의 정신 분열적인 사고에 솜씨 좋게 양다리를 걸친다. 책을 낼 때가 임박하면, 그의 측근들이 슬슬 말을 퍼뜨린다. 휴가 중인 대통령이 탈고에 여념이 없다고. 그때 클린턴은 골프에 여념이 없다. 느릿느릿 움직이면서 사진 기자들에게 역동적인 모습을 찍을 기회를 주기에 안성맞춤인 대통령의 스포츠인 골프 말이다. 클린턴은 기부금 모금에도 소홀하지 않았다. 책을 출판하기 전에 그의 참모가 라디오 시티 뮤직홀에서 거창한 책 잔치를 예약했다. 이 행사 장면은 미국 전역의 80개소 기부금 모금 파티장에 위성으로 방송되었다. 이 행사에서 비용을 제외한 순 기부금 예상액은 800만에서 1000만 달러에 달했다.

65년 전, 웨스트브룩 페글러 기자는 유령 작가들을 거느린 베이브 루스 등의 인기 운동선수들을 〈땀 흘리며 글 쓰는 사람〉이라고 일컬었다. 재선을 바라는 대통령이라면 그런 이미지를 날조하는 게 바람직할 것이다. 골치 아픈 생각도 할 줄 안다는 것을 보여 주기 위해 이 따금 이런저런 책을 보는 척하면서 말이다. 그래서 직접 글을 쓰기보다는 문해 운동이나 벌이는 게 바람직하다. 그러면 노랑머리의 청소년들 두어 명과 함께 텔레비전 카메라 앞에 서서, 워티 파이퍼의 『꼬마 기관차는 할 수 있어』(1978)를 읽을 수 있는 기회를 잡을 수 있다.[14]

조지 부시는 선의의 〈땀을 흘리며 글 쓰는 사람〉이었다(그가 예일 대학에서 야구를 하면서부터 그렇게 된 것 같다). 그는 스스로 교육 대통령이라고 자부하면서 미국 문해 법에 사인했다. 이 법안은 무엇보다도 텔

---

14 미국 대통령의 문해 운동은 프랭클린 루스벨트가 처음 시작한 것 같다. 그는 제2차 세계 대전 때 〈책은 무기다〉라는 슬로건을 채택했다. 지미 카터는 청소년들에게 읽기를 가르치기 위해 10만 명의 대학생이 나서자고 촉구했다. 카터는 그렇게 많은 대학생을 어떻게 거리로 나서게 할 것인가에 대해서는 아무런 말도 하지 않았다. 조지 부시의 부인과 마찬가지로 힐러리 클린턴도 문해 운동을 벌였다. 힐러리가 만든 〈독서 시작을 위한 처방〉이라는 조직은 병원에 아이들을 위한 책을 비치하는 운동을 벌였다. 빌 클린턴의 문해 계획은, 100만 명의 독서 스승이 나서서 모든 초등학교 4학년에게 기본적인 독서 능력 이상을 길러 주자는 것이었다.

문해 능력의 중요성에 대해 열변 연설을 하거나 기자 회견을 하는 것은 좋다. 그러나 글쓰기 능력을 높이려고 하는 것은 그리 좋은 생각이 아니다. 시어도어 루스벨트는 미국인의 철자 능력을 개선시키려고 했는데, 〈감사관〉 같은 케케묵은 말을 시민들에게 가르치려고 했다. 처음에 그는 정부 인쇄업자들에게 단순화한 철자를 사용하라고 지시했다. 대법원과 국회는 개혁안 사용을 거부했고, 언론은 대통령을 조롱했다. 결국 그는 포기하고 말았다.

그런 점에서 클린턴은 훨씬 더 현명한 편이었다. 그는 평범한 언어 의안PLI이라는 것을 발의해서, 정부 문서에서 일상어를 사용하고, 수동태를 자제하고 능동태를 사용토록 했다. 그러나 그는 이것을 진지하게 추진하지 않았다. 언론은 이 의안을 보도하며 다음과 같은 수동태를 사용했다. 이 계획은 〈평범한 언어 애호가 단체 연합에 의해 만들어졌다〉.

레비전의 가족 문해 쇼를 지원했다. 메인 주에서의 여름휴가 때 무엇을 하느냐는 질문을 받은 부시는 이렇게 답했다. 〈실컷 골프를 하고, 실컷 테니스를 하고, 실컷 편자 던지기를 하고, 실컷 낚시를 하고, 실컷 달리기를 하고, 약간 독서를 합니다. 지식인들 때문에 거기서도 그걸 좀 하지 않을 수 없지요.〉

대통령 후보는 〈단지 대권을 잡기〉만을 원하는 것은 아니다, 위대한 대통령이 되길 원한다. 대통령에 당선되는 데는 많은 능력을 필요로 하는데, 위대한 업적을 이루는 데는 책을 쓰는 능력을 비롯한 또 다른 능력을 필요로 할 수도 있다, 〈책을 씀으로써 성공한 대통령이 되는 데 필요한 유연성을 기를 수 있다〉고 주장하는 것에 대하여

그럴 수는 있다……. 그러나 실은 그렇지 않다.

아서 슐레진저 주니어는 오늘날 가장 널리 알려진 대통령들의 성적표를 작성한 사람이다. 클린턴의 두 번째 임기 직전인 1996년에 작성된 이 성적표는 그의 아버지가 1948년과 1962년에 한 연구를 계승한 것이었다. 슐레진저는 주로 동료 학자들을 중심으로 한 서른두 명의 전문가를 초빙해서 대통령 순위를 매기게 했다. 취임한 직후 사망한 윌리엄 헨리 해리슨(9대 1개월 재임)과 제임스 가필드(20대 6개월 재임)는 제외하고, 미국 대통령들을 다섯 단계(훌륭, 다소 훌륭, 보통, 보통 이하, 실패)로 평가했다. 이런 연구에서 거의 항상 그렇듯이, 최고의 대통령에는 세 명이 뽑혔다. 조지 워싱턴, 에이브러햄 링컨, 프랭클린 루스벨트가 그들이다. 마찬가지로 실패한 대통령으로는 프랭클린 피어스, 제임스 뷰캐넌, 앤드루 존슨, 율리시스 그랜트, 워런 하딩, 허버트 후버, 리처드 닉슨이 꼽혔다.

글쓰기 능력이 있으면 좋게 평가되었을까? 그렇지 않다. 최악으로 평가된 대통령에는 최고의 작가인 그랜트와 후버가 포함되었고, 가장 무식한 하딩도 포함되었다. 훌륭한 대통령 세 명 가운데 한 명만이 비교적 글을 잘 썼다고 할 수 있는데, 그가 바로 링컨이다. 워싱턴은 문학적인 소양이 없다는 점에서 하딩과 쌍벽을 이룬다. 하지만 대통령으로서 워싱턴은 훌륭했지만, 하딩은 그렇지 않았다.

사회 과학자들은 뛰어난 대통령의 리더십과 행정 능력, 역사적 위대성을 판별할 수 있는 방법을 모색해 왔다. $E = mc^2$이 물리학에 적용되는 것처럼, 대통령을 판별하는 데 적용할 수 있는 간단한 공식은 결코 발견할 수 없었다. 하지만 그들이 알아낸 게 없진 않다. 저서가 있는가 없는가는 고려할 가치가 없다는 것을 알아낸 것이다. 그들은 글쓰기를 가치 있는 지표로 고려했다가 시간만 낭비했다는 결론을 내렸다.

대통령의 훌륭함을 결정하는 그들의 공식 가운데 하나는 다음과 같다.

훌륭함 $= 1.24 + 0.17 \times$ (대통령 재임 햇수) $+ 0.26 \times$ (임기 중 전쟁 햇수) $- 1.7 \times$ (내각 차원의 스캔들이 한 건이라도 있으면 1, 없으면 0) $+ 0.89 \times$ (대통령이 임기 중 암살되면 1, 아니면 0) $+ 0.82 \times$ (대통령이 전쟁 영웅이면 1, 아니면 0)

이 공식을 만든 사람은 취임하기 전에 대통령이 쓴 책의 권수를 요인으로 포함시켜 본 결과 〈대통령이 저서를 냈다는 것은 (원래의) 다섯 가지 변수로 얻을 수 있는 결과의 방향, 크기, 또는 의미에 실질적인 영향을 전혀 미치지 않는다〉는 사실을 알게 되었다.

이 공식을 계산하는 게 골치 아프다면, 알렉산드로스 대왕의 교훈을 되새겨도 좋다. 사관학교의 어느 학생 말에 따르면 〈우리는 알렉산드로스 대왕이 말한 것, 또는 쓴 것에 대한 있는 그대로의 기록을 갖고 있지 않다. 그는 법전도, 전쟁 이론도, 지배 철학도 남기지 않았다. 그는 분명 일기도 쓰지 않았다.〉 알렉산드로스의 위대한 점은 그가 전쟁을 하고 정복을 하는 데 있어서 전설적인 성공을 거두었다는 데 있다. 그는 전쟁터에서 계속 온갖 부상을 당했고, 행군 도중 사망했다(암살당했을 수도 있다). 그가 사실은 신이 아니라는 것을 감히 운운한 궁정 역사가, 곧 아리스토텔레스의 조카를 투옥한 것에 대해 그는 분명 양심의 가책을 느끼지 않았다.

나폴레옹은 더없이 잔혹한 명령들을 내렸지만, 그걸 결코 문서로 남기지 않았다. 윈스턴 처칠은 노벨 문학상까지 받은 사람인데, 유독 제2차 세계 대전 동안에 쓴 일기가 없다. 그때 그는 총리였는데, 자신의 실수를 얼버무리고 싶어 했다.

리처드 닉슨의 경우는 정반대다. 백악관 테이프로 녹음한 일기 때문에 그는 역사에 불명예스러운 인물로 남게 되었다. 3,700시간에 달하는 테이프 말미에서 닉슨은 이렇게 말했다. 〈나는 스스로 하야를 당했다. 나는 그들에게 칼을 주었고, 그들은 그것으로 나를 찔렀다.〉 닉슨이 사임한 후, 그의 변호사들은 테이프와 문서가 대중에게 공개되지 않도록 최선을 다했다. 그러나 그건 실패할 수밖에 없었다. 1996년 들어 3,700시간 분량의 테이프 내용을 책 형태로 열람할 수 있게 되었다. 그러니 이제 미래의 수많은 닉슨 혐오자들이 그것을 읽게 될 것이다. 오리건 주 상원 의원 밥 팩우드의 운명도 그와 비슷했다. 그는 25년 동안 아침마다 전날 일어난 일들을 꼼꼼히 기록했다. 그 기록에는 여성 직원들과의 지나치게 친밀한 접촉에 대한 회고도 담겨 있었다. 그가 물러나는 데에는 이 일기가 한몫했다. 16세기에는 위인들이 선행을 입증하기 위한 방법으로 일기를 썼다. 오늘날의 일기는 그와 정반대 작용을 한다. 그 기록들이 죄를 입증하는 서면 증거가 되는 것이다.

홀륭한 작가의 특징은 홀륭한 대통령의 특징과 다르다. 글쓰기는 섬세한 관리 훈련이라고 할 수 있다. 캘빈 쿨리지가 대통령 연설문을 쓸 때 그랬던 것처럼 낱말 하나하나에 세심하게 신경을 써야 하기 때문이다. 쿨리지는 자서전에서 이렇게 말했다. 그처럼 엄격한 글쓰기를 하려면 〈그 무엇보다 힘겹게 집중적인 조사 연구를 해야 하고, 더 없이 깊이 있고 세심한 생각을 해야 한다〉. 이런 태도 때문에 쿨리지는 러시모어 산에 얼굴을 남기지 못했다. 사우스다코타의 러시모어 산 국립공원 블랙힐스 바위에 조각을 한 사람은 조각가 거츤 보글럼이다. 그는 쿨리지가 쓴 고무적인 역사 에세이를 청동에 새겨서 그곳에 세우려고 했다. 쿨리지는 짧은 문장을 썼다. 그러나 자신의 글에 지나치게 집착해서, 보글럼이 글을 좀 바꾸는 것을 용납하지 않았다. 그 결과 미국 대통령을 기념하는 이 공원 어디에서도 쿨리지의 흔적을 찾아볼 수가 없게 되었다.

조지 워싱턴은 쿨리지와 대조된다. 독립 전쟁 당시 혁명군 총사령관이었던 그는 최소한 서른두 명의 비서를 두었다. 비서들은 네댓 개의 팀을 이루어 워싱턴을 대신해서 글을 썼다. 대통령 시절에도 다른

훌륭한 작가 대통령이 훌륭한 대통령은 아니다

러시모어 산에 얼굴을 새기고 싶은 정치가라면, 아래 성적표에서 볼 수 있듯이 책을 쓰는 데 시간을 바치지 않는 게 좋다. 아래 표는 1996년 아서 슐레진저 주니어가 미국 대통령의 성적을 매긴 것이다. 작가로서의 순위는 이름 앞에 ☆로 표기했다. ☆이 두 개 붙었다면 다작을 했거나, 적어도 한 권은 훌륭한 저서를 낸 사람이다. ☆이 한 개뿐이라면 문학적 소질이 있었지만 이렇다 할 저서가 없는 사람이다. 미국 대통령 가운데 가장 훌륭한 작가였던 시어도어 루스벨트, 그리고 최악에 속했던 조지 워싱턴이 러시모어 산에 얼굴을 남겼다. 그렇다면 위대함의 필수 요소는 무엇인가? 다른 조사를 통해 알 수 있듯이, 재임 기간 내내 단정치 못한 모습을 보인 것이 그 어떤 것보다도 좋은 대통령의 특징이다.

훌륭

워싱턴(1대), ☆링컨(16대), F. 루스벨트(32대)

다소 훌륭

☆제퍼슨(3대), 잭슨(7대), 포크(11대), ☆☆T. 루스벨트(26대),
☆☆윌슨(28대), 트루먼(33대)

보통-상

☆J. 애덤스(2대), 먼로(5대), ☆☆클리블랜드(22, 24대), 매킨리(25대), 아이젠하워(34대), 케네디(35대), L. 존슨(36대)

보통-하

☆매디슨(4대), ☆☆J. Q. 애덤스(6대), 밴 뷰런(8대), 헤이스(19대), 아서(21대), B. 해리슨(23대), ☆☆태프트(27대), 포드(38대), ☆☆카터(39대), 레이건(40대), 부시(41대), 클린턴(42대)

보통 이하

타일러(10대), 테일러(12대), 필모어(13대), 쿨리지(30대)

실패

피어스(14대), 뷰캐넌(15대), A. 존슨(17대), ☆☆그랜트(18대), 하딩(29대), ☆☆후버(31대), 닉슨(37대)

단기간 재임하고 사망한 윌리엄 헨리 해리슨과 제임스 가필드는 평가에서 제외되었다. 가필드는 한 손으로 라틴어를 쓰면서 다른 손으로는 그리스어를 쓸 수 있었다고 하지만, 그 역시 주목할 만한 작가로 평가되지는 않는다.

사람에게 대필을 시켰다. 워싱턴의 감동적인 고별사 초고를 써준 사람이 매디슨이다. 워싱턴은 두어 단락을 삭제하고, 몇 가지 정리되지 않은 생각을 메모한 후, 그것을 편집하거나 〈완전히 다르게 뜯어 고치라〉는 지시와 함께 알렉산더 해밀턴에게 보냈다. 해밀턴은 후자를 택했고, 워싱턴은 자기에게 돌아온 불후의 연설문을 낭독했다.

산문 복화술사로 써주지 않는 것에 심통이 난 연설문 작가가 백악관에 가득하다면, 그건 그 대통령이 결코 큰 인물이 아니라는 증거다. 카터 시절에 연설문 작가 가운데 한 명이었고 지금은 유명한 기자인 제임스 팰로스는 이렇게 불평했다. 〈카터는 시간만 있으면 연설문 작가를 부리지 않고 모든 글을 직접 쓰는 쪽을 선호했다. 취임사도 물론 그가 직접 썼다.〉 팰로스는 백악관을 떠난 후 다음과 같은 사실을 폭로했다. 대통령 가운데서는 〈보통-상〉의 작가였고 대통령으로서는 〈보통-하〉였던 카터가 백악관 테니스장을 이용할 수 있는 사람들을 꼬치꼬치 몸소 선별했다고.

바츨라프 하벨은 작가가 정치를 해야 한다고 열렬히 부르짖었다. 〈정치적 열정이 있는 작가는 오존 구멍을 연구하는 과학자와 같다. 그의 회사 사장이 오존에 구멍을 내는 클로로플루오로카본CFC을 발명하고 있다는 사실에 아랑곳하지 않고 말이다.〉 그러나 하벨의 팬들 가운데 한 명이 찬사를 보낸다며 엉뚱하게 이런 말을 했다. 이 체코 대통령이 작가 정신에 입각해서 〈성 수비대의 새 복장부터 두 건의 새 헌법 제정에 이르기까지 모든 것에 대해…… 세심한 신경을〉 아낌없이 썼다고.

미국만이 아니라 세계 정세에도 큰 영향을 미치는 미국의 대통령은 관리할 수 없는 관료들을 관리할 수 있어야 한다. 책을 쓰는 것에 대해 말하자면, 사우디의 왕자 할리드가 카타나 하벨보다 작가 모델로서 더 쓸모가 있다. 노먼 슈워즈코프 장군이 선인세 600만 달러를 받은 초대작 책을 써서 사막의 폭풍 영웅으로 부상한 것에 화가 난 할리드 왕자는 자기도 멋진 책을 내고 싶어 했다. 그는 평소처럼 무기 구입 자금을 빼돌려서 스스로 선인세를 챙긴 후, 내가 잘 알고 있는 대필 작가를 고용했다. 대필 작가는 할리드에게만이 아니라, 할리드가 소집한 위원회에도 글을 제출했다. 위원회에는 율법학자 한 명, 변호사 한 명, 전시에 왕자의 군사 보좌관이었던 이집트 퇴역 장군 한 명이 포함되어 있었다. 대필 작가의 말에 따르면 〈그들은 한 문장을 가지고 몇 시간 동안 입씨름을 하곤 했다〉.

직접 글을 쓰는 대통령은 남이 대신 써준 대통령보다 말을 번복하는 일이 적은 것 같다. 그런데 상호 협력이 필요한 정치계에서 뭔가를 이루고자 한다면, 그래서 참된 지도자가 되고자 한다면, 자신의 문학적 소산인 글을 죽이는 것도 서슴지 말아야 한다. 로널드 레이건은 작가들과 교묘히 거리를 두었다. 가장 극적인 예는 언론 담당 비서관이었던 래리 스피크스가 폭로를 했을 때다. 레이건이 사용할 인용문을 스피크스가 만들어 주었는데, 그것을 구태여 사전에 대통령에게 보여 주지도 않았다고 그는 폭로했다. 대중은 오히려 스피크스에게 화를 냈다. 그 결과 스피크스는 메릴 린치 피어스 페너 앤드 스미스의 편안한 일자리를 잃고 말았다. 레이건은 자기가 할 말을 스피크스가 써주었다는 사실을 몰랐다고 말했다. 스피크스가 인용문 장사를 한 것보다 레이건이 자기 일에 부주의한 것이 더 나빴다고 생각한 사람도 있을 것이다. 그러나 아무도 그것을 문제 삼지 않았다. 실패한 대통령 워런 하딩이 무엇에 실패했든 간에, 대필 작가들이 써준 연설문이 이해가 안 될 때가 있다고 그가 불평한 것은 잘한 일이었다.

역사가 제임스 맥그리거 번스가 말했듯이, 박사 학위까지 받은 우드로 윌슨은 지적 무게와 거만함 때문에 〈완고하고, 확고하고, 융통성이 없었다〉. 자기 글 때문에 궁지에 빠질 수 있는 유형의 인물이었던 윌슨은 국제 연맹을 조직하려고 할 때 생산적인 협상을 하지 못했다. 이와 반대로 프랭클린 루스벨트는 외골수 작가가 아니었다. 그는 정치적 거래에 능했다. 제2차 세계 대전이 끝났을 때, 그는 국제 연합을 조직하고자 한 열망을 실현시켰다. 윌슨은 나쁘지 않은, 다소 훌륭한 대통령이었지만, 프랭클린 루스벨트는 그보다 더 나은 훌륭한 대통령이었다.

작가 월터 리프먼은 대필 작가가 책을 써주는 것만이 아니라 연설문을 써주는 것까지도 비난을 했다. 〈진실은 이러하다. 자기가 무엇을 하려는지 아는 사람이라면 무엇을 하려는지 말할 수도 있고, 자기가 무엇을 생각하는지 아는 사람이라면 무엇을 생각하는지 말할 수도 있다. 아주 예외적으로 스스로 말할 수 없는 자가 있다면, 실은 그는 자기가 뭘 하려는지, 자기 말이 무슨 뜻인지도 제대로 모르는 자다. 그런 것은 빨리 들통 날수록 좋다.〉 이건 순진한 생각이다. 대필 작가가 대통령의 생각을 돕는 것은, 비밀 검찰국에서 신변 경호를 돕는 것과 같다. 대필 작가들은 대통령을 보호한다. 무엇보다도 역사로부터.[15]

15 예를 하나 더 들자면, 말년에 역사적 위상을 좀 더 높이고 싶어 한 조지 월리스를 꼽을 수 있다. 1963년의 앨라배마 주지사 취임사는 그에게 명백한 오점이었다. 당시 그는 이렇게 말했다. 〈지금 인종 차별을 합시다! 내일도 인종 차별을 합시다! 영원히 인종 차별을 합시다!〉 그는 몇 년 후 이 기록을 삭제하기 위해 기자인 칼 로언에게 말했다. 〈지금, 내일도, 영원히, 인종 차별을 하자는 말을 나는 직접 쓴 적이 없습니다. 내 연설문에 그런 말이 적혀 있는 것을 보고 그걸 건너뛸 생각이었어요. 하지만 때마침 연설할 때 불어온 찬바람 때문에 기온이 영하 5도까지 떨어졌어요. 나는 추위를 이기려고 그걸 읽기 시작했다가, 아무 생각 없이 그 대목을 읽고

대선 유세를 하는 동안 글을 쓸 시간이 별로 없듯이, 대통령직에 있을 때에도 그럴 시간은 별로 없다. 벤저민 해리슨은 거의 한 세기 전에 『우리의 이 나라』에서 이렇게 말했다. 〈대장장이는 정해진 작업 시간이 끝나면 재 속에 불을 묻어 두고, 가죽 앞치마를 벗어 놓고, 더러워진 손을 씻고 집에 간다. 그리고 이튿날 아침, 연기가 섞이지 않은 맑은 공기를 음미하며 다시 일을 시작한다. 그런데 대통령 집무실과 사저라고 부르는 공간 사이에는 결코 닫히지 않는 문이 하나 있을 뿐이다.〉

이제는 대통령직이 더욱 많은 것을 요구한다. 헨리 키신저는 『백악관 시절』에서 이렇게 썼다. 〈리더들은 생각할 시간이 별로 없다. 그들은 중요한 일보다 긴급한 일을 끊임없이 먼저 처리해야 하는 끝없는 전투에 휘말린다.〉 게다가 대중은 그들이 취임을 해서도 선거 유세 기간에 했던 대로 행동하길 바란다. 늘 대중의 눈에 띄는 곳에 머물러 있길 바라는 것이다. 고독하게 글을 쓴다는 것은 전혀 불가능한 노릇이다.

대통령들의 성격을 연구한 제임스 데이비드 바버는 대통령이 얼마나 일을 잘 할 것인가를 예견할 수 있는 단서를 찾아냈다. 역설적으로, 글을 쓰는 대통령들이라고 해서 대중과의 의사소통에 특히 능한 게 아니었다. 후버는 대중이나 연설을 불편해했다. 그 이면에는 책을 쓰거나 연설문을 쓰고 또 쓰는 즐거운 고독을 바라는 마음이 자리 잡고

말았어요[앨라배마 주지사를 네 차례 역임한 월리스는 연방 정부의 인종 차별 철폐 정책에 반대하는 남부의 투쟁을 이끈 인물이다]. 비슷한 이유에서, 제퍼슨도 『버지니아 주에 관한 기록』을 집필하지 않는 게 더 나았을 것이다. 그는 어느 부문(음악)에서는 흑인이 백인보다 우수하다고 인정하면서, 이렇게 말했다. 〈흑인은 멍청하고, 삭막하고, 변태적이다.〉 이 발언은 그의 명성에 도움이 되지 않았다.

있었다. 그의 지지자가 한 말을 빌리면, 후버는 〈시, 음악, 정치 드라마는 전혀 즐기지 않았다〉. 클린턴도 그랬는데, 그래도 그는 글을 쓰면서 자기 생각을 정리하려고 하진 않았다. 〈그는 지적 활동 에너지가 넘쳐서 그 에너지를 어느 정도 배출해야 비로소 생각에 잠길 수 있다.〉 백악관의 보좌관이었던 딕 모리스가 한 말이다. 클린턴은 솔리테어[혼자 하는 카드놀이]를 매우 좋아했는데, 이 게임은 〈카오스와 엔트로피를 질서로 돌려놓고자 하는 일종의 요구〉를 충족시킨다.

대통령직에 대한 전문가인 리처드 뉴스타트는 이렇게 말한다. 〈정치는 지적 과정이 아니다. 물론 지적 과정이 표면화될 수는 있다. 그러나 정치는 인간적 과정이다.〉 그는 정치적 의사 결정에 관한 책 『시간 속의 사고: 의사 결정자들을 위한 역사 이용법』의 공저자다. 이 책에 나오듯이, 그는 대통령의 저술 업적이 위기의 순간에 올바른 의사 결정을 하는 데 단 한 번이라도 도움이 되었다고 보지 않는다.

대통령의 훌륭함을 결정하는 관계식에는 다음 요인들이 포함되는 것을 나는 선호한다. 지능, 재임 기간, 업적, 추진력, 단정함, 성취동기, 신장, 매력, 시대정신이라고 부르는 어떤 것 등이다. 시대정신은 대통령이 재직하고 있는 동안의 시대 특성과 관련된 것이다(대통령의 훌륭함을 선보이기 위해서는 평온한 시기보다 국가 위기의 시기가 더 낫다). 이러한 요인들을 내가 선호하는 이유는, 그 가운데 정치가가 제 맘대로 할 수 있는 것은 단정함뿐이기 때문이다. 그런데 관계식에서 단정함은 플러스 요인이 아니라 마이너스 요인이다. 단정함이라는 요인 이외에 대통령의 훌륭함 여부는 운명에 달려 있다. 그러니 만일 당신이 미국 대통령에 당선된다면, 그저 뒷짐이나 지고, 신선한 경험을 즐기며, 백악관 참모들에게 알아서 챙기라고 하는 편이 낫다.

〈책을 쓰는 능력은 수월하게 익힐 수 있는 일이 아닌데, 대통령직에서 물러난 후 비로소 글을 쓰는 것은 야구 명예의 전당에 모셔진 후 슬라이딩을 배우는 것과 같다〉는 말에 대하여

부분적으로는 맞는 말이다. 일단 정치와 인연을 맺으면, 수십 권의 책을 써야 할 구구한 이유가 생긴다. 하지만 솔직히 말하면, 나는 정치가가 훌륭한 문학적 기록을 남기고자 할 이유가 있다고 보지 않는다.

책을 씀으로써 정치가는 자신의 기록에 대한 입장을 밝힐 기회를 갖게 된다. 그래서 역사에 어떻게 비치고 싶은가를 밝힐 수 있다. 그런데 가장 치욕적인 현대 미국 대통령 리처드 닉슨이 막대한 저작물을 냈다는 사실을 주목하지 않을 수 없다. 백악관에서 밀려난 후 그의 이름을 내건 여러 권의 책이 나왔을 뿐만 아니라, 과거에는 그저 정적들 목록이나 작성하고 있었을 측근들의 이름으로도 많은 책이 나왔다. 그런 저자들로는 스파이로 애그뉴, 척 콜슨, 모리스 스탠스, 젭 스튜어트 매그루더, G. 고든 리디, 제임스 매코드, 존 에일리크먼, H. R. 홀더먼, 존 딘 등이 있다. 딘의 아내와 매그루더의 아내도 워터게이트에 대한 책을 냈다. 공모자 가운데 한 명인 E. 하워드 헌트는 워터게이트 덕분에 작가로서의 삶의 불씨를 다시 지필 수 있었다. 또한 상원의 워터게이트 조사 위원장이었던 새뮤얼 대시와 소위원회 위원이었던 프레드 톰슨은 닉슨 덕분에 작가로 거듭날 수 있었다.

그 가운데 어떤 것도 세상에 도움이 되는 문학이 아니었다. 닉슨의 경우에도 마찬가지였다. 다만 재판 비용을 충당하는 데는 도움이 되었는데, 글쓰기의 두 번째 이유가 바로 그것이다. 책을 내는 것은 백악관 은퇴 계획 가운데 가장 돈이 되는 것이다. 출판업자들은 전 대통령들에게 기꺼이 수백만 달러를 쾌척한다. 어떤 추산에 따르면, 사이먼 앤드 슈스터사가 로널드 레이건 회고록과 연설 문집을 냈다가 500만 달러를 날렸다. 하지만 출판업자들이 그런 큰돈을 낼 때, 그들이 사고자 하는 것은 책만이 아니다. 그들은 칵테일파티에서 다음과 같이 말할 권리도 사들인다. 〈어제 레이건 대통령이 나한테 뭐라고 했는지 내가 말했던가요?〉 저작권 대리인 어빙 레이저는 닉슨이 사임한 해인 1974년에 회고록에 대한 선인세 200만 달러를 받았다는 사실을 떠올리며 자기 회고록에 이렇게 썼다. 〈워너 북스는 당시 전혀 특징이 없는 보급판 도서 출판사였다. 그런데 닉슨과 계약함으로써 출판사 지명도를 크게 높였다.〉

나는 미국 대통령이 재임 중에 회고록과 관련된 어떤 일을 하는 것도 좋게 보지 않는다. 백악관 집무실에 앉아서 회고록을 미리 파는 그런 행위 말이다. 출판업자 마이클 코다가 말했듯이, 그럴 경우 대통령은 〈백악관의 웅장한 집무실이나 사저에서〉 출판업자와 만나게 될 것이다. 그런 거창한 자리에서 선인세 몇십만 달러를 흥정하려고 옥신각신할 사람은 없을 것이다.

그런데 그런 출판업자들은 대통령이 직접 글을 쓰기를 바라지 않는다(마찬가지로 〈대통령의〉 유령 작가들이 따로 〈그들의〉 책을 내는 것도 바라지 않는다. 클린턴의 보좌관 조지 스테파노풀로스는 자신의 워싱턴 경험에 관한 〈정직한 책〉이라는 것을 내기 위해 유령을 고용했다). 밥 돌식(式)으로 「새터데이 나이트 라이브」에서 실없는 소리를 하거나 비아그라 텔레비전 광고에 출연하는 게 차라리 더 즐겁게 시간을 보낼 수 있는 길이다. 그런 광고가 오히려 출판업자들의 기준보다 더 기준이 높고, 대역을 용납하지도 않는다. 부시는 조리 있게 말을 하든 못하든 간에, 중국의 천연가스 프로젝트 발주식장에서 입을 좀 놀리는 대가로 애틀랜틱 리치필드 컴퍼니로부터 10만 달러를 받았다. 댄 퀘일은 레이스 감자칩 텔레비전 광고에 카메오로 출연함으로써 〈감자〉 철자 사건의 최후 승자가 되었다고 주장했다. 이 광고는 슈퍼볼 하프 타임 때 미국 전역에 방영되었다.

게다가 대통령 도서관을 건립하기 위해 뛰기도 해야 하니 글을 쓸 시간은 더욱 없다. 이건 비교적 최근에 개발된 것인데, 닉슨이 그랬듯이 이 도서관 건립이 책을 쓰는 것과 무관하다는 것을 이해할 필요가 있다. 그걸 이해하면 도서관 건립이 자신의 영광을 높이는 또 다른 방법이 될 수 있다. 1990년에 준공식을 할 때, 닉슨 도서관에는 닉슨의 책밖에 없었는데, 선물 가게에서 그 책을 팔았다.

추신

위 글의 요점이 뭔지 모르겠다는 정치가가 있다면, 다음 사실만 명심하라. 모니카 르윈스키와의 일로 클린턴이 곤욕을 치르게 된 사건은, 한때 백악관 직원이었던 린다 트립의 책 아이디어에서 시발되었다. 이어서 저작권 대리인 루시앤 골드버그가 개입함으로써 폭발력을 얻었고, 켄 스타가 의회에 보낼 보고서 집필자를 고용함으로써 큰 문제로 비화했다. 그렇다고 지금 그런 문제를 피할 수 있는 길이 있다는 얘기를 하는 것은 아니다. 재클린 케네디는 모든 백악관 내근자들에게 각서를 받았다. 백악관에서 경험한 일을 글로 발표하지 않겠다는 각서였다. 이 각서를 받는 책임을 맡은 사람은 재클린의 비서 릴리언 파크스였다. 파크스는 유일하게 각서를 쓰지 않았다. 그래서 그녀는 훗날 『내 보스』라는 책을 냈다. 직원들의 이런 배신은 미리 각오해 두어야 할 것이다. 아무튼 이것도 책을 조심하라는 좋은 일화로 가슴에 새겨 둘 만하다.

추추신

모니카는 또 다른 것을 상기시킨다. 다른 나라, 특히 프랑스에서 교훈을 얻고자 할 때 잊지 말아야 할 게 있다. 두 차례에 걸쳐 프랑스 대통령을 역임한 프랑수아 미테랑은 다작을 한 작가였다. 그는 이렇게 말했다. 〈나는 주시한다 — 그리고 쓴다. 나는 쓰인 말을 좋아한다.〉 그는 〈손에 책을 쥐고 죽는 것〉이 꿈이라고 말하기도 했다. 이런 프랑스인은 미국인과 정반대다. 미국인은 배우자에게 충실하고 문학에는 불충실한 정치가를 존경하는데, 프랑스는 정반대인 것이다. 미테랑의 장례식에는 그의 애인과 아내가 어깨를 나란히 하고 참석했다. 또한 미테랑은 카사노바의 『회고록』을 보물로 여긴다는 말을 했는데, 미국 대통령치고 미치지 않은 한 그런 고백을 할 사람은 없을 것이다. 지미 카터가 다음과 같은 고백으로 곤욕을 치렀다는 것을 기억하고 있는 미국 대통령이라면 말이다. 지미 카터는 『플레이보이』지와의 인터뷰에서 순진하게 다음과 같은 사실을 털어놓았다. 〈나는 많은 여성들을 욕정의 눈길로 바라보았다…… 나는 수차례 마음속으로 간음을 했다.〉

9
세계적인 도서관

세계에서 가장 큰 도서관 직원과 대화하면서 주워들은 것을
여기서 이야기하겠다. 모든 지식을 한자리에 모으려던 고대의 야망은
더 이상 꿈이 아니고 악몽이라는 것을, 사서들에게는 좋은 꿈보다
차라리 악몽이 나을 수도 있다는 것을.

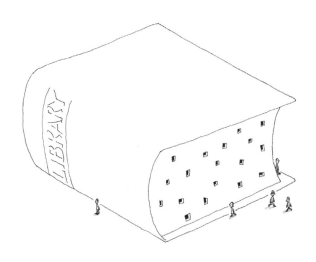

Littera scripta manet(쓰인 말은 지속된다).
1897년부터 1980년까지 미국 국회 도서관 사서들이 사용한 사무실 돔 천장에 새겨진 말

이 도서관의 미래는 더욱 질 높은 선별을 하고,
〈중요한〉 말씀을 더욱 강조하는 데 있다.
미국 국회 도서관장, 제임스 H. 빌링턴

미국 국회 의사당으로 외지인들을 태우고 오는 관광버스는 의사당 뒤편의 웅장한 제퍼슨 빌딩 옆을 지나간다. 이때 관광 가이드가 말한다. 「지금 여러분은 가장 유서 깊은 국회 도서관 건물을 보고 계십니다.」

「모든 책을 두 부씩 보관한다면서요?」 한 승객이 묻는다.

「아닙니다. 1800년(최초 설립 연도)부터 모든 책을 한 부씩 보관합니다.」

길을 건너서 좀 더 새 건물인 매디슨 빌딩 4층에 올라가자, 롤리타 실바가 자기 자리인 지식의 수문 앞에 우뚝 서 있다. 그녀의 앞에는 책을 비롯한 자료의 바다가 펼쳐져 있다. 모두가 이 도서관 소속의 저작권청으로 밀려든 책들이다. 저작권법에 따라 미국의 모든 책이 두 부씩 이곳에 온다. 실바는 앞치마를 두르고, 기계적으로 신속하게, 그리고 자신 있게 책을 평가한다. 그녀는 업보 연구소라는 곳에서 발행한 『브로더 파일에서: 아프리카계 미국인의 경험에 관한 스물두 편의 에세이』에 노란 띠지를 끼운다. 이것은 두 권 모두 도서관에 영구 보관된다. 그녀는 첨부된 카세트테이프는 보관하지 않기로 결정한다.

『걷기 훈련: 힘을 아끼는 보행법』에는 책 안쪽 면지에 푸른색으로 체크를 한다. 이것은 국회 도서관에 한 권만 보관하라는 표시다. 연속극 배우들을 위한 자기 계발서인 루스리프 책에는 빨간색으로 X 표시를 한다. 이건 두 권 다 버리라는 뜻이다.

이런 식으로 매년 날마다 일이 계속된다. 실바는 집수리 책 두 권을 보관하기로 한다. 그러나 학생들의 학습장 답변 지침서는 버리기로 한다. 아서 왕에 관한 책 따위의 유아용 입체 그림책 두 권은 보관하고, 색칠하기 책은 버리기로 한다. 달력류의 도서는 버리지만, 『경찰과 여성 살인 청부업자』 등 대중용 보급판 도서는 한 권 보관한다. 그녀는 가끔 엄지로 후루룩 책장을 넘겨본다. 한번은 자가 출판한 어린이 책을 나에게 보여 주었다. 그림이 조잡했다. 그녀는 그 책도 보관하지 않기로 한다. 〈시원찮아.〉 그녀는 한숨을 내쉰다. 그녀에겐 규칙이 있는데, 구체적이지 않고 개괄적인 규칙이다. 그녀는 지역 공동체가 발행한 민속 요리책 한 권을 보관하기로 한다. 하지만 한 도시의 병원 연합이 발행한 일반 요리책은 버리기로 한다. 그런데 축구팀 워싱턴 레드스킨스 선수들의 아내들이 만든 요리책은 보관하기로 한다. 〈선생님한테는 이런 책이 무의미할지 몰라도, 이걸 찾는 사람이 있을 수 있어요.〉 그녀가 나에게 말했다.

한 쌍의 책이 망각의 세계에 던져지면, 한 권은 어디로든 기증되거나 교환되고, 아무도 원하지 않으면 폐기된다. 나머지 한 권은 메릴랜드 주 랜도버에 있는 보관 시설로 보내진다. 거기서 5년 동안 보관되는데, 저작권 침해 사건이 일어나는 게 주로 5년 안쪽이기 때문이다.[1]

---

1 저작권 보호를 위해 제출된 미발행 작품은 법이 보호하는 전 기간 동안 보관해야 한다. 1998년의 소니 보노 저작권 기간 연장법(일명 미키 마우스 연장법) 때문에, 이 기간은 더욱 길

그 후 이 책은 다시 도서관으로 돌아와서, 다른 한 권과 같은 운명을 겪게 된다. 훗날 누군가 그 책이 보관 가치가 있다고 결정하더라도 도서관에는 한 권도 남아 있지 않다. 하지만 아마 그런 결정을 할 사람은 없을 것이다.

미국 제13대 국회 도서관장인 제임스 H. 빌링턴의 말에 따르면, 국회 도서관의 장서는 〈일찍이 지구 상에서 기록된 지식을 수집한 것 가운데 가장 방대하고 가장 다양하다〉. 그 임무는 정상의 자리를 지키면서 〈미래 세대들을 위해 전 세계의 지식과 창조성을 수집 유지 보존하는 것〉이다. 여기서 핵심 낱말은 〈전 세계의*universal*〉라는 것인데, 지금은 이 말이 처음 사용되었을 때와는 그 의미가 사뭇 달라졌다.

고대 이집트의 위대한 알렉산드리아 도서관은 지식의 세계에서 떠다니는 모든 책을 획득하고자 했다. 그런 목표를 달성하는 것은 불가능했지만, 모든 것을 가능한 한 많이 획득한다는 것은 유용한 길잡이가 되어 준 하나의 원칙이었다. 적어도 최근까지는 그랬다. 정보 시대에 〈모든 것〉은 너무 많다. 그래서 알렉산드리아 선조의 현대적 화신이라고 할 수 있는 빌링턴의 국회 도서관은 색다른 세계성을 추구한다. 〈모든 것에 상당하는 것, 모든 것 가운데서도 가장 중요한 것을 갖고자 하는〉 포괄성이 바로 그것이다. 빌링턴은 이렇게 주장한다. 〈이 도서관의 미래는 더욱 질 높은 선별을 하고,《중요한》 말씀을 더욱 강조하는 데 있다.〉

어졌다. 1978년 이전의 작품에 대해서는 저작권이 처음 확보된 순간부터 95년 동안 저작권이 보호된다(과거 75년). 그러니 지금도 날로 팽창하고 있는 보관 시설은 더욱 확대될 것이다[법인이 보유한 상업적 목적의 저작물, 예컨대 1928년에 처음 발표된 미키 마우스 영화 등은 발표 후 95년까지 저작권이 보호된다. 또한 저자 사후 50년까지였던 저작권 보호 기간을 70년까지로 늘려 놓은 이 법은 미국 연방 대법원의 합헌 판결을 받았다].

공무원으로서 실바의 임무는 도서 〈획득〉이 아니라 〈선별〉이다. 도서관의 임무에 대한 빌링턴의 관점에서 보면 그런 구별은 아주 중요하다. 이 도서관이 그런 입장을 취한 1944년 이전에는 모든 책을 두 부씩 보관하기로 되어 있었는데, 20세기 중반에 그런 임무는 철회되었다.

미국 국회 도서관에서 하루에 받아들이는 자료는 약 2만 2천 항목에 이르는 것으로 추산된다. 이 숫자 자체는 별 의미가 없다. 구텐베르크의 성서, 월트 휘트먼의 신문에 실린 한 통의 편지(이 도서관 소장), 「위치토 이글」지 1개월 치를 촬영한 마이크로필름 한 릴 등은 각각 하나의 〈항목〉으로 계산된다. 이 도서관에서 전체 수집품은 1998년 현재 1억 1550만 5,659항목이다. 이 도서관이 하루에 새로 보관하는 항목이 7천 항목(전체의 3분의 1 이하)이라는 것을 생각해 보면 전체 수집품의 양은 상당하다.

생살여탈권을 행사하는 데 있어서 실바보다 더 능숙한 사람은 없다. 라트비아에서 태어난 그녀는 제2차 세계 대전 후 미국에 왔다. 그녀는 뉴욕 대학에서 문학을 공부하고, 컬럼비아 대학에서 도서관학 석사 학위를 받았다. 그녀의 말에 따르면, 러시아어, 덴마크어, 독일어, 스페인어, 루마니아어를 비롯한 서구 언어 스물여덟 개를 〈그럭저럭〉 구사할 수 있다고 한다. 그녀는 자기 계발을 위해 새로 그리스어를 공부해 왔다. 〈그럭저럭 구사하는 것 이상인 것도 있고, 이하인 것도 있어요.〉 그녀가 겸손하게 말했다.

책 무더기 속에서 실바가 일하는 모습을 지켜보고 있을 때, 할리 데이비드슨사(社) 로고가 찍힌 머리띠를 두른 한 직원이 다가왔다. 스티븐 킹 소설이 사라졌다고 그가 실바에게 말했다. 〈누가 찜했나 봐요.〉

그가 한 말이다.

〈이곳에는 한동안 엉뚱한 곳에 놓여 있는 책이 많답니다.〉실바가 나에게 말했다. 때로는 일꾼들이 책을 집어 가려고 한다. 그녀는 그것을 훔치려고 한다고 말하지 않는다. 그건 빌려 가는 것일 뿐이다. 게다가 그녀는 독서에 관심을 갖고 있는 사람이 얼마나 다양한지 잘 알고 있다. 그래서 그녀는 책이 없어지면 그들에게 가서 책을 갖고 있는지 물어본다고 한다.

미국 국회 도서관의 불확실한 등장

　미국 국회 도서관은 중국, 일본, 러시아 등의 수집품을 해외에서 가장 많이 소장하고 있는 도서관이다. 또한 초기 간행물, 즉 1500년 이전에 활판 인쇄된 책을 서구에서 가장 많이 소장하고 있는 도서관이다. 또한 〈지도, 도해, 신문, 음악, 영화, 사진, 마이크로필름 소장품은 아마 세계 최대일 것〉이라고 관계자들은 믿고 있다. 국립 의약 도서관과 국립 농업 도서관이 따로 있는데도 국회 도서관에서는 그 분야 자료도 수집한다. 역대 전화번호부 소장품도 세계 최대이고, 포스터와 만화책 소장품도 세계 최대이다. 또한 세계에서 가장 광범위한 지역의 신문들을 소장하고 있다. 4천 명의 직원이 이끌어 가는 이 도서관의 특별 소장품으로는, 미국 인디언 부족의 노래 녹음, 아론 코플런드의 「애팔래치아의 봄」 악보 원본, 마그나 카르타 원본, 세계에 세 권뿐인 구텐베르크 성서 완본 가운데 한 권, 그리고 도서관다운 수집 기벽으로 인한 수집품인 스트라디바리 바이올린 다섯 대, 포드 극장에서 저격당한 밤에 에이브러햄 링컨의 주머니에 들어 있던 것 등이 있다.

　당초 미국 국회 도서관이 이처럼 막대한 소장품을 갖게 될 줄은 아

무도 몰랐다. 국회에서는 도서관이 필요하다는 것조차 확신하지 못
했다. 그러니 더더구나 좋은 도서관을 만든다는 생각을 할 수는 없
었다. 일찍이 1790년에 국회의원들은 〈입법부와 행정부 활동에 필
요한〉 몇 권의 책을 사들이자는 논의를 했다. 그걸 행동에 옮긴 것은
1800년 봄 들어서였다. 최초의 수집품은 740권의 책과 지도 세 개였
다. 이건 롤리타 실바가 혼자서 평소 하루에 수집하는 항목 수쯤 된
다. 평론가들은 도서관 건립에 반대했다. 상하원 의원들이 알아야 할
필요가 있는 것은 이미 다 알고 있기 때문이라고 그들은 주장했다. 그
말이 옳든 그르든 간에, 도서관 활용은 입법가들이 가장 소중히 여기
는 특권 가운데 하나에 속하지 않는다. 1911년에는 총 490명의 입법
가 가운데 93명만이 이 도서관을 이용했다.

　국회 도서관이 이런 무관심을 극복하게 된 것은, 몇몇 도전적인 사
서들의 리더십 덕분이기도 하고, 부분적으로는 운이 좋아서이기도 하
다. 첫 번째 행운은 뜻밖의 방식으로 찾아왔다. 1812년 전쟁 중에 영
국군이 의사당을 불 질렀다. 당시 국회 도서관은 의사당 안에 있었
다. 3년 전에 은퇴해서 경제적 압박을 받고 있던 토머스 제퍼슨은 소
장 도서를 국회에 팔겠다고 제안했다.[2] 국회의원들은 제퍼슨의 소장
도서를 그리 탐내지 않았다. 구입 결의안은 하원에서 10표 차로 통과
했다. 그런데 국회에서는 책 경매가의 반에 지나지 않는 2만 3,950달
러만을 지불하기로 했다. 제퍼슨의 책 6,487권은 과거 도서관 소장
도서의 배가 넘었다. 이 도서관이 곧잘 언급하듯이, 그런 물량보다 더

---

2 빌링턴의 말에 따르면, 제퍼슨은 와인을 팔 것인지 책을 팔 것인지 고민했다. 둘 다 값진
것이었다. 나는 빌링턴에게 그런 일화를 어디서 수집했느냐고 물었다. 그는 출전을 대지 못했
다. 그러나 『제퍼슨과 와인: 중용의 모델』이라는 책에 이런 말이 나온다. 〈이보다 더 훌륭하거
나, 더 다양한 와인을 수집한 대통령은 일찍이 없었다.〉

중요한 것은, 폭넓게 지식을 수집하는 제퍼슨의 개념이 〈오늘날 국회 도서관의 포괄적인 수집 방침의 근거〉가 되었다는 점이다.

1852년에 잘못된 굴뚝 연관 탓에 또다시 화재가 나서 소장품의 3분의 2가 소실되었다. 이때 제퍼슨의 책 상당수도 재가 되었다. 국회에서는 약 5만 5천 권의 장서를 다시 사들이기 위한 지출을 승인했다. 그건 과거 수준이었지만 이때부터 행운이 찾아오기 시작했다. 하버드와 예일 대학 도서관, 보스턴 공공 도서관, 보스턴 도서관, 애스터 도서관이 1850년대 중반에는 국회 도서관보다 더 컸다. 필라델피아 도서관 조합도 막상막하였다. 당시 범국가적 명성을 얻기 위한 연방 도서관으로는 스미스소니언 도서관이 있었다. 이 도서관장 찰스코핀 주잇은 스미스소니언 초대 간사인 조지프 헨리만 없었다면 자기 뜻을 이루었을 것이다. 헨리는 주잇이 지식을 저장하기보다는 창조 — 집필과 연구 — 를 하는 데 집중하길 바랐다. 주잇이 포기하지 않자 화가 난 헨리는 1854년에 그를 해고해 버렸다. 몇 년 후 헨리는 스미스소니언의 책 4만 권을 국회 도서관으로 보냈다.

링컨 대통령이 국회 도서관장으로 임명한 아인스워스 랜드 스포퍼드는 이 장서를 꿋꿋이 지키고 늘려갔다. 수세기에 걸쳐 사서들이 깨달은 일이지만, 권력을 현명하게 사용하는 정부는 훌륭한 도서관을 짓는다. 초기의 공탁법 가운데 하나인 1537년의 몽펠리에 법에 의하면, 프랑스에서 인쇄되거나 프랑스로 수입된 모든 책은 블루아 도서관에 한 부를 기증해야 했다. 1865년에 국회 도서관장이 된 스포퍼드는 새로운 저작권법 로비에 성공해서, 저작권법 감독 책임을 특허청에서 국회 도서관으로 이관시키고, 국회 도서관에서 미국의 모든 책, 소책자, 지도, 청사진, 사진, 음악 작품을 무조건 두 부씩 받을 수 있게 했다. 이어서 1891년에 통과된 저작권법에 따라 그 범위가 넓어져서, 미국의 저작권 보호를 받고자 하는 외국 작품도 포함하게 되었다 (좀 더 후에는 외국 출판사가 미국에서 책을 팔고자 할 경우에도 두 부를 요구했다). 임기 마지막 해인 1897년에 스포퍼드는 도서관을 국회 의사당에서 제퍼슨 빌딩으로 옮겼다. 르네상스 스타일의 토머스 제퍼슨 빌딩은 그리스식 열주가 늘어서 있고, 조각 작품과 그림이 즐비하고, 천장은 59미터 높이의 금박 돔으로 장식되어 있었다. 국회 도서관은 이제 지상에서 가장 크고 가장 포괄적인 수집품을 갖게 되었다.

그렇긴 해도 국회 도서관이 공식 국가 도서관이 된 것은 아니었고, 지금도 아니다. 물론 사실상의 그런 역할은 해오긴 했다. 국회 도서관은 항상 국회를 주된 고객으로 여겨 왔다. 그래서 20세기 초에 국회 도서관은 오늘날 국회 리서치 서비스라고 불리는 하부 기관을 만들었다. 이 서비스의 750명 직원은 지금도 국회의원들과 비서관들을 도와서 배경 자료를 찾거나 작성해 준다. 지금도 국회 도서관 이용에 대해서는 국회가 공식적인 〈최우선권〉을 지니고 있다.

정보 과잉

〈규모는 세계적, 서비스는 국가적.〉스포퍼드의 후계자 가운데 한 명인 허버트 퍼트넘이 만든 슬로건이다. 그러나 세계적이라는 게 어떤 모습을 띠게 될 것인가를 퍼트넘이 예견했다고 보긴 어렵다. 퍼트넘이 국회 도서관을 운영한 1901년에 소장 도서는 100만 권이었다. 이것이 20세기 말에는 1800만 권 이상으로 늘어났다.

이러한 급격한 증가는 주로 19세기 중반에 책이 대량 생산되면서 생각이 상업화되었기 때문이라고 할 수 있다. 국회 도서관에 등록된 일자리 수는 1870년 5,600개였는데, 1998년에는 55만 8,645개다. 해마다 발행되는 단행본의 수만 증가한 게 아니라, 정기 간행물의 수도 그만큼 증가했다. 『얼리치의 국제 정기 간행물 목록』에 의하면 30년 전에 그 수가 약 7만 종이었는데, 1998년에는 15만 6천 종으로 배 이상 늘어났다.

책과 잡지의 수와 마찬가지로 뉴미디어도 배로 늘었다. 먼저 사진이 등장하고, 이어서 영화, 이어서 비디오가 등장했다. 사진 기록은 CD와 DVD에 저장되고 있다. 인쇄물은 많은 경우 컴퓨터 스크린으로 대체되고 있다. 언어 사전이나 백과사전에서 낱말이나 주제를 찾아보는 가장 빠른 길은 컴퓨터로 검색하는 것이다.

그 결과 정보가 폭발하고 있다. 이제 신문은 종이뿐만 아니라 인터넷으로도 볼 수 있다. 데이터베이스 공급자는 매일 또는 매시간 새로운 판의 신문을 발행할 수 있다. 글을 쓰고 싶은 사람은, 글의 일관성을 잃지 말라고 말하는 편집자나 출판업자의 눈치를 더 이상 볼 필요가 없다. 언어학 교수인 그레고리 넌버그는 이렇게 썼다. 〈인터넷상에서는 물질적으로나 경제적으로, 장황함을 배제하거나 잉여 표현을 걸러 내야 할 강렬한 이유가 없다.〉

〈전문성이 있는 책을 자가 출판하기는 아주 쉽습니다.〉 실바가 한 말이다. 나아가서 지식을 종이에 표현하는 방법을 익히는 것은 중요성이 줄어들었다. 예컨대 지난날 작곡가는 저작권을 얻으려면 악보에 기록을 해야 했다. 이제는 녹음만으로 저작권을 얻을 수 있다. 저작권청의 직원 리처드 앤더슨이 말했다. 〈우리 저작권청에서 쉽게 알 수 있는 것은, 미국의 모든 사람이 작곡가라는 사실입니다.〉

거대한 인공지능 트롤 어선처럼, 도서관은 그 모든 자료를 수집하기 위해 여러 가지 그물을 던진다. 저작권청은 인쇄물만이 아니라 폭넓은 의미의 〈원작〉에 속하는 것이라면 사실상 모든 것을 긁어 들인다. 저작권 전문가들은 5.5톤의 조류 목욕용 수반, 각종 보드 게임, 여자 친구의 사진을 넣은 티셔츠 따위를 두고 고심했다. 〈나는 애완석을 저작권 신청한 것도 보았어요.〉 실바가 한 말이다.

미국 국회 도서관에서는 연방 기관들로부터 정부 공문서와 기타 출판물 사본을 자동으로 접수한다. 약 1만 5천 항목의 교환 협정 덕분에, 러시아의 레닌 도서관과 위스콘신 주립 역사 협회와 같은 기관에서 소책자와 카탈로그 등 특수 자료를 받을 수 있다. 미국 적십자사부터 하버드 대학에 이르기까지 광범위한 기관에서 기증한 자료도 접수한다.

국회 도서관은 모든 저작권 자료를 무료로 얻을 수 있다는 점에서 다른 도서관보다 큰 이점을 지니고 있다. 연구 도서관 협회ARL에서 122개 회원 도서관을 연구한 결과에 따르면, 1997년의 도서 구입비는 한 권 평균 가격이 10년 전 28.65달러에서 46.42달러로 뛰어올랐다. 정기 간행물은 88.81달러에서 238.69달러로 대폭 뛰어올랐다. 『비교 생화학과 생리학』지는 연간 구독료가 8,835달러에 달한다. 『비교 신경학 저널』은 한술 더 떠서 1만 3,900달러다. 그처럼 특화된 과학과 의학 분야에서 연구하는 학자들은 비교적 소수인데, 그런 잡지를 보지 않고는 학자 구실을 다할 수가 없다. 그래서 그런 잡지를 소유한 상업 출판업자는 마음껏 고액을 요구한다. 치솟는 책값을 대기 위해, 연구 도서관에서는 구입량을 줄이지만 지출액은 더 많이 나간다. 앞서의 ARL 연구에 따르면, 정기 간행물 구입액을 두 배로 늘렸는데, 전체 구입 종수는 6퍼센트 줄어들었다. 한편 단행본 구입 종수는 14퍼센트가 줄어들었다.

저작권청을 통해 무료로 책을 얻는 것이 국회 도서관의 이점이긴 하지만, 그래도 전 세계의 자료를 구해야 하기 때문에 구입 단가가 높다. 국회 도서관에서는 수집품의 빈 구멍을 메우기 위해, 또는 무료로 받을 수 없는 책을 얻기 위해서는 구입을 해야 한다. 선진국에서는 도서관이 주로 거래상을 통해 정기적으로 구입한다. 중앙 기관들의 효율성이 떨어지는 개발도상국에서 책을 구할 때에는 좀 더 적극적인 역할을 한다. 리우데자네이루, 카이로, 뉴델리, 카라치, 자카르타, 나이로비 등의 지역에는 도서 구입 사무소를 운영한다. 미국 국회 도서관 직원은 1998년에 홍콩으로 특별 도서 구입 출장을 갔다. 영국이 중국으로 정부를 이양한 후 치르는 첫 선거와 관련된 선거 자료 등을 수집하기 위해서였다. 거의 같은 시기에 과거 유고슬라비아에서 발발한 전쟁 지역으로도 출장을 떠났다. 도서 구입 책임자인 낸시 대븐포트의 말에 따르면 이 출장은 시급한 것이었다. 이 시대에 산다는 것이 어떤 것인가를 보여 주는 기록 자료가 포화 속에서 사라져 가고 있었기 때문이다.

도서 구입도 문제지만, 소장품으로 분류 처리하는 것도 문제다. 이따끔 미처리된 자료가 심각하게 적체될 때가 있다. 그건 물론 놀랄 일이 아니다. 논문 수집품 처리는 상당 시일이 걸린다. 매사추세츠 주 상원 의원이었던 에드워드 브룩의 논문이 입수된 것은 1978년이었는데, 대중이 자유롭게 이용할 수 있게 된 것은 1991년이었다. 전미 유색인종 지위 향상 협회NAACP의 법률 서류와 원고 더미를 유무명작가들이 수년 동안 계속 저작권청에 제출했는데, 그것도 이용할 수 있기까지 오래 기다려야 했다. 이런 적체를 국회 도서관에서는 〈미처리〉라고 일컫는데, 현재 적체 항목 수는 2천만 건에 이른다. 그래도 이것은 10년 전에 비해 반으로 줄어든 수치이다. 당시 전 미국 회계 감사원GAO의 연구에서는 국회 도서관이 〈수집품을 효율적으로 평가 처리〉할 수 없다고 결론지었다. 그런데 10년이 지난 지금도 적체는 큰 문제가 되고 있다. 적체된 항목은 이용할 수가 없는데, 2천만 건은 전체 수집품의 약 6분의 1에 달한다.

모든 것을 수용할 공간이 부족하다는 것도 문제다. 도서관의 역사에서 늘 다뤄지는 주제가 바로 공간의 부족 문제다. 최초의 미국 국회 도서관은 의사당 안에 있었다. 이 시기에 찍은 사진을 보면 도서관 실내에 책이 수북이 쌓여 있다. 이 사진은 빨리 대처하지 않으면 〈미국 최대의 혼돈기〉가 곧 올 거라고 스포퍼드가 국회에 경고한 이유를 여실히 보여 준다. 제퍼슨 빌딩 이후 1939년과 1980년에 도서관 빌딩이 두 개 더 신축되었는데, 그래도 도서관 공간은 충분치가 않다. 〈공간은 늘 부족해요.〉 실바가 한 말이다.

그 이면에는 항상 다음과 같은 질문이 깔려 있다. 도서관에서 자료 수집량을 더 늘릴 것인가, 줄일 것인가? 수집 정책을 세우는 데 참여한 빌 셍크가 말했다. 〈종이 성냥을 수집해야 한다고 주장하는 사람도 있다.〉 문제는 단지 그것이 지금 당장 가치가 있느냐를 결정하는 데 있는 게 아니다. 후대 사람들이 가치가 있다고 생각할 것인가를 결정해야 한다는 게 어렵다. 19세기 역사가들은 대중문화에 관심을 두지 않았다. 오늘날에는 역사가들이 싸구려 애정 소설을 연구해서 당시의 일상생활을 통찰하고자 한다. 도시 범죄를 묘사한 영화가 1940년대와 1950년대에 처음 등장했을 때에는 저질 영화로 간주되었는데, 오늘날에는 〈필름 누아르〉라는 예술 장르로 자리매김되었다. 〈어떤 것이든 후대 사람들이 알고 싶어 하지 않을 거라고 단정 지을 수는 없다.〉 국회 도서관 사서로서 빌링턴의 부관 가운데 한 명이었던 윈스턴 탭이 한 말이다.

그러한 두 가지 요소 — 세계성에 대한 갈망과 공간의 부족 — 는 도서관의 고르디우스의 매듭을 형성한다. 빌링턴은 〈모든 것에 상당하는 것, 모든 것 가운데서도 가장 중요한 것을 갖고자 하는〉 도서관의 열망에 대한 그의 확고한 답대로 〈더욱 질 높은 선별을 하고,《중요한》 말씀을 더욱 강조〉함으로써 그 매듭을 푸는 게 아니라 베어 버리려고 한다. 그러나 그게 그럴듯하게 들리긴 하지만, 그래도 판단해야 할 일이 많다. 「보스턴 글로브」지 종이 판본을 보존하는 한편, 〈동시에〉 전자 판본도 보존할 것인가? 별 차이가 없는데도? (현재로서는 그 답이 〈그렇다〉이다) 롤리타 실바는 CD 생살 여부를 결정하기 위해 그걸 들어 볼 시간이 없다. 그걸 보존할 것인가 말 것인가는 동봉된 사용 지침서를 읽어 보고 결정한다. 도서관에서는 초기 광고 문안도 상당수 수집했다. 그렇다면 새로운 인터넷 광고도 수집해야 하지 않을까? 도서관 직원들은 그런 점에서 많은 것을 놓치고 있다는 것을 인정한다.

국제적인 수준으로 눈길을 돌리면 문제는 더욱 커진다. 도서관에서는 각국의 신문을 최소한 한 종은 수집하고자 한다. 그러나 남태평양의 작은 나라들의 경우에는 그것조차도 어렵다. 세계화가 진전됨에 따라, 더욱 많은 나라가 서로에 대한 문헌을 양산해 내고 있다. 기존의 수집 메커니즘에 따르면, 도서관에서는 프랑스에 관한 문헌은 프랑스인의 것을 수집한다. 그러나 예컨대 일본에 관한 프랑스인의 문헌은 어떻게 수집할 것인가? 도서관에 책을 대주는 프랑스인 거래상 또는 일본인 거래상을 통해? 자가 출판이 수월해짐에 따라, 사람들은 일반인이 이해하지 못하는 사투리로 글을 쓰는 경우도 있다.

도서관 직원이 어떤 책을 보관하고 어떤 책을 버릴 것인가를 규정한 지침서가 있는데 두께가 8센티미터에 육박한다. 〈받아들일 것과 받아들이지 않을 것에 대한 우리의 방침은 계속 재검토됩니다.〉 대븐포트가 한 말이다. 검토 과정에서 가장 본질적으로 묻는 질문은 다음과 같다. 출판이란 무엇이고, 그것을 보관한다는 것이 무엇을 의미하는가?

그러한 탐구의 일환으로, 저작권청에서는 저작권청 전자 등록, 기록, 보관 시스템CORDS이라고 불리는 실험을 시작했다. CORDS는 인터넷상으로도 저작권 신청을 받는다. 디지털로 저작된 미발행 작품을 실험적으로 다루고 있는 것이다. 저작권청의 고참 직원인 피터 밴 케비치의 말에 따르면, 이 실험이 성공하면, 나중에 종이로 발행된 작품에도 이 시스템을 적용할 수 있다. 그래서 종이 책 저작품을 디지털로 보관하게 된다. 이런 방향의 또 다른 실험으로, 국회 도서관에서는 1999년에 벨 앤드 하웰사(社)의 UMI 학위 논문 서비스와 계약을 맺었다. 그래서 저작권을 확보하기 위해 디지털로 보관된 학위 논문들은 도서관을 직접 통하지 않고 UMI의 웹 사이트를 통해서도 이용할 수 있게 되었다.

최근 관리 구조의 변화는 도서관의 자료 수집 정책의 실행 책임을 더욱 많은 직원들에게 확산시켰다. 전에는 여러 나라의 책과 자료를 평가했던 롤리타 실바는 이제 미국 저작권 자료에만 집중하고 있다. 선별관들은 각 지역을 분담해서 일한다. 문제는 어떻게 모든 사람이 규칙을 동일하게 적용하도록 할 것인가다. 1966년에 도서관에 몸담은 실바 같은 베테랑들은 조만간 정년퇴직할 테니까, 교육 훈련의 필요성이 더욱 높아지고 있다.

과거 보존

실바는 도서관으로 들어오는 새 정보의 흐름을 다스린다. 이와 달리 4층 아래에 있는 톰 앨브로는 수세기 동안 책 장인들이 사용한 도구가 갖춰진 작업대 앞에 서 있다. 그는 방금 작업 중이던 책 한 권을 자랑스럽게 보여 준다. 앨거넌 시드니의 『정부에 관하여』 1763년 판이다. 이것은 토머스 제퍼슨의 소장 도서였다. 앨브로는 이 책을 해체해서, 낱장을 깔끔하게 처리한 후 붉은 가죽으로 다시 장정한다. 이제 커버에 글자를 박아 넣고, 보관용 상자를 만들기만 하면 된다. 일을 마치는 데에는 모두 95시간이 걸린다. 앨브로는 이 책이 200~300년은 너끈히 버티길 바란다.

앨브로는 자신의 보존 작업을 고대 장인들의 작업에 견준다. 그는 단추를 채우는 셔츠를 입지 않고 넥타이도 물론 매지 않는다. 푸른 청바지와 가벼운 스웨터 차림인데, 소매는 팔꿈치 위로 걸어 올렸다. 실내에는 고전 음악이 흐른다. 그는 자기 직원들에게 말을 걸지 말라고 나에게 은근히 말한다. 작업 리듬을 깨뜨리지 말라고. 앨브로는 또 이렇게 말한다. 희귀 자료를 복구하는 일은 〈우리 사회를 반영합

니다. 이건 밀리 바닐리와 립싱크 같은 게 아닙니다. 이건 아주 정직한 작업이죠.〉

보존 부서의 앨브로와 수십 명의 도서 복구 전문가들은 또 다른 차원의 세계성을 위해 일한다. 수집 가치가 있는 모든 것을 수집하는 것만으로는 충분치 않다. 그것이 손상되지 않도록 보존해야 하고, 학자들이 이용할 수 있게 해주어야 한다. 국회 도서관에서 현재 소장하고 있는 고대 원고와 지도, 포스터만으로도 앨브로와 동료들은 영원히 쉴 틈이 없다. 그러나 복구 전문가들이 사랑스러운 손길로 자료를 보살펴야 한다는 것은 문제의 일부에 지나지 않는다. 최근 도서관에서는 대중이 문해 능력을 지녔다는 사실에 함축된 잔혹한 아이러니에 맞닥뜨렸다.

엘리트만이 독서를 하던 시절에 출판업자들은 한 땀 한 땀 실로 기워서 책을 제본했고, 수세기 동안 지속될 수 있는 고급 종이를 사용했다. 1800년대 중반에 대규모로 독서 인구가 늘어나자, 출판업자들은 대량 생산되는 책의 단가를 낮추기 위해 값싼 제본 기술을 사용했다. 1884년 『퍼플리셔스 위클리』의 한 기사에서는 이런 탄식을 하고 있다. 〈싸구려가 판을 치면서 우리는 저질의 책을 만들기 위해 모든 것을 희생했다. 아름다운 책을 만드는 것은 돼지한테 진주 목걸이를 걸어 주는 격이 되었다.〉 책은 금세 너덜거렸을 뿐만 아니라, 저절로 분해되기까지 했다. 종이 공장에서는 급증한 수요에 맞추기 위해, 제지용의 천을 함유한 종이를 만들지 않고, 나무 펄프만으로 종이를 만들었다. 나무 섬유로만 만들어서 산성 화학 처리를 한 종이는 시간이 지나면 갈색으로 변하면서 부스러진다. 미국 하원과 상원의 의사록인 『국회 의사록』 초판도 바로 그런 종이에 인쇄되었다.

흔히 인용되는 여러 연구에 의하면, 미국 연구 수집물 가운데 산성 종이에 인쇄된 책이 80퍼센트에 이르는 것으로 추산된다. 그 가운데 30퍼센트, 곧 8000만 권이 부스러지기 쉬운 상태에 놓여 있다. 국회 도서관은 자체 소장품에 대해서도 추산해 보았다. 〈약함〉 상태에서 〈부스러짐〉 상태로 분류되는 책이 연간 7천 종에 이르고, 줄잡아 25퍼센트는 보통의 독서 행위에 견뎌 내지 못하는 것으로 추산되었다. 문제를 이해하기 위한 또 다른 시도로, 직원들은 제퍼슨 빌딩에서 하루 동안 열람 요청을 받은 책 2천 권을 면밀히 살펴보았다. 그 가운데 쉰네 권은 부스러지기 쉬운 상태였지만, 주의해서 사용한다는 조건 아래 열람이 가능했다. 그러나 복사기에 얹을 경우 이 책들은 찢어지거나 해어졌다. 다른 스물여섯 권은 부스러질 가능성이 너무 커서 열람시킬 수 없었다. 이런 책들을 보호하기 위해 열람 금지를 한다는 것은 폐기 처분한다는 것과 거의 다를 게 없다. 아무도 읽을 수가 없다면 지적 가치가 전무하기 때문이다.

도서관에 있는 것 가운데 위험에 처한 게 종이 책밖에 없는 건 아니다. 종이 보존 과장인 도리스 A. 햄버그의 말에 따르면, 국회 도서관에는 10만 종의 포스터가 있는데, 그 가운데 보존 처리가 필요한 것은 25~50퍼센트에 이른다. 그런데 1999년에 도서관에서 수선 또는 보존 처리를 하게 될 포스터는 여덟 장 정도에 지나지 않고, 보호용 폴더에 넣어서 이용케 할 대형 포스터는 50~100개에 지나지 않을 거라고 그녀는 추산했다.

금속 통에 넣어 줄줄이 쌓아 놓은 영화 필름 역시 저절로 분해된다. 1950년 이전에 제작된 거의 모든 영화에 사용된 질산섬유소 필름은 결국은 분해되어 갈색 분말이 되어 버릴 것이다. 전체 무성 영화의 약

80퍼센트는 이미 영원히 사라졌다. 1950년 이전의 유성 영화도 반이 사라졌다. 미국의 최대 영화 기록 보관소인 국회 도서관에서는 필름을 살려 낼 수 있는 방법이 많지 않다. 보존 처리를 하고 냉장 보관하고 복제하는 것이 고작이다. 흑백 영화 복제 비용은 최소 1만 달러고, 컬러 복제는 최소 4만 달러가 든다.

책과 종이 보존 방법은 여러 가지가 있는데, 가장 힘들고 비싼 방법은 톰 앨브로가 제퍼슨 소장품을 복구하고 있는 그런 방법이다. 앨브로의 동료 가운데 한 명이 널따란 작업대 옆에 서서 계산을 해본다. 19세기 영국의 국왕 호위병 포스터 한 장이 부스러지고 있는데, 높이 1.8미터인 이것을 살려내는 데에는 약 24시간의 외과 수술을 해야 할 거란다.

부스러지는 것에 대한 문제를 해결하는 가장 효율적인 방법은 출판업자들이 중성지에 새 책을 인쇄하는 것이다. 이 방법이 현재 더욱 확산되어 가고 있긴 하다. 너무 부스러지기 쉬워서 구할 가망이 없는 책에 대해서는 도서관에서 마이크로필름에 담아 놓는 방법도 쓴다. 보존 재구성 부서의 책임자 아이린 슈버트의 말에 따르면, 1998년에 마이크로필름으로 촬영한 책이 2만 권 가까이 된다. 그 분량은 400만 페이지에 육박한다. 이처럼 시간이 드는 일을 할 때, 먼저 자료를 선별해야 하고, 그 자료가 정말 있는지 일일이 확인하고, 목록도 만들어야 한다. 책의 낱장을 촬영할 준비를 하는 것도 만만치 않다. 한 직원이 말했다. 〈그건 그냥 제록스 복사를 하는 게 아닙니다.〉 국회 도서관에서는 마이크로필름 처리량의 3분의 1은 외부 회사에 맡긴다. 『국회 의사록』을 마이크로필름으로 만드는 업자도 있다.

한 해에 2만 권씩 마이크로필름에 담아도 처리 요구량을 따라가지 못한다. 얼마나 뒤떨어져 있는지는 추산할 수도 없다고 슈버트가 말했다. 도서관의 여러 부서에서 일하는 직원들은 항상 문제가 될 만한 책을 눈여겨본다. 그러나 제퍼슨 독서실에서 날마다 열람 요청하는 책을 일일이 검사하는 것은 아니다. 문제가 있는 책을 발견해서 처리하는 사용 추진 계획을 밀어붙이려면, 마이크로필름 예산 180만 달러를 50퍼센트는 증액해야 할 거라고 슈버트가 말했다.

한편 아직 부스러지지 않은 옛 책과 원고를 살리기 위해 여러 가지 비법이 시도되었다. 국회 도서관에서는 산성 제거 처리법을 개발해서 특허를 냈다. 이 방법은 문제의 책에 디에틸 아연DEZ 처리를 하는 것이다. 그런데 안타깝게도, 「월 스트리트 저널」이 썼듯이 〈도서관 하청 업자가 잘못된 스위치를 당겨서 DEZ가 갑자기 물과 반응하면서〉 워싱턴 교외의 시험 시설이 폭발해 버렸다. 그 후 도서관에서는 한 개인 기업과 계약해서, 텍사스 시험 공장에서 이 처리 과정을 성공적으로 완성했다. 이번 하청 업자는 폭발 문제를 해결했지만, 새로운 문제를 낳았다. 처리한 책 냄새가 고약했던 것이다. 이것 역시 해결되었다. 그러나 이 무렵 회사가 문을 닫고 말았다. 충분한 수요가 예상되지 않았기 때문이다.

피츠버그 근교의 한 기업이 개발한 현재의 처리 방법은, 과불소알칸 용액에 책을 담그는 것이다. 이 화합물은 산성을 중화한다. 도서관에서는 이런 처리를 통해 책의 저장 수명이 300년은 늘어날 거라고 말한다. 그러나 이 처리법은 비싸다. 인건비와 수송비를 포함해서 권당 15달러나 든다. 미국 전역의 도서관에서 피츠버그 시설을 이용한다면 비용을 줄일 수 있다고 윈스턴 탭이 말했다. 더 많은 도서관에서 일을 맡기지 않으면 하나밖에 없는 이 기업은 채산성을 맞추지 못해서 일을 그만둘 가능성도 있다.

1990년에 국회 도서관의 목표는 이후 20년 동안 해마다 100만 권의 책을 산성 제거 처리할 계획이었다. 그런데 1998년 말 현재 그렇게 처리한 책은 12만 권밖에 안 된다. 당장 처리해야 할 책이 몇 권이나 되느냐고 묻자 그는 뜸을 들이다가 답했다. 〈이루 말할 수가 없군요.〉

과다한 비용이 든다는 문제 때문에 도서관에서는 책을 살려 낸다는 것의 의미를 재고하고 있다. 한 가지 전략은, 분해를 늦추기 위해 저장 온도를 낮추는 등의 저장 기술을 이용하는 것이다. 새로운 포트 미드 보관소는 온도 조절 장치를 개량할 작정이다. 또 다른 전략은 다른 형태로 자료를 구하는 것인데, 아마도 컴퓨터 기술을 사용하게 될 것이다. 그러나 이 방법은 문제를 악화시킬 수도 있다.

테크놀로지의 달인인 닐 거센펠드는 이렇게 썼다. 〈책이 랩톱 컴퓨터 이후에 발명되었다면, 위대한 타개책이라고 찬양을 받았을 것이다.〉 전통적인 종이 책이 그토록 오래 유포되어 온 것은 그 기능이 뛰어났기 때문이다. 또한 종이 책이 그토록 오래 유포되어 왔기 때문에 우리는 책에서 기대할 수 있는 것이 무엇인지를 잘 알고 있다. 예컨대 우리는 책이 물리적으로 얼마나 오래 존재할 수 있는가를 안다. 현재의 전자 테크놀로지가 시간을 극복할 것인지는 아직 검증되지 않았다. CD 등의 새 정보 매체의 수명을 제한하는 잠재 인자가 무엇인가를 알아낸 사람은 아직 없다. 문자와 그림을 재생하는 비교적 새로운 장치인 광디스크는 아마도 산성 종이에 인쇄된 책만큼 수명이 길지는 않을 것이다. 광디스크의 수명은 15~20년쯤 될 거라고 한다.

새로운 테크놀로지는 물리적 수명이 짧다는 것 외에도 또 다른 문제가 있다. 도서관에 널리 퍼져 있는 두려움 가운데 하나는 기술이 신속하게 진보하는 만큼 신속하게 그 기술이 구닥다리가 될 거라는 점이다. 사서들은 이렇게 묻는다. CD가 축음기 음반의 전철을 밟으면 어쩐단 말인가? 그럴 경우 CD 플레이어를 계속 만드는 제조업체는 한두 군데밖에 없을 테고, 그 제품에 특별 가격을 매길 것이다. 또는 최악의 경우 아예 아무도 CD 플레이어를 만들지 않게 될 수 있다. 그러면 그 많은 CD 자료를 어쩐단 말인가? 옛 버전 자료를 읽어 들일 수 없게 될 정도로 새로운 소프트웨어가 멀리 앞서갈 수도 있다.

또한 컴퓨터 모니터로 책을 읽는 것이 학구적 경험의 질을 떨어뜨릴 거라고 걱정하는 사람도 많다. 도서관에서 낡은 잡지를 넘겨 본 사람이라면 누구나, 해묵은 『새터데이 이브닝 포스트』지의 물리적 느낌과 광고 내용 등이 연구 대상인 기사 내용과 맞물려서 어떤 맥락을 제공해 준다는 것을 깨닫게 된다. 컴퓨터 업계 리더인 빌 게이츠는 책처럼 긴 내용의 글을 읽을 때에는 모니터 위의 글보다 종이 위의 글을 읽는 쪽을 선호한다고 한다.

보존 부서의 책임자인 마크 루사가 말했다. 〈우리는 뭔가를 보존할 때 미래를 얼마나 멀리 바라볼 것인가를 항상 결정해야 합니다. 우리에게 모든 결정은 재수집 결정입니다.〉 즉각적인 주의를 요하는 것이 무엇이고, 미루어야 할 것이 무엇인가를 결정할 때 그가 택하는 전략 가운데 하나는, 도서관의 여러 수집 부서의 책임자들을 참여시키는 것이다. 〈우리가 다 할 수는 없을 거예요.〉 루사가 말했다.

앨브로가 덧붙여 말했다. 모든 것이 〈언젠가는 해결되겠죠〉.

샴페인 한 병을 여섯 개들이 캔으로

〈사서의 주된 임무는 사람들에게 책을 읽게 하는 거예요.〉 싱클레어 루이스의 『중심가』에서 냉정한 여주인공이 한 말이다.

고퍼프레리 지방의 한 주부가 대꾸했다. 〈그렇게 생각하세요? 케니컷 부인, 내 생각은, 아니 나는 그저 아주 커다란 대학의 사서들이 하는 말을 인용하고 싶어요. 《양심적인》 사서의 첫째 임무는 책을 지키는 거라고요.〉

우리 역사상 대부분 고퍼프레리의 주부 같은 사람들이 득세를 했다. 그들의 슬로건은 흩어지지 않고 축적되었다.

제퍼슨의 서재가 얼마나 작았는가를 되새겨 보라. 장서는 고작 6,487권이었다. 하지만 이 장서는 미국 최고의 장서 가운데 하나로 여겨졌다. 구텐베르크 이전에 서구 그리스도교 세계에서 2천 권 이상의 장서를 가진 도서관은 단 하나밖에 없었다. 고대 알렉산드리아 도서관의 사서들처럼, 초기의 사서들은 두루마리 〈보관자〉로 불렸다. 두루마리 〈대여자〉가 아니었다. 2세기의 프톨레마이오스는 오늘날 국가에서 핵무기 제조법을 국가 기밀로 분류하듯, 파피루스 제조법을 비밀로 했다. 그 후 중세에 가장 헌신적인 필경사들이었다고 할 수 있는 5~6세기의 베네딕투스 수도회는 수도사들마다 한 권씩 책을 갖도록 했다. 일단 그 목표를 달성하자, 책 수집 속도는 뚝 떨어졌다. 역사상 최초의 저작권 분쟁으로 여겨지는 것도 책 수집과 관련된 것이었다. 6세기에 아일랜드의 한 수도사가 주인 몰래 책을 베꼈다. 발각당한 수도사는 베낀 것을 주인에게 양도해야 했다. 로렌초 데 메디치가(家)의 한 장서가는 인쇄기 때문에 〈사악한 100권의 책이 1천 명의 무지렁이들 수중에 들어가서, 결국 세상에는 미치광이들이 날뛰게 될 것〉을 두려워했다.

중세 문서 수집가인 토머스 보들리 경은 옥스퍼드 대학에 자기 이름을 딴 도서관을 지은 사람이다. 그는 사서들이 독신주의자여야 한다고 생각했다. 그리고 게으름뱅이들이 학생들 속에 섞여서 〈두리번거리고 속닥거리며 도서관 분위기를 어지럽히는 것〉을 원치 않았다. 1602년 보들리 도서관이 문을 연 날, 그는 〈모든 것이 질서 정연하게 처리되고 아주 정숙하다!〉는 것에 흡족해했다. 이 시기는 사서들이 책상이나 선반에 책을 사슬로 묶어 두던 시절이었다. 이런 시절은 한동안 지속되었다. 공공 도서관에서 무료로 책을 빌려 준다는 발상이 미국에서 구체화된 것은 19세기 중반 들어서였다. 그리고 앤드루 카네기가 도서관 설립 자금을 지원함으로써 도서 무료 대출이 본격화되었다. 카네기가 엄청난 기부를 시작하기 직전인 1896년에 미국에는 971개의 공공 도서관이 있었는데, 그가 1,679개를 더했다.[3]

3 늘 기민한 사업가였던 카네기는 주로 도서관 건물만 기증했고, 그 안의 넣을 책을 사들이는 것은 지방의 납세자들에게 맡겼다. 몇 년 후의 한 연구에 의하면, 그가 도서관 건물을 지어 준 몇몇 소도시에서는 기부가 이어지지 않았고, 지역민들은 기증하는 데 익숙하지 않았다.

궁극적인 임무를 도서 수집이라고 보는 도서관답게, 국회 도서관에서는 고퍼프레리 주부처럼 주로 보존에 역점을 두었다. 국회의원과 비서관 등 소수의 사람들만이 국회 도서관의 책을 대출받을 수 있었다. 그러다가 19세기의 훌륭한 국회 도서관장이었던 스포퍼드가 1865년에 서비스 시간을 연장해서, 주중에는 1년 내내 개관했다. 1869년에 그는 저녁에도 개관하려고 했다. 그러나 30년 가까이 흐른 1898년 들어서 비로소 국회가 그것을 승인해 주었다. 훨씬 더 세월이 흐른 후, 국회 도서관도 도서관 사이의 대출 계획에 동참했다. 일반인에게 관외 대출을 하지 않는 대신 국회 도서관에서는 다른 서비스를 제공했다. 예컨대 다른 도서관들에서 사용할 수 있는 정보 목록을 제공함으로써 도서관의 표준화에 일조한 것이다.

　안타깝게도 그런 서비스의 손길이 일반 납세자에게는 거의 미치지 않는다. 더욱 많은 정보 목록을 제출할 수 있도록 도서관 예산을 증액하라고 국회의원에게 청원하는 사람은 거의 없다.

　국회 도서관이 대중의 사랑을 받길 열망한 빌링턴은 케니컷 부인 같은 태도를 보였다. 〈샴페인 한 병을 여섯 개들이 캔으로〉 나눠 담자는 것이 그의 슬로건이었다. 국회 도서관 북 센터 책임자로서 솔직한 호소에 주력하는 존 콜은 그것을 〈만인에 대한 서비스 임무〉라고 일컬었다.

　콜의 북 센터는 그런 서비스 임무를 대표하는 곳이다. 1977년에 만들어진 이 센터의 목적은 독서를 진흥하고 책에 대한 관심을 높이는 것이다. 이 센터는 현재 30개국 이상의 북 센터와 제휴하고 있다.

　빌링턴이 가장 열렬하게 추진한 것 가운데 하나는 미국 국립 디지털 도서관 계획NDLP이다. 컴퓨터 기반의 이 계획에 따라, 반납 기한을 어기는 일이 결코 없는 인터넷 접속 대출 도서관이 설립되었다. 국회 도서관에 갈 필요도 없이, 가정이나 사무실, 또는 학교에서 컴퓨터만 있으면 월트 휘트먼의 초기 공책 네 권을 들춰 볼 수 있고, 매튜 브래디의 남북 전쟁 사진첩을 볼 수 있고, 제1차 세계 대전 때 미국 지도자들이 한 연설을 들을 수 있다. 목표는 국회 도서관 설립 200주년이 되는 2000년까지 1억 1500만 항목 가운데 500만 항목을 보여 주는 것이다.

디지털 도서관의 미덕은 일반 독자, 특히 청소년 학생들을 끌어들일 수 있다는 것이다. NDLP 책임자인 로라 캠벨이 말했다. 〈우리는 젊은이들의 관심을 사로잡아서, 그들이 책으로 돌아가길 원합니다.〉 디지털 도서관에 접속한 학생들은 초보적인 연구용 자료들을 활용하는 방법을 배운다. 좀 더 운이 좋아서, 학생들이 국회 도서관에서 배운 것을 저녁 식사 시간에 화제로 삼게 되면, 유권자 학부모들이 국회 의원들에게 도서관 예산을 늘리라는 압력 편지를 보낼 수도 있을 것이다. 국회 도서관에서는 여름마다 50명의 교사를 워싱턴으로 불러들여 1주일 동안 교육을 받게 하는 특별 장학 프로그램을 운영하고 있다. 집에 돌아간 교사들은 말을 퍼뜨린다고 캠벨이 말했다.

정보 폭발을 따라잡기 위한 비용은 치솟고, 정부 보조는 부족한 이때에 그런 로비는 더욱 중요하다. 국회의 예산 승인액은 1994년부터 1999년까지 연간 고작 2.5퍼센트씩 증액되었다. 1999년 미국 국회 도서관 예산은 3억 9100만 달러다. 〈절대액으로 보면 대단한 금액이지만, 새로운 지식과 다양한 형태의 새 지식을 창조해야 한다는 점에서 보면, 그만한 예산으로는 뒤쳐질 수밖에 없습니다.〉 연구 도서관 협회장 두에인 웹스터가 한 말이다. 비용을 절감하기 위해 국회 도서

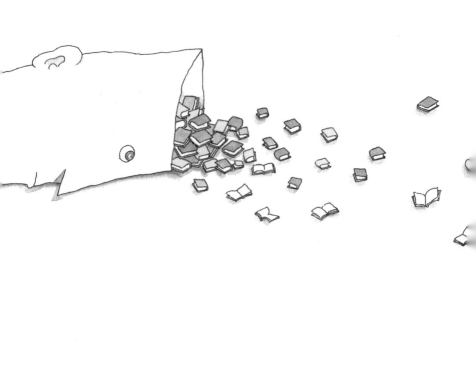

관은 1994년에 4,700명이었던 직원 수를 1999년에 4,250명으로 줄였다. 정보 시대가 쾌속정을 타고 미래로 달리고 있다면, 국회 도서관은 소형 요트를 손으로 저어 가고 있는 격이다. 국회 도서관은 전 국민의 지지를 필요로 한다고 콜이 말했다. 〈납세자들에게 호소하는 것, 그것이 우리의 방침입니다.〉

국회 도서관은 수많은 기증자를 만드는 솜씨도 많이 숙달되었다. 빌링턴은 1988년에 공식 모금 사무소를 설립하고 1990년에는 기업주와 경영인으로 이루어진 개인 후원 단체인 제임스 매디슨 협의회를 발족시켰다. 현재의 디지털화 프로젝트에는 6천만 달러를 들일 예정인데, 국회에서 승인한 금액은 1500만 달러뿐이다. 나머지는 데이비드 패커드와 존 클러지(각각 500만 달러 이상) 등 개인과, 아메리칸 익스프레스, AT&T(미국 전화 전신 회사), 옥시덴틀 퍼트롤리엄(각각 100만 달러 이상) 등 회사의 기부금으로 채우게 된다. 1999년까지 빌링턴은 다양한 도서관 활동을 위한 개인 기부금 9800만 달러를 모금했다.

국회 도서관에서는 홍보를 할 때 조심스레 보존해 온 자료를 이용한다. 전에 수많은 기자들에게 그랬듯이, 앨브로가 은밀한 표정으로 나를 어떤 작업대로 안내했다. 그 위의 여러 상자 안에는 도서관에서 가장 신성시하는 유물 일부가 담겨 있었다. 제임스 매디슨의 프린스턴 대학 박사 논문, 연극을 보다가 저격당한 날 저녁 링컨의 주머니 안에 들어 있던 것들. 그 주머니 안에는 남부 동맹의 5달러짜리 지폐 한 장과 줄 달린 안경 등이 들어 있었다. 앨브로가 나더러 무릎을 꿇고 경의를 표하라고 말할 듯한 기분이 들었다. 롤리타 실바도 기자들에게 인기가 높다. 도서관에 대해 알고자 하는 기자들은 그녀의 천재성에 끌려서 줄곧 그녀를 찾아온다.

8100만 달러를 들인 개혁 프로그램으로, 한때 토머스 제퍼슨 빌딩의 독서실을 채우고 있던 옛 카드식 목록을 모두 없앴다. 연구자들은 노트북 컴퓨터를 가져와서 책상에 달린 소켓에 꽂고 검색을 할 수도 있다. 미술 작품과 건물 기둥의 해묵은 때도 벗겨내서 지금은 그게 화사하게 빛난다. 새롭게 환해진 공간에서는 지난날보다 더 자주 수집품 특별 전시를 하고 있다. 〈이곳의 일부는 이제 박물관입니다.〉 소장품과 직원들의 역량을 자랑하고 싶어 안달하는 콜이 한 말이다.

국회 도서관에서는 200주년 기념행사를 공들여 계획하고, 『국회 도서관: 200년』이라는 자체 홍보 책자를 넉넉히 만들었다. 기념주화와 기념우표를 제작하고, 여러 차례의 심포지엄과 전시 일정도 짰다. 200주년 행사에서 가장 앞에 내세울 작품은 토머스 제퍼슨이 도서관에 판 소장 도서를 복구한 것이다. 도서관에서는 개인 기증자들이 1852년 화재 때 파손된 책의 일부를 구하는 데 도움을 줄 것으로 기대한다. 이 모금은 댈러스 카우보이즈 미식축구팀 소유주 제리 존스와 그의 아내 진이 1999년에 100만 달러를 쾌척함으로써 개시되었다. 국회 도서관 측에서는 그들의 기부금으로 구입한 첫 책인 제임스 해리스의 『헤르메스, 곧 보편 문법에 관한 철학적 연구』(제2판, 1765년 런던)를 존스 부부에게 보여 주고 사진 찍을 기회를 주었다. 해리스의 책이 우리에게 무엇을 말해 주는가에 관해서 제퍼슨이 설명한 적은 없지만, 그래도 그런 책을 통해 우리가 제퍼슨의 〈정신〉을 엿볼 수 있다고 빌링턴이 말했다. 그 말에 대해 손이 큰 부부 기부자는 그리 독서를 많이 하지 못해서 잘 모르겠다고 시인했다(도서관 회보에서는 예의상 이 말은 보고하진 않았다).

국회 도서관에서 점점 더 홍보를 중시하는 것에 대해 한 고참 직원이 말했다. 〈한창 진행 중이죠.〉 도서관의 각 부서에서는 저마다 선호하는 보존-수집 프로젝트를 추진하기 위한 기금을 모금하는데, 북센터에서는 1997~2000년 전국 독서 장려 프로그램을 선포하는 기자 회견장을 빛내기 위해 1997년 미스 아메리카인 타라 홀랜드를 끌어들였다. 시카고 컵스의 새미 소사와 세인트루이스 카디널스의 마크 맥과이어가 홈런 경쟁을 하고 있던 1998년 여름에, 미국 국립 디지털 도서관 직원은 발 빠르게 야구 카드 수집에 관한 항목을 온라인에 크게 띄웠다. 〈그게 제법 성과가 있어요.〉 캠벨이 한 말이다.

이런 온갖 노력에도 불구하고, 도서관의 서비스가 전보다 더 확대되어야 한다는 데 모두가 동의하는 것은 아니다. 보안 강화로 도서관 서가에 대한 접근은 더 엄격히 제한되었다. 도서관 사이의 대출은 〈여전히 국회 도서관의 중요 역할〉이다. 국회 도서관이 〈최후의 의지처〉이기 때문이다. 그러나 문학 평론가들은 국회 도서관이 특히 그 점에서 도움이 되지 않는다고 말한다. 1997년에 미국 국립 의약 도서관은 도서관 사이의 대출 건수가 40만 6,846권에 이르렀고, 미네소타 대학(대출 제1위의 대학 도서관)은 26만 4,092권이었다. 그런데 국회 도서관은 2만 2,408권에 불과했다. 그건 변두리 대학 수준이다.

1940년대에 국회 도서관은 『미국 종합 도서목록』을 편찬하기 시작했다. 이것은 1,100개 이상의 북아메리카 도서관 소장품을 확인하기 위한 것이었다. 이 목록은 온라인 기록 때문에 더 이상 업데이트되지 않고 있다. 여러 도서관에서 주장하는 것은, 국회 도서관에서 세계 도서 목록화를 너무 중시하지 말라는 것이다. 오하이오 주 더블린에 있는 온라인 컴퓨터 도서관 센터OCLC는 〈더 난잡한〉 서지 자료를 제공한다(부정확할 수도 있는 수많은 정보를 수집해서 만든 자료라는 뜻이다). 그러나 이것이 국회 도서관 자료보다 더 포괄적이다.

미국 국립 디지털 도서관을 비롯한 유사 기관들의 주의를 끄는 활동 때문에 도서관 내부의 전통 도서 수집 활동 자원이 줄어들 거라고 걱정하는 사람들도 있다. AT&T가 기부한 350만 달러는 알렉산더 그레이엄 벨과 새뮤얼 F. B. 모스 수집품을 디지털화하는 데 사용되었다. 그건 전화 관계자라면 열정적으로 좋아할 수집품이다. 그러나 그것이 정말 도서관에서 가장 먼저 디지털화해야 마땅한 것이었을까?

국회 도서관에서 강력히 모금을 추진하면 개인적인 기부에 크게 의존하고 있는 다른 연구 도서관들이 타격받게 된다. 다른 도서관 사서들 생각처럼, 불공정하게도 국회 도서관은 기부자들에게 더 매력적이다. 기부자들은 대학 총장보다 정치 지도자들과 함께 와인을 들고 치즈를 우물거리길 더 좋아한다. 게다가 개인 기부자들이 나서면 국회에서는 부담 없이 예산을 삭감해 버린다.

미국 어디서든 연구 도서관의 전문 사서들에게 국회 도서관 얘기를 꺼내 보라. 그들은 씁쓸한 표정을 떠올릴 것이다. 경쟁 관계에 있는 사서들은 국회 도서관이 국립 도서관이 아니라고 말한다. 미국에는 국립 도서관이 없다. 다른 도서관 사서들은 빌링턴이 자의적으로 전세계적인 임무를 추구한다고 비난한다. 빌링턴이 미국 〈국립〉 디지털 도서관의 이름에 〈국립〉이라는 말을 슬그머니 끼워 넣은 것에 대해서도 시답잖다고 생각한다.

바람직한 방법은 궁극적으로 국회 도서관이 전 세계적임을 양보하고, 임무를 분담하는 것이라고 평론가들은 지적한다. 그런 시나리오를 따르면, 특수 연구 도서관들이 저마다 좁은 분야에 정통해야 할 책임을 지게 된다. 그런 도서관들이 네트워크로 연결되면 세계적인 전체를 이루게 될 것이다.

영국 도서관 관장인 브라이언 랭은 국립 도서관이라는 개념이 이 젠 구닥다리가 되었다고 말한다. 미래의 도서관은 〈사실상 어떤 출판물도 소장하지 않을 수 있다. 그런 시나리오에 따르면, 사서는 책을 수집하고 보살피는 존재가 아니라, 특정 정보가 어디에 있는지 확인해서 그 정보에 접근할 수 있게 해주는 존재가 될 것이다〉. 그런 맥락에서 궁극적인 도서관은 많은 항목을 소유한 도서관이 아니라, 인터넷으로 열람할 수 있는 최고의 도서 목록을 가진 도서관이다. 또한 궁극적으로 도서관은 충분한 자체 재원을 가져야 할지도 모른다. 랭은 1998년에 영국 도서관 이용자들에게 연간 300파운드라는 과중한 이용료를 부과하자고 제안해서 많은 사람들을 놀라게 했다. 『타임스 리터러리 서플러먼트』 기사에 따르면, 〈납세자의 지갑에서 더 많은 돈을 빼낸다는 것에 회의적인 랭 씨는 상업성을 추구하는 아이디어를 냈다〉.

도서관 네트워크가 자원을 공유하면 규모의 경제를 이룰 수 있다. 다른 한편으로는 특별한 위험에 처할 수도 있다. 각 정보 센터에서는 자체 수집품의 질을 유지해야 한다. 최고의 전문 도서관 수집품은 상당수가 대학 도서관에 있다. 대학 이사회 임원들은 도서관 운영비를 아까워하는 게 보통이다. 지방 납세자들은 지역에서 사용하는 게 아니라 전국의 전문가들이 주로 사용할 특수 수집품을 유지하기 위해 기부하는 것은 내켜 하지 않는 것 같다. 또한 어떻게 감독할 것인가도 문제다. 각 도서관이 제대로 할 일을 하고 있는지 누가 판단할 것인가? 제 몫을 다하지 못하면 그것을 누가 대신할 것인가?

전문 사서들은, 사서가 아니라 역사가인 빌링턴 같은 사람이 그들의 미래를 결정하는 것을 달가워하지 않는다. 하지만 현대의 도서관 활동에는 사서가 아닌 사람들이 더욱 많이 참여하게 된 것 같다. 훈련받은 사서가 아닌 로라 캠벨은 민간 기업 출신이다. 그녀는 아서 영 앤드 컴퍼니의 임원이었고, 케텔사(社)의 부사장이었다. NDLP 책임 자로서 그녀는 현재 연구자가 아니라 대외 활동가로서 뛰고 있다. 그녀의 부하 직원은 100명 남짓인데, 대부분 새로 채용한 사람들이다.

NDLP는 2001년 이후에도 계속 추진할 것인지는 아직 미정이다. 캠벨은 현재까지 성공적이라는 것을 주장할 태세가 항상 되어 있다. 그녀는 〈자랑거리〉 목록을 꺼내 보인다(예컨대, 국회 도서관 웹 사이트가 〈주목할 만하다〉고 「뉴욕 타임스」의 온라인 「사이버타임스」가 보도한 것도 자랑거리 가운데 하나다). 그런 목록을 갖고 있는 데에는 〈분명한 이유〉가 있는데, 그것은 〈우리가 지금 하고 있는 일이 범국가적으로 인정받고 있다는 것을 사람들에게 알리기 위한 것〉이라고 그녀는 말한다.

디지털 도서관은 국회 도서관의 다른 부서 사람들을 자극해서 더욱 많은 자료를 온라인화하고 있다고 그녀는 말한다. 국회 도서관의 모든 직원들은 자기 부서의 수집품을 디지털 형식으로 바꾸기 위한 조언을 구하러 그녀를 찾아온다.

이러한 새로운 유형의 세계성에 대해 북 센터의 존 콜은 이렇게 말한다. 〈지원만 받을 수 있으면 누구나 잘 해낼 수 있다.〉

화재보다 더 나쁜 것

점토판으로 만든 최초의 고대 책에는 제목이 없었다. 독자 또는 사서가 내용을 보고 나서야 어떤 책인지 알아볼 수 있었다. 중세에 뒤늦게 등장한 도서 목록은 신성한 책부터 열거했다. 즉,『성서』부터 시작해서 종교적 저술에 이어 세속적인 문학작품이 이어졌다. 성인들의 생애와 관련된 책은 그 성인의 축일에 찾아 읽기 쉽도록 달력 날자순으로 목록을 만들었다. 수세기 동안 사서들은 책을 크기에 맞추어 선반에 꽂거나, 도서관에 도착한 순으로 꽂았다. 우리가 당연한 것으로 여기는 서가조차도 최근의 산물이다. 사서들은 점토판을 갈대 바구니에 담아서 사원의 창고에 보관했다. 파피루스 두루마리는 나무통과 단지에 담아 보관했다. 책이 서랍장에서 나와서 책상 책꽂이에 꽂히게 된 것은 13세기 후반이다.[4]

4 마찬가지로, 우리에게 친숙한 책의 내적 요소들도 아주 천천히 발달했다. 수도사들이 눅눅한 필사실에서 일할 때에는 구두점이라는 게 없었다. 일련번호로 된 페이지 숫자, 차례, 찾아보기가 자리를 잡은 것은 16세기 들어서다. 16세기에 인쇄술이 발달함으로써 표준화할 필요가 있었고, 이용 가능한 책이 많아짐에 따라 독자들은 좀 더 쉽게 책을 이용할 수 있기를 바람으로써 그게 가능해졌다.

많은 것이 변했지만 4세기 이후 아주 오랫동안 바뀌지 않은 게 있다. 책을 딱딱한 표지로 감싸는 것이 그것이다. 파피루스 두루마리 가운데 어느 것을 책으로 바꾸고, 어느 것은 무시해 버릴 것인가의 문제는 분명 옛 사서들에게 고민스러운 일이었을 것이다. 그러나 일단 작업이 진행되자, 기본적인 책 형태가 정착되어 오늘날까지 거의 1,500년 동안 그대로 유지되어 왔다. 구텐베르크는 온갖 혁신을 이룩했지만 기본적인 책의 형태를 바꾸진 않았다. 성 아우구스티누스의 『신시』의 샤를마뉴 왕 판본과 『제인 폰다의 몸만들기』 판본은 근본적으로 책의 형태가 거의 똑같다. 20년 전까지만 해도 다른 형태의 책이 나올 거라고 생각한 사람은 별로 없었다. 오늘날 침대에서 책을 읽다가 잘 때가 되면 침대용 스탠드에 책을 내려놓고 불을 끄면 된다. 3천년 전에는 40미터나 되는 파피루스 두루마리를 읽다가 어떻게 말아 놓고 잤을까? 그런 걸 생각해 보는 사람은 거의 없다.

그러나 이제 변화가 빠르게 진행되고 있다. 나는 때로 컴퓨터 모니터에서 눈을 떼고 생각해 본다. 지난날처럼 〈모든〉 독서가 종이 위에서만 이루어진다면 얼마나 답답할 것인가. 우리는 지난주의 소프트웨어가 지금 돌아가는 프로그램에 비해 얼마나 느려 터졌던가를 돌이켜 보기도 한다. 한때 우리가 당연하게 여겼던 책과 인쇄물의 모든 측면이 이제는 검토의 대상이 되었다. 도서관에 대해서도 마찬가지다.

사서들 사이의 토론은 치열하고, 희망적이고, 흔히 광적이기까지 하다. IBM의 한 임원이 말했듯이, 언젠가는 국회 도서관의 모든 책이 동전 크기의 디스크 한 장에 저장될 날이 올 수도 있다. 문헌학자 로저 차티어가 말했다. 〈원고 상태거나 인쇄된 기존의 모든 텍스트가 디지털화된다면, 문자 유산을 만인이 수월하게 이용할 수 있게 될 것이다.〉 그러나 그것이 어떻게 이루어질 것인가에 대해서는 아무도 확신하지 못한다.

브라운 대학의 학사 계획과 행정을 담당하는 부총장 브라이언 L. 호킨스가 말했다. 〈학생이나 교수들은 단 하나의 다기능 워크스테이션을 통해, 접근 가능한 모든 미디어의 정보에 누구나 접근할 수 있는 미래를 꿈꾼다.〉 그러나 〈그런 꿈을 어떻게 이룰 것인가, 여기서 거기로 어떻게 갈 것인가에 대한 어떤 계획이나 비전〉을 가진 사람은 아무도 없다.

우리의 컴퓨터와의 사랑이 책을 파괴할 거라고 걱정하는 전통주의자들이 많다. 〈어떤 문제를 해결하기 위해 고안된 기술 자체가 또다시 문제를 야기하는 일이 없는 그런 기술은 존재한 적이 없다.〉 대니얼 부어스틴이 한 말이다. 빌링턴의 선배인 부어스틴은 원작을 생각하기보다 복제하는 것을 찬미해 온 〈그래픽 혁명〉을 한때 열렬히 비난한 역사가다.

미국 국립 디지털 도서관을 둘러본 사람이라면 그림은 많은데 책은 부족하다는 것을 누구나 알게 된다. 국회 도서관의 홍보부 말에 따르면, 1999년 초에는 온라인상에 완전한 책이 388권밖에 없었다. 이 〈책〉 가운데 16페이지짜리 『부당한 노동 입법』(1873)과 300페이지짜리 『황금의 땅』(1855)이 포함되어 있다. 학자들은 휘트먼의 공책들을 읽어 볼 수 있고, 유령이 쓴 조지 워싱턴의 글을 〈클릭〉해 볼 수 있다. 또는 매튜 브래디의 사진을 보면서 아이디어를 얻을 수도 있다. 그러나 디지털 도서관을 이용해서 독창적인 연구를 하는 데는 한계가 있다.

디지털 도서관이 항목 수를 얼마나 늘릴 수 있는가는 불확실하다.

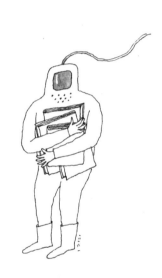

기술적인 난점을 해결한다 해도 저작권 문제가 남아 있기 때문이다. 자기 책에 대한 저작권을 소유한 생존 저술가들은 전자책 제작을 전혀 원치 않을 수 있다. 사람들이 무료로 책을 보기가 훨씬 더 쉬워진다는 명백한 이유 때문에 전자책을 반대하는 것도 무리가 아니다. 국회 도서관의 홍보와는 달리, 디지털 도서관은 진짜 책들이 있는 곳으로 이끌기 위해 젊은이의 지적 욕구를 자극하겠다지만, 전혀 그러지 못할 수도 있다. 연구 도서관 협회장 두에인 웹스터가 말했다. 〈일단 도서관을 자동화하면, 학생들은 자동화된 것만 이용한다는 것을 우리는 알게 되었다.〉

기술이 우리를 어디로 데려갈지 어떻게 알 수 있겠는가? 1999년에 보더스 그룹은 첨단기술 회사에 투자를 했는데, 이 회사는 서점에서 양질의 보급판 도서를 인쇄할 수 있는 장비를 만들 예정이다. 서점 고객들은 절판된 고전 명작을 언제든 구입할 수 있게 될 것이다. 라이벌인 반스 앤드 노블사의 대변인 말에 따르면, 컴퓨터 관련 책이 〈가장 잘 팔리는 책〉이다. 보도에 의하면, 컴퓨터로 추진되는 사회는 종이 사용을 줄인 게 아니라 더욱 늘리고 있다. 미국에서 글쓰기와 인쇄용의 종이 소모량은 1980년 1600만 톤에서 10년 후 2500만 톤으로 늘어났다. 다른 한편으로는 이런 뉴스도 들려온다. 비영리 회사인 프로젝트 구텐베르크사가 『실낙원』을 비롯해서 저작권이 소멸된 1천권 이상의 작품을 디지털화하고 있다고. 1998년에 500달러에 출시된 로켓 이북이라는 이름의 휴대용 전자 제품으로 이 전자책을 읽을 수 있다. 문학 평론가들의 말에 따르면 시(詩)는 미래가 없다. 컴퓨터는 속도를 위한 것이지 깊이를 위한 게 아니라고 그들은 말한다. 그 증거로, 이메일을 작성할 때 문법과 구두법에 그리 신경을 쓰지 않는다.

종이에 글을 쓸 때에 비해서 말이다.

사서들은 출판업자들이 종이 책 인쇄를 중단할 것인가의 여부를 판단하고자 하지 않는다. 그들은 출판물이 어떤 형태로든 존재하긴 할 것인가를 판단하고자 한다. 책임은 약화되고 있다. 전화로 얘기할 때, 또는 제퍼슨 빌딩 원형 지붕에 황혼이 장엄하게 비치는 동안 그의 사무실에서 인터뷰를 할 때, 빌링턴은 물결치는 바다에서 맞바람을 받으며 위태롭게 나아가는 배처럼, 다음과 같이 오락가락하는 말을 했다.

— 무슨 뜻인지 아시겠지만, 우리가 선별한다고 해서 세계성이 줄어드는 것은 아닙니다. 도서관은 마땅히 존재해야 하고, 중요한 모든 것을 마땅히 수집해야 합니다.

— 무엇보다 중요한 것은 우리가 어떤 범주의 자료도 배제하지 않는 거라고 나는 생각합니다.

— 나는 인간의 기억력으로 신을 상대하려는 것의 문제점을 늘 우려합니다. 과거와 현재의 다양한 것, 풍요로운 것, 가능하지만 아직 실현되지 않은 것, 그러한 것들이 미래를 위해 살아 있도록 하는 것보다 더 중요한 일은 없습니다.

책의 역사에서 가장 주목할 만한 사건 가운데 하나는 알렉산드리아 도서관이 서력 기원전 48년에 화재로 잿더미가 되었다는 것이다. 그러나 이것은 사실과 다르다. 도서관의 일부만 소실되었을 뿐이다. 알렉산드리아에서 도서관을 사라지게 한 진짜 범인은 화재보다 훨씬 더 나쁜 것이었다. 화재보다 더욱 큰 교훈을 주는 진짜 범인은 〈무관심〉이었다. 어느 시점엔가 알렉산드리아 사람들은 책에 대한 관심을 잃어버렸다. 화재로 모든 것을 잃어버렸다는 신화보다 정확할 게 없는 어떤 전설에 따르면, 그곳 시민들이 책을 불쏘시개로 썼다고 한다.

책을 보호하기 위해서는 모두의 관심이 필요하다는 사실만큼은 그때나 지금이나 마찬가지다. 그러나 책을 보호하는 방법은 달라졌다. 대동소이한 정보의 과잉은 쓸모없다는 점에서 잿더미가 되어 버린 책과 다를 게 없다. 누군가는 선별을 해야 한다. 어느 누구보다 그 일을 잘할 수 있는 사람이 바로 사서들이다. 수세기 동안 사서는 제대로 대우받지 못했다. 카사노바는 죽을 때까지 둑스 성의 영주인 발덴슈타인 백작의 사서로 일하며 13년 동안 불행한 말년을 보냈다. 무엇보다도 그는 하인들의 식당에서 짐꾼들과 함께 식사하는 것이 가장 괴로웠다. 그는 유명한 회고록을 써서 복수를 했다. 미래에는 사서들이 사회 지도층과 함께 식사를 하게 될 것이다. 앤서니 스미스는 20년 전에 쓴 정보 기술에 대한 저서에서 그처럼 사서의 신분이 상승되길 기대했다. 그는 이렇게 말했다. 사서는 〈이제 일종의 저술가가 되었다〉.

국회 도서관의 매디슨 빌딩으로 돌아가서, 나는 롤리타 실바의 작업실을 떠나며, 영구 보존의 길로 접어드는 책들을 담은 손수레를 유심히 바라보았다. 손수레 안에 IBM 매뉴얼 한 권이 담겨 있었다. 실바라면 저런 책을 저기에 담았을 리가 없다는 생각이 들었다. 〈이건 어떻게 된 거죠?〉 내가 물었다. 그녀가 매뉴얼을 바라보았다. 어느 넋나간 직원이 그걸 엉뚱한 손수레에 담은 게 분명하다고 그녀가 말했다. 태연히 실바는 매뉴얼을 올바른 곳에 담았다. 〈퇴출〉 손수레에.

부록 1

도서 판촉: 자연의 저자가 일으킨 사업

여기서는 이 책에 부록이 있다는 것을 보여 드리겠다.

부록만큼 책에 무게와 존엄성을 부여하는 것은 없다.
헤로도토스(마크 트웨인의 『해외 도보 여행』에서 재인용)

P. T. 바넘은 〈미국에서 가장 잘생긴 여성들〉을 위한 미인 대회를 후원함으로써 뉴욕에 있는 자신의 아메리카 박물관으로 사람들을 끌어들였다. 미국 독립 기념일을 축하하기 위해 그는 브로드웨이를 따라 처음으로 성조기를 내걸었고, 피지 섬의 인어(일본인 어부가 원숭이 상반신과 물고기 하반신을 붙여서 만든 것으로 보이는 인어)를 박물관에 전시하면서 관심을 끌기 위해 신문에 대대적인 광고를 했다. 그는 이렇게 말했다. 〈놀라운 내 박물관을 널리 알리기 위해 나는 모든 신문에 광고를 했다.〉

『본인이 쓴 P. T. 바넘의 생애』에서, 바넘은 자신의 홍보 책략을 밝혔다. 그는 더욱 많은 독자를 끌기 위해, 이 자서전의 저작권을 포기해서 누구나 무단 복제할 수 있게 했다. 그는 자서전에 이렇게 썼다. 〈이 세계는 장터다. 남녀노소를 막론하고 지구상에서 홀로 살지 못하는 인간들은 좀 더 즐겁게 시간을 보낼 수 있는 뭔가를 요구한다. 바로 그런 요구에 부응하는 이는 우리 자연의 저자가 일으킨 사업을 하고 있는 것이다.〉

이 위대한 흥행사의 정신은 오늘날에도 살아 있다. 최근 미국 서적상 연합ABA 모임에서, 터너 출판사는 질병 통제 센터CDC에 관한 책 『제4레벨: CDC의 바이러스 사냥꾼들』에 대한 관심을 끌기 위해 주사기 모양의 볼펜을 나눠 주었다. 크라운 출판사에서는 비행기 격납고에서 주디스 크랜츠의 『우리가 다시 만날 때까지』의 책 잔치를 열었다.

바넘이 지상 최대의 쇼로 만든 서커스처럼, 책 판매는 어떻게 영업하느냐에 달려 있다. 학교 숙제와 달리 독자는 대부분 자발적으로 책을 읽는다. 빵을 사는 건 필수지만, 책을 사는 것은 선택이다. 즉, 마음이 동해야 책을 산다. 미국 잡화점에서 잡지와 로맨스 소설을 계산대 옆에 캔디와 함께 진열해 놓는 것도 그래서다. 빵값을 내기 위해 줄을 서 있는 동안, 가수 셰어가 빌리 그레이엄 목사의 아기를 낳고 싶어 하지 않은 이유가 뭔지 알고 싶어 하거나, 로맨스 소설 표지에 남녀가 뒤얽혀 있는 것을 보고 그걸 얼른 장바구니에 집어넣기를 바라는 것이다.

서커스처럼 책도 주로 오락을 위한 것이다. 그래서 피지 인어를 홍보할 때 사용한 모든 술책이 책 판매에도 필요하다.

그것은 늘 그랬다. 책 마케팅은 책이 시장에 깔리자마자 시작된다. 오늘날 대부분의 도서 판매 책략은 낡은 아이디어에 커버만 바꾼 것이다.

다음이 그 예다.

지난날, 메이슨 로크 윔스는 8년쯤 목사로 있다가 35세에 매튜 캐리 출판사의 외판원이 되었다. 이 출판사는 벤저민 프랭클린이 칭찬해 주었다는 출판사다. 윔스는 조지 워싱턴이 벚나무를 찍어 넘어뜨렸다는 이야기를 꾸며 내서 조지 워싱턴 전기를 썼다. 문학 평론가 밴 윅 브룩스의 말에 따르면, 윔스는 자기 책과 출판사의 다른 책들을 팔며 〈눈보라를 헤치고, 모기와 홍수와 피로와 싸우며〉 전국을 돌아다녔다(그러면서 길에서 글을 썼다). 윔스는 1825년에 사망할 때까지 그렇게 책을 팔았다.

오늘날, 저술가들은 책 판촉 여행을 싫어하지만, 그게 돈이 된다거나 출판사에서 경비만 대면 바로 출발한다. 베테랑 출판업자 클라크슨 포터의 말에 따르면, 어떤 작가들은 〈자기 책 판촉을 품위 없는 짓이라고 생각한다……. 작가가 그렇게 생각하는 것은 잘못이다. 작가는 자기를 팔아야 한다〉.

지난날, 허먼 멜빌의 소설 『사기꾼』(1857)은 이렇게 시작한다. 〈4월 1일 해 뜰 녘, 세인트루이스 시내 물가에 크림색 옷을 입은 한 남자가 티티카카 호수에 첫발을 내디딘 망코 카팍[잉카 제국의 시조]처럼 홀연히 나타났다.〉 타이밍을 잘 맞추는 것이 광고에 도움이 된다는 것을 깨달은 그는 이 책을 4월 1일 만우절에 발행했다.

오늘날, 점점 더 영악해지고 있는 작가들은 날짜를 잘 이용하는 방법을 곧잘 찾아낸다. 날짜를 이용해서 좋은 광고 효과를 노린다는 것을 뒤집으면, 나쁜 광고 효과를 피하기 위해서도 날짜를 이용할 수 있다. 존 오하라는 자기 책을 추수감사절에 발행하게 했다. 그날은 「뉴욕 타임스」의 일일 서평 담당자인 오빌 프레스콧이 쉬는 날이었다. 프레스콧은 오하라의 책을 좋아하지 않았다. 이와 함께 작가들은 큰 기념일을 노린 작품을 내고자 한다. 예를 들어 새천년을 기리는 책이 그것이다. 1998년 말에, 『북스 인 프린츠』지의 통계에 의하면 새천년을 주제로 한 책이 줄잡아 75종쯤 되었다. 1999년 중반에는 아마존 닷컴의 판촉 담당 부사장 메리 모라우스는 『퍼블리셔스 위클리』 인터뷰에서 이렇게 말했다. 〈우리는 새천년 코너를 엽니다.〉 불꽃놀이를 하기까지는 6개월이 남은 때였다.

지난날, 세기가 바뀌기 직전에 한 출판업자가 백화점에 쌓인 자기 출판사 책 가운데 한 권에 100달러짜리 지폐를 끼워 놓았다고 발표했다. 첫날 모든 책이 동이 났다.

그 후, 토머스 채스틴은 여덟 건의 미해결 살인 사건을 포함한 추리 소설을 썼다. 책 기획 판매업자인 빌 애들러는 문득 판촉 아이디어를 떠올렸다. 그는 『누가 로빈 일가를 죽였는가?』 책 표지에 이런 광고를 했다. 〈이 사건을 해결하면 1만 달러를 드립니다.〉 덴버에 사는 네 쌍의 부부가 상금을 받았다. 이 책은 「뉴욕 타임스」 베스트셀러 목록에 올랐다. 상금을 내건 애들러는 채스틴과 공동 저자로 이름을 올렸고, 저작권료도 공평하게 나누어 가졌다.

오늘날, 예측 불허의 저술업에 관한 올리비아 골드스미스의 책 『베스트셀러』를 판촉하면서 하퍼콜린스 출판사는 책을 낸 적이 없는 저술가-독자 한 명의 책을 내주겠다고 약속했다. 응모하려면 〈탈고한 창작 소설에 대한 한 페이지 분량의 개요와 본문 30페이지〉를 보내야 했다. 응모자는 7천 명에 이르렀다. 당선자는 델리아 라비노비치였는데, 그녀의 책 『플로라의 옷가방』이 1998년에 발행되었다.

지난날, 다채로운 재능을 과시했던 프랑스 소설가 시도니 가브리엘 콜레트는 출판 기념회장 케이크 속에서 알몸으로 튀어나왔다.

오늘날, 록 음악 평론가였던 엘리자베스 워첼은 자신의 책 『비치: 음탕한 계집』의 양장본 표지로 만든 가죽 옷을 입고 나타났다.

지난날로 돌아가서, 극작가 리처드 셰리든은 『문학 평론가』라는 극작품을 냈는데, 거기서 등장인물 퍼프는 당시의 책 판매 술책들을 언급한다. 그 술책 가운데 하나는, 평론가가 짐짓 분노한 척하면서, 어떤 작품이 〈여성의 우아함을 너무 찬미했다〉고 평하는 것이다. 이어서 퍼프가 말했다. 〈거기에는 더없이 강력한 두 가지 유혹이 제시되어 있다. 하나는 아무도 그것을 읽지 말아야 한다는 것이고, 다른 하나는 모두가 그걸 사야 한다는 것이다.〉

오늘날, 가수 마돈나의 지나치게 큰 사진책 『섹스』는 〈경고! 성인용!〉이라는 문구가 인쇄된 은빛 마일라 백에 담아서 판다. 그런 부정적인 문구는 금지된 열매 효과를 낳아서, 오히려 더욱 안을 들여다보고 싶게 한다.

지난날, 1920년대에 앨프리드 노프는 책을 광고하기 위해 샌드위치맨을 이용했다.

오늘날, 다니엘 스틸은 웹 사이트(http://www.daniellesteel.com)를 이용해서 자기가 곧 결혼할 거라는 소식을 독자들에게 전하며, 자신의 애완견과 골동품 자동차들 사진을 보여 주고, 아이들과 함께 하는 일들을 흥미롭게 꼼꼼히 들려준다(아이들은 그녀의 프렌치토스트와 스크램블드에그를 좋아한다).

지난날, 『작은 아씨들』을 쓴 루이자 메이 올컷은 독자층의 충성도에 신경을 써서, 아동용의 발랄한 책은 본명으로 내고, 『폴린의 정열과 벌, 벽장 속의 해골』처럼 변태성욕, 마약, 페미니즘을 다룬 책들 낼 때에는 A. M. 바너드라는 필명을 사용했다.

오늘날, 스티븐 킹은 리처드 바크먼이라는 이름으로 소설을 쓰는 것에 대해 구구한 설명을 하는데, 결국은 그가 〈시장이 넘칠 정도로 다작을 하고 있다〉는 출판업자의 말을 받아들인 거라는 사실을 인정했다. 그는 워낙 다작을 해서 시장을 손쉽게 공급 과잉 상태로 만들 수 있다. 그는 『런닝맨』을 일흔두 시간 만에 완성했다. 바크먼은 1985년에 〈암〉으로 사망 처리되었는데, 사후에 『조절기』를 유작으로 냈다.

지난날, 19세기 중반에 자크폴 미뉴 신부는 30년 동안 종교 서적을 평균 10일마다 한 권씩 발행했고, 최소한 열 개의 신문을 소유했다. 그는 오늘날의 「르몽드」지의 전신인 신문도 소유하고 있었다. 그의 『가톨릭 성직자의 서재』를 홍보하기 위해 그는 자화자찬하는 광고 문안을 써서 다른 사람의 추천사로 위장했다. 〈저렴한 가격의 우수한 책〉이라고 그는 평했다.[1]

오늘날, 「뉴욕 타임스」의 러셀 베이커는, 마찬가지로 「뉴욕 타임스」의 허버트 미트갱이 출중한 책을 냈다고 말한다. 〈나는 그의 책 『몬타우크 족의 실수』를 단숨에 독파했다……. 마치 지난주 신문처럼 술술 읽힌다.〉 베이커의 책 『그러니 이것은 타락했다』를 읽은 후 미트갱은

---

[1] 포목점 집안 출신의 사람답게, 미뉴 신부는 오르간, 십자가의 길[그리스도의 수난을 나타내는 여러 그림이나 조각], 기타 종교 그림과 조각 작품도 팔았다. 그는 불법 미사 음식을 팔기도 했다. 그의 인쇄 공장 안에는 은행이 있었다.

같은 식의 말로 은혜를 갚았다. 그는 이렇게 말했다. 베이커는 〈마크 트웨인, H. L. 멩켄, 유머 작가 S. J. 퍼를먼 이후 최고〉다.

지난날, 19세기 런던 문단에서 시작된 것인데, 익명으로 글을 쓰는 것은 사람들 입에 오르내리는 좋은 방법이었다. 알렉산더 포프는 그런 수작을 부리는 데는 최고의 달인이었다. 손수 자신의 서간집을 내지 않는다는 관습을 피해 가기 위해, 그는 자기 편지를 받은 사람에게 서간집을 내게 했다. 물론 그가 개입하지 않은 것처럼 보이게 했다. 서간집이 나오자 그는 그 사람을 비난했다(인세는 자기가 챙기면서). 거기서 끝난 게 아니라, 그는 그 서간집 내용이 부정확하다면서, 편지의 필자가 직접 책을 낼 의무를 느낀다고 말했다. 그래서 새로운 판본에서는 전에 빠뜨렸던 편지를 추가했다. 포프의 또 다른 책략으로는 자신의 글을 발표하지 않기로 하고 돈을 받은 후 태연히 책을 내는 짓도 했다. 포프 연구자의 말에 따르면, 포프는 〈영문학사에서 가장 철두철미한 위선자 가운데 한 명〉이었다.

오늘날, 기자인 조 클라인은 익명으로 『원색』을 썼다. 가까운 친구들이 거듭 집요하게 물어도, 그는 자기가 썼다는 것을 끝내 부인했다. 그러자 이 책의 주인에 대한 추측이 난무했고, 결국 그것은 독자의 관심과 판매로 이어졌다. 그는 이렇게 주장했다. 〈나는 그 책이 서평을 받길 원했을 뿐 저자로 알려지는 것은 원치 않았다.〉 그러나 한편으로는 은연중 이렇게 시인했다. 〈알고 보니 그 모든 게 광고에 도움이 되었다.〉 마침내 그는 저자라는 사실을 인정하면서(이것 역시 큰 광고가 되었는데), 앞으로도 계속 익명의 글쓰기를 계속할 거라고 말했다(이것은 이제 그가 쓰지도 않은 책들까지도 그가 썼다는 인정을 받겠다는 뜻이다).

포프가 살아 있다면 클라인의 엉덩이를 걷어차며 말할 것이다. 〈내가 왜 미처 그런 생각을 못했지?〉

하지만 지난날과 오늘날 사이에는 다른 점도 있다. 그건 정도의 차이일 뿐이라고 말할 사람도 물론 있을 것이다. 정도의 차이가 크다는 것을 전제하고서 말이다.

지난날, 마케팅은 새로운 아이디어였다. 그래서 당연히 현명한 사람들이 주로 마케팅을 시도했다. 대다수 출판업자들은 책을 광고한다는 생각을 몰상식한 걸로 보며 경멸했다. 책 역사가 존 테벨은 이렇게 썼다. 〈『풀잎』을 《일품이다 — 결코 잊지 못할 작품》이라고 광고 문안을 쓴 사람은 해고되었다.〉 1885년 「뉴욕 타임스」 사설에는 이런 글이 실렸다. 〈저술가들은 흔히 자기 책이 팔리지 않는다고 불평하는데, 그런 불쾌한 상황에 이른 이유가 무엇인지는 이해하지 못하는 것 같다. 그 이유는 명백하다. 출판업자들이 광고술에 대한 개념이 없기 때문이다……. 그들은 《책이 좋아서》 팔리는 것으로 만족한다.〉 책 커버의 자화자찬식 찬사를 가리키는 영어 낱말 〈블러브_blurb〉가 사용된 것은 1920년대 이후인 것 같다.

오늘날에는 너무나 많은 출판업자들이 마케팅에 뛰어들고 있다. 그래서 아무리 보수적인 출판업자라 해도, 마케팅을 하지 않으면 서점 서가에서 책이 밀려날까 봐 전전긍긍한다. 출판업은 대형화되고, 경쟁 사업이 되었다. 오늘날 출판업에 관여하는 모든 사람들은 제품이 생산라인을 떠나 소비자의 손에 들어가는 것에 초점을 맞추고, 그것을 무엇보다 더 중시한다.

자가 출판: 대박의 꿈

여기서 보여 줄 것은 이 책에 부록이
두 개나 있어서 책이 더욱 묵직하다는 사실이다.

자가 출판은 아메리칸 드림의 완벽한 본보기다.

메릴린 로스와 톰 로스

자가 출판의 전도사, 메릴린 로스와 톰 로스 부부는 자비 출판 전문 출판사를 통해 책을 내는 저술가를 자못 한심한 인물로 본다. 그들의 말에 따르면 그건 〈허영심을 만족시키는〉 비겁한 방법이다. 그렇지만 자가 출판self-publishing과 허영 출판vanity publishing에는 공통점이 많다. 둘 다 인쇄와 광고는 다른 사람에게 맡겨야 한다. 둘 다 같은 수준의 불멸성을 지니고 있다. 그리고 둘 다 자비 출판을 좀 더 점잖은 용어로 표현하고자 한다. 허영 출판은 〈지원〉 출판(보조금에 의한 출판)이라고 불린다. 자가 출판을 하는 사람은 〈독립〉 출판이라는 말을 좋아한다. 이 두 종류의 자비 출판에 큰 차이가 있다면, 허영 출판은 퇴짜를 맞을 수도 있다는 것이다. 자가 출판을 하면서 자기 책을 퇴짜 놓을 수도 있다. 그러나 자가 출판의 경우에는 그 사실을 아는 사람이 자기밖에 없다. 또 다른 큰 차이는, 자가 출판 쪽이 대박의 꿈을 이룰 수 있는 가장 확실한 방법 가운데 하나라는 것이다.

그런 꿈을 꾸는 사람이 얼마나 많은가는 말하기 어렵다. 그러나 그 수가 점점 늘어 가고 있는 것만은 확실하다. 미국에서 ISBN(국제 표준 도서 번호) 부여 책임을 맡은 기관은 R. R. 바우커다.[1] R. R. 바우커의 ISBN 대행사를 운영하는 돈 라이즈버러의 말에 따르면, 1968년부터 1978년까지 미국 출판사에 부여된 번호는 9,863개였다. 20년 후에는 11만 2,445개로 늘어났다. 일부 대형 출판사는 번호를 하나 이상 갖고 있다. 여러 개의 출판사를 등록했기 때문이다. 그런데 잠깐만 영업을 하다가 사라지는 작은 출판사가 많다. 미국에서 1998년 한 해에만 새로 생긴 출판사가 8,100개다. 그런데 그 가운데 95퍼센트는 조 블랙 출판사처럼, 자기 책만 달랑 내고 다른 책은 전혀 내지 않은 출판사다. 그런데 드러나지 않은 출판사가 또 있다. ISBN의 출판사 번호는 서점에서 책을 팔 때에만 필요하다. 자가 출판을 하는 사람들 다수는 서점에 얼씬거리지도 않는다. 작은 이 출판사들은 대부분 그들의 책을 『북스 인 프린츠』에 올리려고 하지도 않는다. 이런 상황에서 1998년 한 해에 『북스 인 프린츠』에 책을 등록한 미국 출판사의 수는 6만 2천 개에 이른다. ISBN 번호를 얻으려는 자가 출판업자의 질문을 〈이메일로 오늘 세 건을 받았다〉고 라이즈버러가 말했다. 이날 오후에 받은 것만 세 건이다.[2]

오늘날 자가 출판을 하는 사람은 프랭클린 시대의 자가 출판인과 다르다. 프랭클린은 출판업이라는 것을 잘 알고 있었다. 오늘날의 사람들은 그걸 모른다. 대신 로스 부부와 같은 사람들에게 도움을 받는다. 로스 부부는 〈어바웃 북스〉라는 회사를 운영한다. 글쓰기, 출판, 마케팅 컨설팅 서비스를 해주는 회사다. 또한 로스 부부는 북미 군

---

1 한국은 국립 중앙 도서관이다 — 옮긴이주.
2 라이즈버러는 인터넷으로 출판사 등록만이 아니라 책 등록도 받는다. 그의 인터넷 주소는 www.isbn.org이다.

소 출판사 협회SPAN를 발족시켰는데, 1,100개 회원사가 해마다 모임을 갖는다. 그들의 소식지인 『스팬 커넥션』에는 여러 업자들이 광고를 낸다. 책 커버 디자이너, 인쇄업자, 조판 회사, 책 도매업자, 도서 발행 소프트웨어 소매상, 광고업자, 저작권 전문가, 편집자 등 책을 내는 데 필요한 모든 사람이 여기 있어서, 누구나 손 하나 까딱하지 않고 자기 책을 낼 수 있다.

이 컨설턴트들은 어떤 마케팅도 꺼리지 않는다. 『자가 출판 완벽 길잡이』에서 로스 부부는 충고한다. 〈늘 엄마가 하던 말과는 정반대로, 당신은 허풍선이가 되어야 한다.〉 자가 출판 조언자인 제럴드 젱킨스도 이 말에 동의할 게 분명하다. 그는 『베스트셀러의 이면』과 『성공 출판: 더욱 많은 책을 파는 멋진 전략』의 공저자다(다른 공저자인 글쟁이 이름은 아주 작게 인쇄했다). 젱킨스는 늘 자기 제품을 홍보할 기회를 노린다. 우리는 전화 통화를 했다. 〈알고 보니 자가 출판 노하우의 세계에서 《작은 제국》을 일구셨군요〉 하고 내가 말하자 그는 대뜸 나에게 책 한 권을 보내 주겠다고 말했다. 그러고 그는 작은 제국을 일궜다는 것을 이 책에서 내가 언급해 주면 자기에게 득이 될 거라고 말했다.

자가 출판을 한 사람은 강연 후에 자기 책을 파는 것 외에도, 영업을 할 수 있는 창조적인 방법이 있다. 그레고리 J. P. 고덱은 『낭만적이 되는 1,001가지 방법』의 저자이자 발행인이다. 그는 남녀가 뒤엉킨 그림을 그려 놓은 레크리에이션용 차량을 끌고 대중 모임을 찾아다닌다. 거기서 그는 자기 책을 판촉하기 위해 줄기가 긴 장미를 나누어 주는 것으로 유명하다. 『영혼을 위한 닭고기 수프』의 공저자인 마크 빅터 한센은 그것을 〈우회 마케팅〉이라고 부른다. 독자들은 그의 영감 어린 〈닭고기 수프〉이야기를 빵집에서도, 미용실에서도 쉽게 발견할 수 있다.

로스 부부와 젠킨스는 마크 트웨인 등 몇 명의 저술가-출판업자를 곧잘 들먹인다. 요점은, 존경할 만한 그 저술가들이 자기 책을 직접 출판해서 돈을 벌었으니 당신도 그렇게 할 수 있다는 것이다. 그러나 그건 역사적인 사실이 아니다. 첫째, 트웨인은 자기 책만이 아니라 다른 사람들의 작품도 출판했다. 둘째, 트웨인은 그랬다가 파산했다. 출판업 파산 선고를 하기 직전에 트웨인이 말했다. 〈지옥의 너울이 나를 덮쳤다.〉파산 선고는 그가 사업을 하면서 정신이 분산되는 것을 피하고 글쓰기에 전념하기 위한 조치였다.[3] 자가 출판을 한 많은 유명인들, 예컨대 호러스 월폴 같은 이들이 자기 책을 직접 출판한 것은 장사꾼으로 보이는 게 싫어서였다.

젠킨스의 〈작은 제국〉(자, 또 언급했습니다)에서 만드는 잡지 가운데 하나인 『독립 출판사』를 통해 판단해 보면, 자가 출판된 책은 모두 좋은 책이다. 무작위로 고른 한 달치 잡지에는 117권의 서평이 실려 있었다. 서평에서는 모두 해당 책을 추천했다. 그러나 대화를 나누는 동안 젠킨스는 책으로 낼 만한 독창적인 정보를 가지고 나타나는 사람은 흔치 않다고 완곡하게 시인했다. 메릴린 로스는 더욱 명료하게 말했다. 〈그 책들 가운데 일부는 출판되지 말아야 했습니다.〉

그런데도 전통적인 상업 출판사는 때로 성공적인 자가 출판 도서를 발견해서 그것을 재발행하려고 한다. 그런 식으로 하면 상업 출판의 위험을 최소화할 수 있다. 예컨대 로스 부부는 자가 출판한 책『자

---

3 파산 후 마크 트웨인은 세계 일주 강연과 집필로 돈을 벌어서 빚을 모두 갚았다 — 옮긴이주.

가 출판 완벽 길잡이』를 라이터스 다이제스트 북스 출판사에서 재발
행했다.

리처드 폴 에번스의 『크리스마스 상자』는 자가 출판의 성공 신화
가 되었다. 모르몬교도인 광고업계 임원 에번스는 자녀를 위한 책을
썼다. 친구들도 그 책을 좋아했다. 그는 이것을 출판업자들에게 보
냈다. 업자들은 그 책을 좋아하지 않았다. 손수 출판하기로 마음먹
은 그는 87페이지짜리 이야기책을 8천 부 발행해서, 유타 주의 서점
에 배포했다. 이 책이 매진되자 그는 더 많이 인쇄했다. 보급판 책이
베스트셀러 목록에 오르자, 사이먼 앤드 슈스터사가 기록적인 금액인
420만 달러의 선인세를 주고 이 책을 샀다. 그럴 수 있었던 이유 한
가지는, 이 책이 시류를 타지 않고 세월이 흘러도 잘 팔릴 수 있다고
보았기 때문인 것 같다. 또 한 가지는 에번스가 공격적인 자기 홍보를
계속할 거라는 점이었다. 그는 자기에게 편지를 보낸 독자들의 이름
과 주소를 보관하고 있다. 독자들은 그가 새 책을 낼 때마다 카드를
받는다. 이번에도 물론 출판사는 사이먼 앤드 슈스터사다.

이러한 사실을 두고 볼 때, 결국 자가 출판을 한 사람에게 일어날
수 있는 최고의 일은 출판업을 그만두는 것이다. 자기 홍보는 계속해
야겠지만.

부록 3

편집 실수에 대한 네 가지 오해

여기서는 의사가 맹장(부록)을 실수로 떼어 낼 수 있지만,
작가가 그걸 실수로 집어넣을 수는 없다는 것을 확인할 수 있다.

출판업자들에게 이의가 있다. 그들이 나를 위해 해준 게 하나 있다면,
나에게 그들이 도무지 쓸모가 없다는 것을 가르쳐 주었다는 것이다. 그들은
좋은 사업가도 아니고 문학의 명판관도 아니면서, 예술적 신경과민과 상업적
그악스러움으로 똘똘 뭉쳐 있다. 책을 만드는 데 필요한 것은 저술가와
서적상뿐이며, 그 중간에 기생충은 필요가 없다.
조지 버나드 쇼

과오는 지푸라기처럼 표면 위로 흘러가느니,
진주를 찾고자 하는 자는 잠수를 해야 하리.
존 드라이든, 「오로지 사랑을 위하여」

따끈한 내 첫 책이 인쇄소에서 막 도착했다는 소식을 듣고, 나는 곧장 아내와 어린 아들과 함께 책 한 권을 얻으려고 출판사로 차를 몰고 갔다. 편집 마지막 단계에서 나는 최종 교정쇄를 읽고 또 읽었다. 혹시라도 잘못된 게 있으면 바로잡기 위해서였다. 나는 눈이 밝은 어머니에게까지 교정쇄를 보냈다. 이제 출판사를 뒤로하고 집에 돌아가며, 나는 자동차 뒷좌석에 앉아 새 책 중간쯤을 떡 하니 펼쳐서 내 오랜 노동의 과실을 만끽하려고 했다. 첫 문장의 오자가 대문짝만 하게 눈에 들어왔다. 나는 더 이상 읽을 수 없었다. 그날 대낮에 집에 도착한 나는 곧장 잠자리로 직행해서, 배신당한 자를 위해 마련된 깊은 잠에 빠져들었다.

이런저런 쓰라린 경험을 한 끝에 나는 일부 사람들이 성서점(占)을 믿는 것도 그럴 만하다고 믿게 되었다. 성서를 무작위로 펼치면 신께서 삶을 이끌어 줄 지혜의 말씀을 보여 준다고 믿는 성서점 말이다. 내가 가진 성서는 1,100페이지에 달하는데, 만일 어떤 책이든 1,100페이지에 달하는 책에 편집 실수가 많아야 하나 있다면, 섭리가 깃들었다고 할 수밖에 없는 그 책으로 저술가는 즉각 점이라도 치고 싶을 것이다. 존 업다이크는 이렇게 썼다. 〈완성된 책, 좀 더 좋게는 그 책을 단단하게 상자에 담아 포장한 것, 그것이 우리 집에 막 배달된 순간은 진리가 모습을 드러낸 순간, 절정의 순간이다. 그 축복은 5분쯤 지속된다. 최초의 오식, 또는 제작 결함이 발견될 때까지.〉

세월이 흘러 두어 권 책을 더 내면서 나는 깨닫게 되었다. 신성한 지혜처럼, 책 실수라는 것도 첫 보기와는 다르다는 것을. 실수는 차츰 우리에게 진면목을 드러낸다. 실수에 대해 깊이 생각하면 더욱 확실히 알 수 있다. 지금 내가 책 실수를 환영하자고 말하려는 것은 아니다. 그건 피해야 한다. 그러나 효과적으로 피하려면 실수에 대해 좀 더 많은 것을 알 필요가 있다. 이것이 바로 이번 부록의 요지다. 새 책을 턱 펼치자마자 진주를 찾으려고 하는 것은 실수라는 것.

가장 큰 오해: 책 편집은 최근 들어 나빠졌다

인터넷 잡지인 『슬레이트』지 편집자 제이콥 와이즈버그가 1991년에 쓴 다음 기사에 공감을 표시한 사람이 많았다. 〈옛날에 작가는 글을 썼고, 편집자는 편집을 했다. 오늘날에도 대다수 작가가 여전히 글을 쓰지만, 대다수 편집자는 가능하면 편집을 하지 않는다.〉 편집을 아무렇게나 하고, 사실 확인에 무관심하고, 책 디자인이 진부하고, 광고 문안이 엉터리인 것, 저술가들이 흔히 불평하는 게 그런 것들이다.

출판사가 크면 클수록 돈 버는 방법을 찾는 데 더욱 혈안이 된다고 평론가들은 말한다. 도린 카버젤의 「뉴욕 타임스」 기사에 의하면,

1990년대에 뉴욕의 출판 전문가들(대부분 편집자들)의 수는 16퍼센트가 줄었다. 〈그와 더불어 미국의 도서 출판 수량은 급증했다.〉 남아 있는 편집자들은 작가의 글을 개선시키는 데 크게 관심을 두지 않는다고 평론가들은 말한다. 〈털어놓고 말하자면, 요즘 편집자가 편집력을 발휘하길 바라는 출판업자는 거의 없다. 편집자가 교열이나 교정을 하기보다는 돈이 될 책을 물어 오길 바란다.〉 「워싱턴 포스트」의 평론가 조너선 야들리가 한 말이다.

그러나 이런 말이 사실이라 해도, 역사를 조금만 돌아보면 편집이 엉터리인 게 이상한 게 아니라 정상적인 거라는 사실을 알 수 있다. 출판업자들이 결산서의 맨 밑줄만 쳐다보면서 책 발간을 너무 서두른다는 불평에 대해 따져 보자. 『제인 에어』보다 더 허겁지겁 찍어 낸 책은 그리 많지 않다. 샬럿 브론티가 출판업자에게 원고를 보낸 것은 1847년 8월 24일이었다. 책이 나온 것은 같은 해 10월 16일이다. 조지 엘리엇은 『사일러스 마너』 원고를 1861년 3월 10일에 보냈는데, 3월 25일에 저자의 손에 책이 쥐여졌다. 이건 오늘날처럼 고속 테크놀로지가 도래하기 전의 일이다. 브론티 시절에는 물론 인쇄공이 컴퓨터로 일을 하지 않고, 손으로 하나씩 활자를 심어서 인쇄를 했다. 이런 속도를 돌이켜 볼 때, 컴퓨터 테크놀로지의 유일한 장점은 책 실수가 발생했을 때 그게 누구 잘못인가를 밝히기가 더욱 어려워졌다는 것뿐인지도 모른다.

게다가 오늘날에는 지난날의 『대중의 해부』라는 책만큼 편집 실수가 많은 책은 찾아보기 어렵다. 16세기에 한 수도사가 쓴 이 책은 분량이 172페이지에 불과한데, 그 가운데 저자의 정오표가 15페이지를 차지하고 있다. 그는 그 잘못을 악마 탓으로 돌렸다. 자기 책이 나오는 걸 악마가 싫어해서 그렇게 되었다는 것이다. 더욱 지독한 책은 19세기 초의 티머시 덱스터가 쓴 24페이지짜리 철학적 자서전 『현자들을 위한 초절임』(1802)이다. 이 책에는 구두점이 하나도 없다. 철자는 되는대로 표기했다. 그것을 좀 바로잡겠다는 생각을 한 덱스터는 나중 판에 다음 내용을 덧붙였다.

내 책 첨 판에 구두점이 업다고 푸념하는 미스터 인쇄업자 현자들을 위해 여기 넝너키 드리니 조을 대로 간을 마쳐서 드셔

,,,
,,,
,,,,,,,,,,,,,,,,,,,,,,,,,,,,,,,,,,, ; ; ; ; ; ;
; : : : : : : : :
: ,. . . . . ! ! ! ! ! ! ! !
! ! ! ! ! ! ! ! !. ! ! ! ! ! ! ! !
! ! ! !. . . . . ! ! ! ! ! ! ! !.
. . . . ! . . . . . .
. . . .
,,,,,,,,,,,,,. . . . . ? ? ? ? ? ? ? ? ? ? ? ? ? ?. . . . .

오늘날 편집이 더 나빠진 것처럼 보이는 이유는, 상대적으로 편집이 훌륭했던 20세기 초의 짧은 기간과 비교를 하기 때문이다. 그때는 출판업자가 작가에게서 편집 책임을 빼앗아 간 뜻깊은 시대였다. 그렇긴 하지만 편집자들이 막강한 펜대의 위력을 휘둘러 댄 그 시절을 찬미하면서, 전설적인 편집자인 맥스웰 퍼킨스와 같은 사람이 더욱

많아져야 한다고 와이즈버그가 말한 것은 실수다. 퍼킨스의 고용주였던 찰스 스크리브너 주니어는 이렇게 회고했다. 〈글을 교열하거나 교정할 경우 퍼킨스는 도무지 쓸모가 없었다. 그런 건 그에게 하등 의미가 없는 것이었다. 덕분에 F. 스콧 피츠제럴드의 소설『위대한 개츠비』와 같은 책의 초기 판본은 구역질이 날 정도로 편집이 엉망진창이었다.〉

두 번째로 큰 오해: 대부분의 실수는 편집을 잘못한 탓이다

실수는 어떤 단계에서든 슬그머니 끼어들 수 있다. 편집자가 원고를 만지작거리는 첫 단계에서도 실수가 일어날 수 있다. 인쇄된 후 제본할 때 실수가 발생할 수도 있다. 예컨대『무지』라는 제목의 책이『앎』이라는 제목의 다른 책 커버를 뒤집어쓴 일도 있었다.

그러나 가장 큰 실수를 저지르는 것은 저자다. 가장 대표적인 실수는 저자가 교정쇄를 새로 고쳐 쓸 때 발생한다. 출판사에서는 저자의 수정으로 인해 제작비가 현저하게 증가할 경우 증가액의 일부나 전부를 저자에게 물린다는 계약 조항을 넣으려고 한다. 그런다고 해서 저자가 교정쇄를 뜯어고치는 일이 사라지진 않는다. 첫 책을 낼 때 저술가들은 자기 부담액이 얼마나 치솟는지도 모르고 교정쇄를 고쳐댄다. 유명 작가라면 출판업자에게 큰소리를 칠 수 있기 때문에 아무리 고쳐도 무방하다. 조지 버나드 쇼는 장기 출판 계약을 할 때 이렇게 말했다. 〈내가 총 제작비의 95퍼센트를 초과할 만큼 거듭 고쳐 쓴다면 그 비용은 나한테 물리시오.〉 쇼는 개성이 있는 아주 다채로운 인쇄를 하고 싶어 했다는 걸 감안할 때, 95퍼센트 운운은 괜히 해보는 소리가 아니었다.

　일부 작가들은 공공연히 편집자를 거부한다. 『양들의 침묵』을 쓴 토머스 해리스는 인터뷰도 하지 않고, 사인회도 하지 않고, 어떤 편집 제안도 받아들이려 하지 않았다. 조르주 심농의 『탈옥수』 주인공 이름은 장 피에르로 시작해서 장 폴로 끝난다. 심농은 자기가 꼼꼼하지 못하다는 건 생각하지도 않고 쉼표 하나도 건드리지 못하게 했다. 그는 오랫동안 편집 일을 해온 편집자가 원고를 고치지 못하게 하려고, 원고를 사진으로 건네 준 적이 있었다. 편집자는 자기가 옳다고 생각하는 것을 거기에 마음대로 표시할 수 있었다. 그러면 심농은 그걸 참고해서 〈자기가〉 옳다고 생각하는 대로 직접 원고를 고쳤다. 좀 더 시대를 거슬러 올라가서, 식스투스 5세 교황은 더욱 엄격한 제약을 가해서 더욱 나쁜 결과를 초래했다. 그는 자신의 성서 새 판본을 아무도 고치지 못하게 하기 위해, 인쇄공이 작품에 변경을 가할 경우 재인쇄를 결코 맡기지 않을 거라고 사전 경고를 했다. 안타깝게도 이런 경고가 딸린 첫판은 인쇄 실수가 즐비하다.

　누구보다도 작가가 편집 실수에 큰 책임이 있다는 또 다른 예로, 자전거 여행 책을 쓰기로 한 저자에 대해 생각해 보자. 그는 여행 코스 점검을 다른 자전거 여행자들에게 맡겼다. 그는 직접 가보지도 않고 가본 것처럼 말했다. 난독증이었던 이 저자는 길의 방향을 뒤죽박죽으로 만들어 놓았다.

세 번째로 큰 오해: 편집 실수 탓에 책이 더 나빠진다

그렇다. 어떤 실수는 치명적일 수 있다는 데 동의한다. 예컨대 펜과 텔러의 『음식으로 놀기』는 케케묵은 설탕 봉지 마술[봉지를 뜯지 않고 동전을 안에 집어넣는 마술]을 독자들에게 가르쳐 주지 말아야 했다. 결국 이 장난이 성행했는데, 봉지 안에는 설탕이 들어 있지 않았다. 코발트 염화물로 색을 낸 실리카겔이 들어 있었는데, 이 물질은 섭취할 경우 몸에 해롭다는 것이 훗날 밝혀졌다. 『멋진 케이크』라는 책도 비슷한 실수를 했다. 은방울꽃은 식용이어서 케이크를 장식하기에 안성맞춤이라고 썼는데, 이 꽃에는 독이 있다.

그러나 어떤 실수는 책을 개선시키기도 한다. 에드거 스노는 중국 공산주의자들에 대한 고전적인 저서인 『중국의 붉은 별』을 냈는데, 처음에는 제목이 〈*Red Star in China*〉였다. 그의 저작권 대리인이 책 제목을 〈*Red Star over China*〉라고 잘못 말했는데, 이걸로 바꾸자 완벽한 제목이 되었다.[1] 윌리엄 버로스는 친구인 앨런 긴스버그에게 원고 하나를 보냈는데, 긴스버그는 이것을 또 다른 친구인 잭 케루악에게 몇 대목을 낭독해 주었다. 버로스는 필체가 엉망이었다. 긴스버그는 〈벌거벗은 욕망*naked lust*〉을 〈벌거벗은 점심*naked lunch*〉으로 잘못 읽었다. 케루악은 그게 이상적인 제목이라고 생각했다. 나중에 버로스는 〈벌거벗은 점심〉이라고 제목을 붙인 근거를 이렇게 만들어 덧붙였다. 〈제목의 의미는 정확히 말 그대로다. 우리의 포크 끝에 뭐가 꽂혔는가를 인식할 때 누구나 가슴 철렁한 순간, 그게 바로 《벌거벗은》

---

1 전치사 *in*을 쓸 경우 중국〈에 있는〉 것을 가리키지만, *over*를 쓸 경우 중국 〈하늘의〉, 중국 〈을 지배하는〉 것을 뜻해서 〈붉은 별〉과 한결 더 잘 어울린다 ― 옮긴이주.

점심이다.〉[2]

좋은 책에 끼어든 실수는 책값을 높인다는 것도 잊지 말자. 1926년에 나온 『태양은 또다시 떠오른다』 초판에는 〈*stopped*〉가 〈*stoppped*〉라고 인쇄되었는데, 이 책은 8천 달러를 호가한다.

네 번째로 큰 오해: 사람들은 책 실수를 눈여겨본다

편집 실수와 읽기 실수 가운데 어느 게 더 심할까? 우리 문화가 쇠퇴해 가는 징조 가운데 하나는 질 좋은 텍스트를 만드는 것에 관심을 갖지 않는 편집자가 많아진다는 것이다. 아무도 반대하지 않을 또 다른 징조가 있다. 헤이즐 반스의 『가능성의 문학』이라는 책은 4쇄를 낼 때까지 표지 제목에 *Possibility* 대신 *Possiblity*라고 표기되어 있었다. 이 책을 발행한 네브래스카 대학 출판부의 부부장이자 제작 책임자인 데브라 터너가 말했다. 〈그걸 지적한 독자가 한 명도 없었습니다. 표지 그림으로 실린 기사의 복장이 책 본문 내용의 시점보다 5년은 뒤진 스타일이라는 걸 지적하는 독자는 있었는데도 말입니다.〉 덴버 서점의 주인이 말한 것인데, 서점에 성큼 들어서서 〈나를 부상당한 머리를 파묻어라*Bury the Head That Wounded Me*〉[3]라는 제목의 책을 달라고

---

2 버로스는 실수를 좋은 쪽으로 뒤집는 버릇이 있었다. 대취한 날 그는 아내 존에게 말했다. 〈빌헬름 텔 놀이를 할 때야.〉 아내가 머리 위에 유리잔을 얹었다. 그는 총을 쏘았고, 유리잔을 맞추지 못했다. 그는 훗날 이렇게 말했다. 〈그렇게 존이 죽지 않았다면 나는 작가가 되지 못했을 거라는 오싹한 결론에 이르지 않을 수 없다.〉

3 디 브라운의 소설 『내 심장을 운디드 니에 묻어다오*Bury My Heart at Wounded Knee*』(1970)를 잘못 말한 것 — 옮긴이주.

우렁차게 말하는 사람들도 있다.

영국 출판사인 배즐 블랙웰의 임원인 제임스 페더는 사회 심리학에 관한 책을 다룬 적이 있었다. 이 책은 마지막 인쇄 단계에서 어느 페이지의 열한 줄이 뒤섞여 버렸다. 저자는 불평을 하지 않았다. 시간이 흐른 후 페더는 잘못된 부분을 보긴 했느냐고 저자에게 물었다. 저자는 보았다면서 고개를 들고 말했다. 〈괜찮은 거죠? 안 그래요?〉

출전 주석

저자가 체계적이면서도 열정적으로 남들의
아이디어를 표절했다는 것을 여기서 보여 드리겠다.

전통적인 서구 철학의 특징을 가장 안전하게 일반화해서 말하면,
그것이 플라톤에 대한 일련의 각주로 이루어졌다는 것이다.
앨프리드 노스 화이트헤드

학술적인 것에 대해 말하자면 이 책은 아무것도 숨기는 게 없다. 이 안의 모든 것은 사실이다. 미국에서 가장 잘 도둑맞는 책 10종에 대해 내가 작성한 목록도 사실 그대로다. 여기서 나는 각각의 사실과 인용문 등을 어디서 발췌했는지 구구하게 설명하지 않았다. 인터뷰한 사람들의 목록도 나열하지 않았다. 나는 육중한 책들이 깨알 같은 각주 숫자를 달아 놓아 독자를 질리게 하는 그런 방식 대신, 출전의 학술적 배경만을 알려 드리고자 했다. 독자들께서는 책 뒤의 이런 주석이 규정적인 게 아니라 지향적임을 이해하셔야 한다. 이 주석은 흥미로운 출전만 골라 지적했는데, 내가 인용하지 않은 것에 대한 지적도 더러 있다. 또한 이 주석은 책에 관한 책이 얼마나 많은가를 여실히 보여 준다. 책과 저자가 늘 기삿거리가 되고 있다는 사실도 알 수 있을 것이다. 이 주석을 만들면서 나는 본문의 글로 써서는 그리 어울리지 않는 얘기를 할 기회를 가질 수도 있었다. 마지막으로, 이런 주석을 단 것은, 권말 주석이 없는 책은 휠캡이 없는 자동차 같기 때문이다. 그런 책은 싸구려처럼 보인다 — 사실 싸구려다.

프롤로그 주석

프롤로그에 썼듯이, 책의 역사를 연구하는 것은 비교적 새로운 분야다. 이 분야가 유행되기 전의 소수 개척자 가운데 한 명이 바로 영국 총리의 아버지 아이작 디즈레일리다. 다음의 그의 저서 세 권은 지금도 읽을 만한 가치가 있다. 『문학에 대한 호기심Curiosities of Literature』(1833), 『저술가들의 불행과 불화The Calamities and Quarrels of Authors』(1859), 『문학의 흥취Amenities of Literature』(1863). 로버트 단턴은 책의 역사라는 현대적 분야를 창조하는 데 누구보다 큰 기여를 한 사람으로, 다음 책들을 냈다. 『계몽 사업: 1775~1880년의 백과사전 발행사The Business of Enlightenment: A Publishing History of the Encyclopédie, 1775~1800』(1979), 『구체제의 문학 전위운동The Literary Underground of the Old Regime』(1982), 『고양이 대학살 The Great Cat Massacre and Other Episodes in French Cultural History』(1984), 『정치가의 키스: 문화사 반추The Kiss of Lamourette: Reflections in Cultural History』(1990). 『회귀 서적과 원고Rare Books & Manuscripts』(1998년판, 13:1)에는 책의 역사 집필에 관한 로버트 그로스Robert A. Gross의 다음 에세이가 실려 있다 —「커뮤니케이션 혁명: 전자 시대에 책의 역사 쓰기Communications Revolutions: Writing a History of the Book for an Electronic Age」. 그 점에서는 다음 두 자료도 쓸 만하다. 「고등교육 일보」(1993년 7월 14일 자)에 실린 캐런 윙클러Karen J. Winkler의 에세이 「전자 시대에, 학자들 은 인쇄물 연구에 끌린다In Electronic Age, Scholars Are Drawn to Study of Print」와 캐시 데이비드슨Cathy N. Davidson의 『미국의 독서Reading in America』(1989).

이 책 프롤로그와 그 뒤에 나오는 일화는 다음 책에서 뽑았다. 홀브룩 잭슨 Holbrook Jackson의 『장서벽의 해부The Anatomy of Bibliomania』(1979). 명사들이 자기 책을 어떻게 서가에 꽂았는가에 대한 얘기는 잭 맥래플린Jack McLaughlin의 『제퍼슨과 몬티첼로: 한 건축가의 전기Jefferson and Monticello: The Biography of a Builder』 (1998)에 나온다. 찰스 다윈의 독서 습관은 리처드 리 마크스Richard Lee Marks 의 『비글 호의 세 사람Three Men of the Beagle』(1991)에 나온다. 서적상 로젠바흐 의 얘기는 『스미스소니언Smithsonian』지 1992년 4월 호에 실린 로버트 워닉Robert Wernick의 에세이 「자기 책을 파는 것을 참을 수 없는 서적상The Bookseller Who Couldn't Stand to Sell His Books」에 나온다. 존 업다이크가 우리의 타고난 관심사 인 저술가의 삶에 대해 이야기한 에세이 「One Cheer for Literary Biography」 가 실린 것은 1999년 2월 4일 자 『뉴욕 리뷰 오브 북스』다. 브라이언 코소프 헌 트와 런던 도서관 이야기는 「월 스트리트 저널」 1991년 6월 7일 자 폴 레비Paul Levy의 글에 나온다. 저술가가 공부를 하기 위해 도서관을 이용하는 것에 대한 사례는 『뉴요커』지 1994년 4월 11일 자 로버트 매크럼Robert McCrum의 글을 참고하기 바란다. 독서 클럽에 대한 글은 『퍼블리셔스 위클리』 1996년 10월 9일 자에 실린 로버트 다린Robert Dahlin의 에세이 「90년대의 이 그룹 활동은 대유행을 했다This '90s Group Activity Is All the Rage」에 나온다. 책 축제에 대한 글은 『이코노미스트』 1999년 2월 20일 자에 나온다. 슬레이츠 마케팅에 대해서는 「뉴욕 타임스」 1996년 10월 9일 자 대너 케인디Dana Canedy의 글에 나온다.

가구로서의 책에 대한 글은 다음 네 가지 자료에서 원용했다 — 도라 손턴 Dora Thornton의 『서재의 학자: 이탈리아 르네상스 기의 소유와 경험The Scholar in His Study: Ownership and Experience in Renaissance Italy』(1997), 『굿 하우스키핑』지 1925년 1월 호에 실린 제인 거스리Jane Guthrie의 글 「책의 장식 가치The Decorative Value of Books」, 「뉴욕 타임스」 1998년 2월 15일 자 리타 레이프Rita Reif의 글, 「뉴욕 타임스」 1998년 2월 23일 자 멜 거소Mel Gussow의 글. 댈러스 카우보이즈(미식축구팀)의 소유주인 제리 존스와 그의 아내 진에 대한 얘기는 「워싱턴 포스트」 1999년 4월 15일 자 린턴 위크스Linton Weeks의 글에 나온다. 존스가 1774년 미국 대륙 회의의 최초 결의 선언문을 인용한 거라면 제대로 인용했다는 점을 말해 두지 않을 수 없다. 이 선언문에서는 식민지 거주자들이 〈생명, 자유, 그리고 재산〉을 추구할 자격이 있다고 천명했다. 이것을 토머스 제퍼슨이 나중에 〈생명, 자유, 행복의 추구〉로 바꾸었다. 존스가 그 역사에 대해 얼마나 알고서 그런 말을 했는지는 독자의 판단에 맡기겠다.

미국인의 문해 능력에 대한 서글픈 이야기는 다음 여섯 개 자료들을 원용했다. 「뉴욕 타임스」 1993년 9월 9일 자 윌리엄 셀리스William Celis의 글, 편집자 칼 캐슬레Carl F. Kaestle의 『미국의 문해 능력: 1880년 이후 독자와 독서Literacy in the United States: Readers and Reading Since 1880』(1991), 니컬러스 질Nicholas Zill과 마리앤 윙글리Marianne Winglee 공저 『문학작품을 누가 읽는가? 책 읽는 나라로서의 미국의 미래Who Reads Literature? The Future of the United States as a Nation of Readers』(1990), OECD의 보고서 『문해 능력, 경제, 사회Literacy, Economy and Society』(1995), 어빈 커시Irvin S. Kirsch 등의 공저 『미국 성인의 문해 능력Adult Literacy in America』(미국 교육부에서 1993년 9월에 발행한 이 책은 1장에서도 원용했다), 마지막으로 1998년 4월 20일 자로 발표된 퓨센터의 여론 조사.

프롤로그에서 인용된 뉴스로서의 책에 대한 얘기에 관심이 있는 분이라면 「뉴욕 타임스」에 실린 다음 세 기자의 기사를 읽을 만하다. 1998년 1월 9일 자

마이클 키멜먼Michael Kimmelman의 기사, 1993년 2월 26일 자 마이클 핑거Michael Finger의 기사, 1999년 3월 10일 자 줄리아 프레스턴Julia Preston의 기사. 1999년 3월 30일 자 『슬레이트Slate』지의 짧은 기사도 읽을 만하다. 칼린 로마노의 논평 「호외요! 호외! 뉴스로서의 책에 관한 슬픈 이야기Extra! Extra! The Sad Story of Books as News」는 『미디어 연구 저널Media Studies Journal』 1992년 여름 호에 실렸다. 애니타 챙이 확인한 신문은 「USA 투데이」 1998년 11월 3일 자와 「월 스트리트 저널」 1998년 10월 28일 자다. 우리가 이 두 신문을 선택한 것은 우연히 우리 사무실 주위에 뒹굴고 있었기 때문이다.

카사노바는 계속 주목받고 있고, 그럴 만한 가치가 있는 인물이다. 카사노바를 다룬 여러 책 가운데 다음 두 가지를 꼽고 싶다. 리디아 플렘Lydia Flem의 열정적인 저서 『카사노바: 진정으로 여성들을 사랑한 남자Casanova: The Man Who Really Loved Women』(캐서린 테머슨Catherine Temerson의 1997년 번역판), 라이브스 차일즈J. Rives Childs가 좀 더 침착하게 요약한 전기 『새롭게 바라본 카사노바 Casanova: A New Perspective』(1988). 최고의 책은 카사노바 본인의 열두 권짜리 회고록 『생갈의 자크 카사노바 회고록』이다. 이 책은 윌러드 트래스크Willard R. Trask가 영어로 번역해서 존스홉킨스 대학 출판부가 『내 인생 이야기History of My Life』라는 제목의 보급판으로 1997년에 발행했다.

수많은 작가들이 글쓰기와 독서에 대한 사랑 이야기를 책으로 냈다. 그런 책 가운데 상당수는 따분하고 자기 미화를 할 뿐이어서, 그런 책이 존재한다는 게 놀라울 정도다. 아무튼 누군가는 그런 책들을 읽고 있다. 그렇지 않다면 계속 출판될 리가 없을 것이다. 문학에 대한 사랑은 물리는 법이 없다는 것을 그런 책은 재확인해 준다. 그나마 좀 나은 작가들이 최근에 펴낸 책 읽기와 쓰기에 관한 책으로는 다음 몇 권 — 몇 권만 — 이 있다. 애나 퀸들런Anna Quindlen의 『독서가 어떻게 내 인생을 바꾸었는가How Reading Changed My Life』(1998), 앤 패디먼Anne Fadiman의 『장서표: 평범한 독자의 고백Ex Libris: Confessions of a Common Reader』(1998), 데니스 도노규Denis Donoghue의 『독서 실습The Practice of Reading』(1998), 데이비드 덴비David Denby의 『위대한 책들: 호메로스, 루소, 울프 등 서구의 불멸의 작가들과 함께한 내 모험Great Books: My Adventures with Homer, Rousseau, Woolf, and Other Indestructible Writers of the Western World』(1996), 리처드 로즈Richard Rhodes의 『글 쓰는 방법How to Write』(1995), 데이비드 로지David Lodge의 『글쓰기 실습*The Practice of Writing*』(1997), 도리스 그럼바크Doris Grumbach의『하루의 삶*Life in a Day*』(1996). 이 분야 최고의 책은 알베르토 망구엘Alberto Manguel의『독서의 역사*A History of Reading*』(1996)다. 그가 책이라는 주제를 아주 폭넓게 다루고 있어서, 나는 이 책에서 여러 차례 그의 책을 원용했다.

제1장 주석

알렉산더 포프와 조너선 스위프트 등의 풍자가들은『그러브 스트리트』를 원용해서 서간집의 상품화를 조롱하거나 묘사했다. 새뮤얼 존슨은 그의『영어 사전』에 이 말을 올려서 유명하게 만들었다. 〈원래는 런던 무어필즈에 있는 한 거리의 이름. 사소한 일대기, 사전, 덧없는 시편들을 쓰는 작가들이 이곳에 주로 거주한 탓에, 하찮은 작품을 그러브 스트리트라고 부른다.〉 이 설명이 비록 부정적이긴 하지만, 존슨 자신도 그러브 스트리트에서 오래 살았고, 영어로 쓴 전기 가운데 최고의 걸작으로 꼽히는 그의『리처드 새비지의 인생*Life of Richard Savage*』(1744)에서 그곳을 낭만적으로 묘사하기도 했다(영국 시인 새비지에 대해 존슨은 이렇게 묘사했다. 〈그렇게 그의 인생은 허비되었고, 그렇게 그의 생활은 무심히 흘러갔다. 하지만 주위가 산만하다고 해서 그가 명상을 하지 못한 것은 아니었고, 생활 형편이 안 좋다고 해서 즐거움이 줄어든 것도 아니었다.〉). 좀 더 최근에는 그러브 스트리트의 의미가 좀 달라져서, 단지 삼류 문인들의 〈하찮은 작품〉을 뜻하기보다는 수준 높은 문학을 꿈꾸는 작가를 비롯한 모든 작가의 고단한 삶을 뜻하게 되었다. 무어필즈는 1830년에 밀턴 스트리트로 이름이 바뀌었다. 그런 이름을 가진 그 지역 건축가의 이름을 딴 거라는 얘기도 있고, 결코 삼류 문인이라고 할 수 없는 존 밀턴의 이름을 딴 거라는 얘기도 있다. 1장에 썼듯이 존 밀턴은 글쓰기 이외의 생계 수단을 지니고 있었는데, 1661년에서 1662년까지 밀턴도 무어필즈 인근에 산 적이 있다.

그러브 스트리트의 역사에 대한 책으로는 다음 네 권을 꼽을 수 있다. 로널드 웨버Ronald Weber의『고용된 글쟁이: 미국 인쇄물 황금시대의 직업 작가*Hired Pens: Professional Writers in America's Golden Age of Print*』(1997), 팻 로저스Pat Rogers의『그러브 스트리트: 하위 문화 연구*Grub Street: Studies in a Subculture*』(1972), 마이클 풋

Michael Foot의 『펜과 칼: 조너선 스위프트 생애의 1년The Pen & the Sword: A Year in the Life of Jonathan Swift』(1962), 필립 핀커스Philip Pinkus의 『그러브 스트리트를 발가벗기다: 그러브 스트리트 출신 작가들의 수치스러운 삶과 외설 작품Grub St. Stripped Bare: The Scandalous Lives & Pornographic Works of the Original Grub St. Writers』(1968). 조지 기싱의 『꿈꾸는 문인들의 거리』는 1891년에 발행되었는데, 1993년판을 시중에서 구할 수 있다. 읽어 보라, 좋은 책이다.

미국 글쓰기의 역사에 대해 특히 유용한 책으로는 윌리엄 차벳의 다음 두 권이 있다. 『1800~1870년 미국의 저술업: 윌리엄 차벳의 논문The Profession of Authorship in America, 1800~1870: The Papers of William Charvat』(1968년 매튜 브루콜리Mattew J. Bruccoli 편집), 『1790~1850년 미국의 문학 출판Literary Publishing in America, 1790~1850』(1993). 그 밖에 이번 장의 역사적 배경으로 원용한 책은 다음 세 권이다. 대니얼 풀Daniel Pool의 『디킨스의 모피 코트와 샬럿의 답장 없는 편지: 잉글랜드 빅토리아 시대의 위대한 소설가들의 사랑과 싸움Dickens' Fur Coat and Charlotte's Unanswered Letters: The Rows and Romances of England's Great Victorian Novelists』(1997), 윌리엄 로랜드William G. Rowland의 『문학과 장터: 영국과 미국의 로맨스 소설가와 독자Literature and the Marketplace: Romantic Writers and Their Audiences in Great Britain and the United States』(1996), 루시앵 페브르 앙리장 마르탱Lucien Febvre Henri-Jean Martin의 『책의 도래: 1450~1800년 인쇄술의 충격The Coming of the Book: The Impact of Printing, 1450~1800』(1976). 최근 작가가 쓴 다음의 유용한 사회사 두 권에 책에 관한 얘기가 포함되어 있다. 리사 자딘Lisa Jardine의 『재산: 새로운 르네상스의 역사Worldly Goods: A New History of the Renaissance』(1996), 존 브루어John Brewer의 『상상의 즐거움: 18세기 영국의 문화The Pleasures of the Imagination: English Culture in the Eighteenth Century』(1997). 로저 마스터스Roger D. Masters는 그의 대단한 다음 책에서 천재와 글쓰기에 관한 값진 통찰을 제시한다. 『운명은 강과 같다: 피렌체의 역사를 바꾸고자 했던 레오나르도 다 빈치와 니콜로 마키아벨리의 원대한 꿈Fortune Is a River: Leonardo da Vinci and Niccolò Machiavelli's Magnificent Dream to Change the Course of Florentine History』(1998)

작가들에 관한 간략한 정보를 얻기 위해 내가 참고한 책은 다음과 같다. 루이스 크로닌버거Louis Kronenberger의 『짧은 일대기: 예술가들의 전기 안내서Brief Lives: A Biographical Companion to the Arts』([1971] 1991). 극작가 로버트 그린에 대한 얘기가 바로 이 책에서 발췌한 것이다. 『작가의 동반자A Writer's Companion』(1995)에 실린 루이스 루빈 주니어Louis D. Rubin, Jr.의 에세이 「유명 작가들의 직업Occupations of Famous Writers」은 다른 직업을 가진 작가들에 관한 유용한 얘기가 실려 있다. 특히 쓸모가 있는 전기로는 다음 열여섯 권의 책을 꼽을 수 있다. 도널드 하워드Donald R. Howard의 『초서: 그의 인생, 그의 작품, 그의 세계Chaucer: His Life, His Works, His World』(1987), 매리 기핀Mary Giffin의 『초서와 그의 독자에 관한 연구 Studies on Chaucer and His Audience』(1956), 파크 호넌Park Honan의 『셰익스피어 평전 Shakespeare: A Life』(1998), 조지프 소브랜Joseph Sobran의 『일명 셰익스피어: 시대를 통틀어 가장 위대한 문학의 미스터리를 풀다Alias Shakespeare: Solving the Greatest Literary Mystery of All Time』(1997), 쇼엔봄S. Schoenbaum의 『셰익스피어와 기타 인물들Shakespeare and Others』(1985), 윌리엄 라일리 파커William Riley Parker가 쓰고 고든 캠벨Gordon Campbell이 개정한 『밀턴: 전기Milton: A Biography』(1996, 1권), 조너선 키츠Jonathan Keates의 『스탕달Stendhal』(1997), 리처드 웨스트Richard West의 『대니얼 디포: 그 인생과 이상하고 놀라운 모험Daniel Defoe: The Life and Strange Surprising Adventures』(1998), 데이비드 래스킨David Laskin의 『어느 평범한 인생: 4대에 걸친 미국 문인들의 우정과 영향A Common Life: Four Generations of American Literary Friendship and Influence』(1994), 제이 파리니Jay Parini의 『존 스타인벡: 전기John Steinbeck: A Biography』(1994), 콘스턴스 웹Constance Webb의 『리처드 라이트: 전기Richard Wright: A Biography』(1968), 제프리 마이어스Jeffrey Meyers의 『F. 스콧 피츠제럴드: 전기 Scott Fitzgerald: A Biography』(1994), 제임스 롱겐바크James Longenbach의 『윌리스 스티븐스: 현실에 대한 평범한 감각Wallace Stevens: The Plain Sense of Things』(1991), 조지 렌싱George S. Lensing의 『윌리스 스티븐스: 한 시인의 성장Wallace Stevens: A Poet's Growth』(1986), 찰스 채플린의 『내 자서전My Autobiography』(1964), 피에르 아술린 Pierre Assouline의 『심농Simenon』([1992] 1997).

글을 써서 생계를 유지하기 어렵다는 얘기는 다음 열두 개 자료를 참고했다. 이언 해밀턴Ian Hamilton의 「얼마라고How much?」(『런던 리뷰 오브 북스London Review of Books』 1998년 6월 18일 자), 밸런타인 커닝엄Valentine Cunningham의 「가진 자에게Unto him (or her) that hath」(런던 『타임스 리터러리 서플러먼트』 1998년 9월 11일 자), 랠프 블러멘설Ralph Blumenthal의 「뉴욕 타임스」 1997년 3월 12일 자 기사, 신시아 크로슨Cynthia Crossen의 「월 스트리트 저널」 1997년 1월 10일

자 기사, 켄 올레타Ken Auletta의 「불가능한 일The Impossible Business」(『뉴요커』 1997년 10월 7일 자), 대니얼 메네이커Daniel Menaker의 「구혼도 사랑도 받지 못한 원고들Unsolicited, Unloved MSS.」(『뉴욕 타임스 북 리뷰』 1981년 3월 1일 자), 존 그리니아John Greenya의 「워싱턴 정가의 작가들: 행운과 놓쳐 버린 행운 Washington Writers: Fortunes and Missed Fortunes」(『워싱턴 포스트 북 월드Washington Post Book World』 1981년 1월 4일 자), 멜리사 루트케 링컨Melissa Ludtke Lincoln의 「프리랜서의 삶The Free-lance Life」(『컬럼비아 저널리즘 리뷰』 1981년 9월과 10월 — 이 글에는 미국 기자와 저술가들의 모임이 수집한 정보가 포함되어 있다), 존 베이커John F. Baker의 「문학의 사자들, 지금과 그때Literary Lions Now & Then」 (『퍼블리셔스 위클리』 1995년 6월 5일 자), 폴 윌리엄 킹스턴Paul William Kingston 과 조너선 콜Jonathan R. Cole의 공저 『글쓰기의 임금: 낱말당, 편당, 혹시 가능하다면The Wages of Writing: Per Word, Per Piece, or Perhaps』(1986), 오스카 브로킷Oscar G. Brockett과 프랭클린 힐디Franklin J. Hildy의 공저 『극장의 역사History of the Theatre』 (1999)(이 책에서는 극작가가 어떻게 생계를 꾸려 가는가를 설명한다), 루이스 코저Lewis A. Coser와 찰스 카두신Charles Kadushin과 워커 파웰Walker W. Powell의 공저 『책: 출판 문화와 상업』(1982)(이 책의 다른 장에서도 원용했다). 여기에 덧붙여서 제임스 윌콕스의 세금 시련 이야기는 제임스 스튜어트의 「맨해튼의 백경Moby Dick in Manhattan」(『뉴요커』 1994년 7월 4일 자)에 나온다. 버지니아 울프의 『자기만의 방』([1929] 1989)에는 여성들의 글쓰기에 대한 아름다운 문장이 나온다. 이번 장에서 다루지 않은 글쓰기 직업 하나는 떠돌이 노숙자다. 『그랜드센트럴의 겨울: 길거리 이야기Grand Central Winter: Stories from the Street』(1997)의 저자 리 스트링어Lee Stringer는 떠돌이 노숙 방면에서 가장 잘 알려진 저술가인데, 노숙은 어느 면에서 전업 글쓰기 직종이라고 할 수 있다.

백포도주 포식이 아니라 책을 포식하는 것에 대한 논의는 랜덤하우스 고참 편집자인 조너선 카프Jonathan Karp를 참고하라. 『미디어 연구 저널』(1996년 봄/여름 호)에 실린 「거대 복합 기업 — 책을 위해 좋은 것Conglomerates – A Good Thing for Books」이라는 글을 보면 그의 생각을 알 수 있다.

장의사 토머스 린치가 자신의 직업을 어떻게 생각했는가에 관심이 있다면 그의 에세이 「장의사The Undertaking」(『런던 리뷰 오브 북스』 1994년 12월 22일 자)를 읽어 보라. 이번 장에서 원용한 우편 제도 역사가는 리처드 존Richard R.

John이다. 그는 『뉴스의 유포: 프랭클린부터 모스 시대까지의 미국 우편 제도 Spreading the News: The American Postal System from Franklin to Morse』(1995)를 썼다. 너대니얼 호손은 『주홍 글씨』 서문으로 사용된 에세이에서 세관에서의 경험에 대해 얘기했다. 오늘날 기업체 다니는 시인들에 대한 머컬 팬디아Mukul Pandya의 기사 (「뉴욕 타임스」 1994년 11월 27일 자)를 이 책에서 원용하지 않았지만, 그런 주제에 관심이 있다면 일독할 가치가 있다. 품팔이하며 글을 쓰는 작가들에 대한 얘기는 다음 자료를 원용했다.

성직자의 글쓰기에 관하여 다루고 있는 자료는 다음과 같다. 윌리엄 맨체스터의 『세계를 밝힐 수 있는 것은 불뿐이다: 중세의 마인드와 르네상스, 한 시대의 초상A World Lit Only by Fire: The Medieval Mind and the Renaissance, Portrait of an Age』 (1992), 리처드 매리어스Richard Marius의 『마르틴 루터: 신과 죽음 사이의 그리스도교인Martin Luther: The Christian between God and Death』(1999), 대미언 톰슨Damian Thompson의 기사(「데일리 텔리그래프Daily Telegraph」 1994년 7월 15일 자), 빅토리아 쿰Victoria Combe의 기사(「데일리 텔리그래프」 1997년 10월 2일 자), 조 웨이크리-린치Joe Wakelee-Lynch의 「16개 수도원이 연합……16 Religious Houses Combine……」(『퍼블리셔스 위클리』 1994년 5월 16일 자), 캐럴 맥그로Carol McGraw의 기사(「오렌지카운티 리지스터Orange County Register」 1995년 1월 3일 자), 도널드 바Donald Barr의 기사(「뉴욕 타임스」 1984년 6월 17일 자). 빅토르 위고는 『노트르담의 꼽추The Hunchback of Notre Dame』(1831)에서 대성당들의 의미만이 아니라 교회의 권위를 해치는 책들에 관해 흥미로운 얘기를 들려준다. 위고의 등장인물 가운데 한 명인 클로드가 한 손으로 활판 인쇄된 책을, 다른 손으로는 노트르담 대성당을 가리킨다. 그리고 소설은 이렇게 이어진다. 〈뉘른베르크의 그 유명한 인쇄기로 만든 2절판 책에 집게손가락을 얹고, 여전히 우두커니 서서 분명 생각에 잠긴 채 클로드가 답했다. 《바로 그래.》 그리고 그는 알 수 없는 말을 덧붙였다. 《아아 슬프도다! 작은 것이 큰 것을 압도하는구나. 이빨 하나가 온몸을 파괴하는구나. 나일 강의 쥐가 악어를 죽이고, 황새치가 고래를 죽이는구나. 그러니 책이 교회를 죽이겠구나!》〉

법조계에 관하여 다루고 있는 자료는 다음과 같다. 존 그리샴의 기사(『뉴욕 타임스 북 리뷰』 1992년 10월 18일 자), 멜 거소의 기사(「뉴욕 타임스」 1997년 3월 31일 자), 조 토머스Jo Thomas의 기사(「뉴욕 타임스」 1998년 2월 11일 자),

프랭크 맥린Frank McLynn의 『로버트 루이스 스티븐슨: 전기Robert Louis Stevenson: A Biography』(1993), 캐럴 겔더먼Carol Gelderman의 『루이스 오킨클로스: 한 작가의 생애Louis Auchincloss: A Writer's Life』(1993).

징역살이에 관하여 다루고 있는 자료는 다음과 같다. 브루스 프랭클린H. Bruce Franklin의 『20세기 미국의 교도소 글쓰기Prison Writing in 20th-Century America』(1998), 편집자인 벨 게일 셰비니Bell Gale Chevigny의 『형기를 치르다: 25년 동안의 교도소 글쓰기Doing Time: 25 Years of Prison Writing』(1999), 교도소 작가 제임스 블레이크의 이야기는 마사 그레이스 던컨Martha Grace Duncan의 다음 책에서 인용했다. 『낭만적인 범법자, 사랑스러운 감옥: 범죄와 처벌의 뜻 모를 의미Romantic Outlaws, Beloved Prisons: The Unconscious Meanings of Crime and Punishment』(1996). P. G. 우드하우스의 투옥 이야기는 맬컴 머거리지Malcolm Muggeridge의 『P. G. 우드하우스에게 경의를 표함Homage to P. G. Wodehouse』(1966)의 한 장인 「고난을 당하는 우드하우스Wodehouse in Distress」에 나온다. 프라무디아 아난타 투르의 생애 이야기는 『이코노미스트』 1998년 7월 18일 자의 「성난 노인An Angry Old Man」과 바버라 크로셋Barbara Crossette의 「뉴욕 타임스」 1999년 4월 26일 자 기사에서 원용한 것이다. 최근 들어 사드 후작에 관한 글이 쏟아져 나왔다. 그 가운데 내가 원용한 것은 다음 책들이다. 프랜신 뒤 플레시 그레이Francine du Plessix Gray의 『사드 후작과 함께 편안히: 인생At Home with the Marquis de Sade: A Life』(1998), 로런스 본지Laurence L. Bongie의 『사드: 전기체 에세이Sade: A Biographical Essay』(1998), 번역가 리처드 시버Richard Seaver의 『사드 후작: 옥중 서한Marquis de Sade: Letters from Prison』(1999), 닐 섀퍼Neil Schaeffer의 『사드 후작: 생애The Marquis de Sade: A Life』(1999), 로버트 단턴의 사드에 관한 책들에 대한 서평 「진짜 후작The Real Marquis」(『뉴욕 리뷰 오브 북스』 1999년 1월 14일 자). 바스티유 감옥에 대한 이야기는 사이먼 샤마의 『시민: 프랑스 혁명 연대기』(1989)에서 원용했다. 노먼 포도레츠는 다음 책에서 메일러와 그의 정신병동 공포증에 대해 썼다. 『과거의 친구들: 앨런 긴스버그, 라이오넬 앤드 다이애나 트릴링, 릴리언 헬먼, 해나 아런트, 노먼 메일러와 사이가 틀어지다Ex-Friends: Falling Out with Allen Ginsberg, Lionel & Diana Trilling, Lillian Hellman, Hannah Arendt, and Norman Mailer』(1999). 일명 〈샘의 아들〉 법은 엘런 올더먼Ellen Alderman의 「새미가 샘의 아들을 만나다Sammy Meets Son of Sam」(『컬럼비아 저널리즘 리뷰』 1998년 3/4월 호)에 나온다. 마이너 박사의 얘기는 사이먼 윈체스터Simon Winchester의 『교수와 광인*The Professor and the Madman*』(1998)에 나온다.

상아탑에서의 글쓰기와 출판에 관하여 다루고 있는 자료는 다음과 같다. 조녀선 야들리의 「워싱턴 포스트」지 1989년 1월 16일 자 기사와 3월 6일 자 기사를 참고했다. 또한 제임스 샤피로James Shapiro의 「고등교육 일보」 1997년 8월 7일 자 기사도 참고했다. 재니 스콧Janny Scott의 「뉴욕 타임스」 1999년 5월 8일 자 기사에서는 상아탑에서 독창적인 학자로 남아 있기가 얼마나 힘든가를 다루고 있다.

작가와 영화의 관계에 대해서는 제프 자일스Jeff Giles와 레이 소힐Ray Sawhill의 기사(『뉴스위크』 1996년 12월 9일 자)를 참고했다.

저술업자에 대해 다루고 있는 자료는 다음과 같다. 브루스 왓슨Bruce Watson의 「톰 스위프트와 낸시 드루와 그 친구들은 모두 아빠가 같다Tom Swift, Nancy Drew, and Pals All Had the Same Dad」(『스미스소니언』 1991년 10월 호), 밀턴 뉴스마Milton Nieuwsma의 「시카고 트리뷴」 1988년 12월 27일 자 기사, 맷 모펫Matt Moffett의 「월 스트리트 저널」 1996년 2월 5일 자 기사, 「워싱턴 포스트」 1992년 4월 7일 자 아시모프 사망 기사, 몰리 오닐Molly O'Neill의 「뉴욕 타임스」 1997년 11월 5일 자 기사, 이언 해밀턴의 『1915~1951년 할리우드의 작가들*Writers in Hollywood, 1915~1951*』(1990), 지그프리트 운젤트Siegfried Unseld의 『저술가와 출판업자: 마인츠와 오스틴에서의 강연*The Author and His Publisher: Lectures Delivered in Mainz and Austin*』(1980). 엘머 데이비스의 강의는 뉴욕 공립 도서관에서 1940년에 『저술업의 경제학의 몇 가지 국면*Some Aspects of the Economics of Authorship*』이라는 표제로 출판했다. 미국 서부의 작가 연맹 회원에 대한 통계는 「뉴욕 타임스」 1997년 3월 3일 자에 나온다. 『센테니얼』에 대한 서평은 제임스 프레이크스 James R. Frakes가 『뉴욕 타임스 북 리뷰』 1974년 9월 8일 자에 발표한 것이다.

구텐베르크가 파산한 최초의 인쇄업자였다는 얘기는 리오 보가트의 다음 책에 나온다. 『상업 문화: 미디어 시스템과 대중의 관심*Commercial Culture: The Media System and the Public Interest*』(1995). 보가트는 그 얘기를 다음 책에서 원용했다. 존 P. 페더와 데이비드 매키터릭David McKitterick의 공저 『책과 도서관의 역사: 두 가지 견해*The History of Books and Libraries: Two Views*』(미국 국회 도서관 1986년 발행). 대니얼 부어스틴의 『발견자들*The Discoverers*』(1983)을 보면 구텐베르크에 대한 얘기가 나온다.

이번 장에서는 셰익스피어가 좋은 사업가라고 주장한 셈이다. 다른 작가들 역시 사업가적인 기미를 보인 것에 대해서도 주목해야 한다. 볼테르는 투자와 임대로 돈을 벌었다. 헨리 소로도 같은 범주에 넣어야 한다는 것은 아주 씁쓸한 일이다. 그러나 그는 랠프 월도 에머슨Ralph Waldo Emerson처럼 빌붙어 살면서 세상을 굽어보진 않았다. 그는 가업이었던 연필심과 연필 제조업으로 쏠쏠한 소득을 올렸다. 톰 클랜시는 볼티모어 오리올스의 주식 4분의 1을 사들였다. 이번 장에서 작가들이 경제적 압박을 받지 않고 글을 쓰면 더 잘 쓸 수 있다는 주장을 하고 있지만, 너무 자유로우면 오히려 글을 쓰지 못하는 작가도 있다는 것을 인정한다. 그 점에 대한 흥미로운 사례가 바로 조지프 미첼Joseph Mitchell의 경우다. 1938년에 『뉴요커』지의 기자가 된 그는 인물과 장소를 우아하게 묘사하는 것으로 유명했다. 그 가운데 일부는 책에 실리기도 했다. 그는 기자로서의 일에 능했는데, 30년 기자 생활을 하는 동안 이렇다 할 책을 쓰지 않았다. 1966년 그가 죽은 후 「뉴욕 타임스」의 애정 어린 사망 기사에 따르면, 그와 함께 일한 사람들이 공통으로 느끼는 게 있었는데, 그건 그가 완벽주의자였고, 완벽의 〈기준을 줄곧 높였다. 아파트 관리인이 그의 휴지통만 뒤졌어도 책이 몇 권은 나왔을 것이다〉. 『뉴요커』 1999년 2월 22일, 3월 1일 자에, 마크 싱어Mark Singer가 조지프 미첼에 대해 쓴 사랑스러운 소묘 「조 미첼의 비밀Joe Mitchell's Secret」이 실려 있다.

마지막으로, 이번 장의 배경으로 동원된 책이 하워드 가드너Howard Gardner의 『창조적인 정신: 프로이트, 아인슈타인, 피카소, 스트라빈스키, 엘리엇, 그레이엄, 간디의 생애를 통해 본 창조성 해부Creating Minds: An Anatomy of Creativity Seen through the Lives of Freud, Einstein, Picasso, Stravinsky, Eliot, Graham, and Gandhi』(1993)인데, 일독할 가치가 있는 도발적인 책이다.

제2장 주석

벤저민 프랭클린은 미국 역사상 가장 뛰어난 글쓰기 사업가다. 쓰인 언어에 대한 그의 열정을 보여 주는 사례를 이번 장에 극히 일부만 보여 주는 것이 여간 아쉽지 않다. 이번 장에서 말하지 않았지만, 사전 편집자 노아 웹스터가 영어 논문 한 편을 프랭클린에게 헌정했다는 사실을 말해 두고 싶다. 수많은 작가처럼 프랭클린도 오랫동안 우체국에 몸담았다.[1] 1847년에 미국 최초로 발행된 우표에는 그와 닮은 사람이 나온다. 젊었을 때 그는 재미로 다음과 같은 자기 묘비명을 썼다.

> 인쇄업자 B. 프랭클린의
> 시체가
> (글자와 금박이 벗겨지고
> 내용이 찢겨 나간 낡은 책 커버처럼)
> 여기 벌레의 밥으로 누워 있다.
> 그러나 이 작품은 사라지지 않을 것이다.
> (그가 정녕 믿었듯이) 저자께서
> 개정하고 교정해서 좀 더 우아하게
> 재판을 발행하실 테니까.

벤저민 프랭클린에 대한 많은 전기 가운데 최고의 작품으로는 여전히 칼 밴 도런의 『벤저민 프랭클린』(1938)을 꼽을 수 있다. 당연히 프랭클린 자신의 자서전도 꼽아야겠다. 잭슨 윌슨R. Jackson Wilson의 『미국 작가들과 문학 시장, 벤저민 프랭클린부터 에밀리 디킨슨까지*American Writers and the Literary Marketplace, from Benjamin Franklin to Emily Dickinson*』(1989)의 한 장을 보면 프랭클린의 마케팅 본능에 대한 내 주장을 뒷받침하는 글이 나온다.

레스터 분더만의 『솔직히 말하자: 나는 광고로 돈 버는 방법을 어떻게 터득했는가』(1997)를 나는 우연히 발견하고 꽤나 즐거웠다. 그 밖의 책 마케팅에 대해 참고한 책은 다음과 같다. 얼 쇼리스Earl Shorris의 『세일즈맨의 나라: 시장의 횡포와 문화의 전복*A Nation of Salesmen: The Tyranny of the Market and the Subversion of Culture*』(1994), 클라크슨 포터Clarkson N. Potter의 『책 출판, 누가 무엇을 왜 했는가*Who Does What and Why in Book Publishing*』(1990), 찰스 매디슨Charles A. Madison

---

1 프랭클린은 31세 때부터 16년 동안 필라델피아 우체국의 국장이었다 — 옮긴이주.

의 『미국의 책 출판Book Publishing in America』(1996), 헬무트 레만하우프트Helmut Lehmann-Haupt의 『미국의 책: 미국의 책 제작과 판매의 역사The Book in America: A History of the Making and Selling of Books in the United States』(1951), 존 테벨John Tebbel 의 4권짜리 저서 『미국 책 발행의 역사A History of Book Publishing in the United States』 (1972, 1975, 1978, 1981) — 이 책은 부록 1에서도 원용했다.

대규모 책 산업에 대한 배경으로 원용한 자료는 다음과 같다. 테드 솔로태 러프Ted Solotaroff의 「문학-산업 복합The Literary-Industrial Complex」(『뉴 리퍼블릭』 1987년 6월 6일 자), 리오 보가트의 앞서의 책 『상업 문화: 미디어 시스템과 대 중의 관심』, 론 맨리Lorne Manly의 「그는 미쳤는가Is He Crazy?」(『브릴스 컨텐트 Brill's Content』 1998년 10월 호), R. W. 애플의 「출판인 거리의 골드러시The Gold Rush on Publishers' Row」(『새터데이 리뷰 오브 리터리처』 1960년 10월 6일 자), 존 머터John Mutter의 『퍼블리셔스 위클리』 1997년 5월 12일 자 기사 「이제는 반 이 상이 체인점에서 책을 산다 — 퍼블리셔스 위클리 조사 결과More than Half Now Buy Their Books in Chains —〈PW〉Survey」와 1997년 1월 6일 자 「획일적인 것은 곤란 하다One Size Doesn't Fit All」, 데이지 메릴스Daisy Maryles의 「그들이 최고다They're the Tops!」(『퍼블리셔스 위클리』 1999년 1월 4일 자), 캐런 오거스트Karen August의 「공통 요소A Common Thread」(『퍼블리셔스 위클리』 1998년 9월 14일 자).〈이제 는 마케팅이다the new model is marketing〉라는 말을 한 사람은 피터 크레이스키Peter Kreisky다. 머서 매니지먼트 컨설팅 부사장인 그의 말은 『이코노미스트』 1998년 3월 28일 자에 나온다.

셔먼과 그의 BOMC(이달의 책 클럽) 얘기가 나오는 책은 재니스 래드웨이 Janice A. Radway의 『책 세상 동정: 이달의 책 클럽, 문학 취향, 중산층의 갈망A Feeling for Books: The Book-of-the-Month Club, Literary Taste, and Middle-Class Desire』(1997)이 다. 도린 카버젤은 「뉴욕 타임스」 1996년 4월 1일 자 기사에서 BOMC의 마케 팅 영향력이 점증하고 있다고 보고했다.

명사의 책에 관한 배경 자료로 원용한 자료는 다음과 같다. 주디 퀸Judy Quinn 「명사 저서 룰렛Celebrity Book Roulette」(『퍼블리셔스 위클리』 1997년 8월 4일 자), 로런스 그로스먼Lawrence K. Grossman의 「텔레비전 뉴스: 대(大)명사 추적TV News: The Great Celebrity Chase」(『컬럼비아 저널리즘 리뷰』 1998년 7/8월 호), 제 임스 스튜어트의 「베스트셀러Best-Seller」(『뉴요커』 1997년 9월 8일 자), 세라 라이올Sarah Lyall의 「뉴욕 타임스」 1993년 9월 23일 자 기사, 토머스 화이트사이드Thomas Whiteside의 『히트작 콤플렉스: 복합 기업, 쇼비즈니스, 도서 출판*The Blockbuster Complex: Conglomerates, Show Business, and Book Publishing*』(1981), 마이클 코다Michael Korda의 「그녀는 위대했는가Wasn't She Great」(『뉴요커』 1995년 8월 14일 자), 바버라 시먼Barbara Seaman의 『사랑스러운 나: 재클린 수전의 생애*Lovely Me: The Life of Jacqueline Susann*』(1987), 마이클 매런Michael Maren의 「베스트셀러를 만드는 법How to Manufacture a Best Seller」(『뉴욕 타임스 매거진』 1998년 3월 1일 자), 데이지 메릴스의 「베스트셀러의 이면Behind the Bestsellers」(『퍼블리셔스 위클리』 1998년 10월 12일 자), 멜 거소의 「뉴욕 타임스」 1998년 10월 29일 자 기사, 카일 포프Kyle Pope의 「월 스트리트 저널」 1999년 1월 25일 자 기사, 데이비드 파이어스턴David Firestone의 「뉴욕 타임스」 1999년 1월 10일 자 기사.

컨설턴트 산업의 성장에 대한 배경은 다음 자료에서 원용했다. 케네디 리서치 그룹의 보고서 가운데 웹 페이지에 1998년 1월 7일 자로 다시 게재된 부분, 푸쿠아 컨설팅 클럽의 홈페이지(1995년 10월 1일 자 광고문), 도린 카버젤 「뉴욕 타임스」 1996년 4월 28일 자와 1998년 7월 3일 자 기사, 티머시 셸하트 Timothy D. Schellhardt, 엘리자베스 맥도널드Elizabeth MacDonald, 라주 나리세티Raju Narissetti의 「월 스트리트 저널」 1998년 10월 20일 자 기사.

기분이 좀 좋아지길 바라는 사람이라면 우울증 클리닉의 컨설턴트를 만나겠다는 생각은 아예 하지 않는 게 낫다. 들인 돈 때문에 더 우울해질 테니까. 차라리 워싱턴 D. C.의 브로드캐스트 인터뷰 소스사(社)가 발행한 『전문가, 권위자, 대표자 연감』을 읽으면 뜻밖의 즐거움을 얻을 수 있다. 여기 당신이 꿈에도 생각하지 못한 병증에 대한 전문가 컨설턴트들이 있다. 본문에서 일부 언급했지만 그것은 빙산의 일각이다. 도널드 도시Donald Dossey 박사는 포비아 인스티튜트(공포 연구소)를 거친 사람인데, 휴일 미신과 휴일 공포 전문가다. 북아메리카 화장(火葬) 연합의 회장인 잭 스프링어Jack M. Springer는 서슴없이 이렇게 말할 것이다. 〈화장, 그것은 오늘날의 화두다!〉 〈미국 권태 전문가〉 앨런 캐루바 Alan Caruba는 당신의 〈그것〉에 대해 일장 연설을 할 것이다. 필리스 크러켄버그 Phyllis Kruckenberg는 저니크 인터내셔널사의 부사장인데, 그는 〈사이즈가 다른 브래지어에 감춰진 위험〉을 밝혀 줄 것이다. 그녀가 던지는 질문 가운데 이런 것이 있다. 〈오늘 가슴을 받쳐 주지 않는 브래지어를 착용하면 내일 얼굴을 올

려 주는 수술을 받아야 하는 이유는 무엇인가?〉

자기 계발 책의 역사에 대해서는 다음 책이 볼 만하다. 주디 힐키Judy Hilkey의 『성격이 중요하다: 도금 시대 미국의 성공 지침과 인성Character Is Capital: Success Manuals and Manhood in Gilded Age America』(1977), 제임스 하트James D. Hart의 『대중 도서: 미국 문학 취향의 역사The Popular Book: A History of America's Literary Taste』([1950] 1961). 하트가 말했듯이 미국인들은 자기 계발에 열중하는 사람들이다. 19세기 말에 『고위직으로 나아가기Pushing to the Front』를 비롯한 오리슨 스웻 마든Orison Swett Marden의 책을 읽은 독자와, 마든의 잡지 『성공Success』을 정기 구독한 독자의 수가 무려 300만 명에 이른 것으로 추산된다. 자기 계발 책은 역사가 깊다. 옛 이탈리아의 자기 계발 책에 대한 책을 즐겁게 통독하고 싶다면 루돌프 벨Rudolph M. Bell의 『어떻게 할까: 르네상스 시대 이탈리아 인들의 잘 사는 방법How to Do It: Guides to Good Living for Renaissance Italians』(1999)이 있다.

제품을 홍보하는 책 또는 그 역에 관해서는 다음 자료를 원용했다. 윌리엄 해밀턴William L. Hamilton의 「뉴욕 타임스」 1998년 10월 8일 자 기사, 제임스 허시 James Hirsch의 「월 스트리트 저널」 1997년 3월 6일 자 기사, 래리 타이Larry Tye의 『스핀의 아버지: 에드워드 버네이스와 광고의 탄생The Father of Spin: Edward L. Bernays & the Birth of Public Relations』(1998). 책 판촉에 관한 버네이스 본인의 이야기는 그의 자서전 『아이디어의 전기: 에드워드 버네이스의 광고 상담 회고록Biography of an Idea: Memoirs of Public Relations Counsel Edward L. Bernays』(1965)에 나온다.

영화와 텔레비전이 처음 나왔을 때에는 책에 위협이 되는 것 같았다. 이번 장에서 알 수 있듯이, 궁극적으로 그것들은 친구였다(물론 독서 수준의 퇴보에 대해 염려하지만 않는다면 그렇다). 텔레비전의 가치를 처음 깨달은 출판사 가운데 하나는 더블데이였다. 1930년대에 이 출판사는 호펄롱 캐시디Hopalong Cassidy라는 이름의 주인공이 등장하는 서부 소설을 발행했다. 당시 상업 텔레비전 방송이 존재하지 않던 시대에 대단한 선견지명으로 이 출판사는 텔레비전 방영권을 확보했다. 호펄롱이 텔레비전을 타자 더블데이는 돈방석에 앉았다.

책과 영화에 관한 추가 자료. 브루스 넥트G. Bruce Knecht의 「월 스트리트 저널」 1996년 3월 3일 자 기사, 메리 태버Mary B. W. Tabor의 「뉴욕 타임스」 1995년 2월 6일 자 기사, 버나드 바인라웁Bernard Weinraub의 「뉴욕 타임스」 1997년 10월 27일 자 기사, 마코 델라 카바Marco R. della Cava의 「USA 투데이」 1996년 5월

10일 자 기사, 패티 손Patti Thorn의 「로키 마운틴 뉴스」 1998년 2월 22일 자 기사, 헬렌 걸리 브라운의 『작가의 규칙: 긍정적인 산문의 위력 — 집필과 출판 방법The Writer's Rules: The Power of Positive Prose — How to Create It and Get It Published』(1998), 로버트 보인턴Robert S. Boynton의 「할리우드 방식The Hollywood Way」(『뉴요커』 1998년 3월 30일 자), 폴 네이선Paul Nathan의 「아, 그러나 당신은 그 책을 읽어야 했다Ah, but You Should Have Read the Book」(『퍼블리셔스 위클리』 1997년 7월 특별 기념판), 재클린 미처드의 「대형 스크린으로 당신의 책을 보라Seeing Your Book on the Big Screen」(『뉴스위크』 1999년 3월 1일 자).

이번 장에서 사용한 다양한 일화와 인용문 출처는 다음과 같다. 달력 인쇄에 관해서는 제임스 웰스James M. Wells의 『미국의 인쇄업: 자부심 찾기American Printing: The Search for Self-Sufficiency』(1985). 책 가격 정책에 대해서는 에드윈 맥도웰Edwin McDowell의 「뉴욕 타임스」 1990 10월 19일 자 기사. 톰 클랜시의 마케팅에 관해서는 제프 제일스키Jeff Zaleski의 「톰 클랜시 탐구The Hunt for Tom Clancy」(『퍼블리셔스 위클리』 1998년 7월 13일 자). 베르텔스만에 관해서는 도린 카버젤의 「뉴욕 타임스」 1999년 5월 28일 자 기사. 에드거 라이스 버로스에 관해서는 존 텔리아페로John Taliaferro의 『타잔은 영원히: 에드거 라이스 버로스의 생애Tarzan Forever: The Life of Edgar Rice Burroughs』(1999). 제이크스 목사에 관해서는 리사 밀러Lisa Miller의 「월 스트리트 저널」 1998년 8월 21일 자 기사. 팻 로버트슨의 성서 전격 캠페인에 대해서는 샐리 비티Sally Beatty의 「월 스트리트 저널」 1999년 4월 1일 자 기사. 크리스토퍼 히친스의 마더 테레사 전기와 역심리를 이용한 마케팅 전술에 관해서는 도린 카버젤의 「뉴욕 타임스」 1997년 10월 13일 자 기사와 캐런 에인절Karen Angel의 「현대 도서관은 서점의 베스트셀러 판촉을 돕는다Modern Library Helps Bookstores Promote 〈the List〉」(『퍼블리셔스 위클리』 1998년 9월 14일 자). 책 판촉 여행에 관해서는 게일 펠드먼Gayle Feldman의 「뉴욕 타임스」 1998년 4월 6일 자 기사와 주디스 로즌Judith Rosen의 『퍼블리셔스 위클리』 1998년 11월 16일 자 기사, 그리고 랠프 비고다Ralph Vigoda의 「우리 책을 사요Buy Our Book!!!」(『아메리카 저널리즘 리뷰』 1998년 10월 호). 올리비아 골드스미스의 말은 제럴딘 패브리컨트Geraldine Fabrikant의 「뉴욕 타임스」 1996년 10월 27일 자 기사에 나온다. 윌리엄 엘리엇 헤이즐그로브에 관한 이야기는 팸 벨럭Pam Belluck의 「뉴욕 타임스」 1997년 11월 25일 자 기사에 나온다.

존 콜린스의 책 재판에 관해서는 잰 호프먼Jan Hoffman의 「뉴욕 타임스」 1996년 2월 13일과 14일 자를 참고했다.

T. E. 로런스의 책 판촉 전략 등에 대해서는 다음 자료들을 참고했다. 조엘 호드슨Joel C. Hodson의 『아라비아의 로런스와 미국의 문화: 대서양 건너 신화 만들기Lawrence of Arabia and American Culture: The Making of a Transatlantic Legend』(1995), 존 맥John E. Mack의 『불온의 군주: T. E. 로런스의 생애The Prince of Our Disorder: The Life of T. E. Lawrence』(1976), 「뉴욕 타임스」 1926년 2월 16일 자, 1927년 3월 9일 자, 1929년 3월 16일 자. 이 책 이번 장과 다른 장에서 나는 마이클 홀로이드Michael Holroyd가 요약한 전기 『버나드 쇼Bernard Shaw』(1998)를 잘 써먹었다.

저술가들이 돈에 아랑곳하지 않는 〈것처럼 보이는〉 다른 여러 사례에 관심이 있는 독자는 다음 자료를 보시기 바란다. 스티븐 핑크Steven Fink의 『장터의 예언자: 소로의 직업 작가로의 발전Prophet in the Marketplace: Thoreau's Development as a Professional Writer』(1992), 스테이시 시프Stacy Schiff의 「천재와 천재 부인The Genius and Mrs. Genius」(『뉴요커』1997년 2월 10일 자), 수잔 페라로Susan Ferraro의 「물고 늘어질 만한 소설들Novels You Can Sink Your Teeth Into」(『뉴욕 타임스 매거진』1990년 10월 14일 자), 로라 리프먼Laura Lippman의 「볼티모어 선」 1998년 8월 5일 자 기사, 멕 콕스Meg Cox의 「월 스트리트 저널」 1990 8월 2일 자 기사.

물론 저술가들 일부는 돈에 현혹되지 않았다고 믿어도 좋다. 에드먼드 윌슨은 『헤카테 카운티Hecate County』로 처음 성공을 거둔 직후, 자신의 위자료와 새 신부의 위자료까지 지불했다. 그는 세금 낼 돈을 남겨 두어야 한다는 것을 잊어버렸다. 그는 이렇게 말했다. 〈나는 책으로 번 돈 가운데 어느 정도는 소득세로 내야 한다는 것을 알고 있었지만, 나중에 챙기면 되겠거니 하고 생각했다.〉 이 이야기는 에드워드 드 그라치아Edward de Grazia의 『아가씨들은 어디에나 기댄다: 외설에 대한 고소와 천재에 대한 공격Girls Lean Back Everywhere: The Law of Obscenity and the Assault on Genius』(1992)에 기술되어 있다.

좋은 내 친구 존 보에너트John Boehnert는 언젠가 포페일 긴수 나이프를 하나 주문한 적이 있었다. 그가 론 포페일의 책을 혹시 사고 싶다면 그건 아마 다음 책일 것이다. 『세기의 세일즈맨: 발명하고, 마케팅하고, 텔레비전으로 팔기: 내가 했고 당신도 할 수 있는 방법!』(1995). 이번 장에서 특히 나쁜 책으로 언급한, 〈눈에 확 띄는 마케팅〉TM 전문가 롤리 펀스키의 『자기를 홍보하는 101가지 방법」에 대해 마지막으로 한마디 하자. 핀스키는 자기 책을 쓰기가 힘든 사람이라면 톰 로스와 메릴린 로스를 찾아가라고 충고한다. 로스 부부는 부록 2에 자세히 언급되어 있다. 공영 라디오 방송 프로그램 「장터」에서 나는 핀스키의 책과 그의 충고를 조롱한 적이 있는데, 그 후 메릴린 로스가 나에게 감사 표시를 해왔다. 광고해 주어 고맙다는 것이었다. 그리고 그녀는 나중에 물었다. 그녀와 남편이 곧 펴낼 책을 추천해 주지 않겠느냐고.

제3장 주석

한심한 감사의 글과 헌사를 찾아내는 것보다 더 쉬운 일도 없다. 내 서재의 서가 한 줄을 살펴보니 역시 그렇다. 허튼소리가 넘쳐 난다. 그걸 혹평하기만 하면 된다. 가치 있는 소수의 헌사는 역시 가치 있는 작가의 책을 펼쳐야 찾아볼 수 있다. 하지만 더없이 위대한 작가들도 전문에서는 아주 멍청한 경우가 있다.

서가를 샅샅이 뒤져서 찾아낸 것 외에도, 나는 우연히 발견한 에이드리언 룸Adrian Room의 『터틀 헌사 사전Tuttle Dictionary of Dedications』([1990] 1992)에서 좋은 헌사와 나쁜 헌사를 뽑을 수 있었다. 내가 『뉴욕 타임스 북 리뷰』에 짧은 에세이를 실은 후 사람들이 보내온 것도 일부 원용했다. 특히 존 마스, 리처드 닉슨(그 닉슨이 아니다), 길버트 필드, 찰스 설리번, 윌리엄 모런, 체스터 하트먼, 듀렛 와그너, 진 포텔, 빅토리아 게티스, 존 코버트의 촌평이 도움이 되었다. 헌정된 책을 좋아하는 사람들은 마음에 드는 헌사와 감사의 글을 수집한다는 사실을 저술가들은 명심할 필요가 있다. 책의 본문 못지않게 전문에도 공을 들이도록 하라.

리처드 H. 로비어의 기사 「저술가의 감사의 글Author's Acknowledgments」이 실린 잡지는 『미국 학자』 33호(1964년 겨울)다. 조지프 엡스타인의 촌평은 『내 수중의 일: 친숙한 에세이』(1983)에 실려 있다. 매사냥꾼과 잡종견 이야기는 에드먼드 고스Edmund Gosse의 「엘리자베스 시대의 책 헌정Elizabethan Dedications of Books」(『하퍼스 먼슬리Harper's Monthly』 1902년 7월 호)에 나온다. 새커리의 진술은 그의 에세이 「서문과 헌사Prefaces and Dedications」(『현시대Living Age』 1859년 4월 호)에 나온다. 러브데이, 필립스, 디그의 헌사는 시드니 부트J. Sydney Boot의

「다소 이상한 헌사들Some Curious Dedications」(『신사 잡지 The Gentleman's Magazine』 1907년 6월 호)에서 뽑은 것이다. 노먼 커즌스가 편저한 『사랑 혹은 돈을 위해 글쓰기』 초판은 1949년에 나왔다.

관련된 읽을거리로는 다음 자료가 있다. 『뉴요커』 1979년 9월 24일 자에 실린 폴 서루의 감사의 글 패러디, 『이코노미스트』 1996년 9월 7일 자의 짧은 에세이 「거슬리는 감사 표현Gratitude That Grates」, 존 그로스John Gross의 「헌정의 예술The Fine Art of Dedication」(『뉴욕 타임스 북 리뷰』 1984년 4월 29일 자), 프랜 슈머Fran R. Schumer의 「연인들, 적들, 기타 피헌정자들Lovers, Enemies, and Other Dedicatees」(『뉴욕 타임스 북 리뷰』 1986년 9월 28일 자), 「어머에게, 누가 그 이유를 알까To Irma, Who Will Know Why」(『크리스천 센추리 Christian Century』지 1961년 1월 25일 자, 익명의 글), 브랜더 매튜스Brander Matthews의 「서문에 대한 참된 이론The True Theory of the Preface」[『펜과 잉크 Pen and Ink』(1888)], 헨리 휘틀리Henry B. Wheatley의 『후견인과 친구에게 책을 헌정하기: 문학사 제1장 The Dedication of Books to Patron and Friend: A Chapter in Literary History』([1887] 1968).

캘더의 책에 대한 비달의 서평은 『뉴욕 리뷰 오브 북스』 1990년 2월 1일 자에 나온다. 아이작 디즈레일리의 헌사 가격 얘기는 앞서 인용한 『저술가들의 불행과 불화』 중의 「빌어먹는 어떤 저술가A Mendicant Author」에 나온다. 토머스 페인의 『인간의 권리』 헌정 이야기는 존 킨John Keane의 『톰 페인: 정치적 인생 Tom Paine: A Political Life』(1995)에 실려 있다. e. e. 커밍스의 『감사할 것 없다』 헌사 이면의 이야기는 리처드 케네디Richard S. Kennedy의 『거울 속의 꿈: e. e. 커밍스의 전기 Dreams in the Mirror: A Biography of e. e. cummings』(1980)에 나온다. 스티븐 포터의 『성공하는 능력에 대한 약간의 주석: 승리 전술에 대한 최근의 연구 요약 첨부 Some Notes on Lifemanship: With a Summary of Recent Researches in Gamesmanship』(1950)는 다분히 문학적인 주제를 폭넓게 다루면서 줄곧 웃음을 자아내는 책이다. 저술가들을 혹평하는 방법에 대한 힌트를 찾고자 하는 평론가라면(또는 그것에 관심이 있는 누구라도) 이 책을 참고하면 얻는 게 많을 것이다.

마지막으로 마크 트웨인에 관하여. 본문에 썼듯이 그는 즐거운 전문을 쓰는 데에는 일인자였다. 재미나고 통렬한 그의 전문을 죄다 보여 드리고 싶지만 그럴 수 없는 게 아쉽다. 그게 너무 많기 때문이다. 하지만 여기서 마지막으로 몇 가지 예라도 음미해 보지 않을 수 없다.

우리의 글은 수많은 언어로 유포된다. 그리 되는 이유는 책이 배포될 나라 가운데 자국어 아닌 다른 언어로 책을 읽을 수 있는 나라가 거의 없기 때문이다. 그런데 막상 우리는 특정 계층, 또는 특정 종파, 또는 특정 국가를 위해 글을 쓰는 게 아니라, 온 세상을 속이기 위해 글을 쓴다.

— 『도금 시대*The Gilded Age*』(1873) 서문에서.

〈이 책의 날씨〉

이 책에서는 날씨를 찾아볼 수 없을 것이다. 그것은 악천후 없이 책의 바다를 무사히 건널 수 있도록 돕기 위한 것이다. 소설 문학에서는 이것이 최초의 시도여서, 실패로 끝날지도 모르지만, 저돌적인 사람이라면 한 번 해봄 직한데, 저자가 때마침 그런 기분이 들어서……

— 『미국인 청구인 등 단편 소설과 스케치*The American Claimant and Other Stories and Sketches*』에서.

제4장 주석

책에 대한 예의를 조언해 주는 글은 아주 희소해서, 이번 장을 쓰는 것은 헨리 모턴 스탠리가 유럽인 최초로 콩고 강을 탐사한 것과 맞먹는 일로 간주되어야 마땅하다. 이 여행 도중 내가 여러 친구들의 촌평을 인용한 것은 이 영역이 얼마나 미개척지인가를 여실히 보여 준다. 내 친구들은 이 주제에 대해 나보다 아는 게 적지만, 바보만이 홀로 미개척지를 탐험한다.

커뮤니케이션에 관한 에티켓 책은 단 한 권뿐인데, 주디스 마틴의 『매너 양의 기초 훈련: 커뮤니케이션』(1997)이 그것이다. 말했다시피 이 책은 책에 대해 아무 말도 하지 않는다. 이 주제에 대해 간단히 몇 번 언급하는 것은 그녀의 다른 책에서다.

책 잔치에 관해서는 다음 자료를 참고했다. 조앤 코프먼Joanne Kaufman의 「책 등의 표정The Face on the Back of the Book」(『뉴욕 타임스 북 리뷰』 1989년 6월 25일

자), 마틴 아널드Martin Arnold의 「뉴욕 타임스」 1998년 1월 22일 자 기사, 마이클 와인스Michael Wines의 「뉴욕 타임스」 1996년 11월 18일 자 기사, 마사 브래니건Martha Brannigan과 제임스 해거티James R. Hagerty의 「월 스트리트 저널」 1998년 6월 15일 자 기사. 세라 부스 콘로이Sarah Booth Conroy는 출판 기념회에 대해 두 개의 기사를 썼는데 「워싱턴 포스트」 1991년 5월 12일과 19일 자에 나온다.

저자 사인에 관해서는 하워드 고틀리브Howard B. Gotlieb의 「저자 사인회Autographing Party」(『보스토니아Bostonia』 1997년 여름 호)를 보면 특히 흥미로운 캘빈 쿨리지 이야기를 읽을 수 있다. 베티 에프스Betty Eppes는 샐린저와 쉽지 않은 인터뷰를 했다. 『파리스 리뷰Paris Review』 1981년 여름 호에 인터뷰 기사 「내가 지난여름에 한 일What I Did Last Summer」이 실려 있다. 사진에 관해서는 딕 테레시Dick Teresi의 「케케묵은 방식은 팽개쳐라: 저자 사진을 찍을 때다Haul Out the Old Clichés: It's Time to Shoot an Author Photo」(『뉴욕 타임스 북 리뷰』 12월 12일 자) 참고. 에드먼드 윌슨의 무례한 태도의 예는 그의 에세이 「문학 노동자의 폴로니우스The Literary Worker's Polonius」(『애틀랜틱 먼슬리』 1935년 6월 호)에 나온다. 디킨스의 〈구걸 편지 작가〉 얘기는 편집자 마이클 슬레이터의 「디킨스 저널리즘: 사람들과 신문의 즐거움: 1834~51년 보고서, 에세이, 서평」(제2권, 1996)에 나온다.

방금 책을 낸 친구 다루기에 관해 장래의 저술가들은 다음 자료를 꼭 읽어 봐야 한다. 에이미 게이머먼Amy Gamerman의 「월 스트리트 저널」 1993년 2월 9일 자 기사, 『이코노미스트』 1997년 3월 8일 자 기사 「저자! 저자!」, 리처드 우드워드Richard B. Woodward의 「저술가들은 못되게 군다」(『빌리지 보이스』 1996년 11월 26일 자). 제임스 클래벨이 자기 책을 다른 자리로 옮기는 것을 목격했다는 내 친구 이름은 데이비드 위그다.

대필 작가에 관해서는 다음 자료를 참고했다. 조 퀴넌Joe Queenan의 「일하는 여성Working Woman」(『뉴욕 타임스 북 리뷰』 1997년 1월 5일 자), 「말살된 사랑의 수고」(『이코노미스트』 1990 10월 6일 자), 잭 히트Jack Hitt의 「작가는 죽는다. 그러나 그의 유령은 번성한다」(『뉴욕 타임스 매거진』 1997년 5월 25일 자), 알베르토 망구엘의 「당신이 내 책을 팔아 주면, 나도 네 책을 팔아 주마」(「뉴욕 타임스」 1998년 1월 13일 자), 수잔 팰러디Susan Faludi의 「월 스트리트 저널」 1990 9월 5일 자 기사. 데릭 굿윈이 그랬듯이 남의 이름을 도용해서 찬사를 쓰는 것에 관해서는 다음 자료를 보라. 데이비드 스트레이트펠드David Streitfeld의 「워싱턴 포스트」 1991년 5월 17일 자 기사, 스트레이트펠드와 킴 매스터스Kim Masters의 「워싱턴 포스트」 1991년 4월 16일 자와 18일 자 기사. 굿윈의 책 서평은 존 카첸바크John Katzenbach가 「워싱턴 포스트」 1992년 6월 1일 자에 실렸다.

제5장 주석

〈쓰기〉가 가장 쉬운 책 가운데 하나는 문학적 일화를 모아 놓는 것이다. 그런 책은 꽤 잘 팔리는 것 같은데, 응집력 있는 논의를 이끌어 갈 필요가 없어서 쓰기도 쉬운 편이다. 그런 책에는 부정적인 서평 때문에 괴로워하는 저자에 대한 얘기가 단골로 나온다. 예를 들어 다음과 같은 자료가 그러하다. 제임스 서더랜드James Sutherland가 편집한『옥스퍼드판 문학 일화집The Oxford Book of Literary Anecdotes』([1975] 1987), 제임스 찰턴James Charlton이 편집한 두 권의 책『작가 인용서: 문학 편람The Writer's Quotation Book: A Literary Companion』([1980] 1997)과 『말싸움: 작가가 다른 작가를 비난하다 — 아리스토텔레스부터 앤 라이스까지 Fighting Words: Writers Lambast Other Writers—From Aristotle to Anne Rice』(1994), 데보라 브로디Deborah Brodie가 편집한『글쓰기가 모든 것을 바꾼다: 글쓰기에 대한 최고의 발언 627가지Writing Changes Everything: The 627 Best Things Anyone Ever Said About Writing』(1997). 이번 장 앞머리에서 언급한 빌 헨더슨의『악평』(1986)과『악평 2』(1987)는 과히 유쾌하지 않은 평론들만을 다룬 책이다. 앙드레 버나드André Bernard는『부당한 거절Rotten Rejections』(1990)을 편저했는데, 헨더슨이 서문을 썼다. 마르크스에 대한 엥겔스의 서평에 대한 이야기는 소련 공산당이 편찬한 『자본론에 관한 프리드리히 엥겔스의 개요, 서평, 부록 자료Frederick Engels on Capital: Synopsis, Reviews, and Supplementary Material』(1974)을 참고했다.

엘리자베스 하드윅의 사려 깊은 에세이「서평의 쇠퇴The Decline of Book Reviewing」는『하퍼스 매거진』1959년 10월 호에 나온다. 이번 장에서 인용한 다른 에세이는 다음 자료를 참고했다. T. S. 엘리엇의『신성한 숲: 시와 비평과 관한 에세이The Sacred Wood: Essays on Poetry and Criticism』(1960)에 나오는「완전한 비평The Perfect Critic」과「불완전한 비평The Imperfect Critics」, 루이스 코저Lewis A.

Coser, 찰스 카두신Charles Kadushin, 월터 파웰Walter W. Powell 공저 『책: 출판문화와 상업』(1982)의 한 장인 「책 평론가들Book Reviewers」, 매튜 아널드의 『매튜 아널드 작품집The Works of Matthew Arnold』(1903), 편집자 리처드 엘먼Richard Ellmann의 편저 『평론가로서의 예술가: 오스카 와일드에 대한 비평적 글쓰기The Artist as Critic: Critical Writings of Oscar Wilde』(1969)에 나오는 오스카 와일드의 에세이 「평론가로서의 예술가The Artist as Critic」, 프랭크 스위너턴의 『책에 대한 평론과 비판The Reviewing and Criticism of Books』(1939), 제임스 트러슬로 애덤스의 「미국에서 서평하기Reviewing in America」(『새터데이 리뷰 오브 리터리처』 1931년 2월 7일 자), T. S. 엘리엇의 『신성한 숲: 시와 비평과 관한 에세이』(1983)와 『에세이 선집Selected Essays』(1950), 조지 오웰의 「책 평론가의 고백Confessions of a Book Reviewer」 (『뉴 리퍼블릭』 1946년 8월 5일 자), H. L. 멩켄의 「평론에 대한 평론에 대한 평론Criticism of Criticism of Criticism」이 실린 『편견들: 제1집Prejudices: First Series』(1919) (노프 출판사 덕분에 이것 역시 디자인이 잘되었다), 존 그로스John Gross의 「〈문예 부록〉 성년이 되다: 정리되지 않은, 서평의 역사The 〈Literary Supplement〉 Comes of Age: A History, of Sorts, of the Book Review」(『뉴욕 타임스 북 리뷰』 1996년 10월 6일 자), 제이 패리니Jay Parini의 「사라지고 있는 서평 예술The Disappearing Art of Reviewing Books」(「고등교육 일보」 1999년 7월 25일 자), 윌리엄 프릿처드William H. Pritchard의 「역겨운 평론: 하기 쉽고 받아들이기 어려운Nasty Reviews: Easy to Give, Hard to Take」(『뉴욕 타임스 북 리뷰』 1989년 5월 7일 자), 앨런 울프Allen Wolfe의 「서평의 엄숙한 책임The Solemn Responsibilities of Book Reviewing」(「고등교육 일보」 1998년 4월 24일 자), 스티브 와인버그Steve Weinberg의 「마구잡이의 서평계The Unruly World of Book Reviews」(『컬럼비아 저널리즘 리뷰』 1990년 3/4월 호), 리처드 로즌의 「허튼 평Bullcrit」(「뉴욕 타임스」 1989년 2월 6일 자), 리오 보가트의 「앞선 문화: 양적 고찰The Culture Beat: A Look at the Numbers」(『개닛 센터 저널Gannett Center Journal』 1990년 겨울 호). 특히 도움이 된 기사는 『미디어 연구 저널』 1992년 여름 호에 나온 다음 두 글이다. 제럴드 하워드Gerald Howard의 「서평의 문화 생태학The Cultural Ecology of Book Reviewing」과 칼린 로마노의 「호외요! 호외! 뉴스로서의 책에 관한 슬픈 이야기」. 하워드는 출판업자인데, 평론가들이 「문화 진화의 자연 선택을 비판적으로 중개하는 자」가 되고 싶어 하는가를 알아보기 위해 사방에 문의를 했다.

서평에 대한 교재를 쓴 〈전문가〉는 주로 기자이거나 저널리즘 교사들이다. 이런 말을 하는 것은 그들이 길잡이로서 자격이 있어서가 아니다. 다른 수많은 글쓰기 교재처럼 그 교재 또한 빤한 것을 장황하게 얘기한다. 예를 들면, 조지아 대학 헨리 그레이디 저널리즘 스쿨의 학장이었고 미국 저널리즘 교사 협회장이었던 존 드루리John E. Drewry는 『서평 쓰기Writing Book Reviews』(1945)에서 이렇게 말한다. 〈평론가들은 잊지 말아야 한다. 책 제목의 유래에 대해서도 한두 마디 얘기할 만한 가치가 있다는 것을.〉 그는 이렇게 중요한 주제를 다루기 위해 한 장 전체를 다 바쳤다. 비슷한 다음 두 권의 책이 1920년대에 나왔다. 웨인 가드Wayne Gard의 『서평하기Book Reviewing』(1928)와 루엘린 존스Llewellyn Jones의 『책을 비평하는 방법How to Criticize Books』(1926)이 그것이다. 가드 씨는 그리넬 대학 저널리즘 강좌에서 제목 페이지에 관한 한 교장으로 불린다. 존스 씨는 「시카고 이브닝 포스트」지의 문학 편집자였다. 다른 서평 쓰기 책으로는 다음 책들을 꼽을 수 있다. 에벌린 오펜하이머Evelyn Oppenheimer의 『청취자를 위한 서평: 실용적인 강의와 방송 기술 지침서Book Reviewing for an Audience: A Practical Guide in Technique for Lecture and Broadcast』(1962), 윌리엄 진저William Zinsser의 『글 잘 쓰기에 관하여On Writing Well』(1994), 편집자 실비아 캐머먼Sylvia E. Kamerman의 『서평: 신문, 잡지, 라디오, 텔레비전용 서평 집필 지침Book Reviewing: A Guide to Writing Book Reviews for Newspapers, Magazines, Radio, and Television』(1978).

신문 서평의 역사에 관한 배경 자료는 다음과 같다. 엘머 데이비스의 『1891~1921년 뉴욕 타임스의 역사History of the New York Times, 1891~1921』(1921), 게이 테일리즈의 『왕국과 권력The Kingdom and the Power』(1969), 제럴드 존슨의 『존경할 만한 거인: 애돌프 옥스의 전기 연구An Honorable Titan: A Biographical Study of Adolph S. Ochs』(1946), 리처드 셰퍼드Richard F. Shepard의 『신문 속의 신문들: 한 기자의 「뉴욕 타임스」 기록 보관소 탐사The Paper's Papers: A Reporter's Journey through the Archives of the New York Times』(1996), 리처드 클러거Richard Kluger의 『신문: 「뉴욕 헤럴드 트리뷴」지의 역사The Paper: The Life and Death of the New York Herald Tribune』(1986), 스티브 쿠오조Steven Cuozzo의 『신문은 살아 있다: 미국에서 가장 오래된 신문은 어떻게 죽음을 모면했고, 그것이 왜 중요한가It's Alive: How America's Oldest Newspaper Cheated Death and Why It Matters』(1996). 몇 가지 짧은 발언은 프랭크 루서 모트의 『미국 저널리즘American Journalism』(1947)에 나온다. 풀러에 대한 이야기는 다음

책에 나온다. 아서 브라운Arthur Brown의 『마거릿 풀러Margaret Fuller』(1964)와 칼로스 베이커Carlos Baker의 『괴짜들 속의 에머슨: 한 집단의 초상Emerson among the Eccentrics: A Group Portrait』(1996). 서평의 역사에 대해 특히 흥미로운 자료는 미주리 대학의 플로리스 맥도널드Floris L. McDonald의 박사 학위 논문인 「미국 신문의 서평Book Reviewing in the American Newspaper」(1936)이다. 마이클 울프Michael Wolff는 「뉴욕 타임스」 1998년 10월 12일 자에서 『뉴욕 타임스 북 리뷰』에 대해 긍정적인 기사를 실었는데, 제임스 우드James Wood는 『뉴욕 옵서버New York Observer』 1998년 11월 30일 자에서 부정적인 기사를 실었다. 편집자 찰스 맥그래스Charles McGrath의 『세기의 책들: 100년 동안의 저술가, 사상, 문학Books of the Century: A Hundred Years of Authors, Ideas, and Literature』(1998)은 「뉴욕 타임스」 서평 모음이다.

에드먼드 윌슨이 끔찍한 책에 대해서 쓴 서평을 보고 싶다면 그의 평론 모음인 『명작과 흥행작: 40년대의 문학 연대기Classics and Commercials: A Literary Chronicle of the Forties』(1950)를 참고하라. 해당 평론의 제목은 「베스트셀러 기습 공격Ambushing a Best-Seller」이다. 에드거 앨런 포의 촌평은 그의 에세이 「평론가와 평론에 대하여About Critics and Criticism」에 나온다. 그는 또한 「세라 마거릿 풀러Sarah Margaret Fuller」에 대한 글도 썼다. 이들 에세이는 『에드거 앨런 포: 에세이와 평론Edgar Allan Poe: Essays and Reviews』(1984)으로 묶여서 발행되었다. 제임스 T. 패럴의 말은 그의 다음 작품에서 인용했다. 『미국 글쓰기의 운명The Fate of Writing in America』(1946) 중 「출판의 상업화가 좋은 글쓰기를 해칠 것인가? 책의 미래에 관한 몇 가지 발언Will the Commercialization of Publishing Destroy Good Writing? Some Observations on the Future of Books」.

에드거 후버 국장 시절의 FBI 서평 얘기는 내털리 로빈스Natalie Robins의 『외계인 잉크: FBI의 표현의 자유와의 전쟁Alien Ink: The FBI's War on Freedom of Expression』(1992)에 나온다. 제임스 우돌James Woodall의 『보르헤스의 생애Borges: A Life』(1996)와 움베르토 에코의 『애석하지만 출판할 수 없습니다Misreadings』(1993)에는 보르헤스와 에코의 창조적인 서평 활동 얘기가 나온다. 폴 루카스가 자신의 서평 위업에 대해 자랑하는 동인지 제목은 『눈에 띄지 않는 소비: 흔한 것부터 기묘한 것까지, 우리가 당연시하는 것을 이상할 정도로 바라보기Inconspicuous Consumption: An Obsessive Look at the Stuff We Take for Granted, from the Everyday to the Obscure』

(1997)다.

바이런 경에 대한 배경 자료는 다음과 같다. 로스 로이E. G. Ross Roy가 편집한 『스코틀랜드 문학Scottish Literature』(1981)에 실린 뮤리얼 멜론Muriel J. Mellown의 「프랜시스 제프리, 바이런 경, 그리고 〈잉글랜드 시인과 스코틀랜드 평론가〉Francis Jeffrey, Lord Byron, and 〈English Bards and Scotch Reviewers〉」, 조앤 섀톡Joanne Shattock의 『정치와 평론가: 빅토리아 시대 초기의 에든버러와 쿼털리Politics and Reviewers: The Edinburgh and the Quarterly in the Early Victorian Age』(1989), 베니타 에이슬러Benita Eisler의 『바이런 — 열정의 총아, 명성의 열광자Byron — Child of Passion, Fool of Fame』(1999). 오프라 윈프리에 관한 배경 자료는 다음과 같다. 브리짓 킨셀라Bridget Kinsella의 「오프라 효과The Oprah Effect」(『퍼블리셔스 위클리』 1997년 1월 20일 자), 게일 펠드먼Gayle Feldman의 「오프라를 노리고 책 만들기Making Book on Oprah」(『뉴욕 타임스 북 리뷰』 1997년 2월 2일), 「책의 힘에 대한 증언Testifying to the Power of Books」(『비블리오Biblio』 1998년 1월 호), 브라이언 램의 많은 대담이 다음 책에 나온다. 『주석: 독서, 저술, 사고의 힘에 관한 미국 최고의 저술가들Booknotes: America's Finest Authors on Reading, Writing, and the Power of Ideas』(1997)과 『주석에 나온 사람들 이야기: 미국을 일군 사람들에 관한 전기를 쓴 유명 작가들Booknotes Life Stories: Notable Biographers on the People Who Shaped America』(1999). 돈 아이머스에 관해서는 다음 참고. 켄 올레타Ken Auletta의 「돈이라는 사람The Don」(『뉴요커』 1999년 5월 25일 자), 마틴 아널드Martin Arnold의 「책 만들기Making Books」(『뉴욕 타임스』 1998년 10월 1일 자), 테드 로스Ted Rose의 「나-인간이 주노라The I-Man Giveth」(『컨텐트Content』 1998년 12월 호, 1999년 1월 호). 아마존 닷컴에 대한 이야기는 다음 자료에 나온다. 도린 카버젤의 「뉴욕 타임스」 1999년 2월 2일과 1999년 3월 2일 기사, 피터 드 용Peter de Jonge의 『뉴욕 타임스 선데이 매거진』 1999년 3월 14일 자 기사, 레이첼 레만하우프트Rachel Lehmann-Haupt의 「온라인 서평: 무엇을 읽을 것인지 알아보라On-line Book Reviews: Know What You're Reading」(『컨텐트』 1998년 10월 호).

『할롯의 유령』에 대한 존 사이먼의 혹평에 대한 노먼 메일러의 반응, 그리고 사이먼과 서평 편집자 레베카 싱클러의 재반응은 흥미로우면서도 교훈적이다. 인신공격 측면은 바이런을 닮았다는 것이 흥미롭고, 책 서평을 누구에게 맡길 것인가의 어려움을 부각시켰다는 점에서 교훈적이다. 이런 설전이 오간 지면은

『뉴욕 타임스 북 리뷰』 1991년 11월 17일 자다. 그런데 부정적인 서평을 실은 것이 이 지면밖에 없었던 게 아니다. 『뉴요커』 서평은 『할롯의 유령』을 이렇게 평했다. 〈메일러가 일찍이 썼던 책 가운데 가장 불만족스러울 뿐만 아니라, 가장 평범한 작품이다.〉

베스트셀러에 관해서는 다음 두 책을 참고했다. 프랭크 루서 모트의 『황금 군중: 미국의 연출된 사건 지침』(1947)과 대니얼 부어스틴의 『이미지: 미국의 연출된 사건 지침The Image: A Guide to Pseudo-Events in America』(1972). 『비즈니스 위크』지의 폭로 기사는 윌리 스턴이 쓴 「속임수로 베스트셀러를 만들었는가 Did Dirty Tricks Create a Best-Seller?」인데 1995년 8월 7일 자에 실렸다. 이어서 「베스트셀러 가면 벗기기: 제2장The Unmasking of a Best-Seller: Chapter 2」이 1995년 8월 14일 자에 실렸다. 데이비드 스타우트David Stout의 「뉴욕 타임스」 1995년 7월 27일 기사도 그 사건을 다룬 것이다. 다음 여러 기사도 유용했다. 론 서스킨드Ron Suskind의 「월 스트리트 저널」 1998년 8월 20일 자 기사, 진 더건I. Jeanne Dugan의 「베스트셀러 목록 전쟁Battle of the Best-Seller Lists」(『비즈니스 위크』 1997년 12월 15일 자), 제이미 맬라노스키Jamie Malanowski의 「너드파일Nerdfile」 (『뉴요커』 1999년 3월 15일 자), 새뮤얼 프리드먼Samuel G. Freedman의 「뉴욕 타임스」 1998년 6월 20일 자 기사, 리처드 터너Richard Turner의 「책과 바코드에 관하여Of Books and Bar Codes」(『뉴스위크』 1998년 11월 24일 자), 조앤 리프먼Joanne Lipman의 「월 스트리트 저널」 1992년 7월 21일 자 기사, 폴 파히Paul Farhi의 「워싱턴 포스트」 1990년 9월 6일 자 기사, 패트릭 레일리Patrick M. Reilly의 「월 스트리트 저널」 1995년 9월 7일 자 기사, 엘리자 트루이트Eliza Truitt의 「산업계의 베스트셀러 목록Industry's Best-Seller Lists」(『슬레이트』 1998년 9월 2일 자). 『퍼블리셔스 위클리』 1998년 1월 26일 자에는 인터넷상의 책 수요에 관한 캐런 에인절의 글 「개인들이 없는 책을 찾아 인터넷 서점을 뒤진다Independents Trace Title Shortages to Internet Booksellers」가 나온다. QVC 쇼핑 채널에 대한 이야기는 도린 카버젤의 「뉴욕 타임스」 1998년 2월 14일 자 기사를 토대로 한 것이다.

결론으로, 내가 때로 리뷰review와 크리티시즘criticism의 차이를 따지지 않았다는 것을 밝혀 두지 않을 수 없다.[2] 리뷰는 책에 대한 보고이고, 크리티시즘은 책

2 뒤에 저자의 설명이 나오지만, 우리말로 다 같이 평론을 뜻하는 두 낱말의 사전적 의미를

에 대해 더 폭넓은 의미를 헤아리는 것이라고 생각하는 사람들이 있다. 나는 크리티시즘이 책 안에 담긴 것을 보고해야 하고, 리뷰는 그 책이 얼마나 좋은가를 말해 줘야 하는 것이라고 생각하는 쪽을 선호한다. 「뉴욕 타임스」의 오랜 평론가 오빌 프레스콧의 말에 따르면 〈평론가는 퉁명스러워야 한다. 나쁜 책은 부드럽게 깎아 내리면 안 된다. 나는 서평의 폭력을 신봉한다. 평론가는 폭력을 행사할 때만 독자들에게 매우 쓸모 있는 존재가 될 수 있다〉.

제6장 주석

베스트셀러에 관한 고전 『황금 군중』에서 프랭크 루서 모트는 다음과 같은 현명한 말을 했다. 〈출판된 모든 책은 다소 도박 같다. 물론 연륜과 판단력이 있는 사람에게는 도박성이 덜하지만, 운이라는 큰 요소로부터 자유롭지는 못하다.〉 하지만 책과 운에 대한 의미를 파악하려고 한 사람은 거의 없고, 그것을 두드러진 출판 현상으로 인정하려고 한 사람조차도 거의 없다.

그것은 놀랄 일이 아니다. 책의 운은 질문을 던져서 득이 될 게 없다. 성공이 주사위를 굴려서 낙착되는 것이라면 학자가 성공적인 글쓰기에 대해 말하는 것이 무슨 의미가 있겠는가? 운에 무슨 패턴이 있겠는가? 그 결과 문학계의 전문 발언가들은 책의 운을 별난 것쯤으로 치부한다. 〈상상해 보라! 그렇고 그런 저술가의 책이 정말 운이 좋았다/나빴다는 것을. 그건 얼마나 얄궂은가!〉 그러나 애서가들은 책에서 감히 의미를 찾으려고 하지 않는 순간 책의 운에는 패턴이라는 게 〈있다〉는 것을 깨닫는다. 우리의 일간지에는 운 좋게 부각된 책에 대한 이야기가 즐비하다. 행운에 기대지 않고 성공한 책이 있다면 그건 진짜 뉴스감이다.

이번 장에서 사용된 행운의 사례를 제공한 자료는 다음과 같다. 호평에 대해

살펴보면, 리뷰는 특히 최근의 책이나 공연에 대한 신문 잡지의 평, 크리티시즘은 질에 대한 판단 분석을 하고 가치 비교를 하는 행위를 뜻한다. 이 책에서 우리말로는 *(book) review*를 서평, *criticism*을 평론 또는 비평으로 옮겼는데, *reviewer*는 평론가로 옮겼다. *critic*, 곧 문학 평론가라는 낱말은 몇 번 쓰이지 않았는데, 저자는 *reviewer*와 *critic*의 차이를 거의 구분하지 않았다 ─ 옮긴이주.

서는 마이클 프리스비Michael K. Frisby의 「월 스트리트 저널」 1997년 1월 2일 자 기사, 「고등교육 일보」 1991년 7월 10일 자의 기사 「각주Footnotes」, 에스더 페인 Esther B. Fein의 「뉴욕 타임스」 1993년 5월 17일 기사, 켄 링글Ken Ringle의 「워싱턴 포스트」 1990년 9월 27일 기사, 로버트 프랭크Robert Frank의 「월 스트리트 저널」 1999년 2월 18일 자 기사. 로널드 레이건의 아들에 관해서는 앤디 메이슬러Andy Meisler의 「뉴욕 타임스」 1991년 8월 11일 자 기사. 버드 슐버그의 『새미가 달리는 이유』에 관해서는 랠프 블러멘설의 「뉴욕 타임스」 1998년 8월 11일 자 기사. 조애나 트롤럽에 관해서는 조앤 코프먼의 「월 스트리트 저널」 1997년 4월 10일 자 기사. 빅토리아 고티에 관해서는 웬디 바운즈Wendy Bounds의 「월 스트리트 저널」 1997년 4월 10일 자 기사를 참고했다. 걸프전 책의 양산에 대해 다룬 기사는 아주 많은데 다음 자료를 참고했다. 「워싱턴 포스트」의 경우에는 데이비드 스트레이트펠드의 1991년 3월 24일 자와 4월 14일 자 기사, 폴라 스팬Paula Span의 1991년 2월 2일 자 기사. 「월 스트리트 저널」의 경우에는 멕 콕스의 1991년 1월 21일 자 기사, 멕 콕스와 캐슬린 휴스Kathleen Hughes의 1994년 3월 1일 자 기사. 페데리코 안다하시의 『해부학자』에 대해서는 캘빈 심스Calvin Sims가 「뉴욕 타임스」 1991년 6월 12일 자에 서평을 실었다. 시인 윌리엄 녹스에 대한 링컨의 일화는 더글러스 윌슨Douglas L. Wilson의 책 『워싱턴 입성 이전의 링컨: 새롭게 바라본 일리노이 주 시절Lincoln before Washington: New Perspective on the Illinois Year』(1997)에 나온다.

죽음에 관해서는 다음 자료를 참고했다. 커포티의 죽음에 대한 고어 비달의 신랄한 말은 조지 플림턴의 『트루먼 커포티』(1997)에 나온다. 세스 모건에 관해서는 아트 해리스Art Harris의 「워싱턴 포스트」 1991년 2월 12일 자 기사. 안네 프랑크에 관해서는 대니얼 펄Daniel Pearl의 「월 스트리트 저널」 1997년 1월 28일 자 기사. 제시 리 브라운 포보에 관해서는 클레어 앤스베리Clare Ansberry의 「월 스트리트 저널」 1997년 3월 7일 자 기사, 브루스 넥트의 「월 스트리트 저널」 1997년 3월 14일 자 기사, 트립 게이브리얼Trip Gabriel의 「뉴욕 타임스」 1997년 3월 24일 기사 참고. 『바람과 함께 사라지다』 속편에 관해서는 마틴 아널드의 「뉴욕 타임스」 1998년 11월 5일 자와 1999년 3월 25일 자 기사. 사후의 책에 관해서는 리처드 샌도미어Richard Sandomir의 「로스앤젤레스 타임스」 1991년 5월 12일 자 기사, 린턴 위크스의 「워싱턴 포스트」 1999년 8월 6일 자 기사 참고. 데이비드 스트레이트펠드가 V. C. 앤드루스에 관해 쓴 글은 「워싱턴 포스트」 1993년 8월 6일 자에 나온다. 이번 장에서 언급한 빅토르 위고의 전기 작가는 그레이엄 로브Graham Robb인데, 그의 책 제목은 『빅토르 위고』(1997)다. 존 디디언Joan Didion은 헤밍웨이의 출판하지 않을 권리에 대한 사려 깊은 글을 썼는데, 그의 글 「유언Last Words」은 『뉴요커』 1998년 11월 9일 자에 실려 있다. 또한 랠프 블러멘설의 「뉴욕 타임스」 1998년 8월 24일 자 기사도 참고했다. LSU의 전 영어 학과장 제럴드 케네디J. Gerald Kennedy는 헤밍웨이의 유작 목록을 검토해서 유용한 정정 발표를 했다.

비어즈타운 레이디즈에 대한 폭로 기사는 엘리자베스 레슬리 스티븐스Elizabeth Lesly Stevens의 「그는 숫자 퍼즐을 풀었다He Cracked the Numbers Racket」(『브릴스 컨텐트』 1998년 7/8월 호)이다. 제임스 트위첼James B. Twitchell은 『축제 문화: 미국 취향 때리기Carnival Culture: The Trashing of Taste in America』(1992)에서 사후의 저술을 미쳐 날뛰는 마케팅으로 본다. 이번 장에 쓴 노인의 성공담은 빙산의 일각에 지나지 않는다. 예를 들어 딜레이니 자매라는 노인들도 있는데, 세라와 엘리자베스 자매는 『우린 할 말이 있다: 딜레이니 자매의 첫 100년Having Our Say: The Delany Sisters' First 100 Years』(1993)이라는 책을 냈다(도움을 받아서). 여러 면에서 이것은 나쁜 책이 아니다. 이 책은 지금도 아프리카계 미국인의 삶의 경험을 이해하고자 하는 학생들에게 교재로 사용되고 있을 정도다. 자매는 나중에 다음과 같은 책을 냈고, 그것 역시 베스트셀러가 되었다. 『일상의 지혜에 관한 딜레이니 자매의 책The Delany Sisters' Book of Everyday Wisdom』(1994).

이번 장 서두의 로버트 그레이브스 인용문은 『뉴욕 타임스 북 리뷰의 견해와 관점Opinions and Perspectives from the New York Times Book Review』(1964, 프랜시스 브라운Francis Brown 편집)에 나오는 「작가를 채찍질하는 것은 주로 돈이다Mostly It's Money That Makes a Writer Go, Go, Go」에서 뽑은 것이다. 나폴레옹이 위대했다는 증거 운운한 사람은 지그프리트 운젤트다. 독일 출판업자이자 작가인 운젤트는 앞에서 언급한 『저술가와 출판업자』뿐만 아니라 『괴테와 그의 출판업자들 Goethe and His Publishers』(1996)이라는 저서에서도 저술가와 출판업자의 관계에 대한 깊이 있는 연구 결과를 보여 주었다. 나폴레옹이 총살한 출판업자는 뉘른베르크의 요한 필리프 팔름Johann Philipp Palm이라는 사람이다. 애스퀴스에 대한 리턴 스트레이치의 말은 마이클 홀로이드Michael Holroyd의 『리턴 스트레이치:

새로운 전기『*Lytton Strachey: The New Biography*』(1994)에 나온다.

『풀잎』의 판매고가 살짝 올랐다는 말은 내 조수 보니 보면이 서적상들에게 전화해서 알아낸 것이다. 『오이 베이!』의 판매고가 뛰어오른 이야기는 『브릴스 컨텐트』1998년 12월/1999년 1월 호 「티커*Ticker*」란에 나온다.

도서상 등에 관한 배경 얘기는 폴 레비의 「월 스트리트 저널」 1998년 10월 30일 자 기사와, 제임스 애틀러스*James Atlas*의 『뉴요커』 1997년 10월 3일 자 기사 「부커상은 상 이상이다*The Booker Is More Than Just a Prize*」에 나온다. 도서상에 대해서는 한 장 전체에서 다뤄도 좋을 만한 주제다. 그 이유는 도서상이 제대로 주어지고 있는가를 알아볼 만하기 때문이다. 또 그런 얘기는 꽤 흥미진진하기 때문이다. 부커상을 만든 사람은 국제적인 식품 회사인 P. L. C. 부커의 사장 마이클 케인 경*Sir Michael Caine*이다. 그의 사망 기사(워런 호그*Warren Hoge*의 「뉴욕 타임스」 1999년 3월 24일 자 기사)를 보면, 그가 부커상을 주면서 온갖 궂은 일을 겪었다는 얘기가 나온다. 〈한번은 베릴 베인브리지*Beryl Bainbridge*가 수상식 내내 바닥에 누워 있었다. 그녀는 그곳이 가장 편하다는 것이었다. 1977년에 심사 위원이었던 필립 라킨은 자기가 선호하는 특정 책을 후보 명단에 올리지 않으면 창밖으로 몸을 던지겠다고 으름장을 놓았다. 한번은 시상자가 반유대주의 농담을 던져서 식장을 썰렁하게 만들었다.〉 또 한번은 수상자가 부커의 식민지 역사를 비난하며, 흑표범단[미국 극좌익 흑인 과격파]에게 상을 주라고 부르짖었다. 한편, 저술가를 곤혹스럽게 하는 여러 가지 상을 생각해 낸 사람도 있다. 오베론 워*Auberon Waugh*가 편집한 『문학 평론*Literary Review*』에는 가장 진부하고 멍청한 섹스 장면을 묘사한 작가에게 〈나쁜 섹스상〉을 주자고 제안했다.

마지막으로, 책의 운명을 분명하게 몇 가지는 범주로 묶을 수 있지만, 어느 범주에도 들어가길 거부하는 운, 내가 서두에 암시했듯이, 어안이 벙벙하다고 해야 할 운도 있다는 것을 인정하자. 그런 난데없는 행운의 좋은 예가 베테랑 출판업자 클라크슨 포터의 『책 출판, 누가 무엇을 왜 했는가』에 나온다. 진 커*Jean Kerr*는 집필 중인 소설을 더블데이에서 내기로 계약하면서, 잡지에 발표한 짧은 수필집을 내줘야 한다는 조건을 달았다. 클라크슨의 회고에 의하면, 그녀는 〈팔리지 않을 책이지만 양장본으로 만들어서 자기 친구들에게 선물하긴 제격이라고 생각했다〉. 그래서 나온 수필집 『데이지를 먹지 마세요*Please Don't Eat the Daisies*』는 베스트셀러가 되었고, 할리우드에도 팔렸다.

제7장 주석

〈책 도둑질과 훼손이 왜 발생하고, 그것이 도서관에 얼마나 피해를 주는가에 관한 정보는 희귀하다.〉 테리 페더슨Terri L. Pederson이 한 말이다(『대학-연구 도서관College and Research Libraries』 1990년 3월 호의 글 「도서관 자료의 절도와 훼손 Theft and Mutilation of Library Materials」에서).

이번 장에서 말했듯이 사서들이 그런 얘기를 털어놓기 싫어하는 것은 뭔가 나쁜 면을 드러내길 원치 않기 때문이다. 게다가 도둑질을 부추길 위험도 있다. 저술가들은 언어를 훔치는 것, 곧 표절에 대해서는 많은 생각을 하고 글도 많이 쓴다. 그러나 그들 역시 책을 훔치는 것에 대해서는 거의 입을 열지 않는다. 그러한 경향은 무엇보다도 이해타산과 맞물려 있다고 할 수 있다. 작가들은 자기 말이 도용되어, 남의 책에 실리는 것을 원치 않는다. 그건 피해를 당한 셈이다. 화난 작가들은 그런 주제에 대해 한탄의 글을 쓰고, 더러는 아예 책 한 권을 만들어 내기도 한다. 그런데 책이 도둑맞는 것에 대해서는 전혀 걱정이 되지 않는다. 도서관에서 책을 도둑맞으면 새로 책을 사야 할 테니까. 서점에서 도둑맞으면, 서점 주인은 그게 팔린 것으로 쳐야 하니, 출판업자나 저자에게는 득이 된다. 작가가 거기에 왜 재를 뿌리겠는가?

그런데도 일부 가치 있는 역사적 발언이 존재한다. 책에 관한 다양한 책들을 훑어보다 보면, 더러 책 도둑에 관한 흥미로운 단서를 발견할 수 있다. 내가 발견한 가장 포괄적인 글 가운데 하나는 로런스 톰슨Lawrence S. Thompson의 「도서 절도광에 관한 이야기Notes on Bibliokleptomania」(『뉴욕 공공 도서관 회보 Bulletin of the New York Public Library』)다. 이 글이 발표된 것은 1944년 가을이다. 그밖에 다음과 같은 자료도 원용했다. 망구엘의 『독서의 역사』 가운데 한 장인 「책 훔치기Stealing Books」, 로런스 타우너Lawrence W. Towner의 「결백의 끝An End to Innocence」(『미국 도서관American Libraries』 1988년 3월 호), 앨런 링컨Alan J. Lincoln의 『도서관 범죄: 패턴, 영향, 보안에 관한 연구Crime in the Library: A Study of Patterns, Impact, and Security』(1984).

물론 우리는 책 도둑계의 알 카포네인 블럼버그 같은 사람들에 대한 이야기도 참고했다. 그 자료로는 마일스 하비Miles Harvey의 「블랜드 씨의 사악한 세계 지배 음모Mr. Bland's Evil Plot to Control the World」(『아웃사이드Outside』 1997년 6월 호)와 크리스토퍼 리드Christopher Reed의 「책 도둑들Biblioklepts」(『하버드 매거진』 1997년 3월과 4월 호) 등이 있다. 후자는 『라이브러리 저널』의 조사를 언급하고 있다. 위 저자들 가운데 많은 사람이 교황 인노켄티우스 10세의 이야기를 다루었다. 그 가운데 그랜트 어든Grant Uden의 『이상한 독서Strange Reading』(1990)에 나오는 한 장 「독서인의 일부 유형Some Types of Bookmen」이 가장 내 마음에 드는 글이다. 데이비드 매러니스David Maraniss는 「워싱턴 포스트」 1990년 4월 1일 자에 블럼버그에 관한 장문의 기사를 실었다. 또한 『라이브러리 저널』 1991년 3월 1일 자에는 재판에 대한 기사가 나온다. 니컬러스 배스베인스Nicholas Basbanes는 『점잖게 미침: 애서가와 장서광 등 책에 대한 영원한 열정A Gentle Madness: Bibliophiles, Bibliomanes, and the Eternal Passion for Books』(1995)에서 한 장 전체를 블럼버그에 대한 글로 채우고, 책 도둑에 대해 엄선된 여러 일화를 들려준다. 온라인 컴퓨터 도서관 센터OCLC는 블럼버그가 훔친 책을 원래의 주인에게 돌려주는 작업을 자원해서 FBI와 함께 했다. 후일 OCLC는 이 프로젝트와 관련된 이야기를 들려주는 비디오테이프를 만들었다. 홍보용의 이 테이프 제목은 〈오마하 프로젝트: 희귀본의 모험The Omaha Project: A Rare Book Adventure〉이다.

스티글리츠의 경제학 교재를 해적 출판한 중국인에 대한 이야기는 토머스 프리드먼Thomas L. Friedman의 「뉴욕 타임스」 1995년 1월 8일 자에 나온다. 「뉴욕 타임스」 1994년 10월 31일 자에는 러시아가 독일에서 책을 훔친 것에 관한 유용한 기사가 나온다. 1986년 9월 28일과 1999년 6월 19일 자에는 뉴욕 책 도둑의 취향에 관한 기사가 나온다. 데이비드 스트레이트펠드는 「워싱턴 포스트」 1992년 3월 29일 자와 10월 21일 자에 국회 도서관 분실 도서에 관한 기사를 실었다. 기타 여러 일화는 다음 자료들을 참고했다. 찰스 하이마스Charles Hymas 와 시릴 딕슨Cyril Dixon의 런던 『선데이 타임스』 1992년 11월 29일 자 기사, 「로스앤젤레스 타임스」 1992년 11월 21일 자 신문 발행인 협회 뉴스파일, 로이 리벤버그Roy Rivenburg의 「로스앤젤레스 타임스」 1992년 10월 11일 자 기사, 크리스틴 설리번Kristin N. Sullivan의 「포트워스 스타-텔리그램Fort Worth Star-Telegram」 1996년 8월 29일 자 기사, 로이드 페리스Lloyd Ferriss의 「포틀랜드 프레스 헤럴드Portland (Maine) Press Herald」 1997년 9월 28일 자 기사, 앨리스 앤 러브Alice Ann Love의 연합통신사 이야기(「채타누가 타임스Chattanooga Times」 1997년 3월 26일 자), 실라 투미Sheila Toomey의 「앵커리지 데일리 뉴스Anchorage Daily News」 1998년

4월 11일 자 기사. 네로 황제의 시에 대한 취향은 엘리너 클라크의 『고대 로마와 장원』(1952)에 나온다. 브로드스키의 사도 앤드루 캐럴에 대한 배경 자료는 크레이그 윌슨Craig Wilson의 「USA 투데이」 1998년 5월 1일 자 기사에 나온다.

내가 이번 장과 내용이 비슷하지만 좀 더 짧은 글을 『뉴욕 타임스 북 리뷰』에 발표했을 때, 많은 독자가 나에게 편지를 보내 주었다. 그 가운데 하나가 뉴욕 주 라인벡의 독자 베라 리버트인데, 그녀는 숀 오파올레인의 이야기를 써보냈다. 내 친구 트러디 새퍼와 루이스 데이가 귀중한 얘기를 해준 것에 대해서도 감사드린다.

성서에 대한 태도 연구는 「뉴욕 타임스」 1996년 10월 28일 자 기사에 나온다. 성서 시장은 『퍼블리셔스 위클리』 1996년 10월 14일 자 기사에 잘 묘사되어 있다.

도난 서적에 관해서는 자료가 많지 않은 편이라서, 이 권말 주석에 좀 더 무게를 실어 주기 위해 책 도둑질이나 다름없는 표절에 대한 자료를 제시하겠다. 토머스 맬론Thomas Mallon의 『도둑맞은 말씀들: 표절의 기원과 피해 사례 일별 Stolen Words: Forays into the Origins and Ravages of Plagiarism』(1989), 커티스 맥도골Curtis P. Macdougall의 『속임수Hoaxes』(1958)에 나오는 「문학적 속임수Literary Hoaxing」, 윌리엄 앨퍼드William P. Alford의 『책을 훔치는 것은 우아한 범죄다: 중국 문명의 지적 재산법To Steal a Book Is an Elegant Offense: Intellectual Property Law in Chinese Civilization』 (1995, 이 책에는 이번 장에서 다룬 책 도둑에 관한 이야기도 일부 나온다), 닐 보어스Neal Bowers의 『포획 대상인 언어: 연구 대상인 표절자Words for the Taking: The Hunt for a Plagiarist』(1997). 보어스의 책은 자기 시의 표절에 대한 것인데, 이번 장과 관련된 도둑의 예를 들고 있다. 보어스는 「예술 작품 도둑Art Thief」이라는 시를 썼는데, 이 시에서는 그가 다닌 아이오와 주립대학에서 도난당한 조각 작품을 기리고 있다. 이 시는 청동으로 주조되어 조각 작품이 있던 자리에 세워졌는데, 그것 역시 도난당했다.

제8장 주석

8장을 쓰면서 가장 힘들던 것은 대통령들의 졸렬한 온갖 글을 읽어야 했다는 것이다. 다행히 민주주의의 진화와 미국 대통령들에 관한 아주 좋은 글이 있었다.

이번 장에서 원용한 미국 정치 체제에 관한 좋은 책은 다음과 같다. 시어도어 드레이퍼의 『권력 투쟁: 미국 혁명A Struggle for Power: The American Revolution』(1996), 에릭 호퍼의 『참된 신자: 대중 운동의 본질에 관한 생각The True Believer: Thoughts on the Nature of Mass Movements』(1951), 앨런 커핸Alan S. Kahan이 번역하고 프랑수아 퓌레François Furet와 프랑수아즈 멜로니오Françoise Mélonio가 편집한 알렉시스 드 토크빌의 『구체제와 혁명The Old Regime and the Revolution』(1998), 레너드 레비의 『자유 언론의 출현Emergence of a Free Press』(1985), 폴린 마이어Pauline Maier의 『미국의 성서: 독립 선언서 만들기American Scripture: Making the Declaration of Independence』(1997)는 독립 선언서 작성에 관한 제퍼슨의 역할에 대한 우리의 기존 생각을 바로잡아 준 책이다.

바츨라프 하벨은 뛰어난 작가-정치가다. 이번 장에 인용한 그의 글은 그의 저서 『불가능의 예술: 도덕적 실천으로서의 정치The Art of the Impossible: Politics as Morality in Practice』(1997)에 나온다. 또 다른 훌륭한 정치가-작가로는 프랑수아 미테랑이 있다. 글쓰기에 관한 그의 생각의 편린은 프란츠 올리비에 기스버트 Franz-Olivier Giesbert의 『신 없이 죽기: 삶과 죽음에 대한 프랑수아 미테랑의 묵상 Dying without God: François Mitterrand's Meditations on Living and Dying』(1998)에 나온다.

미국 수정 헌법 제1조에 대한 대중의 태도에 대한 유용한 논의를 참고할 수 있는 자료는 다음과 같다. 허버트 매클로스키Herbert McClosky와 앨리다 브릴 Alida Brill의 공저 『관용의 크기: 미국인들은 시민의 자유를 어떻게 생각하는가 Dimensions of Tolerance: What Americans Believe about Civil Liberties』(1983), 새뮤얼 스타우 퍼Samuel A. Stouffer의 고전적인 연구인 『공산주의, 획일성, 시민의 자유Communism, Conformity, and Civil Liberties』(1955). 일터에서의 표현에 관한 태도 연구는 다음 자료에 나온다. 데이비드 코튼David C. Korten의 『회사가 세계를 지배할 때When Corporations Rule the World』(1995), 제프리 헐Geoffrey Hull의 「일터의 자유 언론: 대중의 욕망과 최근 제정된 법Free Speech in the Workplace: Public Desire and Emerging Law」(1990년대 초 저널리즘과 매스 커뮤니케이션 교육 연합 연례 모임에서 제출된 논문). 노동자 교육에 대한 기업의 태도를 다루고 있는 참고 자료는 버나드 아비샤이Bernard Avishai의 「기업의 사회 계약이란 무엇인가What Is Business's Social

Compact?」(『하버드 비즈니스.리뷰』 1994년 1월과 2월 호)이다. 앨리샤 스웨시는 『연속극: P&G의 뒷이야기Soap Opera: The Inside Story of Procter & Gamble』(1993)의 저자다.

국회와 대통령의 자유 언론에 대한 무시는 울적한 일인데, 잘 다루어진 주제다. 한 예가 플로이드 에이브럼스Floyd Abrams의 「클린턴 대(對) 수정 헌법 제1조 Clinton vs. the First Amendment」(『뉴욕 타임스 매거진』 1997년 3월 30일 자)다. 로버트 보크에 대한 이야기는 그의 책 『미국의 유혹: 법을 흐리는 정치The Tempting of America: The Political Seduction of the Law』(1990)에 나온다. 인쇄공들의 제작비 지불을 미룬 얘기는 존 콜이 편집한 대니얼 부어스틴의 에세이집 『편지 공화국The Republic of Letters』(1989)에 나오는 「인쇄와 헌법Printing and the Constitution」을 보라. 로버트 러틀랜드Robert A. Rutland는 대륙 회의 대표들이 무엇을 읽었는가에 관한 짧은 논문 「책에 아주 정통한: 1787년 건국의 틀을 짠 사람들Well Acquainted with Books: The Founding Framers of 1787」(1987)을 썼다.

대통령의 글쓰기에 대한 배경 자료로는 조지프 네이션 케인Joseph Nathan Kane 의 『대통령들에 관한 사실: 전기와 역사 자료 모음Facts about the Presidents: A Compilation of Biographic and Historical Data』(1981년 4판)을 참고했다. 다음의 여러 대통령 전기 자료들도 도움이 되었다. 편집자 제임스 비숍 피바디James Bishop Peabody의 『존 애덤스: 본인이 말한 전기John Adams: a Biography in His Own Words』(1973)에 나오는 버터필드L. H. Butterfield의 서문, 제임스 트러슬로 애덤스의 『애덤스가(家) The Adams Family』, 폴 네이젤Paul C. Nagel의 『존 퀸시 애덤스: 공적인 삶과 사적인 삶John Quincy Adams: A Public Life, a Private Life』(1997), 조지프 엘리스Joseph J. Ellis 의 『미국의 스핑크스: 토머스 제퍼슨의 성격American Sphinx: The Character of Thomas Jefferson』(1997), 폰 브로디Fawn M. Brodie의 『토머스 제퍼슨, 개인사Thomas Jefferson, an Intimate History』(1974), 아서 링크Arthur S. Link의 『윌슨: 백악관으로 가는 길 Wilson: The Road to the White House』(1947), 허버트 파멧Herbert Parmet의 『잭: 존 F. 케네디의 투쟁Jack: The Struggles of John F. Kennedy』(1980), 이와 더불어 케네디가 『용기 있는 사람들』을 쓸 때 데이비드 교수가 어떤 역할을 했는가를 증언하는 자료로 최근에 발견된 여러 편지(이 발견은 「뉴욕 타임스」 1997년 10월 18일 자 보도). 애덤스의 책 여백 메모를 모아서 책으로 만든 것은 졸탄 하라스치Zoltán Haraszti이고 책 제목은 『존 애덤스와 진보를 예언한 사람들John Adams and The

Prophets of Progress』(1952)이다. 워싱턴의 글 솜씨가 형편없었던 것에 대한 애덤스의 발언은 마커스 컨리프Marcus Cunliffe의 『조지 워싱턴, 인간과 기념비*George Washington, Man and Monument*』([1958] 1982). 벤저민 해리슨이 백악관에서 바쁜 나날을 보낸 얘기는 그의 저서 『우리의 이 나라』(1897)에 나온다. 제임스 맥퍼슨James M. McPherson은 「영웅 아닌 영웅The Unheroic Hero」(『뉴욕 리뷰 오브 북스』 1999년 2월 4일 자)에서 그랜트의 글쓰기 능력에 대해 말한다. 프랭클린 루스벨트의 취임사 이야기는 캐슬린 홀 제이미슨Kathleen Hall Jamieson의 『전자 시대의 웅변: 정치 연설문 작성의 변모*Eloquence in an Electronic Age: The Transformation of Political Speech Making*』(1988). 레이건의 글쓰기에 관해서는 다음 자료를 참고하라. 개리 윌스Garry Wills의 「존재하지 않았던 사람The Man Who Wasn't There」(『뉴욕 리뷰 오브 북스』1991년 6월 13일 자), 마이클 코다의 「대통령에게 대사 불러 주기Prompting the President」(『뉴요커』 1997년 10월 6일 자). 레이건에게 연설문을 써주면서 사전에 보여 주지도 않았다는 래리 스피크스의 발언은 그의 저서 『실토: 백악관에서 본 레이건 대통령*Speaking Out: The Reagan Presidency from Inside the White House*』(1988)에 나온다. 유령 작가였던 스피크스는 이 책을 쓰기 위해 로버트 팩Robert Pack이라는 유령 작가를 고용했다.

캘빈 쿨리지 얘기는 다음 자료를 참고했다. 편집자 존 얼 하인스John Earl Haynes의 『캘빈 쿨리지와 쿨리지 시대: 1920년대의 역사에 관한 에세이*Calvin Coolidge and the Coolidge Era: Essays on the History of the 1920s*』(1998), 하워드 새프Howard Shaff와 오드리 칼 새프Audrey Karl Shaff 공저 『한 번에 여섯 건의 전쟁을: 러시모어 산의 조각가, 거츤 보글럼의 삶과 시대*Six Wars at a Time: The Life and Times of Gutzon Borglum, Sculptor of Mount Rushmore*』(1985), 길버트 파이트Gilbert C. Fite의 『러시모어 산*Mount Rushmore*』(1952), 렉스 앨런 스미스Rex Alan Smith의 『러시모어 산 조각*The Carving of Mount Rushmore*』(1985). 캘빈 쿨리지는 『캘빈 쿨리지 자서전*The Autobiography of Calvin Coolidge*』(1929)에서 글쓰기의 어려움을 토로했다.

링컨의 글솜씨에 대해 다룬 글은 아주 많다. 데이비드 허버트 도널드David Herbert Donald의 『링컨*Lincoln*』(1995), 앨프리드 케이진의 『신과 미국 작가*God and the American Writer*』(1997), 제임스 맥퍼슨의 「링컨의 동업자 헌던Lincoln's Herndon」 (『뉴욕 리뷰 오브 북스』1998년 3월 26일 자), 고어 비달의 「링컨 전기Lincoln Close Up」(『뉴욕 타임스 북 리뷰』 1991년 8월 15일 자), 멕 콕스의 「월 스트리트 저널」 1990년 11월 26일 자 기사.

스탠리 커틀러Stanley I. Kutler는 워터게이트에 관한 닉슨의 테이프를 우리에게 다음 책으로 보여 주었다. 『권력 남용: 새로운 닉슨 테이프Abuse of Power: The New Nixon Tapes』(1997). 글쓰기의 어려움에 관한 닉슨의 촌평은 일찍이 언급한 브라이언 램의 『책 이야기』에 나온다. 이 책에는 다른 정치인-작가와의 인터뷰도 담겨 있다.

윌리엄 그레이더William Greider는 「워싱턴 포스트」 1977년 3월 20일 자 기사에서, 좋은 작가가 그러하듯 뭐든 직접 하고자 하는 카터의 본능이 어째서 대통령의 리더십에 방해가 되었는가를 말하고 있다. 역시 부정적인 카터에 대한 촌평으로 마틴 슈램Martin Schram의 「워싱턴 포스트」 1977년 12월 30일 자 기사와 게이브리얼 쇼엔펠드Gabriel Schoenfeld의 「월 스트리트 저널」 1996년 12월 13일 자 기사가 있다. 감사의 글을 쓴 부시에 대해서는 세라 부스 콘로이의 「워싱턴 포스트」 1989년 2월 5일 자 기사에 나온다. 퀘일의 멍청한 발언을 다룬 글은 즐비하다. 그는 국가적인 놀림감이었다. 내가 특히 댄 퀘일에 대해 잘 이용한 자료는 『에스콰이어Esquire』 1992년 8월 호의 특집 기사다. 클린턴의 대선용 책에 대한 비판적 서평은 리처드 번스타인Richard Bernstein이 「뉴욕 타임스」 1996년 9월 4일 자에 발표한 것이다. 솔리테어에 대한 클린턴의 관심에 대해서는 캐린 볼Karen Ball의 「그건 카드 안에 있다It's in the Cards」(『뉴요커』 1997년 3월 31일 자)를 참고하라. 클린턴의 르윈스키 재앙은 다음 자료를 참고했다. 마이클 아이시코프Michael Isikoff의 『클린턴 들추기: 한 기자의 이야기Uncovering Clinton: A Reporter's Story』(1999), 도린 카버절의 「뉴욕 타임스」 1999년 2월 28일 자 기사, 데이비드 첸David W. Chen과 닐 루이스Neil A. Lewis의 「뉴욕 타임스」 1998년 9월 12일 자 기사. 작가로서의 고어에 관해서는 키스 슈나이더Keith Schneider의 「뉴욕 타임스」 1992년 7월 27일 자 기사를 참고했다.

하원 의장 짐 라이트의 몰락에 대해서는 존 배리John M. Barry의 『야망과 권력 The Ambition and the Power』(1989)에 나온다. 이 책은 찾아보기가 꼭 필요한데 그게 없는 저급한 책이다. 자기변호를 위한 스파이로 T. 애그뉴의 책 『조용히 떠나라……』는 1980년에 나왔다. 싱클레어에 관한 에세이인 그레그 미첼Greg Mitchel의 「작가들이 자기가 정치가라고 생각할 때When Writers Think They're Politicians」가 실린 것은 『뉴욕 타임스 북 리뷰』 1992년 11월 1일 자다. 미치코 가쿠타니

Michiko Kakutani의 「뉴욕 타임스」 1993년 10월 기사에는 정치가의 일기를 역사적으로 이용하는 것에 대한 얘기가 나온다.

인종 차별을 부르짖은 적이 없다는 조지 월리스의 주장에 대해서는 칼 로언의 「워싱턴 포스트」 1991년 9월 6일 자 기사를 보라. 흥미로운 역사 기록으로서, 월리스의 불명예스러운 발언을 대필한 유령은 애사 얼 카터Asa Earl Carter였다. 앨라배마 출신의 백인 우월주의자인 그는 한때 남부의 원조 KKK단이라고 불린 100명의 준(準)군사 조직을 지휘한 인물이다. 월리스처럼 카터도 인종 차별주의자였다가 따뜻한 생각을 지닌 인물로 탈바꿈했다. 포러스트 카터Forrest Carter라는 필명으로 그는 미국 인디언 고아가 어린 시절을 회고하는 형식의 책 『내 영혼이 따뜻했던 날들The Education of Little Tree』을 썼다.

대통령의 훌륭함에 관한 연구는 계속된다. 이번 장에 썼듯이, 탁월한 현대 사상가들의 조사를 통해 매겨진 성적표 가운데 가장 유명한 것은 아서 슐레진저 주니어가 주도해서 작성한 것이다. 그 결과인 「궁극적인 지지율The Ultimate Approval Rating」이 『뉴욕 타임스 매거진』 1996년 12월 15일 자에 실렸다. 윌리엄 라이딩스 주니어William J. Ridings Jr.와 스튜어트 매키버Stuart B. McIver가 조사한 결과인 『대통령 평가: 훌륭하고 존경할 만함부터 부정직하고 무능함까지, 미국 리더들을 평가함Rating the Presidents: A Ranking of U.S. Leaders, from the Great and Honorable to the Dishonest and Incompetent』(1996)도 결과는 비슷했다. 대부분의 다른 조사와 마찬가지로, 그런 여론 조사를 할 때 대통령의 글쓰기 능력은 참고하지 않는다. 일부 연구는 호색함과 같은 협소한 주제의 현대적 관심사에 초점을 맞추고 있다. 예를 들어, 마빈 올래스키Marvin Olasky의 『미국 리더십의 전통: 워싱턴부터 클린턴까지의 도덕관The American Leadership Tradition: Moral Vision from Washington to Clinton』(1999)은 〈종교적 믿음과 성적 도덕성〉에 위대함의 기초를 둔다. 그래서 저자는 클린턴에게 분노한다고 말한다. 저자 올래스키는 〈정치적 수사〉를 기초로 해서 대통령을 평가하는 것은 잘못이라고 주장한다. 대통령의 훌륭함에 대한 기타 연구로는 다음과 같은 게 있다. 딘 키스 사이먼턴Dean Keith Simonton의 『성공한 대통령들의 성공 이유: 리더십의 정치 심리학Why Presidents Succeed: A Political Psychology of Leadership』(1987), 스튜어트 매캔Stewart J. H. McCann의 「미국 대통령들의 훌륭함을 예견하는 공식의 대안: 관상, 상황, 시대정신이라는 요인 Alternative Formulas to Predict the Greatness of U.S. Presidents: Personological, Situational, and

Zeitgeist Factors」(『성격과 사회심리학 저널Journal of Personality and Social Psychology』 1992년 62:3), 제임스 데이비드 바버James David Barber의 『대통령의 성격: 백악 관에서의 수행 능력 예견하기The Presidential Character: Prediction Performance in the White House』(1992), 토머스 베일리Thomas A. Bailey의 『대통령의 훌륭함: 조지 워싱턴 부터 현재까지의 이미지와 실체Presidential Greatness: The Image and the Man from George Washington to the Present』(1966), 네이선 밀러Nathan Miller의 『별을 단 사람들: 미국 10대 최악의 대통령Star-Spangled Men: America's Ten Worst Presidents』(1998). 훌륭함을 검사하는 어떤 연구에 의하면 혼란 상태가 가장 결정적인 요인이라고 주장한 다. 더없이 혼란스러운 그런 연구 가운데 하나는 『명성의 요람Cradles of Eminence』 (1962)인데, 부부가 공저한 책이다. 저자인 빅터와 밀드레드 조지 고어첼Victor and Mildred George Goertzel 부부는 유명인의 어린 시절 자료에서 그런 경향을 발견 했다고 한다. 부부는 유명인들의 어린 시절 자료를 뉴저지 주 몽클레어의 공공 도서관에서 찾았다고 한다. 나중에는 아들과 함께 『300명의 유명인Three Hundred Eminent Personalities』(1978)을 냈는데, 이번에는 캘리포니아 주 멘로파크의 공공 도서관에서 자료를 구했다. 그들은 이사를 간 게 분명하다.

이번 장의 사소한 촌평들은 다음 여러 자료에서 인용했다. 페루 작가 마리오 바르가스 요사의 말은 「유에스 뉴스 앤드 월드 리포트U.S. News & World Report」 1990년 11월 5일 자 기사에서 인용했다. 영국 총리 볼드윈에 대한 언급은 편집 자 존 매킨토시John P. Mackintosh가 편저한 『20세기의 영국 수상British Prime Ministers in the Twentieth Century』 제1권 『밸푸어부터 체임벌린까지Balfour to Chamberlain』(1977) 에 나오는 존 캠벨John Campbell의 말을 인용한 것이다. 존 키건John Keegan의 『명 령의 구실The Mask of Command』(1987)은 궁정사가에 대한 알렉산드로스 대왕의 태도에 대한 통찰을 보여 준다. 히틀러를 미술가로 본 로버트 콩퀘스트Robert Conquest의 촌평은 「테러리스츠Terrorists」(『뉴욕 리뷰 오브 북스』 1997년 3월 6일 자)에 나온다. 시어도어 루스벨트의 철자 개혁에 대한 애기는 브랜즈H. W. Brands 의 『시어도어 루스벨트: 마지막 낭만주의자TR: The Last Romantic』(1997)에 나온다. 컬런 머피Cullen Murphy는 『슬레이트』 1998년 9월 9일 자에 클린턴의 평범한 언 어 의안에 대해 흥미로운 기사를 실었다. 닉슨의 회고록 『눈 깜짝할 사이: 내 인 생과 좋았던 시절Swifty: My Life and Good Times』(1995) 집필과 관련한 애기는 어빙 레이저Irving Lazar가 들려준 것이다. 닉슨 도서관에 대한 촌평은 스티븐 앰브로즈의 『닉슨: 폐허와 회복, 1973~1990Nixon: Ruin and Recovery, 1973~1990』(1991)에 나온다.

나는 이번 장의 주제를 연구하기 위해 수많은 인터뷰를 했다. 제임스 맥그리거 번스, 레이 프라이스, 샘 보건, 팀 셀데스, 제임스 데이비드 바버, 마크 그린, 켄 매코믹이 특히 많은 도움을 주었다.

교훈이나 통찰을 얻기 위해 누구나 항상 해외로 눈을 돌리고 싶어진다. 이번 장에서 그저 간단히 언급하고 끝냈지만, 어느 나라든 국가의 수뇌들은 어딘가 놀라운 데가 많다.

벨라루스의 대통령 알렉산드르 루카셴코Aleksander Lukashenko는 공산주의가 호시절을 누릴 때 집단 농장을 운영한 적이 있는데, 본연의 일을 하려는 신문사를 서슴없이 영업 정지시킨다. 그런데 그는 글을 쓰는 정치인에 대해서는 한결 계몽되어 있다. 그의 헌법 제86조에 따르면, 〈대통령은 다른 공직에 취임할 수 없으며, 봉급 이외의 어떤 금전적 보상도 받을 수 없으나, 과학과 문학, 예술 작품으로 얻는 저작권료는 예외다.〉 미국 국회도 이런 점은 루카셴코에게 배워야 할 것이다.

하지만 다른 나라는 주로 미국의 것을 차용하는 것 같다. 전제적인 싱가포르 전 총리 리콴유는 1999년에 『싱가포르 이야기: 리콴유 회고록The Singapore Story: Memoirs of Lee Kuan Yew』을 냈다. 이 회고록은 모든 점에서 미국 대통령이 쓴 자서전과 닮았다. 이 책에서 그는 말한다. 〈나는 일이 끝난 후 주로 밤중에 컴퓨터 앞에 앉아 방해받지 않고 글을 썼다. 나는 여러 남녀 젊은이들에게 내 원고를 보냈는데, 그들은 자료 저장 시간이 틀린 게 아니냐고 물었다. 주로 새벽 3~4시에 저장한 것으로 되어 있었기 때문이다. 나는 그것이 맞다고 답해 주었다.〉 리콴유는 다른 사람이 그를 위해 많은 일을 해주고 있다는 것을 드러내고, 글을 쓰느라고 진짜 일에 지장이 있는 것은 아니라는 것을 밝히면서, 자기가 직접 썼다는 것을 우리에게 알리고 싶어 한다. 그런 발언은 이번 장에서 인용한 닉슨의 말을 연상시킨다. 〈책을 쓴다는 것은 아주, 아주 어려운 작업입니다……. 그래서 나는 좋은 사람들과 함께 일을 하지요.〉

공산주의가 막을 내리면서, 과거 소련의 지배를 받아 온 나라들은 미국 최악의 문학 병에 일부 감염된 것 같다. 내가 1990년대 초에 블라디보스토크에서 만난 과거의 반체제 인사 막심은 이런 말을 했다. 그는 낮에 안전한 직장이 있어서, 밤에는 좋은 문학작품을 번역할 수 있었다. 그런데 이제 막심의 말에 따르면, 사람들이 텔레비전을 보느라고 책을 덜 읽게 되어, 그가 밤에 하던 일거리가 끊겼다는 것이다. 〈나는 사정이 호전되길 기다리는 데 지쳤습니다.〉 그가 말했다. 체코에서는 상황이 더욱 절망적이어서, 바츨라프 하벨은 서구 출판업자들에게 도움을 청하는 청원서에 사인을 할 정도였다. 한편, 글을 쓰는 정치가들은 미국의 정치가들처럼 쓴맛을 보게 되었다. 1991년에 책 한 권을 공저한 사람이 고위 공직을 잃었다. 은행이 소유한 출판사로부터 선인세를 받았다는 것이 알려졌기 때문이다. 혹시 루카셴코가 자기 뜻을 밀어붙여서 벨라루스가 러시아와 합병하면 이런 일이 끝날지도 모른다. 그러나 루카셴코는 미국의 선례를 뒤따를 공산이 크다.

댄 퀘일과 그의 가족이 1989년 크리스마스카드에 썼듯이, 〈우리나라(미국)가 앞으로도 세계의 희망의 등데가 되기를〉.[3]

제9장 주석

먼저, 내가 연구를 한 모든 곳 가운데 국회 도서관이 가장 쾌적한 곳 가운데 하나였다는 것을 밝히고 싶다. 나는 국회 도서관에서 두 번에 걸쳐 인터뷰를 했다. 처음에는 1990년대 초에, 다음에는 1998~1999년에 했다. 두 번 모두 대다수의(물론 전부는 아닌) 직원들이 열정적이고 헌신적으로 인터뷰에 응했다. 이번 장에서 나는 좀 더 간결하게 이야기를 끌어가기 위해 두 번의 인터뷰 내용을 한데 엮었다. 이번 장 전체를 검토한 후, 부정적인 내 촌평은 전혀 건드리지 않은 채 다른 유용한 개선점만을 지적해 준 국회 도서관 직원 한 명에게 특히 감사드린다. 그녀는 이름을 밝히지 않길 원했다. 그래서 국회 도서관의 그 고참 간부를 위해 이런 말까지 덧붙였으니, 독자께서는 그녀가 누군지 짐작도 못할 것이다.

국회 도서관의 자체 홍보물 출판 노력은 아주 대단하다. 예컨대 1997년에 40권 이상의 책을 발행했고, 달력, CD, 〈기타 제품〉을 만들었다. 나는 내가 사

3 등데beakon는 등대beacon를 잘못 쓴 것 ― 옮긴이주.

용한 그 자료 가운데 일부는 다음과 같다. 제임스 콜James Y. Cole의 책 세 권『제

퍼슨의 유산: 국회 도서관 약사*Jefferson's Legacy: A Brief History of the Library of Congress*』

(1993),『이 벽들에는: 국회 도서관 건물 안의 비문과 인용문*On These Walls: Inscrip-*

tions and Quotations in the Buildings of the Library of Congress』(1995),『국회 도서관의 저작

권*Copyright in the Library of Congress*』(1995), 그리고 존 콜이 편집한 대니얼 부어스틴

의『편지 공화국』(1989), 바버라 터크먼Barbara W. Tuchman의『책*The Book*』(1980),

조지퍼스 넬슨Josephus Nelson과 주디스 발리Judith Barley의 공저『완전한 일회전:

90년 동안의 주 독서실 봉사*Full Circle: Ninety Years of Service in the Main Reading Room*』

(1991). 북 센터를 운영한 콜은 사실상 국회 도서관의 역사가다. 그가 쓴 글의

대부분은 이름-날짜-장소를 기록한 역사지만, 그 책들은 유용할 뿐만 아니라

시각적으로도 매력적이다. 국회 도서관에 관한 가장 아름다운 책 가운데 하나

는 이 도서관의 북 센터와 제휴해서 뉴멕시코 대학 출판부에서 발행한 책,『도

서관: 그 내면의 드라마*Library: The Drama Within*』(1996)다. 이 책의 글은 부어스틴

이 썼고 사진은 다이앤 아세오 그릴리치스Diane Asséo Griliches가 찍었다. 미국 회

계 감사원GAO의 국회 도서관에 대한 보고서『회계 감사: 국회 도서관의 최초

감사 결과 뜻 깊은 문제를 노출하다*Financial Audit: First Audit of the Library of Congress*

Discloses Significant Problems』가 1991년에 발행되었다.

　도서관에 관한 다음의 여러 역사서도 원용했다. 프레드릭 레너Frederick Lerner

의『도서관 이야기: 글쓰기의 발명부터 컴퓨터 시대까지*The Story of Libraries: From*

the Invention of Writing to the Computer Age』(1998), 엘머 존슨Elmer D. Johnson의『서구

도서관의 역사*A History of Libraries in the Western World*』(1965), 마틴 라일Martin Ryle

이 영어로 번역한 루치아노 칸포라Luciano Canfora의『사라진 도서관: 고대 세계

의 경이*The Vanished Library: A Wonder of the Ancient World*』(1990), 로저 차티어의『책

의 질서: 14세기부터 18세기까지 유럽의 독자, 저술가, 도서관*The Order of Books:*

Readers, Authors, and Libraries in Europe between the Fourteenth and Eighteenth Centuries』(1994),

애비게일 밴 슬리크Abigail A. Van Slyck의『일체 무료: 카네기 도서관과 미국 문

화, 1890~1920*Free to All: Carnegie Libraries & American Culture, 1890~1920*』(1995), 데이

비드 미언스David C. Mearns의『지금까지의 이야기: 국회 도서관, 1800~1946*The*

Story up to Now: The Library of Congress, 1800~1946』(1972). 앤서니 스미스Anthony Smith

의『굿바이 구텐베르크: 1980년대의 신문 혁명*Goodbye Gutenberg: The Newspaper*

Revolution of the 1980s』(1980)은 주제가 협소한 듯하지만, 책과 도서관에 대한 정보 가치가 크다. 앨프리드 크로스비Alfred W. Crosby의『리얼리티의 척도: 1250~1600년의 수량화와 서구 사회*The Measure of Reality: Quantification and Western Society, 1250~1600*』(1997)도 글쓰기와 정보 조직화에 관한 장은 유익했다.『다이달로스*Daedalus*』1996년 가을 호는「책, 벽돌, 바이트Books, Bricks, & Bytes」를 특집으로 다루고 있다. 앞서 장에서 언급한 망구엘의『독서의 역사』에는「이 세계의 운명을 정한 사람들Ordainers of the Universe」이라는 도서관 분류 체계에 관한 훌륭한 장이 있다.

연구 도서관 협회ARL의 자료는『1996~1997년 ARL 통계*ARL Statistics 1996~1997*』(1998)에 나온다. 로버트 오클리Robert L. Oakley의『저작권과 보존: 사려 깊은 해결책이 필요한 심각한 문제 하나*Copyright and Preservation: A Serious Problem in Need of a Thoughtful Solution*』(1990)는 보존과 접근 위원회CPA가 발행한 것으로, 책이 바스러지는 문제를 다루고 있다.「월 스트리트 저널」1997년 7월 10일 자에 나온 책의 산성 제거 처리에 관한 기사는 존 피앨카John J. Fialka가 쓴 것이다. 디지털 보존에 관한 두 기사는 캐티 해프너Katie Hafner와 어빈 몰로츠키Irvin Molotsky의「뉴욕 타임스」1999년 4월 8일 자 기사다.

책의 미래와 관련된 책이 아주 많이 나오고 있는데, 그 가운데 상당수는 컴퓨터 모니터의 언어가 종이 위의 언어를 정복할 것인가에 초점을 맞추고 있다. 내가 원용한 책은 다음과 같다. 로저 차티어의『형태와 의미: 코덱스[두루마리 이후 발달한 책의 원형]부터 컴퓨터까지의 텍스트, 공연, 관객*Forms and Meanings: Texts, Performances, and Audiences from Codex to Computer*』(1995), 편집자 제프리 넌버그Geoffrey Nunberg의『책의 미래*The Future of the Book*』(1996), 편집자 피터 러들로Peter Ludlow의『전자 미개척지의 결투: 사이버 공간의 개념 문제*High Noon on the Electronic Frontier: Conceptual Issues in Cyberspace*』(1996), 스벤 버커츠Sven Birkerts의『독서*Readings*』(1999), 마이클 호바트Michael E. Hobart와 재커리 시프먼Zachary S. Schiffman의 공저『정보화 시대: 문해와 수리 능력과 컴퓨터 혁명*Information Ages: Literacy, Numeracy, and the Computer Revolution*』(1998). 닐 거셴펠드Neil Gershenfeld는『사물들이 생각하기 시작할 때*When Things Start to Think*』(1999)에서 전통적인 책 제작 기법의 가치에 대해 논하고 있다. 로버트 단턴은「책의 신시대The New Age of the Book」(『뉴욕 리뷰 오브 북스』1999년 3월 18일 자)에서 전자책에 대해 논했다.

니컬러스 베이커Nicholas Baker는 「저술가 대 도서관The Author vs. the Library」(『뉴요커』1996년 10월 14일 자)에서 샌프란시스코 공공 도서관이 처음 생긴 것에 대한 충격을 다루고 있다. 조엘 아켄바크Joel Achenbach는 「워싱턴 포스트」1999년 3월 12일 자 기사에서 국회 도서관을 비난하는 말들을 다루고 있다. 『타임스 리터러리 서플러먼트』인용문은 1998년 8월 28일 자 「NB」에서 발췌한 것이다. 반스 앤드 노블 인용문은 카라 스위셔Kara Swisher의 「월 스트리트 저널」1998년 6월 11일 자에 나온다. 제이콥 와이즈버그는 인터넷으로 배달되는 전자 잡지인 『슬레이트』에 기고문 「현대 도서관The Modern Library」을 실었다. 와이즈버그는 테크놀로지의 발달로 『슬레이트』를 욕실까지 가져갈 수 있게 되었다고 자랑스럽게 썼다. 트레빌 로런스R. de Trevill Lawrence 3세가 편집한 『제퍼슨과 와인: 중용의 모델』(1989)은 비니페라 와인 재배자 협회가 발행한 책이다.

알렉산더 스틸Alexander Stille은 미국 국립 기록 보관에 관한 기사 「과부하Overload」를 『뉴요커』1999년 3월 8일 자에 실었다. 국립 기록 보관소는 다분히 국회 도서관과 같은 문제로 골머리를 앓고 있다. 1996년에 이 기록 보관소가 내린 결론에 따르면, 비디오나 오디오 테이프처럼 비문서 자료 소장품을 안정된 형태로 전환하는 데는 현재 직원 규모로 120년이 걸릴 거라고 한다. 이 보관소의 미디어 보존 실험 실장인 찰스 메인의 추산에 따르면, 전환해야 할 미디어의 일부는 남은 수명이 20년이 안 된다. 메인은 고물 기계 장치가 계속 작동하도록 관리하는 데 아주 많은 시간을 보낸다.

이번 장의 서두 장면은 내 대학원생 조교 보니 보먼이 국회 의사당 관광을 한 경험을 기초로 한 것인데, 꼭 그대로 되살려 쓴 것은 아니다.

이 책을 꼼꼼히 읽은 독자라면 이번 장이 국회 도서관에 대한 신문 기사를 그리 참고하지 않았다는 사실을 알아차렸을 것이다. 사실 국회 도서관은 언론에 잘 대처하지 못하고 있다. 문제는 도서관에 대한 뉴스가 늘 따분하다는 것이다. 〈도서관이란 명칭부터가 따분해요.〉어느 신문 서평 편집자가 나에게 한 말이다. 소설들 속에 묘사된 사서들의 경우도 마찬가지. 허구의 사서들은 옥스퍼드 대학 도서관을 지은 보들리가 기대함 직한 1차원적인 인간으로 보인다. 즉흥적으로 생각나는 예외 하나는, 킹슬리 에이미스Kingsley Amis의 『저 불확실한 느낌 That Uncertain Feeling』이다. 결말에 매우 성적인 웰시 사서에게 무슨 일이 일어났는가를 잊지 말자. 그는 작은 석탄선 한 척을 갖고 영업을 한다. 그러나 국회 도서관에 직접 와서, 전시실 너머로 들어선 기자라면 환상적인 세계를 발견한다.

부록 1 주석

P. T. 바넘의 광고 업적은 자신의 자서전만이 아니라 어빙 월리스Irving Wallace 의 『전설적인 흥행사: P. T. 바넘의 생애와 시대The Fabulous Showman: The Life and Times of P. T. Barnum』(1959)에 잘 묘사되어 있다. 이 부록에서 사용한 책 광고의 예는 다음 자료에서 발췌했다. ABA 모임에서의 광고는 니컬러스 배스베인스 의 「이건 미친, 미친 세상이다It's a Mad, Mad World」(『비블리오』 1996년 11월과 12월 호). 책 표지의 현상 공모 아이디어에 대해서는 마이클 라이언Michael Ryan 의 「대리인 빌 애들러의 베스트셀러는 하염없지만 보람 있는 손수 일하기의 미 스터리다Agent Bill Adler's Best-Seller Is an Endless but Rewarding Do-It-Yourself Mystery」(뉴 욕 『타임』 1983년 10월 17일 자), 에릭 페이스Eric Pace의 「뉴욕 타임스」 1994년 9월 2일 자 기사, 데이비드 브로너David Brauner의 「예루살렘 포스트Jerusalem Post」 1997년 12월 25일 자 기사. 베이커-미트갱의 서로 등 긁어 주기에 관해서는 하워드 카플란Howard Kaplan의 「우리 시대의 통나무 굴리기Logrolling in Our Time」 (『스파이Spy』 1990년 10월 호). 스티븐 킹이 바크먼에 대해 스스로 해명한 게 있다. 『바크먼의 책들: 스티븐 킹의 초기 장편 소설 네 편The Bachman Books: Four Early Novels by Stephen King』(1986)의 서문 「나는 왜 바크먼이었나Why I Was Bachman」 가 그것이다. 또한 마크 싱어Mark Singer가 「당신은 뭐가 두렵소What Are You Afraid Of?」(『뉴요커』 1998년 9월 7일 자)에서 바크먼 얘기를 한 게 있다. 필명의 마케 팅 가치에 대한 또 다른 자료로는 도널드 웨스트레이크Donald E. Westlake의 「워싱 턴 포스트」 1999년 5월 2일 자 기사가 있다. 새천년 책 열풍에 대해서는 로버트 다린Robert Dahlin의 「20세기를 넘기며Turning the Page on the 20th Century」(『퍼블리셔 스 위클리』 1999년 5월 17일 자). 콜레트에 관해서는 케이티 엠크Katy Emck의 런던 『타임스 리터러리 서플러먼트』 1998년 5월 1일 자 기사. 콜레트는 『클로 딘Claudine』이라는 제목의 야한 소설을 대대적으로 마케팅하면서, 클로딘 향수, 클로딘 아이스크림, 클로딘 담배까지 만들었다. 하워드 블로흐R. Howard Bloch 의 『신의 표절자: 미뉴 신부의 전설적인 산업과 불법 상행위에 대한 변명God's

Plagiarist: Being an Account of the Fabulous Industry and Irregular Commerce of the Abbé Migne』(1995)는 미뉴 신부의 가면을 제대로 벗긴 책이다. 알렉산더 포프에 대한 자료로는 앞에서 언급한 루이스 크로닌버거의 『짧은 일대기: 예술가들의 전기 안내서』에서 마틴 시모어스미스Martin Seymour-Smith 항목, 그리고 조지 패스턴George Paston의 『포프 씨: 그의 생애와 시대*Mr. Pope: His Life and Times*』(1909)를 참고하라. 현대의 포프인 조 클라인Joe Klein은 「네, 진짜로, 나는 익명입니다No, Really, I Am Anonymous」(『뉴욕 타임스 북 리뷰』 1996년 5월 19일 자)에서 그가 돈에 관심이 없는 이유를 설명하고 있다.

부록 2 주석

로스 부부와 젱킨스의 자가 출판에 관한 책들 제목을 거듭 들먹일 필요는 없을 것이다. 내가 이 부록에서 언급하지 않은 책 한 권은 수전 페이지Susan Page의 『당신과 발행 도서 사이의 최단 거리*The Shortest Distance between You and a Published Book*』(1997)다. 페이지의 책은 이번 주제를 다룬 다른 책에 비해 더 좋지도, 더 나쁘지도 않다. 이 저서에서 그녀는 〈글 친구〉 동아리를 만들어서 끝까지 서로 도우라는 충고를 하고, 자기 책을 홍보하라는 충고도 물론 빠뜨리지 않았다. 데이비드 뎀시David Dempsey는 「출판하는 방법How to Get Published, More or Less」(『하퍼스 매거진』 1995년 7월 호)에서 자비 출판 전문 출판사에 대해 다루고 있다. 마크 트웨인의 형편없는 사업(과 출판) 감각을 비롯해서 그의 모든 것에 관한 책으로는 저스틴 카플란Justin Kaplan의 『클레먼스 씨와 마크 트웨인: 전기*Mr. Clemens and Mark Twain: A Biography*』(1983)보다 더 좋은 책은 없다.

부록 3 주석

이 부록에 썼듯이, 책 편집 상황을 비난하는 작가가 많다. 존 브로디John Brodie의 「책망 받다Brought to Book」(『뉴 리퍼블릭』 1992년 3월 16일 자), 마틴 아널드의 「뉴욕 타임스」 1998년 11월 12일 자 기사, 조너선 야들리의 「워싱턴 포스트」1990년 8월 6일 자 기사, 도린 카버젤의 「뉴욕 타임스」1998년 6월 29일 자 기사, 스티브 와인버그의 「책 실수가 왜 그리 잦은가Why Books Err So Often」(『컬럼비아 저널리즘 리뷰』1998년 7월과 8월 호), 존 사이먼의 「감상의 오류 Pathetic Fallacies」(『뉴욕 타임스 북 리뷰』1998년 11월 22일 자). 제이콥 와이즈버 그는 「러프 트레이드Rough Trade」(『뉴 리퍼블릭』1991년 6월 17일 자)에서 특히 비판적이었다. 그리고 또 「품위 있는 반대자The Courtly Contrarian」(『뉴욕 타임스 매거진』1998년 3월 15일 자)에서는 그의 저서 『미국인의 역사』의 사실 확인을 제대로 하지 않은 폴 존슨을 비판하고 있다. 와이즈버그는 『뉴 리퍼블릭』기사 에서 편집자 앨리스 메이휴Alice Mayhew를 비판한 것 때문에 맹렬한 비난을 받 았다. 그녀의 손을 거친 다수의 저술가들이 그 잡지에 편지를 보내 열렬히 그녀 를 옹호했다. 이 편지들은 1991년 7월 15~22일 호에 발표되었다.

이번 부록의 근사한 얘기는 LSU 출판부의 편집장이자 부부장인 모린 휴이 트가 설문 조사한 결과 드러난 것이다. 내가 주로 사용한 설문 작성자는 다음 과 같다. 한때 덴버 서점의 주인이었고 지금은 일리노이 대학 출판부에서 일하 는 데이비드 퍼킨스, 네브래스카 대학 출판부의 데브라 터너, 마지막으로 시카 고 대학 출판부의 브루스 바턴. 바턴은 『무지』가 『앎』으로 바뀐 얘기를 들려주 었다.

맥스웰 퍼킨스에 대한 찰스 스크리브너 주니어의 평은 「아무것도 몰랐던 내 책임이다I, Who Knew Nothing, Was in Charge」(『뉴욕 타임스 북 리뷰』1990년 12월 9일 자)에 나온다. 존 업다이크의 말은 「나와 내 책Me and My Books」(『뉴요커』 1997년 2월 3일 자)에 나온다. 『벌거벗은 점심』과 관련된 앨런 긴스버그에 대 한 이야기는 배리 마일스Barry Miles의 『윌리엄 버로스: 보이지 않는 녀석: 초상 William Burroughs: El Hombre Invisible: A Portrait』(1993)에 나온다. 그런 제목을 붙인 버로스의 해명은 앙드레 버나드André Bernard의 『이제 우리한테 필요한 것은 제 목뿐이다: 유명한 책 제목과 그런 제목을 갖게 된 경위Now All We Need Is a Title: Famous Book Titles and How They Got That Way』(1994)에 나온다. 펜과 텔러의 마술 이 야기는 에스더 페인Esther B. Fein의 「뉴욕 타임스」1992년 12월 14일 자 기사에 실렸다. 토머스 해리스에 대한 일화는 캐슬린 매키건Cathleen McQuigan의 「두 그 릇째Second Helping」(『뉴스위크』1999년 6월 7일 자)에 나온다. 『제인 에어』와 『사일러스 마너』출판 소요 기간에 대한 이야기는 앞에서 언급한 대니얼 풀의

『디킨스의 모피 코트와 샬럿의 답장 없는 편지』에서 원용한 것이다. 식스투스 교황에 대한 일화 역시 앞에서 언급한 그랜트 어든의 『이상한 독서』에 나온다. 티머시 덱스터에 대한 이야기는 어빙 월리스의 『부적응자: 감히 남달랐던 몇몇 미국인The Square Pegs: Some Americans Who Dared to Be Different』(1954)에서 뽑은 것이다.

출판 과정을 묘사한 책으로 다음 두 종을 참고했다. 레너드 샤츠킨Leonard Shatzkin의 『콜드 타이프[사진 식자 따위]로: 책 위기를 극복하기In Cold Type: Overcoming the Book Crisis』(1982)와 마셜 리Marshall Lee의 『책 만들기: 디자인-제작-편집 도판 지침서Bookmaking: The Illustrated Guide to Design/Producion/Editing』(1979).

찾아보기

이 책을 죄다 읽지 않고 흥미로운 것만 골라 읽는 길을
여기서 보여 드리겠다.

그런 찾아보기를 들여다보면 그게 비록 책에 난 작은 바늘구멍 같을지라도
본연의 모습을 드러낼 엄청난 거인의 어릴 적 모습이 엿보인다.
윌리엄 셰익스피어, 「트로일루스와 크리세이드」

이 책에 언급되는 인물들

가드너, 존 Gardner, John(1926~2007) 영국의 첩보, 스릴러 소설 작가. 제임스 본드의 속편과 모리아티 교수(셜록 홈스 시리즈의 악당)를 주역으로 내세운 소설 등을 쓴 것으로 유명하다.

가드너, 하워드 Gardner, Howard(1943~) 미국의 심리학자, 교육학자. 사람의 지적 역량은 IQ 하나만으로 측정할 수 없으며, 다양한 요소로 구성된다는 다중 지능 이론을 주장했다.

가필드, 제임스 Garfield, James(1831~1881) 미국의 제20대 대통령. 재임 1881.

갤리코, 폴 Gallico, Paul(1897~1976) 미국의 소설가, 저널리스트. 40편 이상의 소설들을 남겼으며, 『흰 기러기 *The Snow Goose*』로 큰 성공을 거뒀다.

거비어, 발타자르 Gerbier, Balthazar(1592~1663) 네덜란드 출신의 건축가이자 외교관, 화가, 작가. 주로 영국에서 활동했다.

게르첸, 알렉산드르 Gertsen, Aleksandr Ivanovich(1812~1870) 러시아의 소설가, 사상가. 인텔리겐치아를 대표하는 사람들 중 하나로 사회주의 이론 발달에 공헌했다.

골드스미스, 올리버 Goldsmith, Oliver(1730~1774) 아일랜드의 시인, 소설가. 대표적인 소설로 『웨이크필드의 목사 *The Vicar of Wakefield*』가 있다.

골드스미스, 올리비아 Goldsmith, Olivia(1949~2004) 미국의 소설가. 영화화된 소설 『조강지처 클럽』의 저자.

굴라트, 론 Goulart, Ron(1933~) 미국의 작가. SF, 판타지, 미스터리 소설을 쓰고 영상물을 소설화하는 등 다양한 방면으로 다수의 작품들을 수많은 필명으로 발표했다.

그랜트, 율리시스 Grant, Ulysses S.(1822~1885) 미국의 제18대 대통령. 재임 1869~1877.

그레이, 제인 Grey, Zane(1872~1939) 미국의 서부 소설 작가.

그레이브스, 로버트 Graves, Robert(1895~1985) 영국의 시인이자 소설가.

그레이엄, 캐서린 Graham, Katherine(1917~2001) 미국의 언론인. 「워싱턴 포스트」의 전 소유주이자 발행인이었다. 자사의 저널리스트들이 외압에도 불구하고 베트남전 기밀문서와 워터게이트 사건을 보도할 수 있도록 지원했다.

그린, 그레이엄 Greene, Graham(1904~1991) 영국의 소설가, 극작가, 비평가. 진지함과 대중성을 고루 갖춘 소설들을 펴내서 여러 작품이 영화화되었다.

글래드스턴, 윌리엄 Gladstone, William(1809~1898) 영국의 전 총리. 1868년부터 1894년의 기간 동안 총리직을 4회 역임했다.

기번, 에드워드 Gibbon, Edward(1737~1794) 영국의 역사가. 『로마제국 쇠망사』를 남겼다.

기싱, 조지 Gissing, George(1857~1903) 영국의 작가, 교사. 주로 하층민의 비참한 삶을 묘사하는 소설을 썼다.

긴즈버그, 앨런 Ginsberg, Allen(1926~1997) 미국의 시인. 1950년대 비트 제너레이션의 핵심적 인물들 중 한 사람.

깅리치, 뉴트 Gingrich, Newt(1943~) 미국의 정치인. 공화당 소속으로 하원 의장을 역임했다.

나이더만, 앤드루 Neiderman, Andrew(1940~) 미국의 소설가, 각본가. 대표작으로 『데빌스 에드버킷』이 있으며, 이 소설은 동명 영화의 원작이 되었다.

네이폴, 비디아다르 Naipaul, V. S.(1932~) 트리니다드 태생 인도계 영국 소설가. 대영제국의 식민지주의에 천착하는 작품들을 남겼다. 대표작 『자유의 나라에서 In a Free State』가 1971년 부커상을 수상했고, 2001년 노벨 문학상을 수상했다.

노스, 올리버 North, Oliver(1943~) 미 해병대 예비역 중령. 이란-콘트라 스캔들의 중심에 있었다. 전역한 뒤 정계 입문을 시도했으나 실패하고 TV 쇼 진행자, 소설가로 성공했다.

닉슨, 리처드 Nixon, Richard(1913~1994) 미국의 제37대 대통령. 재임 1969~1974.

다 폰테, 로렌초 Da Ponte, Lorenzo(1749~1838) 이탈리아의 시인, 극작가. 모차르트의 오페라 「돈 조반니」, 「피가로의 결혼」, 「코지 판 투테」 등의 대본을 쓴 것으로 유명하다.

단턴, 로버트 Darnton, Robert(1939~) 미국의 역사학자. 18세기 프랑스사의 전문가. 이 시기를 다룬 저서 『고양이 대학살*The Great Cat Massacre*』은 미시 역사 연구의 새 지평을 열었다는 평을 받는다. 또한 〈책의 역사〉 분야의 선구자이다.

단턴, 존 Darnton, John(1941~) 미국의 저널리스트, 작가. 「뉴욕 타임스」의 기자로서 나이지리아, 에티오피아, 소말리아 등의 분쟁 지역들을 취재했다.

대처, 마거릿 Thatcher, Margaret(1925~) 영국의 전 총리. 재임 1979~1990.

더스패서스, 존 Dos Passos, John(1896~1970) 미국의 소설가, 비평가. 로스트 제너레이션의 핵심적 인물. 대표작으로는 경제 공황기를 배경으로 한 『미국 3부작』이 있다.

덜레스, 존 포스터 Dulles, John F.(1888~1959) 미국의 변호사, 외교관이었으며 국무장관을 역임했다. 대일 외교를 중시하여 미일안보체제의 기초를 마련했고, 반공주의자로서 공산주의 국가에 대해 강경한 입장을 취했다.

데이비스, 앤젤라 Davis, Angela(1944~) 미국의 사회 운동가, 학자, 작가. 미국 공산당과 흑표범단의 핵심 인물로 급진적인 인권 활동을 벌였다.

데이비스, 엘머 Davis, Elmer(1890~1958) 미국의 저널리스트, 작가.

드레이퍼, 시어도어 Draper, Theodore(1912~2006) 미국의 역사가. 미국 공산주의의 역사를 집대성하는 저작들을 남겼다.

드루어리, 앨런 Drury, Allen(1918~1998) 미국의 소설가. 대표작으로 『워싱턴 정가*Advise and Consent*』가 있으며 이 작품은 1959년에 퓰리처상을 수상했다.

디그, 사이먼 Degge, Simon(1612~1652) 영국 더비셔 주의 주장관. 그의 저작 『목사의 카운슬러*Parson's Counsellor and Law of Tithes and Tithing*』에는 교회가 세금 걷는 방법에 대한 조언들도 실려 있었다.

디즈레일리, 벤저민 Disraeli, Benjamin(1804~1881) 영국의 전 총리. 재임 1868, 1874~1880.

디즈레일리, 아이작 Disraeli, Isaac(1766~1848) 영국의 학자. 벤저민 디즈레일리의 아버지.

디키, 제임스 Dickey, James(1923~1997) 미국의 시인, 소설가. 『시집』으로 전미 도서상을 수상했다.

라무어, 루이스 L'Amour, Louis(1908~1988) 미국의 서부 소설 작가. 서부 소설의 기틀을 잡았다는 평가를 받는다.

라브뤼예르, 장 드 La Bruyerè, Jean de(1645~1696) 프랑스의 문필가. 부르봉 왕가의 방계 콩데 가의 가정 교사로 일하면서 귀족들의 생활상을 관찰하면서 기록한 수상집 『사람은 가지가지 Les Caractères』를 남겼다.

라이스, 앤 Rice, Anne(1941~) 미국의 소설가. 대표작으로 『뱀파이어와의 인터뷰』가 있다.

라이트, 리처드 Wright, Richard(1908~1960) 미국의 흑인 작가. 미국 남부의 인종 차별을 고발하는 소설들을 남겼다.

래스키, 해럴드 Laski, Harold(1893~1950) 영국의 정치학자, 교수, 마르크스주의자. 영국 노동당 집행 위원장을 역임했다.

래시너, 윌리엄 Lashner, William(1956~) 미국의 법정 소설가.

램, 찰스 Lamb, Charles(1775~1834) 영국의 수필가. 『런던 매거진』에 연재한 수필을 엮은 『엘리아의 수필 Essays of Elia』은 영국 수필 문학의 백미로 평가받는다.

랭게, 시몽 Linguet, Simon(1736~1794) 프랑스의 저널리스트, 법조인.

런던, 잭 London, Jack(1876~1916) 미국의 소설가, 저널리스트. 대표작으로 『야성의 부름 The Call of the Wild』, 『화이트팽 White Fang』 등이 있다.

레이건, 로널드 Reagan, Ronald(1911~2004) 미국의 제40대 대통령. 재임 1981~1989.

로데일, 제롬 Rodale, Jerome(1920~1971) 미국의 작가, 출판인. 출판 그룹 로데일사의 창업자.

로비어, 리처드 Rovere, Richard H.(1915~1979) 미국의 저널리스트. 미국 정치에 관한 컬럼을 주로 작성했다.

로빈슨, 에드윈 알링턴 Robinson, Edwin Arlington(1869~1935) 미국 근대를 대표하는 시인. 아더왕 신화를 근대적으로 재해석한 3부작 『멀린』, 『랜슬롯』, 『트리스트럼』으로 퓰리처상을 수상했다.

로웰, 로버트 Lowell, Robert(1917~1977) 미국의 시인. 고백시라는 새로운 유형의 시를 만들어 비트 제너레이션의 시인들에게 많은 영향을 끼쳤다.

로이코, 마이크 Royko, Mike(1932~1997) 미국의 언론인. 퓰리처상을 수상했다.

롤리, 월터 Raleigh, Walter(1554~1618) 영국의 작가, 철학자, 탐험가, 군인. 1584년 경 〈잃어버린 식민지〉라 불리는 로어노크 식민지(현재 미국 노스캐롤라이나 주) 개척을 시도했다.

루드윅, 켄 Ludwig, Ken(1950~) 미국의 극작가, 연출가. 대표작으로 「크레이지 포 유」, 「테너를 빌려 주시오」 등이 있다.

루스, 애니타 Loos, Anita(1893~1981) 미국의 극작가, 각본가. 대표작으로 「신사 는 금발을 좋아한다Gentlemen Prefer Blondes」가 있다.

루스, 클레어 부스 Luce, Clare Boothe(1903~1987) 미국의 여류 작가, 정치인. 미국 여성 최초로 대사직을 역임했다. 여성들만 등장하는 희곡 『여인들The Women』을 쓴 극작가이며 소설, 르포르타주도 썼다. 『타임』, 『라이프』, 『포춘』의 발행인 헨 리 루스의 아내였다.

루스벨트, 시어도어 Roosevelt, Theodore(1858~1919) 미국의 제26대 대통령. 재임 1901~1909.

루스벨트, 프랭클린 Roosevelt, Franklin(1882~1945) 미국의 제32대 대통령. 재임 1933~1945.

루카스, 제이 앤서니 Lukas, J. Anthony(1933~1997) 미국의 저널리스트이자 작가. 미국에서 다인종 통합 교육을 위해 실시한 버스 통학제를 세 개의 계층(백인 상위 중산층, 백인 노동자층, 흑인)의 시선에서 바라본 비소설 『공통점Common Ground』이 퓰리처상을 수상했다.

르카레, 존 le Carré, John(1931~) 영국의 첩보 소설 작가. 본명은 데이비드 존 무어 콘웰.

리뉴 공 Charles-Joseph Lamoral, 7th Prince de Ligne(1735~1814) 벨기에의 귀족, 군 인이자 작가. 군사와 관련된 서적들을 남겼다. 1814년의 빈 회의에서 좀처럼 성 과가 없자 〈회의는 춤춘다. 그러나 나아가지 않는다〉라는 말을 남기기도 했다.

리디, 조지 고든 Liddy, G. Gordon(1930~) 닉슨 대통령의 측근으로 CIA 출신. 워 터게이트 사건에서 닉슨 대통령의 재선을 꾀한 비공식 정보기관 〈배관공〉의 핵 심적 인물. 이 사건으로 인해 연방 교도소에서 복역했다.

리콴유 (李光耀, 1923~) 싱가포르의 초대 총리. 재임 1959~1990.

리프먼, 월터 Lippmann, Walter(1889~1974) 미국의 평론가, 「뉴욕 헤럴드트리뷴」의 칼럼 〈오늘과 내일〉을 담당했으며, 퓰리처상을 2회 수상했다.

리플리, 알렉산드라 Ripley, Alexandra(1934~2004) 미국의 소설가. 마거릿 미첼의 『바람과 함께 사라지다』의 속편 『스칼렛*Scarlet*』을 썼다.

린치, 토머스 Lynch, Thomas(1948~) 미국의 에세이 작가, 장의사.

링컨, 에이브러햄 Lincoln, Abraham(1809~1865) 미국의 제16대 대통령. 재임 1861~1865.

마블, 앤드루 Marvell, Andrew(1621~1678) 영국의 형이상학파 시인, 정치가.

마티니, 스티브 Martini, Steve(1946~) 미국의 법정 소설가.

마틴, 스티브 Martin, Steve(1945~) 미국의 만능 예능인. 코미디언, 영화배우, 피아니스트, 밴조 연주가, 각본가, 작가로 활발하게 활동하면서 에미상, 그래미상, 아메리칸 코미디상 등을 수상했다.

말로, 크리스토퍼 Marlowe, Christopher(1564~1593) 영국의 극작가, 시인. 『탬벌린 대왕*Tamburlaine the Great*』, 『포스터스 박사*Dr. Faustus*』 등 욕망에 휘말려 파멸해 가는 주인공들을 내세운 희곡들을 남겼다.

매디슨, 제임스 Madison, James(1751~1836) 미국의 제4대 대통령. 재임 1809~1817.

매스터스, 에드거 리 Masters, Edgar Lee(1869~1950) 미국의 시인, 소설가, 전기 작가.

매컬로, 데이비드 McCullough, David(1933~) 미국의 작가, 역사가. 두 미국 대통령, 존 애덤스와 트루먼에 대해 쓴 전기가 각각 퓰리처상을 수상했다.

맥도널드, 램지 MacDonald, Ramsay(1866~1937) 영국의 전 총리. 재임 1924, 1929~1935.

맥도널드, 포러스트 McDonald, Forrest (1927~) 미국의 역사가. 미국의 형성 초기에 대한 글들을 써냈으며, 미국 형성기에 대한 연구와 미 헌법 분야에서 가장 중요한 학자라는 평가를 받는다.

맥머트리, 래리 McMurtry, Larry(1936~) 미국의 작가이자 각본가. 소설 『외로운 비둘기*Lonesome Dove*』로 퓰리처상을, 영화 「브로크백 마운틴Brokeback Mountain」의 각본으로 아카데미상을 수상했다.

맥베이, 티머시 McVeigh, Timothy(1968~2001) 미국의 테러리스트. 1995년 4월 19일 오클라호마시티의 알프레드 P. 뮤러 연방정부청사에 트럭 폭탄 테러를 일으켰다.

맨체스터, 윌리엄 Manchester, William(1922~2004) 미국의 역사가, 전기 작가, 소설가. 존 F. 케네디, 맥아더, 처칠 등의 인물들의 전기를 썼다.

맨큐, 그레고리 Mankiw, Gregory(1958~) 미국의 경제학자. 그의 저서 『맨큐의 경제학Principles of Economy』은 경제학 교과서의 정석으로 세계적인 베스트셀러가 됐다.

머거리지, 맬컴 Muggeridge, Malcolm(1903~1990) 영국의 저널리스트, 작가. 노년에 가톨릭으로 개종하면서 테레사 수녀를 세계적으로 알리는 데 결정적인 공헌을 했다.

메이저, 존 Major, John(1943~) 영국의 총리. 재임 1990~1997.

메일러, 노먼 Mailer, Norman(1923~2007) 미국의 소설가, 저널리스트, 극작가. 『사형 집행자의 노래The Executioner's Song』, 『밤의 군대The Armies of the Night』를 통해 퓰리처상을 2회 수상했다. 문학적 저널리즘의 선구자이기도 하다.

멜처, 브래드 Meltzer, Brad(1970~) 미국 법률학도 출신의 소설가, 만화 스토리 작가.

멩켄, 헨리 루이스 Mencken, H. L.(1880~1956) 미국의 저널리스트, 편집자, 문예 비평가. 미국은 독자적인 문화를 가져야 한다고 주장하며 신흥 문학 육성에 매진했다.

모건, 세스 Morgan, Seth(1949~1990) 미국의 소설가. 미국의 여가수 재니스 조플린의 약혼자였다.

모리슨, 토니 Morrison, Toni(1931~) 미국의 여류 소설가, 편집자. 작품 속에서 주로 흑인, 특히 흑인 여성이라는 주제를 다루었다. 대표작으로 1987년 퓰리처상을 수상한 『빌러비드Beloved』가 있다. 1993년 노벨 문학상 수상자.

모턴, 앤드루 Morton, Andrew(1953~) 영국의 저널리스트, 작가. 다이애나 왕세자비, 톰 크루즈, 안젤리나 졸리 등 유명 인사들의 전기를 썼다.

모트, 프랭크 루서 Mott, Frank Luther(1886~1964) 미국의 저널리스트이자 저널리즘 학자. 『미국 잡지사A History of American Magazines』로 퓰리처상을 수상했다.

모틀리, 존 Motley, John(1814~1877) 미국의 역사가, 외교관. 영국, 오스트리아의 공사를 역임했다.

몰디아, 댄 Moldea, Dan(1950~) 미국의 저널리스트, 작가. 조직범죄, 정치권 부패에 대한 내용들을 주로 조사하고 밝혀냈으며, 이에 대한 내용을 책으로 펴내기도 했다.

무어, 마이클 Moore, Michael(1954~) 미국의 다큐멘터리 감독.

무어, 토머스 Moore, Thomas(1779~1852) 아일랜드의 극작가, 소설가, 시인. 애국적, 민족적인 시집, 노래 가사를 남겼으며, 영국인들을 풍자하는 소설 『파리의 퍼지 가 사람들*The Fudge Family in Paris*』, 『잉글랜드의 퍼지 가 사람들*The Fudge Family in England*』을 썼다.

믈라디치, 라트코 Mladić, Ratko(1943~) 스릅스카 공화국의 전 참모 총장이자 보스니아 내전을 주도한 전범. 2011년에 체포되었다.

미첼, 마거릿 Mitchell, Margaret(1900~1949) 미국의 여성 소설가. 『바람과 함께 사라지다』를 10년에 걸쳐서 썼으며, 그 외 다른 소설은 발표하지 않았다.

미치너, 제임스 Michener, James(1907~1997) 미국의 소설가. 단편집 『남태평양 이야기*Tales of the South Pacific*』로 퓰리처상을 수상했다.

바넘, 피니어스 테일러 Barnum, P. T.(1810~1891) 미국의 서커스 사업가. 모든 사람이 가진 보편적 특성을 자기 자신의 고유한 개성으로 파악하는 심리적 현상인 바넘 효과의 어원이다.

바니사드르, 아볼하산 Bani-Sadr, Abol Hassan(1933~) 이란의 초대 대통령. 재임 1980~1981.

바르가스 요사, 마리오 Vargas Llosa, Mario(1936~) 1960년대, 1970년대 라틴아메리카 문학을 대표하는 페루의 작가. 2010년 노벨 문학상을 수상했다. 대표작으로 『녹색의 집*La casa verde*』, 『도시의 개들*La ciudad y los perros*』이 있다.

바르베리니, 안토니오 Barberini, Antonio(1607~1671) 추기경, 랭스의 대주교, 바르베리니 가의 핵심 인물.

바버, 제임스 데이비드 Barber, James David(1930~2004) 미국의 정치학자, 교수. 정치인, 대통령을 검증하고 평가하는 기준과 방법론을 연구했다.

바이어트, 앤토니어 수전 Byatt, A. S.(1936~) 영국의 여류 작가. 맨부커상 수상작인 『소유*Possession*』를 비롯해 『정원의 처녀*The Virgin in the Garden*』를 필두로 하는 『프레데리카 4중주』 등을 썼다.

배글리, 데스먼드 Bagley, Desmond(1923~1983) 영국의 소설가 겸 저널리스트. 〈지혜롭고 강인하지만 사실은 아주 평범한 주인공〉이 악당들에 맞서는 류의 소설의 기초를 확립시켰다.

552

밴 뷰런, 마틴 Van Buren, Martin(1782~1862) 미국의 제8대 대통령. 재임 1837~1841.

밸푸어, 아서 Balfour, Arthur(1848~1930) 영국의 전 총리. 재임 1902~1905.

버네이스, 에드워드 Bernays, Edward L.(1891~1995) 미국의 광고인. 지그문트 프로이트의 조카로 광고에 심리학을 최초로 접목시켰다는 평가를 받는다.

버니, 패니 Burney, Fanny(1752~1840) 영국의 여류 소설가 프랜시스 버니의 애칭. 가정 소설을 주로 남겼으며 대표작으로는 『에블리나*Evelina*』, 『원더러*The Wanderer*』 등이 있다.

버로스, 에드거 라이스 Burroughs, Edgar Rice(1875~1950) 미국의 작가. 타잔 시리즈로 전 세계적인 사랑을 받았다.

버로스, 윌리엄 Burroughs, William(1914~1997) 미국의 소설가. 비트 제너레이션의 핵심적 인물들 중 한 사람.

번스, 로버트 Burns, Robert(1759~1796) 영국의 시인. 스코틀랜드 서민들의 소박한 감정을 시로 그려 냈다.

번하트, 윌리엄 Bernhardt, William(1960~) 미국의 스릴러, 미스터리 소설가.

베네, 스티븐 빈센트 Benét, Stephen Vincent(1898~1943) 미국의 시인, 작가. 애국적인 성향이 드러나는 작품들을 다수 남겼다. 남북 전쟁을 배경으로 한 서사시 『존 브라운의 유해*John Brown's Body*』로 퓰리처상을 수상했다.

베일리, 필립 제임스 Bailey, Philip James(1816~1902) 영국의 시인. 대표작으로 신에 대한 생각과 철학을 담은 시집 『페스터스*Festus*』가 있다.

벤야민, 발터 Benjamin, Walter(1892~1940) 독일의 유대계 평론가, 철학자. 프라이부르크, 베를린에서 철학을 공부하고 베른 대학에서 박사 학위를 취득했다. 그 후 신문과 잡지에 기고하거나 번역가로 활동했다.

보글럼, 거츤 Borglum, Gutzon(1867~1941) 미국의 조각가. 러시모어 산 대통령 두상을 작업했으며, 조지아 주의 스톤 마운틴 조각 작업에도 참여했다.

보즈웰, 제임스 Boswell, James(1740~1795) 영국의 전기 작가. 새뮤얼 존슨의 전기를 썼으며, 이 전기는 새뮤얼 존슨의 『영국 시인전』과 더불어 영국 전기 문학의 걸작이라 평가받는다.

볼드윈, 스탠리 Baldwin, Stanley(1867~1947) 영국의 전 총리. 재임 1923~1924, 1924~1929, 1935~1937.

부어스틴, 대니얼 Boorstin, Daniel(1914~2004) 미국의 역사가, 교수, 작가. 사회, 역사, 소설을 망라하는 다양한 분야에서 저작을 펴냈다. 미 의회 도서관의 제12대 관장을 역임했다.

부카람, 아브달라 Bucaram, Abdalá(1952~) 에콰도르의 제49대 대통령. 재임 1996~1997.

부코스키, 찰스 Bukowski, Charles(1920~1994) 미국의 시인, 작가. 미국 하류층의 삶을 대표하는 술, 여성 탐닉, 일터에서 끊임없이 지속되는 단조로운 작업 등을 적나라하게 묘사했다.

분더만, 레스터 Wunderman, Lester(1920~) 미국의 마케팅 전문가. 현대적 다이렉트 마케팅 기법의 아버지로 통한다.

뷰캐넌, 제임스 Buchanan, James(1791~1868) 미국의 제15대 대통령. 재임 1857~1861.

브라운, 래리 Brown, Larry(1953~2004) 미국의 소설가. 미국 남부 문학의 작가 중 한 사람이다.

브라운, 헬렌 걸리 Brown, Helen Gurley(1922~2012) 미국의 출판인. 『코스모폴리탄』의 편집장으로 32년간 일하면서 『코스모폴리탄』을 세계적 여성지로 발전시켰다.

브라이스, 제임스 Bryce, James(1838~1922) 영국의 정치가, 정치학자. 여러 학술 저서를 펴냈으며, 미국 대사, 아일랜드 상(相) 등을 역임했다.

브래디, 매튜 Brady, Mathew(1823~1896) 미국의 사진가. 링컨을 비롯한 미국 정치가들의 초상과 남북 전쟁에 대한 자료들을 남긴 것으로 유명하다.

브로드스키, 조지프 Brodsky, Joseph(1940~1996) 러시아 출신의 미국 시인. 반체제 성향으로 인해 1972년 강제 추방당해서 미국에 정착했으며, 이후 예일, 미시건 등에서 시를 강의했다. 1987년 노벨 문학상을 수상했다.

브로드키, 해럴드 Brodkey, Harold(1930~1996) 미국의 소설가. 대표작으로 『달아난 영혼*The Runaway Soul*』이 있다.

브루크너, 애니타 Brookner, Anita(1928~) 영국의 소설가, 미술 역사가. 『호텔 뒤 락』으로 부커상을 수상했다.

브룩, 에드워드 Brooke, Edward(1919~) 미국의 정치인, 최초의 흑인 상원 의원.

브룩스, 밴 윅 Brooks, Van Wyck(1886~1963) 미국의 평론가, 전기 작가. 『꽃피는

뉴잉글랜드*The Flowering of New England*』로 퓰리처상을 수상했다.

블런트, 윌프리드 스코언 Blunt, Wilfrid Scawen(1840~1922) 영국의 시인, 작가.

블록, 로런스 Block, Lawrence(1938~) 미국의 범죄소설 작가.

비달, 고어 Vidal, Gore(1925~2012) 미국의 소설가, 극작가, 비평가.

사우디, 로버트 Southey, Robert(1774~1843) 영국의 낭만주의 시인으로 〈호반 시인〉 중 한 사람.

새뮤얼슨, 폴 Samuelson, Paul(1915~2009) 미국의 경제학자. 현대 경제학의 기초를 세웠다는 평가를 받는다. 존 F. 케네디와 린던 존슨의 경제 고문으로 활동했으며, 경제학 교과서의 정석 『경제학*Economics: An Introductory Analysis*』을 썼다.

새커리, 윌리엄 메이크피스 Thackery, William Makepeace(1811~1863) 영국의 소설가. 풍자 소설로 유명했다. 영국 상류층의 모습과 인간의 야망을 풍자한 소설 『허영의 시장*Vanity Fair*』을 썼다.

샤먀, 사이먼 Schama, Simon(1945~) 영국의 역사학자이자 미술사학자. 컬럼비아 대학에서 교수로 재직 중이다.

샤크, 샬럿 Charke, Charlotte(1713~1760) 영국의 여배우, 극작가. 자신을 〈찰스 브라운〉, 자신의 딸을 〈브라운 부인〉이라 부르며 남성의 옷을 입고 생활하는 등, 당시 통념과는 어긋난 삶을 살았다.

섀트너, 윌리엄 Shatner, William(1931~) 캐나다의 배우, 작가. 대표적인 배역으로 「스타 트렉」의 커크 선장이 있다.

서로이언, 윌리엄 Saroyan, William(1908~1981) 미국의 극작가, 소설가. 희곡 『네 인생의 한때*The Time of Your Life*』가 퓰리처상 수상작으로 선정됐으나 수상을 거부했다.

서루, 폴 Theroux, Paul(1941~) 미국의 소설가, 여행 작가.

설즈버거, 아서 헤이스 Sulzberger, Arthur Hays(1891~1968) 미국의 언론인. 「뉴욕 타임스」의 발행인으로 25년간 일하면서 「뉴욕 타임스」를 크게 성장시켰다.

세실, 로버트 Cecil, Robert(1830~1903) 솔즈베리 후작. 1885년부터 1902년의 기간 동안 영국 총리직을 3회 역임했다.

섹스비, 에드워드 Sexby, Edward(1616~1658) 영국의 청교도. 급진파에 속했다. 크롬웰의 휘하에 있었으나 후일 그의 암살을 노렸다.

셀린, 루이페르디낭 Céline, Louis-Ferdinand(1894~1961) 프랑스의 소설가. 『밤의

끝으로의 여행 Voyage au bout de la nuit』을 발표하면서 작가로서 인정받았으나, 반체제, 반유대적 성향으로 인해 전범 작가로 낙인 찍혔다.

셰리든, 리처드 브린즐리 Sheridan, Richard Brinsley(1751~1816) 영국의 극작가, 정치인. 여러 걸작 희극들을 썼으며 상업적으로도 성공시켰다. 하원 의원과 재무장관직을 역임하기도 했다.

셸던, 먼로 Sheldon, Monroe(1857~1946) 미국 조합 교회의 목사이자 사회 복음주의 운동의 지도자.

쇼트, 루크 Short, Luke(1908~1975) 미국의 서부 소설 작가. 본명은 프레드릭 글리든.

슐버그, 버드 Schulberg, Budd(1914~2009) 미국의 작가. 소설, 영화 각본, TV 프로그램, 스포츠 기사 등 다양한 영역에서 활발하게 활동했다. 영화 「워터프론트 On the Waterfront」로 아카데미 각본상을 수상했다.

스노, 에드거 Snow, Edgar(1905~1972) 미국의 저널리스트. 중국의 공산주의와 공산주의 혁명을 다룬 책과 기사로 유명하다. 서구의 저널리스트들 중에서 마오쩌둥을 인터뷰한 최초의 인물.

스윈번, 앨저넌 찰스 Swinburne, Algernon Charles(1837~1909) 영국의 시인, 비평가.

스콧, 월터 Scott, Walter(1771~1832) 영국의 역사 소설 작가, 극작가, 시인. 소설 『웨이벌리 Waverley』, 『아이반호 Ivanhoe』 등의 작품들이 유럽에서 널리 읽혔다.

스타, 케네스 Starr, Kenneth(1947~) 미국의 변호사. 법무차관직을 역임했다. 화이트워터 게이트 사건과 클린턴 성추문 사건에서 특별 검사로 활동했다.

스타우트, 렉스 Stout, Rex(1886~1975) 미국의 소설가. 전설적인 탐정 캐릭터 네로 울프를 만들어 냈다.

스타인, 거트루드 Stein, Gertrude(1874~1946) 미국의 여류 소설가이자 미술 애호가. 로스트 제너레이션이라는 단어를 최초로 사용했다.

스탠리, 헨리 모턴 Stanley, Henry Morton(1841~1904) 영국의 저널리스트, 탐험가. 유럽인 중에서 최초로 콩고 강을 탐사했으며, 영국인 선교사이자 탐험가인 데이비드 리빙스턴이 아프리카에서 실종되자 구조대를 이끌어 그를 찾아냈다. 자신의 탐험 경험을 책으로 남겨 크게 성공을 거두기도 했다.

스테펀스, 링컨 Steffens, Lincoln(1866~1936) 미국의 언론인. 활발하게 미국 정계, 재계의 부정부패를 조사하고 폭로했다.

스톳, 메리 Stott, Mary(1907~2002) 영국의 여성 운동가, 저널리스트.

스트래트마이어, 에드워드 Stratemeyer, Edward(1862~1930) 미국의 출판인이자 청소년 책 작가. 다작으로 유명하다.

스트레이치, 자일스 리턴 Strachey, Giles Lytton(1880~1932) 영국의 작가이자 비평가. 버지니아 울프, 존 케인즈 등과 함께 〈블룸즈버리그룹〉의 일원이었다. 『빅토리아 시대 명사들Eminent Victorians』을 발표하면서 저명한 전기 작가로서 자리 잡았다.

스티글리츠, 조지프 Stiglitz, Joseph(1943~) 미국의 경제학자, 교수. IMF의 세계화 정책을 강도 높게 비판했다. 2001년 노벨 경제학상을 수상했다.

스티븐스, 월리스 Stevens, Wallace(1879~1955) 미국의 근대주의 시인. 『시집Collected Poem』으로 퓰리처상과 전미 도서상을 수상했고 『가을 오로라The Auroras of Autumn』로 전미 도서상을 수상했다.

스틸, 다니엘 Steel, Danielle(1947~) 미국의 소설가. 로맨스 소설 위주의 작품을 펴냈다.

스틸, 리처드 Steele, Richard(1672~1729) 영국의 저널리스트, 정치인. 희곡과 여러 에세이들을 남겼다. 3종의 신문, 「태틀러The Tatler」, 「가디언The Guardian」, 「스펙테이터The Spectator」를 발간했으나 어느 것도 오래가지는 못했다. 현재의 「가디언」, 「스펙테이터」와 직접적인 관련은 없다.

스포퍼드, 앤스워스 랜드 Spofford, Ainsworth Rand(1825~1908) 미국의 저널리스트, 출판인. 미 의회 도서관의 제6대 관장을 맡아 납본법을 도입해서 장서량을 크게 늘리는 데 기여했다.

스폭, 벤저민 Spock, Benjamin(1903~1998) 미국의 소아과 의사. 전 세계적인 베스트셀러 『유아와 육아Baby and Child Care』의 저자.

시앤, 빈센트 Sheean, Vincent(1899~1975) 미국의 저널리스트, 소설가. 스페인 내전에 종군 기자로 참여했다.

싱클레어, 업턴 Sinclair, Upton(1878~1968) 미국의 작가. 다양한 장르의 소설을 다작했다. 대표작으로 사회 폭로 소설 『정글The Jungle』이 있다.

아널드, 매튜 Arnold, Matthew(1822~1888) 영국의 시인, 문학 비평가. 〈시금석 touchstone〉이라는 단어를 처음으로 사용한 인물.

아이아코카, 리 Iacocca, Lee(1924~) 미국의 자동차 기업 경영인. 포드사 사장,

크라이슬러사 사장과 회장을 역임했다.

아이젠하워, 드와이트 Eisenhower, Dwight(1890~1969) 미국 제34대 대통령. 재임 1953~1961.

애그뉴, 스파이로 Agnew, Spiro(1918~1996) 미국의 제39대 부통령. 재임 1969~1973.

애덤스, 제임스 트러슬로 Adams, James Truslow(1878~1949) 미국의 작가, 역사가. 정식적 학술 과정을 밟은 학자는 아니었지만 뉴잉글랜드에 대한 역사서 『뉴잉글랜드의 발견The Founding of New England』은 퓰리처상을 수상하고 학술적인 인정을 받았다.

애덤스, 존 Adams, John(1735~1826) 미국의 제2대 대통령. 재임 1797~1801.

애덤스, 존 퀸시 Adams, John Quincy(1767~1848) 미국의 제6대 대통령. 재임 1825~1829.

애디슨, 조지프 Addison, Joseph(1672~1719) 영국의 시인, 저널리스트, 정치가. 리처드 스틸이 「태틀러」, 「스펙테이터」, 「가디언」을 발간하는 데 기여했다.

애셔슨, 닐 Ascherson, Neal(1932~) 영국의 저널리스트, 소설가.

애스퀴스, 허버트 Asquith, Herbert(1852~1928) 영국의 전 총리. 재임 1908~1917.

액턴, 존 Acton, John(1834~1902) 영국의 역사가, 정치가.

앤더슨, 셔우드 Anderson, Sherwood(1876~1941) 미국의 소설가. 구어체와 담백한 문장을 사용하면서 기존 미국 문학이 가지고 있던 소설에 대한 고정 관념을 깨고 헤밍웨이 등의 차기 작가들에게 영향을 줬다.

앨저, 호레이쇼 Alger, Horatio(1832~1899) 미국의 아동 문학가. 100편 이상의 작품을 남겼다. 가난한 소년이 성실하게 일해서 자수성가하는 내용의 이야기를 자주 썼으며 시대적 상황과 부합해 많은 사랑을 받았다. 대표작으로 『누더기를 입은 딕Ragged Dick』이 있다.

앰브로즈, 스티븐 Ambrose, Stephen(1936~2002) 미국의 역사가, 전기 작가.

어빙, 워싱턴 Irving, Washington(1783~1859) 미국의 작가. 단편 모음집 『스케치북The Sketch Book of Geoffrey Crayon, Gent.』을 발표하면서 미국 작가 중에서 최초로 세계적 명성을 얻었다는 평가를 받는다.

어빙, 존 Irving, John(1942~) 미국의 소설가, 각본가. 작품들의 서사가 뛰어나 여러 작품이 영화화되었다. 그중 『사이더 하우스The Cider House Rules』는 직접 각본을 맡았으며 아카데미상을 수상했다.

에드워드 드 비어 Oxford, Edward de Vere(1550~1604) 영국의 귀족, 문인. 17대 옥스퍼드 백작.

에머슨, 랠프 월도 Emerson, Ralph Waldo(1803~1882) 미국의 철학자이자 시인. 플라톤, 칼라일의 영향을 받았으며 초월론을 주장했다.

엘리스, 브렛 이스턴 Ellis, Bret Easton(1964~) 미국의 소설가. 그의 소설 중 『아메리칸 사이코』를 포함한 여러 작품이 영화화되었다.

여진, 대니얼 Yergin, Daniel(1947~) 미국의 작가, 경제학자. 에너지의 미래에 관한 책들을 펴냈다. 그중 『전리품 *The Prize*』은 퓰리처상을 수상했다.

오듀본, 제임스 Audubon, James(1785~1851) 미국의 화가, 조류학자. 새들의 모습과 생태를 사실적으로 그려 낸 『미국의 새들 *The Birds of America*』은 조류학사의 걸작으로 평가받는다.

오킨클로스, 루이스 Auchincloss, Louis(1917~2010) 미국의 법률가, 작가. 미국 상류층의 은밀한 사생활을 엿보는 소재의 소설을 다작한 것으로 유명했다.

오파올레인, 숀 Seán Ó Faoláin(1900~1991) 아일랜드의 작가. 60년간 90여 개의 단편을 남겼다. 그의 작품들은 현대 아일랜드의 발달 과정을 그대로 보여 준다.

옥스, 애돌프 Ochs, Adolph(1858~1935) 미국의 언론인. 「뉴욕 타임스」의 전 소유주.

올컷, 루이자 메이 Alcott, Louisa May(1832~1888) 미국의 여류 작가. 『작은 아씨들 *Little Women*』과 그 속편들로 큰 성공을 거뒀다.

왐보, 조지프 Wambaugh, Joseph(1937~) 미국의 소설가, 전직 경찰관. 발표한 소설, 비소설 여럿이 상업적으로 성공했다.

왕슈어 (王朔, 1958~) 중국의 작가이자, 감독, 배우. 거침없는 언변으로 중국에서 하나의 문화적 아이콘이 되었다.

우드하우스, 펠럼 그렌빌 Wodehouse, Pelham Grenville(1881~1975) 영국의 작가. 소설, 희곡, 가사, 기사 등 다양한 형태의 글을 썼다.

울컷, 알렉산더 Woollcott, Alexander(1887~1943) 미국의 비평가, 『뉴요커』의 논객. 독설가로 유명했다.

워싱턴, 조지 Washington, George(1732~1799) 미국의 초대 대통령. 재임 1789~1797.

월리스, 루 Wallace, Lew(1827~1905) 미국의 법률가, 군인, 정치인, 작가. 링컨 카

운티 전쟁 당시 뉴멕시코 주의 주지사였으며, 이 시절에 소설 『벤 허』를 발표했다.

윌리스, 조지 Wallace, George(1919~1998) 미국의 정치가. 앨라배마 주지사를 4차례 역임했다.

월폴, 호러스 Walpole, Horace(1717~1797) 영국의 미술사학자, 문인. 런던 튀크넘에 있는 자신의 집을 스트로베리 힐이라 이름 붙이고 고딕 양식으로 완전히 새롭게 지은 것으로 유명하다.

위스터, 오언 Wister, Owen(1860~1938) 미국의 소설가. 『버지니아 사람』으로 서부 소설의 전형을 만들었다.

윌리엄스, 윌리엄 카를로스 Williams, William Carlos(1883~1963) 미국의 근대주의 시인. 그의 시는 과장된 상징주의를 배제하고 평면적인 관찰을 실시했다.

윌슨, 에드먼드 Willson, Edward(1895~1972) 미국의 작가, 비평가.

윌슨, 우드로 Wilson, Woodrow(1856~1924) 미국의 제28대 대통령. 재임 1913~1921.

윌키, 웬들 Willkie, Wendell(1892~1944) 미국의 정치인. 1940년 미국 대선에서 공화당 후보로 출마해 프랭클린 루스벨트와 치열하게 경합했으나 낙선했다.

재넉, 대릴 Zanuck, Darryl Francis(1902~1979) 미국의 영화 제작자, 20세기영화사(후에 폭스 필름과 합병해서 20세기폭스가 된다)의 창립자. 사회 문제를 야기할 만한 작품을 많이 제작했다.

잭슨, 앤드루 Jackson, Andrew(1767~1845) 미국의 제7대 대통령. 재임 1829~1837.

잭슨, 토머스 조너선 Jackson, Thomas Jonathan(1824~1863) 미국의 군인. 남북 전쟁 당시 남군의 장군으로 활약했으며 돌담Stonewall 잭슨이라는 별명이 본명보다 더 유명했다.

제노비즈, 유진 Genovese, Eugene D.(1930~2012) 미국의 역사가. 미국 남부와 노예제 연구의 권위자. 농장주와 노예 간의 대립에 마르크스적 관점을 도입한 것으로 주목받았다.

제퍼슨, 토머스 Jefferson, Thomas(1743~1826) 미국의 제3대 대통령. 재임 1801~1809.

존슨, 린던 Johnson, Lyndon(1908~1973) 미국의 제36대 대통령. 재임 1963~1969.

존슨, 새뮤얼 Johnson, Samuel(1709~1784) 영국의 시인이자 평론가. 「런던」, 「욕망의 공허」와 같은 시로 명성을 얻었으며, 『영어 사전』과 『영국 시인전』이라는 대작을 펴냈다. 존슨 박사라는 예칭으로도 자주 불린다.

존슨, 앤드루 Johnson, Andrew(1808~1875) 미국의 제17대 대통령. 재임 1865~1869.

존슨, 제럴드 Johnson, Gerald(1890~1980) 미국의 저널리스트, 전기 작가, 소설가.

주네, 장 Genet, Jean(1910~1986) 프랑스의 소설가, 극작가. 극도로 불우한 유년기를 보냈으며, 거지, 부랑자, 도둑, 죄수 생활을 반복했다. 순수하게 악을 찬미하는 전위적 작품들을 남겼다.

채프먼, 조지 Chapman, George(1559~1634) 영국의 시인, 극작가. 호메로스의 『일리아드』, 『오디세이아』를 영역했다.

카라지치, 라도반 Karadzić, Radovan(1945~) 스릅스카 공화국의 전 대통령이자 보스니아 내전을 주도한 전범. 2008년에 체포되었다.

카스타네다, 카를로스 Castaneda, Carlos(1925~1998) 페루 태생의 미국 작가. 멕시코 야키Yaqui 인디언의 주술에 관한 책 시리즈를 써서 상업적으로 성공시켰다.

카터, 지미 Carter, Jimmy(1924~) 미국의 제39대 대통령. 재임 1977~1981.

칼라일, 토머스 Carlyle, Thomas(1795~1881) 영국의 평론가, 역사가. 독일 철학을 연구해서 영국에 보급시켰으며, 『프랑스 혁명사*The French Revolution: A History*』를 써서 사학자로서의 명성을 높였다.

칼린, 조지 Carlin, George(1937~2008) 미국의 코미디언, 영화배우. 미국 헐리우드, 코미디언 명예의 전당에 헌액되었다.

커밍스, 에드워드 cummings, e. e.(1894~1962) 미국의 작가, 시인, 화가. 종군 경험을 바탕으로 한 실험적 산문 『거대한 방*The Enormous Room*』을 발표했으며, 많은 소네트들과 전위적 형식의 시들을 남겼다.

커즌스, 노먼 Cousins, Norman(1912~1990) 미국의 저널리스트, 평화운동가.

커포티, 트루먼 Capote, Truman(1924~1984) 미국의 소설가, 극작가. 대표작으로 『티파니에서 아침을*Breakfast at Tiffany's*』, 『냉혈*In Cold Blood*』 등이 있다.

케네디, 존 Kennedy, John F.(1917~1963) 미국의 제35대 대통령. 재임 1961~1963.

케루악, 잭 Kerouac, Jack(1922~1969) 미국의 소설가. 비트 제너레이션의 핵심적

인물 중 한 사람. 대표작으로 『길 위에서 On the Road』가 있다.

케베도 이 비예가스, 프란시스코 데 Quevedo y Villegas, Francisco de(1580~1645) 에스파냐의 시인, 소설가. 풍자 시인으로 명성을 날렸으며 피카레스크 소설의 걸작 『협잡꾼의 생애 La vida del Buscón』을 남겼다.

케이진, 앨프리드 Kazin, Alfred(1915~1998) 미국의 작가, 비평가.

켈리, 키티 Kelley, Kitty(1942~) 미국의 저널리스트, 전기 작가. 낸시 레이건, 재클린 케네디, 프랭크 시나트라, 오프라 윈프리 등 유명 인사들의 전기를 썼다.

코플런드, 아론 Copland, Aaron(1900~1990) 미국의 작곡가. 발레 음악, 오페라, 영화 음악 등 다양한 분야에서 곡을 썼다. 미국적 요소를 클래식에 담는 음악으로 음악가로서의 개성을 확립했다. 「애팔래치아의 봄 Appalachian Spring」이 퓰리처상을 수상했다.

콘래드, 조지프 Conrad, Joseph(1857~1924) 폴란드 출신 영국의 소설가, 선원. 선원 생활의 경험을 바탕으로 『나르시소스 호의 흑인 The Nigger of the Narcissus』, 『로드 짐 Lord Jim』 등 걸출한 해양 소설들을 남겼다.

콘로이, 팻 Conroy, Pat(1945~) 미국의 소설가. 서사성이 좋은 작품들을 쓰고 있으며, 『사랑과 추억 The Prince of Tides』, 『위대한 산티니 The Great Santini』 등이 영화화되었다.

콜레트, 시도니 가브리엘 Colette(1873~1954) 프랑스의 소설가, 연기자.

콜리지, 새뮤얼 테일러 Coleridge, Samuel Taylor(1772~1834) 영국의 낭만주의 시인이자 평론가. 〈호반 시인〉 중 한 사람.

콩그리브, 윌리엄 Congreve, William(1670~1729) 영국의 시인, 극작가. 영국 상류층의 환락을 그려 내는 희극들을 남겼다.

쿠퍼, 제임스 페니모어 Cooper, James Fenimore(1789~1851) 미국의 소설가. 대표작으로 미국 서부 개척 시대를 배경으로 백인과 인디언 관계를 묘사한 5부작 연작 소설 『가죽 스타킹 이야기 Leatherstocking Tales』가 있다.

쿨리지, 캘빈 Coolidge, Calvin(1872~1933) 미국의 제30대 대통령, 재임 1923~1929.

퀘일, 댄 Quayle, Dan(1947~) 미국의 정치인. 공화당 소속으로 상원, 하원 의원직을 역임했으며, 조지 H. W. 부시 행정부의 부통령직도 역임했다.

큉, 한스 Küng, Hans(1928~) 스위스의 가톨릭 신학자. 세계 교회주의를 주장하고 교황의 무오류설을 비판하는 등 교리 해석에 있어 혁신적인 주장들을 펼쳤다. 이로 인해 교황청과 마찰을 빚어 신학자 권한을 박탈당하기도 했다.

크라이턴, 마이클 Crichton, Michael(1942~2008) 미국의 SF 소설가이자 영화, TV 프로그램의 프로듀서.

크랜츠, 주디스 Krantz, Judith(1928~) 미국의 로맨스 소설 작가.

크레브쾨르, 장 드 Crèvecoeur, Jean de(1735~1913) 프랑스 출신 미국의 작가, 박물학자. 『미국 농민의 편지Letters From an American Farmer』는 영국의 지배를 받던 시기의 미국 농민들의 일상을 잘 표현한 걸작이라는 평가를 받는다.

크로퍼드, 프랜시스 매리언 Crawford, F. Marion(1854~1909) 미국의 작가. 기괴하고 환상적인 분위기의 소설들을 다작한 것으로 유명하다.

크룩, 엘리자베스 Crook, Elizabeth(1959~) 미국의 서부 소설 작가.

클래벨, 제임스 Clavell, James(1924~1994) 미국의 소설가, 각본가. 서양인들이 아시아에서 모험을 펼치는 소설 시리즈인 『아시아 모험The Asian Saga』, 스티브 맥퀸이 주연한 영화 「대탈주The Great Escape」의 각본 등을 썼다.

클리버, 엘드리지 Cleaver, Eldridge(1935~1998) 미국의 급진적 사회 운동가, 작가. 흑표범단의 초창기 리더. 대표작으로 감옥에서 쓴 자전적 에세이 『갇힌 영혼Soul on Ice』이 있다.

클리블랜드, 그로버 Cleveland, Grover(1837~1908) 미국의 제22대(1885~1889), 제24대(1893~1897) 대통령.

클린턴, 빌 Clinton, Bill(1946~) 미국의 제42대 대통령. 재임 1993~2001.

키녁, 닐 Kinnock, Neil(1942~) 영국의 정치인. 1983년부터 1992년까지 영국 노동당을 이끌었다.

타일러, 존 Tyler, John(1790~1862) 미국의 제10대 대통령. 재임 1841~1845.

태프트, 윌리엄 하워드 Taft, William Howard(1857~1930) 미국의 제27대 대통령. 재임 1909~1913.

터로, 스콧 Turow, Scott(1949~) 미국의 변호사이자 법정 소설가.

테일러, 재커리 Taylor, Zachary(1784~1850) 미국의 제12대 대통령. 재임 1849~1850.

테일러, 제이넬 Taylor, Janelle(1944~) 미국의 역사 로맨스 소설 작가.

테일리즈, 게이 Talese, Gay(1932~) 미국의 저널리스트. 「뉴욕 타임스」, 『에스콰

이어*Esquire*』등에 글을 투고하면서 문학적 저널리즘을 확산시키는 데 기여했다.

투르, 프라무디아 아난타 Toer, Pramoedya Ananta(1925~2006) 인도네시아의 작가. 주로 인도네시아를 다루는 소설, 수필, 역사 등 다양한 분야의 글을 남겼다.

툴, 존 케네디 Toole, John Kennedy(1936~1969) 미국의 소설가. 『바보들의 결탁*A Confederacy of Dunces*』를 완성했으나 출판하려는 출판사를 찾지 못해 우울증에 시달리다 자살했고, 이 책은 데뷔작이자 유작이 되었다.

트럼프, 도널드 Trump, Donald(1946~) 미국의 부동산 재벌, 트럼프 그룹의 대표.

트롤럽, 앤서니 Trollope, Anthony(1815~1882) 영국의 소설가. 빅토리아 시대의 가장 성공적인 작가 중 한 사람으로 꼽힌다.

트루먼, 해리 Truman, Harry(1884~1972) 미국의 제33대 대통령. 재임 1945~1953.

파운드, 에즈라 Pound, Ezra(1885~1972) 미국의 시인, 비평가. 신문학 운동의 핵심 인물.

패튼, 크리스토퍼 Patten, Christopher(1944~) 영국 보수당 소속의 정치인. 홍콩의 마지막 총독이었다.

퍼시, 워커 Percy, Walker(1916~1990) 미국 남부 문학 작가 중 한 사람. 데뷔작 『무비고어*The Moviegoer*』로 전미 도서상을 수상했다.

퍼킨스, 맥스웰 Perkins, Maxwell(1884~1947) 미국의 편집자. 어니스트 헤밍웨이, 스콧 F. 피츠제럴드, 토머스 울프 등의 작가를 발굴하고 담당했다.

퍼트넘, 허버트 Putnam, Herbert(1861~1955) 미국의 변호사, 출판인, 사서. 미 의회 도서관의 제8대 관장을 역임했다.

페로, 로스 Perot, Ross(1930~) 미국의 사업가. 1992년, 1996년에 무소속으로 대선에 출마하여 돌풍을 일으켰다.

페인, 토머스 Paine, Thomas(1737~1809) 영국 출신의 미국 혁명 이론가, 작가. 미국 독립 운동 초기에 발행한 『상식*Common Sense*』으로 당시 미국인들의 사상에 큰 영향을 끼쳤다.

펠레카노스, 조지 Pelecanos, George(1957~) 미국의 추리 소설 작가. TV 프로그램, 영화 제작자도 겸하고 있다.

포스트먼, 닐 Postman, Neil(1931~2003) 미국의 작가, 미디어 이론가. 대중 매체에서는 진지한 토론이 불가능해질 것이라고 『죽도록 즐기기*Amusing Ourselves to*

Death』에서 예견하고 경고했다.

포크, 제임스 Polk, James(1795~1849) 미국의 제11대 대통령. 재임 1845~1849.

포터, 스티븐 Potter, Stephen(1900~1969) 영국의 작가, TV 프로그램 각본가.

푸트, 새뮤얼 Foote, Samuel(1720~1777) 영국의 극작가, 배우.

프라이어, 매튜 Prior, Matthew(1664~1721) 영국의 시인, 외교관.

프루스트, 마르셀 Proust, Marcel(1871~1922) 프랑스의 작가, 『잃어버린 시간을 찾아서*À la recherche du temps perdu*』의 저자.

플림턴, 조지 Plimpton, George(1927~2003) 미국의 저널리스트, 작가. 스포츠지의 저널리스트로 세계적인 명성을 쌓았다.

피어스, 프랭클린 Pierce, Franklin(1804~1869) 미국의 제14대 대통령. 재임 1853~1857.

핀천, 토머스 Pynchon, Thomas(1937~) 미국의 소설가. 포스트모더니즘 성향의 난해하고 어려운 소설을 쓰는 것으로 유명하다. 『중력의 무지개*Gravity's Rainbow*』로 전미 도서상을 수상했다.

필모어, 밀러드 Fillmore, Millard(1800~1874) 미국의 제13대 대통령. 재임 1850~1853.

하드윅, 엘리자베스 Hardwick, Elizabeth(1916~2007) 미국의 비평가, 작가. 「서평의 쇠퇴The Decline of Book Reviewing」로 미국 평론지들의 서평 관행을 강도 높게 비판했다.

하딩, 워런 Harding, Warren(1865~1923) 미국의 제29대 대통령. 재임 1921~1923.

하벨, 바츨라프 Havel, Václav(1936~2011) 체코의 초대 대통령. 재임 1993~2003.

하이제, 파울 폰 Heyse, Paul von(1830~1914) 독일의 작가. 170편이 넘는 소설, 시들을 남겼다. 1910년 노벨 문학상을 수상했다.

하트, 게리 Hart, Gary(1936~) 미국의 정치인. 민주당 상원 의원을 역임했으며 대선 후보로 두 차례 출마했다.

하트, 브렛 Harte, Bret(1836~1902) 미국의 작가, 시인. 캘리포니아 주의 아카타를 배경으로 여러 소설을 남겼다.

해리슨, 벤저민 Harrison, Benjamin(1833~1901) 미국의 제23대 대통령. 재임 1889~1893.

해리슨, 윌리엄 헨리 Harrison, William Henry(1773~1841) 미국의 제9대 대통령. 재임 1841.

해스퍼드, 구스타프 Hasford, Gustav(1947~1993) 미 해병대 출신의 저널리스트이자 작가. 그의 반(半)자전적 소설인 『단기 제대병 The Short-Timers』는 영화 「풀 메탈 자켓」의 원작이 되었다.

핼리버턴, 리처드 Halliburton, Richard(1900~1939?) 미국의 모험가. 파나마 운하를 헤엄쳐서 통과한 것으로 유명하다.

헉슬리, 올더스 Huxley, Aldous(1894~1963) 영국의 작가. 당대의 관행, 규범, 사상들에 대해 탐구하고 비판하는 작품들을 남겼다.

헌, 라프카디오 Hearn, Lafcadio(1850~1904) 영국 출신으로 일본에 귀화한 작가. 귀화 후 이름은 고이즈미 야쿠모(小泉八雲).

헌트, 손턴 Hunt, Thornton(1810~1873) 영국의 저널리스트. 「데일리 텔리그래프」의 초대 편집장. 가정 안팎으로 열네 명의 자식을 뒀다.

헤이스, 러더퍼드 Hayes Rutherford(1822~1893) 미국의 제19대 대통령. 재임 1877~1881.

헥트, 벤 Hecht, Ben(1894~1964) 미국의 소설가, 극작가, 각본가.

헨리, 조지프 Henry, Joseph(1797~1878) 미국의 물리학자. 전자기유도, 전류의 자체유도를 발견함으로써 전자기학에 진보를 가져왔다. 스미스소니언 초대 간사를 역임했다.

헬먼, 릴리언 Hellman, Lillian(1905~1984) 미국의 여류 작가. 영화 각본, 연극, 오페라, 소설 등 다양한 분야에서 작품들을 남겼다. 좌익 활동가로도 유명하다.

호킨스, 앤서니 호프 Hawkins, Anthony Hope(1863~1933) 영국의 소설가, 극작가. 모험 소설들을 많이 남겼으며 대표작으로 『젠다 성의 포로』가 있다.

호프먼, 애비 Hoffman, Abbie(1936~1989) 미국의 사회 운동가. 좌파적, 무정부주의적 청년 운동의 상징적인 인물이었다.

후라니, 앨버트 Hourani, Albert(1915~1993) 레바논계 영국인 역사가. 중동 지역 역사와 관해서 주목할 만한 책 여러 권을 집필했다.

후버, 존 에드거 Hoover, J. Edgar(1895~1972) 미국의 정치인. 1924년부터 1972년까지 48년간 FBI의 국장을 역임했다.

후버, 허버트 Hoover, Herbert(1874~1964) 미국의 제31대 대통령. 재임 1929~1933.

휴스, 테드 Hughes, Ted(1930~1998) 영국의 시인, 아동 문학가. 1984년부터 생애를 마칠 때까지 영국의 계관 시인이었다.

히긴스, 잭 Higgins, Jack(1929~) 영국의 소설가 해리 패터슨의 필명. 주로 스릴러 소설들을 남겼다.

히긴스, 조지 Higgins, George(1939~1999) 미국의 범죄 소설 작가, 변호사.

힐, 그레이스 리빙스턴 Hill, Grace Livingston(1865~1947) 미국의 로맨스 소설 작가. 다작으로 유명하다.

옮긴이의 말

이 책은 분명 독자를 웃음짓게 하고 가슴을 채워 줄 것이다.

좋은 작품이라고 들었어요
「시카고 트리뷴」지 서평란 편집자였던 다이앤 도노번

내 책이라 해도 차마 그런 극찬은 못했을 거에요.
조지프 웜보, 자기 이름이 들어간 가짜 추천사를 보고 놀라서 카사노바가 말했다. 〈내가 현명치 못하다는 것을 나는 잘 알고 있다. 그러나 내 가슴을 채울 《그 무엇》, 나를 웃음 짓게 할 그 무엇인가가 나는 필요하다. 그게 있다면 나 자신을 부정할 일이 없을 것이다.〉

카사노바의 〈그 무엇〉은 여자가 아니라 책이었다. 카사노바가 열렬히 책을 사랑했다니. 책이 카사노바의 가슴을 채워 주고, 웃음 짓게 하는 존재의 이유였다니 참 뜻밖이다.

올더스 헉슬리가 말했다. 〈책이야말로 인류가 마땅히 연구할 만한 것이다*The proper study of mankind is books.*〉 이 책은 〈인류의 진정한 연구 대상〉인 책에 대한 방대한 연구서다. 그런데 〈책과 독서와 인간을 연구하는 최고의 방법은 그것을 너무 심각하게 다루지 않는 것〉이라고 저자는 말한다. 그래서 이 책은 책에 대한 연구이자 해학이다.

저자의 친구가 만들어 주었다는 예상 서평은 절묘하면서도 적절하다. 〈머리 떨어져라 웃었어요*I laughed my head off*〉 프랑스 루이 16세의 왕비 앙투아네트의 예상 서평이다. 38세에 단두대에서 세상을 버린 이 여성의 예상 서평은 웃기면서도 섬뜩하다. 이 책 본문의 익살도 그렇다. 미국 대통령들을 거침없이 머저리로 만들어 버리기도 하는 이 책의 유머는 폐부를 찌른다.

출판 관계자들은 소크라테스의 예상 서평처럼 말할 수 있을 것 같다. 〈독주 한잔 들며 읽기 딱 좋은 책이더군*A good read with a stiff drink.*〉 정말 그렇다. 책에 관심이 많은 20대 독자라면, 금단의 열매를 따먹고 인간의 알몸에 눈을 뜬 이브처럼 말할 수 있을 것이다. 〈일단 알고 보니 몸 둘 바를 모르겠어요*Once I understood, I was embarrassed.*〉 서평 말미에서 한마디 꼬집지 않으면 뒤가 허전한 평론가들께서도 사드 후작의 예상 서평과 같은 생각이 든다고 고백해도 명예에 누가 되지는 않을 것 같다. 〈이 책은 못 때린다카이*You can't beat this book!*〉

책을 훔쳐 본 적이 있는 사람, 또는 탐만 내며 갖지 못하는 것을 애석해한 적이 있는 독자라면, 11세기에 알몸으로 말을 타고 달린 전설로 유명한 레이디 고다이바의 예상 서평처럼 훌훌 벗어던진 느낌을 받을 수도 있을 것이다. 〈아, 알몸으로 말을 타고 달리는 짜릿한 기분 *Spirited, horsey, amazingly revealing!*〉

이 책은 글쓰기의 경제학사(어물전, 아니면 한가한 우체국이 좋은 문학을 낳는 최고의 장소인 까닭), 저술, 판매, 독서, 저자 사인회, 서평, 베스트셀러, 교도소 작가, 책 도둑, 정치가의 글쓰기, 대필 작가, 도서관의 어제와 오늘, 얄궂은 헌사와 감사의 글과 저자 경고문, 자비 출판, 선인세, 편집 오류, 심지어 책 표지 날개의 저자 사진에 이르기까지 책에 관한 흥미로운 온갖 것을 깊이 있게, 그러나 해학적으로 다루며, 궁극적으로 인간을 발가벗긴다. 그렇다. 이 책은 말 같다. 저자는 알몸의 인간을 얹고 말을 달린다.

예컨대, 가장 잘 도둑맞는 책은 무엇인가? 그 답은 사람들이 정말 원하는 책이 무엇인가를 말해 준다. 또한 저자의 말대로 〈그 대답은 앨프리드 킨제이의 연구가 인간의 성적 삶에 대해 밝혀낸 것에 못지 않게, 우리의 지적 삶에 대해 많은 것을 말해 줄 것이다.〉

이 책은 분명 독자를 웃음 짓게 하고 가슴을 채워 줄 것이다. 뭐든 지 돈으로 치환되는 이 세상에서 돈이 되지 않는 책을 쓰고 있는 수많은 사람이 있다는 사실, 그런 책을 번역하고 교열하고 출판하는 사람이 많다는 사실을 돌이켜 보는 것만으로도 가슴이 조금은 찡하다.
나도 예상 서평 하나 덧붙이고 싶다.

〈이 책을 훔쳐서라도 읽지 않으면 재산이 없는 것처럼 허전할 거 외다.〉

2005년 8월
승영조

옮긴이 **승영조** 1991년 중앙일보 신춘문예 문학평론 부문에 당선했다. 옮긴 책으로 버나드 로 몽고메리의 『전쟁의 역사』, 리처드 파인만의 『발견하는 즐거움』, 실비아 네이사의 『뷰티풀 마인드』(공역), 조지 가모브의 『물리 열차를 타다』, 애머 액젤의 『무한의 신비』(공역) 등이 있고, 지은 책으로 『창의력 느끼기』가 있다.

저술 출판 독서의 사회사

발행일 2005년 9월 15일 초판 1쇄
      2012년 12월 5일 신판 1쇄

지은이 존 맥스웰 해밀턴
옮긴이 승영조
발행인 홍지웅
발행처 주식회사 열린책들

경기도 파주시 문발로 253 파주출판도시
전화 031-955-4000 팩스 031-955-4004
www.openbooks.co.kr

Copyright (C) 주식회사 열린책들, 2005, 2012, Printed in Korea.
ISBN 978-89-329-1596-8 03010

이 도서의 국립중앙도서관 출판시도서목록(CIP)은 e-CIP 홈페이지(http://www.nl.go.kr/ecip)와 국가자료
공동목록시스템 (http://www.nl.go.kr/kolisnet)에서 이용하실 수 있습니다.(CIP제어번호: CIP2012005116)